【当代华语世界思想者文库】

梁中堂人口与计划生育

网易博客文集

Liang Zhongtang Population and Family Planning

NetEase Blog Collection Vol. IV

第四册

梁中堂人口研究文集·卷九

梁 中 堂

By Liang Zhongtang

博登书屋
Bouden House
New York

【当代华语世界思想者文库】

学术顾问：黎安友、郭汤姆
主　　编：荣　伟
Academic Adviser:　Andrew J. Nathan, Tom Kellogg
Chief Editor:　　　David Rong
Published by Bouden House, New York
ISBN:　979-8-90257-043-1 (Paperback)
　　　　979-8-90257-044-8 (eBook)

Liang Zhongtang Population and Family Planning
　　NetEase Blog Collection Vol. IV
By Liang Zhongtang

梁中堂人口研究文集・卷九
梁中堂人口与计划生育 网易博客文集（第四册）

梁中堂 著

出版：博登书屋・纽约（Bouden House New York）
邮箱：boudenhouse@gmail.com
发行：谷歌图书（电子版）、亚马逊（纸质版）
版次：2026 年 3 月 第 1 版 第 1 次印刷
字数：353 千字
定价：$40.00 美元

目　　录

计划生育正在毁坏民族发展的根基

按语

连续 4 次粘贴官方或者来自官方网站的文章，主要反映计划生育给人民造成的伤害，今天再转贴一篇来自基层计划生育管理员的文章。从这篇文章不难看出，计划生育不只是对人民的伤害，还有来自政府工作对民主与法制的严重破坏，人类自古以来由敬畏生命和尊重妇女儿童发展起来的伦理道德的核心价值的丧失，广大农民没有安全感的、缺失自尊和尊严的生活，以及只有在当年日寇占领时期才经常出现的"跑反"。所以，计划生育远不是一个对人民的直接伤害所可以概括得了的。

如果说民主和法制是一个国家的根本，传统道德是维系一个民族的基础，安全和有尊严的人民生活是社会长治久安的基本条件的话，那么，计划生育无疑就是在败坏我们的根基和基础。

——2014 年 4 月 30 日

计生工作 15 年

一位农村计生工作人员的口述实录

《东方早报》[1] 2013-12-31 07：02

我是 1999 年 3 月参加工作的。那一年，我 20 岁。人生的第一份工作是一名计生员。这份工作，到今年正好 15 年。

我所在的县是西北一个干旱少雨的农业县，农作物靠抽地下水浇灌，特产是瓜果，农民收入不算太差。据省委机关报的数据，2005

---

[1] 参见 http://www.dfdaily.com/html/8762/2013/12/31/1098628.shtml

年我们县农民人均纯收入达 3300 元，而新华社的数据显示，2005 年全国农民人均纯收入为 3255 元，我们县的数据略高于全国平均水平。

在农村搞计划生育工作是件大难事，这 15 年间我尝遍了各种艰辛。参加工作时我刚 20 岁，很怕跟陌生人说话，但为完成任务，就要和别人交流、交谈、甚至是交心，压力很大。我的工作任务是催缴计生罚款、动员超生妇女结扎，甚至引产。过了很长一段时间我才适应这份工作。说实话，这不是一份开心的工作，上级给你的压力大，农民对你也有意见。

农村人为什么要超生

按农民的想法，一个孩子势单力薄，遇事没人帮忙，在村子会受欺负。尤其是两女户，一旦与邻里有矛盾，很容易被骂断后、养不下儿子之类的刻薄话。所以必须生出儿子，来顶门立户。

每年 3 月，春节长假一过，乡村计生干部就开始集体下队，对计划生育户（无孩妇女、一孩妇女、获批二胎证的妇女）进行查环（节育环）、查孕服务，并记录在案。我们称其为"两情服务"。

刚参加工作的那几年，我们的条件不是很好，下队时用摩托车捎一台 B 超机到村工作室做查环、查孕服务，以了解无孩妇女是否有孕、一孩妇女是否放环、已生二胎的是否按时结扎、有二胎准生证的是否有孕。此外如果是超生但又有孕后会通过 B 超识别男女，并堕胎。一般的判断标准就是有无孕后堕胎，但是，本地育龄妇女很少有主动堕胎的。如果查到这样的情况，会追查经手医生的责任。通过这些服务，我们能基本了解这个村育龄妇女的生育、节育状况。每一个村子我们都有一套资料，也就是育龄妇女卡，上面把每一个育龄妇女的婚姻、生育、节育等情况都记录得很清楚。

按工作要求，我们必须在计生孕妇生产后三个月内按时放环、按时结扎，以防怀孕超生。要是服务过程中没有来检查的育妇，基本上都是"有情况"的人：生完一胎（不论男女）还想生二胎的；两女户想生儿子的。对于这些人，我们了解其中原因后，就开始持续地登门劝说。

超生怎么罚？

前些年，让一户农民只生一个孩子还是很难的。按农民的想法，一个孩子势单力薄，遇事没人帮忙，在村子会受欺负。尤其是两女户，一旦与邻里有矛盾，很容易被骂断后、养不下儿子之类的刻薄话。所以必须生出儿子，来顶门立户。还有其他的习俗对于重男轻女也有强化作用，譬如丧礼非常传统，若没有儿子，有些仪式会有很多尴尬，被邻里看笑话。其实，考虑最多的还是家庭收入，儿子是强壮劳力，可以帮家里干重体力活，女儿有很多农活干不了。

所以，很多人偷生二孩，和小品《超生游击队》里演的一样，丢下老人，撂荒田地，专职外出生二胎。一般是去外地投亲戚，也有外出打工。这个过程至少要两三年的时间，等生了孩子才会回家。回来后要缴纳超生子女费。二孩罚款的征收数额由地方规定，我们是按上年人均纯收入的 30%，连征 7 年再乘 2。上年人均纯收入要是每人5000 元，就要缴纳 21000 元的罚款。虽然基本是按地方收入酌情征收罚款，但对农民来说数目很大了。而且由于庄稼撂荒好几年，没有稳定收入。这几项一叠加，超生农民的财务状况会很糟糕。有些家底薄的家庭要好几年的时间才能缓过来。还有一些家庭实在交不起全额罚款，我们只能酌情减免。

对于那些根本交不出罚款，或者不愿交的，我们会采取强制措施。在秋天刚收成的时候，没收超生户的农产品，如棉花、小麦等经济农产品。或者扣留农用机具，一般是三轮运输车、四轮拖拉机等价值较大的；其他值钱的东西也可以充为罚款，如电视机等家电；有时也会没收牲畜。前些年，对于缴超生罚款，老百姓是挺抵触的，但时间长了，老百姓似乎也适应了计生干部粗暴的工作方式，被罚扣了反应也不大，觉得超生后缴罚款是应该的。

我们拿走什么，会留下一个清单，让农民限期缴纳超生子女费，如果逾时不缴，计生站按市场价格卖出作为超生子女费。

相对而言，遵守计生政策的家庭的生活水准会比超生家庭好很多。超生家庭失去农资，要一切从头开始。

我们是怎样对付超生户的

对于那些在反复劝说后无效的超生孕妇，就会强制引产。基本上只要到乡计生站，不同意也会强行的。这种事，我们心里也很纠结，但还必须要做，这毕竟是国家政策，也是我们的工作。

对于坚持要超生的家庭，我们有可能会采取极端的措施。尤其那些头胎男孩又怀孕了的家庭。一般这样的超生户要外出躲避，但有些农民不想撂荒庄稼，抱有侥幸心理。要是让我们发现了计划外怀孕，而且还在家并未外出的，就会发动全乡镇的干部，选中某个晚上，对全乡镇做"大扫除"，把所有发现的计划外怀孕的对象，全部"请"到乡上来。而计生站的干部要提前做好准备工作，白天去踩点，认准超生户的家，千万不能认错门。要是晚上敲错了家门，会被人家骂得狗血喷头，而且他们知道是计划生育的，会故意找事闹出动静，让邻居家听到声音后好逃跑。

要是找对人家，先不敲门，让年轻小伙翻墙头进去，把大门打开，以防弄出声后孕妇逃走。但超生户也想出了很多办法，譬如挖地窖、开小门，还有钻衣柜、面柜、蹲粮仓等。

我们之所以选择晚上下队，是防止在白天发生意外，甚至激起群体事件，有时在民风较为强悍的村子，会遇到村民围堵计生车辆，阻止带走孕妇。

在"大扫除"的晚上，基本能把全乡超生而未外逃的孕妇赶在天亮前集中起来，等把这些人"请"到乡政府之后，就开始一个一个地再做思想工作，有些人会被这种阵势吓住，同意引产。对于那些在反复劝说后无效的超生孕妇，就会强制引产。基本上只要到乡计生站，不同意也会强行的。这种事，我们心里也很纠结，但还必须要做，这毕竟是国家政策，也是我们的工作。

在刚参加工作的那几年，每一次晚上"大扫除"行动，全乡会有十几个孕妇被逮住，那个时期生二胎的特别多。计生干部和农民的关系在那时也最紧张。

计划生育政策在上世纪80、90年代时是高于一切的。领导会逐级检查，从国家到省，再到市、县，在被选中的那个县，再随机找出一个乡、村，然后逐门逐户地查每个家庭的生育、节育情况，被抽到的那个村的考核结果会代表整个县一年的计划生育工作情况，要是有计划外二胎、计划外三胎，最终要被"一票否决制"考成黄牌，不管其他工作有多么的出色，只要计划生育没干好，整个考核就不过关。据说相关领导一至两年不得晋升。这对于市、县领导都有直接的利益关联，所以计划生育考核是非常重要的。而那时计划外二胎、计划外三胎很多，所以计生的任务很重。在这种高压下，这个时期的计生数据很容易失真。

到了 2005 年，强制结扎的做法有了转变，省的人口与计划生育条例出台了这样的规定，"育龄夫妻应当依照国家有关计划生育法律、法规和本条例的规定，自觉接受计划生育技术指导和服务，知情选择安全、有效、适宜的避孕节育措施，预防和减少非意愿妊娠。"也就是说，放环、结扎由育龄妇女自主选择，引产必须得孕妇自愿才行，该条例还特意指出任何人和单位不得违背这项规定。

虽然强制手段被终止，计划生育手段开始人性化了，但计划生育考核的"一票否决制"还是没有改变。这对我们基层计生工作的要求更高了，要在超生户自愿的前提下完成计生工作，好在近些年农民超生逐渐减少。

超生意愿减弱

如果头胎是儿子，基本就不会生二胎了；如果生了两个女儿，即便没有计生干部督促，一般也不会超生。

经过长年的宣传，同时在严格执行超生处罚措施的情况下，老百姓潜移默化中逐渐接受了计划生育政策，尤其在经济激励之下，有些一女户都会自愿领《独生子女证》。

在只允许生一胎时期，如果某个一女户经过我们做工作，领取了《独生子女证》，计生站会一次性奖励 1000 元，同时村里在调整土地的时候还会特别照顾。

近些年，计生优惠政策的幅度越来越大。按计划生育政策，生了第二个女儿后，愿意领取《二女户结扎光荣证》的，在妇女做结扎手术时可以免除手术费，计生站会派车接送妇女去医院做手术，还有营养补助费，一次性奖励3000元，政府还会给二女户夫妇奖励600元的养老储蓄。当时我们也仅仅只有1000元的工资，这些补偿算是相当丰厚了。随着孩子慢慢长大，独生子女户和二女户家庭（农业户）的孩子升高中时加20分，考省内大学加10分。

很多时候，政府在力所能及的情况下，会为遵守计划生育的"两户"家庭提供优惠，譬如"致富工程"，通过资金奖励、项目贷款、技能培训等措施，扶持计划生育家庭创业致富。

对于两女户，有"保障工程"，通过资金扶助、项目扶持、困难救助等措施，解决计划生育家庭养老问题。通过这些努力，老百姓逐渐觉得计划生育还是划算的，没必要吃那么多的苦。

我们县是远近闻名的教育强县，农民送子女读书的风气很浓，不会让小孩随便辍学，一般家庭都希望让孩子读大学、进城。我们县的年轻人考上大学的、外出打工的越来越多，而供书费用成了农民最大的负担。负担几个孩子的学费，成了农民必须要提前算的账。到最近这些年，给孩子在城里买房更是沉重得无法负担。

因此，"两户家庭"政策的接受度已经非常高了。如果头胎是儿子，基本就不会生二胎了；如果生了两个女儿，即便没有计生干部督促，一般也不会超生。因为养两个孩子的负担要比养一个孩子的负担重得多。而生三个孩子的情况已经非常少见了。主动领取《独生子女证》和《二女结扎光荣证》的人数逐年增加。

2003年3月，国家计生委更名为国家人口和计划生育委员会，我们计生干部也在这个时候逐步转行，由原来动员引产，到主动上门搞服务。新人结婚了，我们送优生优育的宣传资料；怀孕了，免费送叶酸片；生孩子了，上门访视；上环了、做手术了还要上门访视，检查育妇、婴儿的健康状况。

（作者系西北某县人口计生委工作人员，应受访者要求化名。以上内容由《东方早报·上海经济评论》记者柴宗盛采访整理。）

（刊发于2014年4月30日）

计划生育法之恶

3 年前，杨支柱先生在我博客上留言，提出了计划生育法是恶法的命题。今年全国"两会"期间，清华大学教授、全国政协委员王名继去年全面废止计划生育提案之后，进一步认定征收社会抚养费是恶政。我同意他们的观点。应该说，恶法、恶政，是一致的。计划生育法作为一部恶法，如果政府依照它向超生家庭征收了罚款，那就是恶政了。

恶，是自希腊哲学家以降到罗马法学家和中世纪神学家，以及近代以来那些主张自然哲学的诸多思想家和法学家所讨论的一个伦理学问题，与它相对立的概念是善。对这一问题的解释，构成了几千年来哲学与神学的长久话题。

哲学上恶的理论认为，如果自然界被设定为一个有秩序的、合乎理性的且有全能与慈爱的创造者，恶则会破坏秩序，并带来悲伤、苦难与大不幸。就引申的意义来说，恶就是苦难和不幸。在人类发展的过程中，虽然大自然也会给人造成苦难与不幸，但哲学家只是把出自于人为的原因造成的伤害才称之为恶，一种道德的恶。18 世纪空想社会主义鼻祖摩莱里就说："宇宙中只存在道德之恶而没有其他的恶"。"一切人类所服从或者被迫服从的制度和人为的法律，就是总的应受惩罚的大罪恶，万恶之源。"他认为，假定人服从自然的法则，对人来说就没有道德之恶，也无所谓为害或受害。人只是在某些社会的专横的法治之下才会做出这种恶事，成为罪人。所以，按照他的理论，恶是道德之恶，是由人的行为产生的，是存在于一定社会之中的。在大自然中，对于神来说，就不存在恶这一说。人们要消除道德之恶，那就必需尊崇自然法则，按照客观规律办事。

即使对于西方哲学与神学讨论的恶的概念一无所知的人，因为总是知道恶是一个负面的词汇，总是给人带来灾难和不幸，所以在阅读了我前面连续 5 次转贴的来自于官方和主流媒体的文章以后，特别是通过那篇来自于农村的计划生育工作人员的叙述，就该知道 30 多年的计划生育究竟是怎么回事，知道了计划生育与人民群众的巨大冲突，以及它給人民所带来的诸多伤害，纵使未能从理论上证明，但也会同意计划生育法是恶法的判断。

计划生育法之所以是恶法，首先在于它所固有的性质。什么是计划生育法？计划生育法是为保证计划生育顺利实施而制定的法律。但是，什么是计划生育？许多人都把计划生育与节制生育混为一谈，事实上，这两者却是很不相同的。节制生育，是指有节制、有理性、有计划地生孩子。而生孩子，不论有节制还是无节制，从来都是各个家庭自己的事情。这是世界上所有的民族和所有的国家都认可与通行的法则，也可以说是人类社会的一项亘古不变的制度。但是，计划生育却不是。计划生育从其产生时起，就是和政府的工作联系在一起的，是我国政府按照生产计划编制的生育计划（且先不说它的依据是否充分），是政府要求人们按照政府编制的生育计划去生孩子的一种特别的制度。所以，节制生育不等于计划生育。节制生育是各个家庭的私事，有关保护各个家庭节制生育在内的私人利益的法律是私法。计划生育是政府的工作，是公事。计划生育法则是政府为保障政府编制的生育计划得以顺利实现而制订的法，是公法。

为进一步说明这个道理，我们不得不多说几句。

大家都知道，人类在生育问题上很长时期都是盲目的、没有节制的。那是因为生产率还很低下，死亡率很高，人类必需有较高的生育率才使人种得到延续，才有了现在较高阶段上的人类社会。盲目的、无节制的生育，是和早期人类发展的水平相适应的。

节制生育是工业现代化创造的一种符合人性的生活方式。因为现代化生活是一种市场经济，人们必须适应市场的需要或因接受教育或因职业的要求而改变传统时代较多生育的模式，自觉选择有节制的生育。我国的资本主义生产来得晚，节制生育也相对晚一些。上个世纪 50 年代初期，党和政府领导大规模的工业化建设，大批进城的青年就有了避孕和节育的要求。1954 年 12 月，刘少奇代表党中央召开会议，明确宣布党和政府是赞成节制生育的。紧接着，党内还下发了一份"节制生育是关系广大人民生活的一项重大政策性问题"的通知，向全党说明为什么要支持群众节制生育的意愿。1957 年 3 月 1 日，毛泽东在最高国务会议上讲到这个问题时又说："人民有没有这个要求？农民要求节育，人口太多的家庭要求节育，城市、农村都有这个要求……"

但是，稍后产生的计划生育这个词汇，却不是就个人或家庭的节制生育来说的。1956 年前后，当我国基本建立起计划经济的时候，毛泽东有了计划生育的想法。他说，经济建设有计划，人口发展无计划，必然冲击计划经济。毛泽东想建立一个囊括政府生产计划和生育计划的计划经济制度。那个时代，人们还不懂得人口自身也是有规律性的。所以，周恩来也是在计划范畴上搞计划生育的。他还向卫生部军管会人员宣传说："计划生育属于国家计划范围，不是卫生问题，而是计划问题。你连人口增加都计划不了，还搞什么国家计划！"所以，计划生育并不简单地等同于居民的避孕和节制生育。计划生育是政府把经济资源管制起来之后，设想再进一步将国民的生育行为管制起来，是计划管制经济的一部分。

不过，我们必需客观地指出，计划生育这一设想虽然是毛泽东提出来的，但是，毛泽东在世的时候却没有实行它。不仅如此，显然还是毛泽东的原因，政府在宣传和推行节制生育的时候，一直都还是注意遵循群众自愿的原则的。毛泽东当然知道计划生育是政府的事情，所以从一开始就强调"要得到人民的完全合作"。他还说："将来要做到完全有计划的生育，没有一个社会的力量，不是大家的同意，不是大家一起来做，那是不行的。"1965 年 12 月，周恩来在中华医学会和全国妇产科学术会议上号召实行计划生育的同时，却严厉批评了邯郸第一纺织厂强迫命令的做法。我们还是引用周恩来的话来说："计划生育绝对不能强迫命令。现在发现了一个邯郸第一纺织厂，那个地方计划生育强迫命令可凶了，如果你不晚婚要早婚大家就斗你，怀了孕也斗你，那情绪怎么能好，下一代怎么会好？胡闹嘛！怀孕五、六个月要她做人工流产，不做就扣工资，模范的名字也去掉了，这是欺侮人。"1973 年全国计划生育汇报会议上，有关部门曾经向代表提供了一个制订晚婚和限制群众生育的文件，遭到国务院计划生育领导小组组长华国锋的否定和批评。华国锋说："……我们要多从宣传教育着手，解决人的思想认识问题，不要订一些条条框框限制，不要强迫命令。有的地方规定，不按计划生的不报户口。这不行。人家生出来了嘛，在新社会还要叫他健康成长。"所以，毛泽东在世的时候并没有实行严格意义上的计划生育。

包括计划生育法在内的现行的计划生育制度，是我国传统的计划经济即将结束时送给我们的一枚苦果。70 年代末，当我们的双脚已经准备离开计划经济的轨道的时候，头脑却仍然停留在计划经济的思维上。1979 年 1 月，在国务院召开的全国计划生育办公室主任会议上，领导人还在强调"我国是社会主义国家，国民经济有计划按比例发展，要求人口也要有计划地增长"。也就是在这次会议上，国务院计划生育领导小组为会议提供了一份《计划生育工作条例》，要求各个省、市、自治区"根据当地实际情况制定有利于计划生育的政策、措施"。6 月召开的五届人大二次会议上，国务院总理华国锋提出"要订出切实可行的办法，奖励只生一个孩子的夫妇"之后，有关部门则以"一对夫妇只生一个孩子"为口径指导立法工作。在我们这个体制下，只要上级布置和号召做什么事情，很快就都可以完成。仅仅经过了几个月的时间，除西藏和内蒙古自治区以外的全国 29 个省、市、自治区中，27 个省份都出台了"计划生育暂行办法"。30 多年来，我们继续沿着这条道路，不仅包括西藏在内的 32 个省、市、自治区的人大都颁布了"计划生育条例"，而且制订了《中华人民共和国人口与计划生育法》。除此以外，为保障计划生育法的顺利实施，各级政府还相继出台了一系列相关的法律或规定。现在我们所说的计划生育法，则是指政府为保障计划生育顺利实施而建立的一个庞杂的有关计划生育制度的法律法规的体系。

也许我讲解得过于复杂了，举个简单的例子。人要生存，就要吃饭。吃饭在世世代代都是个人行为。但是，有朝一日，政府借助其凌驾于社会之上的强制力量将全社会的吃饭行为管理起来（1958 年曾经在农村人民公社实行过吃食堂，一是时间短暂，二是仅限制在公社集体范围内，所以还没上升到国家计划的形式），从此只有符合什么条件的什么人可以吃饭，以及符合什么条件的什么人一天可以吃几顿、何时吃、吃什么、怎样吃、吃多少等等，一概都由政府的计划来决定。那么，这种由政府管制的吃饭制度就可以称之为计划吃饭。与此相应，政府为保障吃饭计划顺利实施所制订的法规就是计划吃饭法。计划生育和计划生育法即是如此。

其次，计划生育法之所以是恶法，就在于它所保障的生育计划是荒唐的。如前所述，毛泽东提出计划生育就是要求与政府的生产计划相联系的生育计划。上个世纪 70 年代末，当我们制订计划生育法的时候，也反复说"在生产资料公有制的基础上，我们的国民经济的发展，必须遵循有计划按比例的规律。这个规律不仅要求有计划地发展物质资料的生产，也要求有计划地发展人类自身的生产"。但是，计划经济也正是在这个时期走到了尽头。实践已经证明，计划经济不过是一个乌托邦。经过 30 多年的改革开放和经济社会的大发展，我们已经在理论上成熟多了，无须再陈述计划经济多么无根据从而由此决定的计划生育也是多么不靠谱。如果套用周恩来的话来说："你连生产都计划不了，还搞什么生育计划！"

再其次，计划生育法之所以是恶法，就在于它作为国家法律不是保障包括符合生育政策的那些公民的生育在内的所有生育行为，而只是保障政府的一纸生育计划的。计划生育制度是政府执行生育计划的制度。但是，每个人和每个家庭都有着不同的生活条件，他们的生育行为其实都是他们实际生活的结果，政府却毫无道理地要求所有家庭的生育行为都要符合它的主观编制的计划，凡是无法按照它的要求怀孕和生育者，一律受到惩罚。其实，在现代，特别是在我们国家，几乎所有的家庭都已经实行节制生育，实行他们的家庭计划了。但是，我们的计划生育法却不保障国民自行实行的有计划的生育，甚至也不保护现行生育政策赋予国民生育权的生育行为。也就是说，即使计划生育法和国民有限的生育权利都是依据党的同一政策制订的，但是，计划生育法仅只是保障政府的生育指标的，即使国民符合政策规定允许的生育也不意味着可以生育，更不受计划生育法的保护。在现行的计划生育制度下，政府把一个新生命的诞生完全当作商品生产一样，符合政策的国民还必须依据政策向政府提出特别生育的申请，必须等政府审批并发放了许可证以后才可以怀孕和生育。有的时候，政府审批生育申请甚至于比一般商品还严格，生育一个孩子如同生产有污染的被管制的产品，条件极为苛刻，程序相当的繁琐。这就是为什么如有些媒体所反映的那样，北京有符合二胎生育条件的夫妇生育二胎的申请需要加盖 40 多个公章、需要附加邻居的证明材料，为什么会出现陕西安康妇女冯建梅符合"女儿户"政策要求但因为没有得到准生证仍要强制进行大月份引产，河北省昌黎县安山镇罗家营村 32 岁的农民杨忠臣和 20 岁的妻子结婚第一个孩子 9 个月也被强制引产，宁海的陈女士的活产的第一胎儿子被当作"死胎"处理，自后 10 年全国遍地求医再也不孕……。至于不符合政策和计划外的婚育行为，如有标语"能引地（的）引出来，能流地（的）流出来，坚决不能生下来""打出来！堕出来！流出来！就是不能生出来""宁可血流成河，不可超生一个"，活脱脱显现出计划生育法保障一纸计划而不保障人民生命宗旨的荒谬和野蛮。

再其次，计划生育法之所以是恶法，就在于它所管理和管制的对象不仅仅是希望生育孩子的妇女，而是对所有育龄期妇女自由权的限制和侵犯。现代的法律是保障国民的自由的，而计划生育法致使所有的妇女生育不自由、生活不自由。一方面是因为计划生育政策赋予现在人们的生育孩子数量的权利与人们希望生育的孩子的数量差别太大，另一方面是因为怀孕常常是无意间出现的。所以，计划生育工作的对象就不像工商和政府的生产监管部门那样简单。计划生育工作不仅是审核那些符合生育政策人的申请而给他们颁发准许生育的证件，更大量的工作是要防止出现计划外生育，特别防范违反政策的生育，其工作对象几乎大到全体育龄妇女。

但是，怎样才能监督监管所有的育龄妇女？在现有的各种避孕方法中，男女结扎和妇女带节育环比较安全有效。结扎输卵管或者输精管一劳永逸，自不必说。妇女带节育环因为上环、取环都需要一定的专业技术和工具，当事人自己无法操作，所以，妇女带上环以后，只要严厉打击未经政府批准敢于给妇女取环的行为，没有生育指标的妇女又没有正当理由申请取环，绝大多数妇女带上节育环也接近于永久性的节育。上个世纪60年代中期，卫生部部长钱信忠在上海市蹲点搞计划生育，总结出"一胎上环、二胎结扎"的经验。80年代以来，这一经验推广到全国。有位村委支书向调查者说："政府根本不相信农民会主动采用避孕的装置，这就像叫狼去看羊一样。农民想尽办法，就是要多生一个。就算装了子宫环，还可能会找一个没有执照的产婆，把它拿出来。所以我们队上每隔一段时间就要把所有的妇女集合起来，检查她们的子宫环是否仍在原位。当然做输卵管结扎手术是最一劳永逸的做法……输卵管一经结扎便很难复原，所以妇女便难以再度受孕。"

这个村支书所说的情况，是我国农村计划生育的缩影。因为城市夫妇双方工作单位的福利待遇等约束条件，特别是生育数量对于城市生活的实际影响不是很重要，绝大多数家庭选择了遵从政策要求生育。因为城市妇女选择了服从，所以表现上没有农村妇女强制带环、结扎、流产、超生，以及逃生等等那么惨烈。但是，城市人口不能按照自己的生活条件和意愿生育，已经是对公民自由权的侵犯和伤害。在农村，即使按照要求带了环，因为害怕私自取环，带环的妇女每隔一定时间还必须重新透视查环，当然是对人民生活和自由权利的限制。

还不仅于此。随着经济社会的发展，农民离开本土从事经济活动的人越来越多，不少的妇女可能离开监管的地方。所以，计划生育部门专门成立了流动人口管理机构，加强对流动人口管理。凡外出经商或者打工的农村妇女，需要开具已经落实长效或者已结扎的证明。如果是带节育环的妇女，一般则需定期回到户籍所在地检查节育环是否脱落。国际社会为体现尊重个人隐私、妇女尊严和人权，曾发明一个词汇叫"知情选择"，强调在实行家庭计划过程中当事人有权自主选择具体的避孕方法。但是，这些做法并不适合中国。

再其次，计划生育法之所以是恶法，就在于它不仅剥夺了所有人的自由生育权，而且将全体人民都置身于被管理和管制的现行计划生育制度之下。现行的计划生育制度是传统的计划经济的产物，它是按照经济计划的模式建立的。所以，它本质上是一种被管制的生活，是一种审批制度。计划生育法是对所有中国公民自由生育权的侵犯和剥夺，只不过有些公民已经超过生育的年龄，有些公民的生育意愿正好符合政策允许的生育数量的要求，有些公民选择了服从政策，从而未曾表现出与现行的计划生育制度的直接冲突。但是，这并不表明哪个人作为例外而具有自由生育权。计划生育法是一个管制和约束所有中国公民的法律，所以是与所有人都有矛盾并可能与其发生冲突的法律。

按照计划生育法的规定，所有人的生育都需要经过审批，发放了准生证才可以生育。但是，仅凭借一个计划生育管理部门如何能对付所有可能出现的计划外生育？不可以管的事情还要管，怎么办呢？为此，计划生育就被提高到越来越高的位置上，以至成为基本国策，要求党政"一把手"亲自抓、负总责，《中华人民共和国人口与计划生育法》和各个省的《计划生育条例》还规定"一票否决制"。这样，计划生育绑架了几乎所有的社会组织和个人。凡是上级下达的年度人口和计划生育目标管理责任制考核未能达标的，人口和计划生育工作重点治理地区未能按期改变面貌的，部门和单位发生违反人口和计划生育法律法规生育等等情况的，要取消相关单位当年和下一年综合性先进、荣誉称号的评选资格，其主要负责人、分管人口和计划生育工作的负责人，当年年度考核不得确定为优秀和称职等次；一年内取消各类先进、荣誉称号的评选资格，不得提拔和晋升职务；任期内被否决两次以上的，予以降职或免职；已提拔或转（调）任后发现有"一票否决"情形的，予以追溯否决，等等。总之，即使是一位最普通的职员，如果遇到单位被"一票否决"，没有综合奖，也得不到每年第 13 个月的工资。如果是单位的"一把手"，则直接影响到他的仕途。为此，计划生育就不仅是育龄妇女的事情，而是所有人的事情。因为妇女承担生育的职能，理所当然地在劫难逃，强制性上环、结扎、流产（引产），都在所难免。如果有所脱逃，就可以抓她的公公婆婆、大伯子小叔子，乡里乡亲、左邻右舍，都难咎其责。

现代社会崇尚法治，而法制社会是建立在法人治理基础之上的。所谓的法人治理，就是法人负责制，谁的责任谁承担，不嫁祸于人，不株连九族。但是，一部计划生育法将所有的人网织在一起，将简单社会关系复杂化，搞乱了社会秩序。

还有，计划生育法之所以是恶法，还在于它长期致基层干部于大胆枉法和政府纵容违法犯法而不知的境地。在一个现代法制国家，所有国民都有人身和财产不受侵犯的权利。公民不经法庭审判不得视之为犯法；即使一个被剥夺政治权利的罪犯，仍有人身不受侵犯和伤害的权利；只有警察被授权可以询问公民和经过公诉机关的批准才可以限制公民有限时间内的自由，以及要求公民有向其陈述的义务。除此以外，包括政府其他执法人员在内都无权以任何理由限制公民的自由权。包括房屋等等所有的动产和不动产在内的公民私人财产受法律的保护，除非经过法庭审判并委托法院的执行庭强制执行，除此以外，包括政府其他任何执法机构和人员都不允许强行进入个人私宅，强行搬取、抵押或拍卖私人财物。无论什么情况下，都不允许任何人有意毁坏财物。所以，在一个法制国家里，即使对于违犯法律的人的处理，也不允许所谓执法人员为所欲为。国外没有违犯生育法这一说，譬如对于逃税漏税人员的处理，税务人员仅仅查处和落实偷漏税的情况，却无入室扣押财物以抵押税额的权利。对于偷税漏税问题的处理，另有法律渠道和程序。但是，从上个世纪 70 年代末计划生育法产生以来，以违法犯法的方式执法，几乎构成了计划生育工作的常态。违背妇女意愿强制上环、结扎、流产，都属侵犯公民人身权利和民主权利；强行进入民宅拿走家具、拉走耕牛、农副产品，以及推墙、扒房等等行为，都属侵犯财产。

问题更为严重的是政府对此长期视而不见，或者仅将其当作工作作风和方法问题，轻描淡写。1984 年 3 月，中央书记处要求国家计划生育委员会纠正部门工作作风时，有关部门就总结出基层野蛮工作方法，如抄家、封门、砸锅、扒房子、毁坏庄稼、牵走牲畜，破坏群众的基本生产资料和生活资料，甚至围村突击，拉人游街、变相监禁群众、株连亲属、乡邻等等。有的地方甚至组织"夜袭队"，晚上去抓计划生育"超生户"或结扎对象。30 多年来，以上做法不仅未曾绝迹，不少地方甚至愈演愈烈，该知道不是作风问题，而是现行的计划生育制度问题，计划生育法的问题。

干部知法犯法，政府纵容干部违法犯法，对于社会的危害更大，后果更为严重。即使这样的事情不予上报，就地消化；不许报道，似乎是没有产生社会影响。但是，被伤害的当事人、周围的群众，以及他们的子女，不仅深知真相，一定对政府不究和纵容产生很深厚的抵触甚至仇恨的心理。对于那些以违法犯法的方式管理计划生育的人员、了解真相的周围群众，以及他们的子女来说，也必然会动摇法制社会的信仰，铤而走险和大胆妄为的人会越来越多。所以，对于执政者来说，这实在是一种自毁江山的短视行为。

总之，现代国家以民为本，法律本来是用以保护人民和维护社会秩序的。现在，计划生育法却侵犯人民的权利，破坏社会秩序，给许多的家庭带来痛苦和不幸，透支和过度地消蚀执政者的权威，还不谓恶？

（刊发于 2014 年 5 月 20 日）

我国可能出现的补偿性生育究竟有多少？

——政府部门说话不可以信口开河

最近忙于撰写有关计划生育法的一组文章，浏览上网的时间相对少了。上午翻检自己的博客，发现一位网友将卫计委 7 月 10 日新闻发布会的一段话未加任何评论地粘贴在我的文章后面。这段话极不负责任，不像国家机关所说。为谨慎起见，托付学生核对原文，学生竟将那天有关的几段话都翻检出来发给了我。

据我们统计，目前我国符合单独两孩政策条件的夫妇一共有 1100 多万对，并将持续增加。2013 年，我们国家卫生计生委在除西藏、新疆之外全国 29 个省区市组织了大规模的生育意愿调查。结果显示，约有 80%的家庭希望生育两个孩子。现有一个孩子的单独家庭，希望生育第二个孩子的数量也在 60%左右。从目前看，符合单独两孩政策条件的夫妇总量并不是特别大，各地启动实施单独两孩政策具体时间也不同。据统计，截止 5 月 31 日，全国提出再生育申请的单独夫妇一共有 27.16 万对，已批准的有 24.13 万对，可以说单独两孩政策起步良好，进展顺利，不会出现婴儿潮。

关于普遍生育两个孩子的问题。目前我们国家的生育势能还是很大的，我们现在有一个孩子的家庭，全国测算有 1.5 亿左右。如果按照生育意愿调查的情况看，有近 80%或者低一点 70%的家庭有生育意愿，那么我们就有将近 9000 万的家庭准备再生育孩子。这样看的话，如果现在普遍实施二孩政策就会使我们国家的生育水平有一个很大的反弹，对于经济社会的发展会造成很大的影响，也会使我们国家制定的人口发展目标受到影响。

全面放开二孩，近来有很多呼吁。但是现在中国独生子女的家庭 1.4-1.5 亿左右，按照现在单独两孩的生育意愿，就这 1.4-1.5 亿的独生子女的夫妇如果全面放开二孩政策，这 1.5 亿就在新的政策范围里了，这里面假定有 60-70%实际要生二孩的话，大概有 8000 万到 9000 万，接近一亿的孩子要出生，而且大概四、五年内要出生的，这样就会形成一个更大的出生婴儿的高潮，也就是每年大概平均多出生 2000 多万人。我们原来政策的条件下，每年出生 1600 万，加上你新增加出生的 2000 万，大概在四五年内、五六年内可能每年就有 3000-4000 万的孩子要出生，这对中国的影响还是很大的。中国现在基本国情没有变，人口的总量还仍然是我们要调控的一个目标，既要调控人口的数量，也要顾及人口的结构，两方面都很重要，不能因为调整人口的总量，都维持一孩的政策，人口老龄化就非常严重，也不能为了调整人口结构，就放弃了人口总量的调控，这两方面还是要追求平衡。我觉得，现在、目前、立刻全面放开二孩的政策，我觉得至少目前来说还不成熟。但是，随着经济社会的发展，因为我们的生育政策在不断的调整和完善，我觉得今后可以讨论这个问题，但目前这样做恐怕不利于人口长期均衡的发展。

按照这里所给的信息，大约是因为独生子女和独生子女家庭堆积得太多，如果全面放开二胎，就会爆发每年可怕的补偿性生育高峰，所以不能放开二胎。所谓补偿性生育，是在正常情况下必定发生的生育行为，因为自然或者社会的原因推迟出现了。譬如上个世纪 40 年代中后期到 50 年代的世界育婴潮，就是对第二次世界大战期间的补偿性生育。我国 60 年代的生育高峰，就是对 50 年代末到 60 年代初的经济困难时期的补偿性生育。这里所说的补偿性生育，是假设由国家独生子女政策所限制未生育的第二胎，当普遍放开生育二孩的限制后将可能出现的生育高峰。但是，从发言人的这几段话就不难发现，他们连独生子女的概念都没有弄清楚，独生子女究竟有多少也是个未知数，然而却可以测算出言之凿凿的人口数据来，难免逻辑和数据推导上一连串地混乱。

首先，提倡一对夫妇只生一个孩子是我国自 1979 年以来持续了 35 年的大政策，由这一政策决定产生了独生子女、独生子女夫妇或独生子女夫妻，以及与此相应的现有一个子女的夫妇数、领取独生子女证夫妇数、领证率等等一系列过去所没有，其他国家的人口统计学至今也没有，但是在我国社会生活中却相当重要而规范的概念和指标。这些概念和指标，计划生育部门都曾下发过许多次通知规范其各自的定义、统计口径和计算方法，还有一些概念甚至是经过国家计划生育法和省一级计划生育条例中予以规范说明的。譬如上面引文中我用黑体标识的"有一个孩子的家庭""独生子女的家庭"和"独生子女夫妇"，从话语上理解的话，他们是一个相同的东西。但是，它们在我们国家计划生育工作中也都是不同的概念（且先不说发言人的这几个词语都与国家计划生育部门所要求的规范性词语的表达也不一致）。有一个孩子的家庭，在 80 年代的统计报表中是"现有一个孩子的夫妇"；独生子女夫妇，这是《中华人民共和国人口与计划生育法》产生以前的说法，国家法颁布以后改为独生子女夫妻。因为提倡一对夫妇只生一个孩子是我国的一项重要政策，而独生子女又在计划生育工作中具有特别重要的作用，所以，独生子女夫妻又有特别严密的定义。在全国人大常委会通过的《中华人民共和国人口与计划生育法》中，独生子女夫妻是指"自愿终身只生一个子女的夫妻，国家发给《独生子女父母光荣证》"或者"获得《独生子女父母光荣证》的夫妻"。省一级的计划生育法表述略有不同，但也都很严密而规范。譬如山西省人大常委会 2002 年 9 月 28 日第 31 次会议通过的《山西省人口与计划生育条例》，独生子女夫妻是指"夫妻只生育或收养一个子女，并向乡（镇）人民政府或街道办事处领取独生子女父母光荣证的"。

国家法律是这样严密规范独生子女的定义的，在计划生育工作中，现有一个孩子的家庭（夫妇）和领取独生子女证夫妇（家庭），也是分别统计的。譬如我们查找 1979 年计划生育统计资料，该年现有一个子女夫妇数是 1535.4，已领取独生子女证夫妇数是 610.1，领证率为 39.7%。我没有最近几年的这几个指标的数据，但我相信它们仍然是不同的。

在我国计划生育管理中，政府也是如此严格认真执行的。譬如最近刚开放的"单独"允许再生一孩的政策，并不是任何一个没有兄弟姐妹的"有一个孩子"或"独生子女"就可以领取到再生育指标的，其核心条件是政府给申请者父母发放的《独生子女父母光荣证》。即使申请再生的人已经 40 多岁、确属没有兄弟姐妹，那也无济于事。他（她）必须拿出当年父母生育他（她）以后从政府领取的《独生子女父母光荣证》，这是必备的要件。如此严格而规范，所以才有了发言人所说，"从目前看，符合单独两孩政策条件的夫妇总量并不是特别大"。

但是，读者将随着我们的分析发现，发言人不仅将"有一个孩子的家庭"和"独生子女的家庭"混淆，而且是将没有兄弟姐妹的人直接等同于独生子女的家庭，甚至于等同于独生子女的母亲。

其次，根据上面几段话，特别是根据"我们现在有一个孩子的家庭，全国测算有 1.5 亿左右"的话语，这其中无论"有一个孩子的家庭"是指有一个孩子的夫妇还是独生子女夫妻，都说明这样一个问题，即提倡一对夫妇只生一个孩子虽然是在我国执行了 30 多年的重大政策，政府设置了一个部门在落实包括只生一个孩子在内的计划生育政策，但是，至今我们却没有独生子女家庭和有一个孩子的家庭的相关统计数据。或者，与此项政策相关的一系列统计指标也许都有，但是不准确，以至于无法运用它们分析问题。但是，没有这些数据不是通过工作寻找到这些数据以后再分析问题、再说话，而是要用其他的"测算"数据直接说事。这就引导着我们一起走进了迷途。

第三，发言人说"全国测算"，却不告诉我们是谁所做的测算，是国家卫生计生委自己的测算还是别的什么人的测算，这个测算是根据什么资料、运用什么方法进行的？这个测算经过了那些人、什么样的程序评审被通过和认可、其可信度究竟有多大？国家进步了，社会开明了，无论什么人都有权利在这类问题上发表意见、搞些测算。但是，那是个人行为或者民间自己的事情。如果政府认可了，并且将其拿出来以确凿无疑的态度告知社会，那就又是一回事。另外，政府如果轻易将个人的研究和测算拿过来做宣传，那就更不应该了。我们是一个逐步发展的国家，以前只知道改革要求党政分开、政企分开。其实，政、学不分同样也都是我们要解决的问题。国家卫生计生委代表国家，新闻发言是一种政府行为。政府提供平台为个人做宣传，这对其他的研究者就不公平。特别是政府机关将没有做过结论或者存在很大争议的观点轻率地拿过来为自己服务，是极不慎重、不严肃和不负责任的。再说了，这个问题本来就很简单，国家计划生育管理部门的统计数据尚且不可靠，经某些人稍稍拐了个弯，将别的数据拿过来捏弄一下就可靠了？

第四，在现代国家，全国性的数据只能来源于政府部门。在我国，权威的人口数据只能来自于国家统计局和卫计委。卫计委已经婉转地告诉我们没有这方面的数据，那国家统计局有没有呢？当然也没有的。首先，几次全国人口普查都没有设置调查过"有一个孩子的夫妻"或"独生子女夫妻"。其次，在全国性的调查中，如果望文生义的话，2005年国家统计局的全国1%人口抽样调查公布有"全国分年龄、性别的独生子女数"。但是，稍稍仔细分析"全国分年龄性别独生子女数"的调查登记口径就可以发现，这个独生子女数却不是我们所说的独生子女，更不是发言人所说的"有一个孩子的家庭"和"独生子女夫妇"。2005年的全国1%人口抽样调查中的"全国分年龄、性别的独生子女数"是从调查30岁以下人口中填写的"有几个兄弟姐妹"项目的统计中将填写没有兄弟姐妹的人当作独生子女统计汇总的。就是说，在调查登记时，既不是明确要求登记填报"是否是独生子女"，更不是"是否领取《独生子女父母光荣证》"。直接、简单、明了，不启发、不暗示、不诱导，以及不具有倾向性、不改变调查登记项目用途，这都是社会调查必须遵循的几项基本准则。如果是政府普查之类的调查活动，还需要注意避免设计具有政治倾向性和政策敏感性的问题。在我们国家，计划生育和独生子女政策已经是一个很敏感的问题，尽管调查者是询问"是否有兄弟姐妹"，但它不能不和要求一对夫妇只生一个孩子的独生子女政策联系起来，引起在这方面有问题的人的警觉，为躲避超生可能的处罚，以及由此引起的不愉快的记忆，都可能影响如实填写。更何况，它恰恰改变了原来调查登记的用途，将调查中填写没有兄弟姐妹的人改为"独生子女"。所以，2005 年全国 1%人口抽样调查中的所谓"独生子女"，不但不是我们计划生育工作中所说的有一个孩子的家庭、独生子女夫妻或者独生子女，而且明显要比所有以上的几个指标都要大得多。因为不用多置笔墨就该知道，即使不说非独生子女为了隐瞒违反政策会申报自己为"无兄弟姐妹"，而且在最长 30 年的不同期间里，即使有过好几位兄弟姐妹却都死亡了，也自然都是会填写"无兄弟姐妹"。

第五，如果是使用这次调查的数据做测算，那我可以断定，做测算的人一定没有作过凡是做研究、做计算，都必须对所用资料质量进行虽然是程序性的但是却相当重要的事前的评估。2005 年全国 1%人口抽样调查按照抽样框设计"这次调查的全国样本量共约 1300 多万人"。但是，"这次调查的（实际）样本量为 1705 万人"（还公布有一个 1699 万人的数据）。这次抽样调查的设计是按照 13 亿人口来做的，但是，如果以 1%的抽样推算实际得到的调查，全国就不是 13 亿而是 17 亿多。这次样本比为 1.325，即实际调查人口与样本设计人口的比例为 1.325∶1。我查阅 1987 年全国 1%人口抽样调查的样本比为 0.999，1995 年为 1.02666。如果说 2005 年的调查和 1987、1995 年都一样的可靠，那我们可真的无语了。有些读者可能要问了，为什么国家统计局也查不出准确的人数来？那还不是计划生育惹的祸！国民没有按照政府的规定生育，政府要把基层干部和违犯政策的国民捆绑在一起受处罚，那基层干部还不和民众一起搞瞒报？干部群众知道卫计委是政府，难道不懂得统计局也是政府？

第六，因为测算者要说明放开二胎后可能出现的补偿性生育，所以他指的不是独生子女数而是与独生子女数对应的独生子女的母亲。这样，即使使用这个资料做计算，他们所测算的全国有一个孩子的家庭 1.4-1.5 亿也明显多多了。按照 2005 年全国 1%人口抽样调查

口径的 0-30 岁独生子女占所调查人口中全部同龄人口比例约 29.3%
计算，2010 年普查资料中 0-30 岁的独生子女数则接近 1.7 亿。需要
说明的是，如果测算目前的这个数据，由于 2010 年以来每年退出 30
岁的人口都接近 2000 万，而新出生的人口常常还不到 1600 万，所
以，现在 0-30 岁总人口比 2010 年普查时少，没有兄弟姐妹的人数
也相应就少了。不过，因为我们主要是寻找测算人的原则和逻辑错
误，在这一类问题上就不扣那么细致了。

因为按照发言人所说的计算，普遍放开二孩后，独生子女的母亲
就会爆发强大的补偿性生育，那我们就必须做两方面的扣除。

一个是 0-30 独生子女母亲中每年都会发生一部分再生育，这在
过去是包含在现在每年出生的 1600 万之中的。他们在政策解禁之前
已经生过第二胎，以后就不再生第二胎了。或者，即使是在政策解禁
以后再生育的，他也应该包含在原来每年出生的 1600 万之中，而不
属于政策变动后新增加的人口。我们当然没有这方面的准确数据。但
是，这又是必须要做的工作。我们将这一方面的计算划分为两段分别
处理，一个是将 5 岁以上较高年龄子女的母亲生育假设为零。当然，
事实上可能数据比较小，但不可能是零。只是因为分段计算很复杂，
我们又没有应有的数据，所以将其忽略了。另一个 0-4 岁较低年龄
组，我们仍按照 0-30 岁针具同年龄人口的比例 29.3%当作是只生了
一胎。（因为随着经济社会的发展自愿生育一个孩子的人越来越多，
所以，经过将近 10 年的时间，也许这个数据低了点。但是，一方面
我们拿不出可靠的数据，这又不好自己杜撰个数。另一方，考虑到我
们所讨论问题的焦点是补偿性生育，因为社会的发展提高的自愿只
生一个孩子的比例将来一般也不会扩大补偿性生育的人数，所以，我
们还是选择本次调查的数据）如此，0-4 岁组中 70.7%的独生子女的
母亲因本来就发生的生育二孩已经统计在现在的 1600 万之中，需要
先做扣除。

再一个是在 0-30 岁的所谓独生子女中，25-30 岁的父母一般都
该在 45-50 岁以上，特别是他们的母亲绝大多数都在 45-50 岁以上

（考虑到独生子女中其父母特别是母亲属于城镇人口、甚至属于体制内的即国家单位的职工的比例比较高，结婚迟生育晚，实际上 25 岁以下的独生子女中超过 45 岁以上高龄的母亲也都很多，一般也都该排除其再生育的范围。但是，因为没有这样的数据，我们也将这一因素略去了）。当然，45 岁以上的个别妇女也还是存在生育行为的，一方面是比例极小，另一方面也是没有这方面的数据，所以忽略了。总之，25-30 岁独生子女的父母占整个 0-30 岁独生子女总数的 10.3%，也应该扣除。

这样，如果从 1.7 亿中扣除上述我们所说的两项，将来有可能发生生育补偿的独生子女就不是 1.4-1.5 亿，而只有 1.2 亿了。其实，在整个计算过程中，我们还有两个大项也该做相应的扣除，一个是违犯计划生育政策出生的非独生子女伪报为"没有兄弟姐妹"而统计为独生子女者，这极大地扩大了独生子女的数量。另一个是在 0-30 岁所谓的独生子女数中，还该有较大比例的父母的死亡和离异者。因为我们的计划生育工作都是规范和从严审批，不用说母亲死亡后自然就不再发生补偿性生育了，就连因丧偶、离异再婚者，如果对方是生育过两个以上孩子者，实际上也是不可能得到再生育指标的。所以，这两项实际上分别都是好大的一个数，也都忽略了。

读者已经看到，在我们打得十分宽泛的条件下所进行的计算，都要比发言人所说的数据小多了。

第七，发言人说，"2013 年，我们国家卫生计生委在除西藏、新疆之外全国 29 个省区市组织了大规模的生育意愿调查。"国家卫生计生委在 2013 年进行过生育意愿的调查，这是我们第一次听说。我们过去只知道国家卫生计生委的下属事业单位中国人口与发展研究中心 2013 年在全国除西藏、新疆以外的 29 各省市区做过一次生育意愿的调查。国家卫生计生委的调查和中国人口与发展研究中心的调查是不相同的，这种区别如同国务院和国务院所属的国务院发展研究中心的区别一样，是不允许混淆的。国家卫生计生委的调查是政府行为，中国人口与发展研究中心的调查是具有官方色彩的民间行为。发言人现在是代表政府说话，如果那次调查是中国人口与发展研究中心所进行的调查，那就不应该把下属的事业单位的调查活动说成是本政府机关的；如果该次调查的确属于国家卫生计生委的调查，因为同年自己的下属事业单位也做过一项相同内容和相同题目调查，为了加强自己所发布问题的准确性，也需要将自己下属单位调查的同一项内容的数据列举出来或者加强自己的观点，或者需要解释其中的差别。

另外，发言人先说"单独"家庭中60%的会要求生二胎，又说60-70%。近些年民间有关生育意愿的调查很多，我们从发言人的几次不同的表述中不能准确判断这都是谁的调查。发言人似乎很认可卫计委自己或者他们的下属中国人口与发展研究中心在2013年所做的调查。但是，这次调查除了类似这次发布需要偶尔透漏一些数据以外，并没有向社会公开发布全部资料。那么，这次调查的质量是否保障、数据是否可靠，社会一概都不知道。即使可靠的数据，也必须在使用时准确把握相应的口径。这都该是起码的常识，不该含糊其辞。因为调查再生育的意愿，那在0-4岁组的独生子女父母中做调查和在25-30岁独生子女父母中间做调查，其结果必定是大相径庭的。发言人一会用60%，一会用60-70%，不论是哪个数据，调查对象中低年龄妇女和高年龄妇女的比例，都会影响这个数据的大小。所以，发言人至少要向社会交代清楚数据的来源，以利民众自己做出判断。

不过，按照我们的分析，0-4岁组独生子女中70.7%都应该剔除出再生育的因素，所以，无论现在谁的生育率调查中，独生子女再生意愿的比例都大大高于实际。所以，发言人用60-70%决定1.4-1.5亿独生子女母亲的再生育行为，得出每年将有2000-3000万出生人数，不能不是相当地荒唐。

需要向读者说明的是，笔者在这里与发言人纠缠，并不是也要寻求一个准确的数据。相反，笔者认为在决定公共政策这一类重大问题时，没有基本的数据就根本不能、也不应该证明什么。一切结论都应该建立在对客观事实的分析的基础之上，这就必须有充分的、严密而准确的数据。具体到我们的问题上，必须要有客观的独生子女夫妻数和政府一一登门征求她们的再生育的意见之后的统计数据。否则，就不能轻易下结论。想当年，党和政府要求国民响应号召只生育一个孩子，极具献身精神的青年选择只生一个的行为何等高尚！30 多年过后，过高的独生子女夫妻数却又成了某些人反对改善政策的依据，这又该是偌大的讽刺，何等的悲哀！出现这种荒唐的现象并非是历史真的在和我们开玩笑，而是我们政府相信并随意引用一些荒唐的所谓研究结果所致。没有客观的统计数据，就无法对相关的事情进行分析。这个道理很简单，那就是老百姓常说的"巧媳妇难做无米之炊"。没有食材，再高明的厨师也无法做出精美的饭菜。用沙、用土做饭炒菜，那是幼儿游戏玩耍过家家。

但是，我国的人口学家都是大手笔。30 多年来，凡是有影响的几个所谓人口学事件，几乎都是测算或预测。而所有这几个人的预测又都具有一个共同的非凡的本事，那就是能熬出无米之粥，在根本没有基本数据的情况下搞测算。1979 年，我们国家自 1964 年以后已经 15 年没有搞过人口普查，缺少基本的人口数据，宋健竟然用全国的户籍材料和公安部门在一个县、一个县级市的调查材料代替全国的资料，搞出一个百年的人口预测。2004 年，担任全国人大常委会副委员长的蒋正华给总理写信要用 2000 年的人口普查资料做国家人口发展战略。其实，因为那次人口普查存在一个登记人口 12.4 亿和公告宣布的全国总量 12.6 亿两个数的矛盾，稍具常识的人都知道根本无法做测算。2006 年，蒋正华用 1990 年的人口普查推算出未来几十年我国人口发展的态势，完成了国家人口发展战略。既然 15 年前的数据可用，那还要每 10 年一次的普查干什么？这不，宋健蒋正华流老矣，专司国人生育的政府部门都没有独生子女数，自有高人不仅可以借用其他数"测算"出独生子女数，而且还可以"测算"出独生子女他妈将来反悔了而再要生育第二个孩子的巨大潮流数。可能因为时间关系，发言人没有详细介绍，据说高人曾经据此测算我国妇女生育率最高可达 4.5，每年出生人口最高可达到 4995 万。那不胡扯吗！那是妇女生孩子，又不是吐唾沫，有那么方便？现在妇女的生育率有多高？2000 年和 2010 年人口普查已经分别降低到 1.22、1.18了。表明我国已经进入超低生育的时代，该发愁老百姓不生孩子该怎么办了。他竟然还在那里海吹，怕中国妇女如果一年出生 5000 万该怎么办呢。现在每年出生多少人口？才 1600 万。就是把中国和印度两个大国放在一起让老百姓随便生，也生不出那么多啊。肥皂液还有个膨胀系数，牛皮咋就没有个弹性系数？

　　之所以发生这样的荒谬的事情，除了其他方面的原因，很大的一个因素就是我们国家机关中一些工作人员和部分所谓的人口学家，严重脱离实际，把客观的人口变动过程当作是泥人张手上的一块泥巴。他们不懂得老百姓和他们一样，每个人的生育都是他们自己的实际的生活与人生。马克思说，人们无法选择他们的社会关系。这也包括了人们无法选择他们的经济和社会生活条件。人们的生、死，以及迁徙和移动都貌似偶然的变化，其实是有深厚的经济社会发展因素在背后起着作用。对于绝大多数老百姓来说，他们都要过一种结婚、生育之类的常人应有的生活。这些常人的生活对于常人来说，什么时间结婚、什么时间生育，通常并不是可以随意选择的。仔细分析起来，这样那样的变动或者改变，都是需要成本支持的。在有的时候，即使付出成本也还是无法改变的。所以，并不是有哪些老百姓不愿意听从党和政府的话，有意违犯生育政策。人生常常如同下棋一般，他的日子就是过到了这个样子的份上，无可选择。您要将他们生活中必须要有的生育划算作违法，他也无可改变。所以说，人口的变动过程是不以包括政府的政策在内的人们的主观意志为转移的。您只是把客观的生育行为按照一定的主观条件划分为合法的或者非法的。也就是说，人们该怎么生的就都已经生育过了。这才是无时无刻不在发生的客观现实。只有那些不了解实际的干部和学者，天真地以为政策是怎样规定的，老百姓的生育行为就是怎样的。每每一提起政策的调整，拿出一大堆数据来，总是以为会出现生育高峰。10 年前，一些省的生育政策稍稍地宽松了一点，许多人就以为要出现生育高峰。

2003 年初，国家计划生育委员会在一份题为《全国 2002 年度人口与计划生育工作形势的分析报告》中说：

目前各省（区、市）都在修订计划生育《条例》。一些省放弃了对晚婚晚育的严格要求，取消了生育间隔的规定，放宽了对再婚家庭生育的限制。这种政策微调，将使今后几年的出生人数和生育水平有所提高。

但是，我们抄录国家统计局《中国统计年鉴》中 2000-2010 年各年的人口出生率：14.03、13.38、12.86、12.41、12.29、12.40、12.09、12.10、12.14、11.95、11.90，哪里有什么提高啊！不是一直在下降吗！2004 年以后，一些过去没有实行"双独"允许生二的政策的地方（这一政策是 1981 年开始由个别地方提出，1982 年就作为全国性的政策提出来了），相继把政策放宽到这个口径。有一些人又预言将出现生育高峰，其中包括像上海市这样的大城市都曾预想将出现高峰，事实上却都没有发生。为什么会是这样？很简单。新时代的人们已经不是赵树理小说中二诸葛、活神仙那样整天攥着本黄历按照《计划生育条例》的指导去生活，经济社会发展的状况决定了他们的实际生活，该什么时候结婚、生孩子，都已经发生了。不同的仅仅是调整政策前属于非法，调整后属于合法。如此而已。只有我们的机关中和象牙塔里的人按照报表中的数据还在那里等待出生高峰呢。这次"单独"生二的政策提出来以后，这样的声音又出现了。按照发言人的说法，"据我们统计，目前我国符合单独两孩政策条件的夫妇一共有 1100 多万对，并将持续增加"。但是，放开"单独"之后半年多过去了，全国提出申请生育二孩的"单独"家庭才 27 万多，还没有明白是怎么回事。我们的同志就不去想一想，每年出生的 1600 万人中，由"单独"再生育的也不止这个数啊。还要说会有更大的高峰呢。那就等吧。

——2014 年 7 月 19 日
（刊发于 2014 年 7 月 20 日）

一部有违于我国宪法的法

——三论计划生育法是恶法

宪法并不是政府的法令，而是人民组成政府的法令；政府如果没有宪法就成了一种无权利的权力。

——T．潘恩

上一篇论述计划生育违背人权是从人的自然权利方面来说的[1]，自然权利属于最低限度的普遍的道德权利。本篇则要从政治权利方面来讨论这个问题。在现代国家，自然权利也是国民的最基本的政治权利。按照政治法学来说，一切政治权利在本质上都属于资产阶级法权。而了解资产阶级法权就不能不涉及资产阶级国家和与资产阶级国家相关的一系列理论问题譬如有关国家的本质、现代国家的社会基础，以及现代国家和宪法问题，等等。如同上一篇将人权原则的相关问题弄清楚以后，就明白了计划生育法违背基本人权的道理一样，计划生育与现代国家宪法的矛盾和冲突也都属于国家问题中最基本的道理，只要了解了现代国家及其宪法的一些基本的知识，计划生育法违背宪法的道理也就自然清楚了。

一、马克思关于现代国家的共同特征

人是一种社会动物。无论传统社会还是现代社会，人们总是结成一定的社会形式，在一定的社会形态下生存。所以，一定的社会共同体或社会组织，似乎是永恒的。但是，作为国家却是历史的产物。历

1　参见 http://liangzhongtang.blog.163.com/blog/static/109426508201457035349 81/

史上不仅有过不知道国家为何物的时代，而且将来还会走向消亡，人类进入到没有国家的时代。所以，恩格斯说：

> 国家决不是从外部强加于社会的一种力量。……国家是在一定发展阶段上的产物；国家是表示：这个社会陷入了不可解决的自我矛盾，分裂为不可调和的对立面而又无力摆脱这些对立面。而为了使这些对立面，这些经济利益互相冲突的阶级，不致在无谓的斗争中把自己和社会消灭，就需要有一种驾于社会之上的力量，这种力量应当缓和冲突，把冲突保持在"秩序"的范围以内。这种从社会中产生但又自居于社会之上并且日益同社会脱离的力量，就是国家。

国家产生以后，又经过了数千年的发展，才形成了现代世界各个不同民族的国家。按照国际法的理解，所谓民族国家需要符合诸如人民、领土、普通法律和习俗、组织成政府、保持外交关系的能力、不受外国统治等等的一些必要条件。这些方面都不是我们这篇文章关注的重点。因为宪法是现代资本主义国家的根本法典，所以，我们要理解宪法，就必须弄明白一些有关现代国家和宪法的问题。

马克思在《哥达纲领批判》中对建立在"现代社会"基础之上的"现代国家"分别作了解释。关于现代社会，马克思说：

> "现代社会"就是存在于一切文明国度中的资本主义社会，它或多或少地摆脱了中世纪的杂质，或多或少地由于每个国度的特殊的历史发展而改变了形态，或多或少地发展了。

也就是说，现代社会是不同程度的资本主义社会。关于现代国家，马克思则说：

> 不同的文明国度中的不同的国家，不管它们的形式如何纷繁，却有一个共同点：它们都建筑在资本主义多少已经发展了的现代资产阶级社会的基础上。所以，它们具有某些极重要的共同特征。

现代国家则是建筑在资本主义多多少少已经发展了的社会基础上的国家。用马克思的原话来说，建立在现代资产阶级社会基础之上，是所有现代国家的共同特征。

二、斯大林建立的所谓社会主义国家，并不是马克思和列宁所设想的无产阶级专政

我们为什么要讨论这个问题？因为上面引述的马克思关于现代社会和现代国家的论述，都是 140 年以前的情况。将近 100 年前，俄国爆发了"十月革命"。再后来，斯大林建立了社会主义苏维埃共和国。第二次世界大战以后，又产生了一系列的社会主义国家，出现了一个与资本主义国家相抗衡的社会主义阵营，这些国家也都制订了宪法。按照一些人的解释，历史已经发生了很大的变化，似乎人类社会已经跨过了或者正在跨国资本主义时代。那么，马克思所说的"现代社会"和"现代国家"的理论是否还适用、这些所谓的社会主义国家是否还具有资本主义国家性质呢？与以往的历史时代比较，从一代人或者几代人的切身感受来说，刚刚过去的 100 年是发生了巨大的变化。但是，从马克思之后的 100 多年历史的发展来看，马克思所论述的资本主义是一个大历史时代，是需要在资本主义社会内部逐渐生长出足以完全取代资本主义的各种重要社会因素的历史时代，是要历经数百年甚至更长期才可完成的历史阶段。所以，过去的 100 年虽然有巨大的变化，但是，所有这些变化却还没有达到可以改变马克思所说"或多或少地摆脱了中世纪的杂质，或多或少地由于每个国度的特殊的历史发展而改变了形态，或多或少地发展了"资本主义，还没有发展到改变建筑在现代资产阶级社会的基础之上的现代国家共同特征的程度。要说明这个问题，就必须对斯大林的所谓无产阶级专政的国家类型作点分析。

按照马克思、列宁、斯大林这样一脉相承的马克思主义的理解，斯大林所建立的社会主义国家即无产阶级革命专政的国家，是源于列宁，而列宁则源于马克思。马克思是在讨论德国工人党的纲领的时候，是在讨论党纲中关于未来社会即取代资本主义社会的同时可能

发生的国家形式问题时，提出过无产阶级专政的理论的。马克思说：

在资本主义社会和共产主义社会之间，有一个从前者变为后者的革命转变时期。同这个时期相适应的也有一个政治上的过渡时期，这个时期的国家只能是无产阶级的革命专政。

从逻辑上来说，马克思是推论横跨在资本主义社会和共产主义社会之间的政治形式。但是，资本主义社会如何向共产主义社会过渡？19世纪40年代后期，马克思和恩格斯依据欧洲一些国家的革命形势判断，是要通过无产阶级革命完成的。他们认为，只要全世界所有资本主义国家的无产阶级联合起来，就可以推翻资本主义的统治，建立起无产阶级的革命专政。请读者记住，马克思的这一革命理论建立在这样两点上，一个是发达的资本主义国家无产阶级的暴力革命，一个是主要的资本主义国家同时爆发的革命即世界革命。列宁不仅接受了这一思想，而且还实际发动了俄国十月社会主义革命。不过，列宁在领导俄国革命的时候，并不是以为一个国家的工人阶级可以实现胜利。按照列宁的帝国主义理论，资本主义已经发展到垄断的、腐朽的垂死的阶段。列宁把第一次世界大战当作是资本主义的最后的和最全面的危机。俄国革命仅仅是先走了一步，紧接着俄国革命，各个资本主义国家的无产阶级都将很快利用帝国主义的世界大战发动起义，变世界战争为国内战争，分别夺取政权，完成无产阶级世界革命。一直到十月革命在全俄取得胜利之后，列宁还在等待欧洲发达国家的无产阶级革命。1918年，列宁参与制订的《俄罗斯社会主义联邦共和国宪法（根本法）》中还特意提出：

第三次全俄工兵农代表苏维埃代表大会的基本任务是消灭任何人对人的剥削，完全消除社会之划分为各阶级的现象，无情镇压剥削者的反抗，建立社会主义社会组织，使社会主义在一切国家中获得胜利……

这就是说，列宁建立的国家是等待世界革命从而最后完成消灭阶级差别和国家。历史虽然没有按照马克思和列宁的预想发展，他们却为历史留下了丰富的有关建立无产阶级国家制度即"无产阶级的革命专政"的丰富理论遗产。这些理论给当代人们带来不少的困惑。但是，他们关于国家消亡和消亡的具体方式的思考却是资本主义发展时期的政治哲学的不朽篇章。可以肯定地说，当历史走过这一个阶段以后，人们会发现马克思和列宁对资本主义向共产主义过渡，以及有关国家消亡问题的探索，都将是人类最优秀的思想财富之一。

因为列宁生命的最后几年病魔缠身，斯大林实际掌握了俄国的党和国家领导权。斯大林所建立的强大的社会主义苏维埃国家，其实是和列宁在"十月革命"前夕所撰述的《国家与革命》一书中所总结出来的无产阶级国家类型所不同的。特别是列宁应该知道马克思的社会主义革命是发生在发达的资本主义国家，而俄国是一个落后的农业国家。列宁坚持在俄国发动革命，一是因为俄国已经具有革命的形势和可能胜利的条件，二是预想德国、法国等发达国家的马克思主义政党会利用帝国主义战争的机遇领导本国的无产阶级发动革命。我们知道，世界革命并没有发生。列宁逝世以后，斯大林不仅提出了一国可以建成社会主义的观点，而且宣布建立起无产阶级的革命专政。

但是，如果仔细分析斯大林的苏联社会主义国家，它并不是马克思和列宁所设想的"无产阶级的革命专政"。因为人们都很熟悉斯大林的苏联社会主义国家制度，为篇幅所限，我仅列举列宁在十月革命前夕从马克思恩格斯的相关论述中所总结出来的社会主义国家制度的几个特征，请读者自己判断其间的差别。列宁提炼出来的马克思有关无产阶级专政的国家制度，是建立在这样的经济基础之上的，一是生产资料收归全社会所有，二是建立在已经消灭了商品货币和私有经济基础上，三是实行按劳分配即按照劳动卷领取生活消费品。读者可以发现，直至苏联解体的 70 年间，并没有实现这三个基本原则。

然后再说国家政治制度方面的基本特征，第一，用武装起来的工人阶级取代资产阶级国家的常备军和警察；第二，将国家职能简化为会计、统计等简单的几项工作，以使一般市民水平的人甚至全体居民都能办理、都能胜任，用一般居民取代资产阶级国家官吏的特殊"长官职能"；第三，用普选出来的、并且随时可以撤换的、薪金不超过一般工人的工人阶级代表取代资产阶级国家的官吏；第四，取消由国家任命的一切地方的和省的政权机关，县和市镇通过普选出来的官吏实行完全的自治。仅仅对比这几个方面，我们就该知道斯大林的政治制度也不是马克思和列宁所说的无产阶级专政的国家。

三、马克思和列宁的无产阶级专政国家也属于"资产阶级法权"

不过，如果我们作进一步分析的话，正如马克思和列宁早都很明确地指出的那样，他们所预想建立的无产阶级专政国家其实也是没有资本家的资产阶级国家，而这样的国家仍然具有资产阶级法权性质，属于正在走向自行消亡的道路上的"半国家"。马克思说：

我们这里所说的是这样的共产主义社会，它不是在它自身基础上已经发展了的，恰好相反，是刚刚从资本主义社会中产生出来的，因此它在各方面，在经济、道德和精神方面都还带着它脱胎出来的那个旧社会的痕迹。

马克思分析说，在所设定的条件下，生产资料归全社会所有了，社会全体成员都只能通过劳动获得自己需要的消费产品。就社会实现了按劳分配的原则来说，权利是平等的。但是，由于每一个人的情况不同，譬如有的人结了婚，有的人没有结婚；有的人孩子多，有的人孩子少，从而人们所领取的产品事实上也就是不平等的。

所以，在这里平等的权利按照原则仍然是资产阶级法权，虽然原则和实践在这里已不再互相矛盾，而在商品交换中，等价物的交换只存在于平均数中，并不是存在于每个个别场合。

虽然有这种进步，但这个平等的权利还仍然被限制在一个资产阶级的框框里。生产者的权利是和他们提供的劳动成比例的；平等就在于以同一的尺度——劳动——来计量。

列宁深刻地分析了马克思所估计到了在"社会主义社会"，仅仅把生产资料转归社会公有还不能消除分配方面的缺点和资产阶级法权的不平等，就产品"按劳分配"这一点来说，资产阶级法权还占统治地位。列宁继续分析说：

……如果不愿陷入空想，那就不能认为，在推翻资本主义之后，人们立即就能学会不需要任何法权规范而为社会劳动，况且资本主义的废除不能立即为这种变更创造经济前提。

可是，（在社会主义社会）除了"资产阶级法权"以外，没有其他规范。所以在这个范围内，还需要国家来保卫生产资料公有制，来保卫劳动的平等和产品分配的平等。

国家正在消亡，因为资本家已经没有了，阶级已经没有了，因而也就没有什么阶级可以镇压了。

但是，国家还没有完全消亡，因为还要保卫容许在事实上存在不平等的"资产阶级法权"。要使国家完全消亡，就必须有完全的共产主义。

可见，列宁在"十月社会主义革命"前夕所作的研究认为，即使在实现了生产资料公有制以后，在消灭了资本主义私人占有制以后，未来的社会仍然充满资产阶级法权规范，这个时期的国家"还要保卫容许在事实上存在不平等的'资产阶级法权'"。保护和保卫资产阶级法权的国家，应该是什么国家？当然是资产阶级性质的国家。更何况，从上个世纪80年代末90年代初东欧和苏联剧变以后，除了北朝鲜以外，包括原来的斯大林的苏联在内的所有社会主义国家，无论其是否还认为自己是不是社会主义，毫无例外地都公开转向市场经济，鼓励发展民间资本或私人资本，从而明显具有了马克思所说的"建筑在资本主义多少已经发展了的现代资产阶级社会的基础上"、具有资本主义"共同特征"的资产阶级国家。

四、人民主权是一切现代国家宪法之根本

笔者所以要用较多的篇幅介绍马克思和列宁的国家学说，是因为经过数百年的发展，历史已经模糊了现代国家宪法性质的视线。一方面，按照马克思的现代理论，现代社会都是或多或少发展了的资本主义社会，现代国家都是建立在现代资本主义社会基础上的资产阶级国家。另一方面，凡是现代国家，都标榜拥有一部成文的或者不成文的宪法。我没有对近期世界各国做过统计，根据布劳斯坦和弗朗茨在上个世纪 70 年代初编辑的《世界各国宪法汇编》，已经收入 157 个国家 157 部宪法。因为不少的国家先后产生过多部宪法，所以历史上曾经存在的宪法数量远比这个数字还要高。但是，随着历史的演变，不仅不同时期不同国家产生不同宪法的背景有所不同，而且各个宪法所要突出或者强调的内容也有所不同（任何时期特殊背景下的政治斗争所要解决的特殊的政治问题往往都要比大历史时代应该解决的共同性问题更能引起人们的关心与关注、直接和迫切）。特别是第二次世界大战以后如雨后春笋般从殖民制度中诞生的发展中国家，其历史发展程度参差不齐，有不少国家的宪法往往只是向世界表明其民族国家独立和诞生的一张出生证明书，它所昭示的更为深刻的社会意义却未必罗列在宪法的文字中。所以，当产生宪法的历史逐渐远去的时候，就连一些宪法学者对于现代国家为什么要制订宪法，以及宪法的作用是什么，也常常莫衷一是，说法不一。由于时过境迁，许多宪法学家离开宪法的根本性质和职能解释宪法，说宪法就是确定政府和国民双方各自的权限。问题当然不是这样。正如俗话所说，不要忘记出发，特别是不要忘记为什么出发。固然，如果仅仅从文字上来看，绝大多数宪法中都规定了人民应该享有的权利和政府应该具有的权力。但是，当初的资产阶级制订宪法的目的是在与封建专制制度斗争并取得胜利之后，以人民的名义确定政府与人民之间的关系的法律，是向政府宣示人民主权的。所以，虽然一般国家的宪法中固然都罗列了人民应该享受的、不受任何外来力量剥夺的，从而

也是政府必须予以保障的民主权利，但它并不得解释为否定或轻视其他未能列举的一系列权利；相反地，宪法中明确规定了人民授予政府的权力、政府的架构以及政务运作的程序，凡是宪法中未能明确列举授权政府的权力，政府则不可以任意地发挥和扩张，未能明确的政府组织和机构，则不得任意设置或撤销，政府运作必须严格依照宪法制订的程序。也就是说，宪法的本质表明人民的权力（权利）是无限的，政府的权利（权力）是有限的。请读者特别注意这句话中，笔者对权力和权利的特别搭配使用。为什么如此？因为在现代国家中，人民和政府之间关系，主权属于人民，人民是国家一切权力的根本、源泉及来源，政府的所有权力都来自于人民的授权。

所谓主权就是权力所属，用通俗的话说就是谁的权力，或者权力是谁的。因为从美国开始用成文的宪法明确地回答了国家权力的所属及其来源这一根本性问题以后，所以才说宪法是一个国家的根本大法。在漫长的奴隶制和封建制时代里，是不存在这个问题的。因为专制制度下的主权从来都是不言而喻的，人们都相信天命和君权神授，无论统治者或者被统治者从来都不怀疑其统治的合法性问题。殷商末年，纣王无道，百姓纷纷议论说，不是有天命吗，为什么老天还不让他去死？纣王却回答说，我就是天命，谁能把我怎样！我行我素，荒淫不改。因为在 16 世纪以前，商品经济尚未成为社会的主要形式，社会也未能形成人人平等的普遍意识。所以，在之前的所有政治斗争中，一方面主要是统治阶级内部争夺统治权的斗争，人们往往会争议统治权力的正统性问题，而不会提出主权所属问题。另一方面，被统治者的反抗往往只是关心改善被统治的条件问题，个别性的被统治阶级的较大斗争即使能够发展到与统治阶级全面抗衡的程度，也只局限于"打倒皇帝做皇帝"，也都不会提出主权所属的问题。

当商品经济发展到一定程度的时候，封建王权必然要遭受到挑战。1642 年，英国内战爆发，反国王的人们需要解释自己行为的正当性，人民主权说应运而生。捍卫议会权利的亨利·帕克写文章提出，国家权力的本源和有效的源头是人民，国王的权力是从人民的权力派生的，是次要的。而保王党人则反驳说，上帝已经在《圣经》中表达，主权和作为主权化身的人集国王于一身，主权由国王享有和体现。17世纪40年代，英国革命的焦点就集中在国家权力究竟属于国王还是议会。1649年1月30日，议会成立的特别法庭将国王查理一世送上了断头台，被议会临时推到副检察长职务的库克在法庭上起诉国王罪状的依据就是人民委托权力于国王是为了人民的安全与福祉，而国王竟背叛人民把国家拖进了内战的火海。国王至死则都以傲慢的态度面对议会法庭的指控，认为议会法庭违法，因为只有国王才有权召开议会和下令组建法庭，国王拥有免于起诉的特权。虽然英国革命仍以王室复辟结束了持续半个多世纪的社会动荡，但是，一直令英国人引以为自豪的"光荣革命"的意义就在于，王室事实上承认了人民主权并自后总能遵循"王在议会"的原则。

英国革命给人类带来丰富的思想遗产。霍布斯、洛克、孟德斯鸠、卢梭……，这一时期的所有政治法学家都从英国革命中吸取了营养。细分他们的政治观点，会有许多的不同，但比较一致的认识则可以归结到如下两点上，一是人民（议会）主权，二是政府分权。美国是被认为第一个拥有成文宪法的国家。美国原属英国的殖民地，不仅政府设置仿照宗主国体制其主权属于代表人民的各州议会，所以本来就有实施宪政的基础。独立战争期间，为了一致对付英国皇家军队，大陆各州已经组建了大陆自卫队，协同作战。独立后第二年，各州代表又达成协议，相互缔结邦联和永久性联合。在之后的一段时间里，一些州发现因航运而必须组建海军和协调关税，战争期间建立的仅仅具有联盟性质的邦联政府的权力远不能胜任大陆各州发展的需要。组建一个包括北美13个州的合众国，成立一个更具有权威性的政府代表合众国人民的利益，都是当时事态发展的必然结果和处在艰难困苦中的北美人民的明智选择。当然，正如潘恩所说，宪法是先于政府而存在的法令，原北美殖民地各州委派出来的代表之所以能够聚集在一起制订宪法并授权组建政府，是因为他们已经脱离英联邦而独立，各州人民事实上已经有了权力。一方面，权力的本源在各州议会，他们当然只愿意让渡出不得不授权的极少部分权力。另一方面，美国的开国元勋们对于英国革命之后 100 年的政治思想演变以及英国宪政历史都相当熟悉（以参加 1787 年费城制宪会议的 55 位各州代表为例，其中 9 人为种植园主，15 人为奴隶主，14 人曾经当过法官，还有一半以上的人是律师），所以这一时期所制订的具有宪章意义的公约都鲜明地体现了人民主权和自由精神。1776 年的《弗吉尼亚权力法案》和《独立宣言》、1777 年的《邦联条例》、1781 年《邦联组织法》，以及 1787 年颁布的《美利坚合众国宪法》及其 1791 年的"修正案"，都有"一切人生而同等自由、独立"，"一切权力属于人民，因之来自人民，执行法律的一切官吏都是人民的受托人和仆人，在任何时候均应服从人民"……特别是《独立宣言》中的一段话，几百年来在人们世代之间反复流转，百颂不倦，极为精辟地体现了现代国家宪法的基本精神。

我们认为这些真理是不言而喻的：人人生而平等，他们都从他们的"造物主"那边被赋予了人某些不可转让的权利，其中包括生命权、自由权和追求幸福的权利。为了保障这些权利，所以才在人们中间成立政府。而政府的正当权力，则系得自统治者的同意。如果遇有任何一种形式的政府变成损害这些目的的，那么，人民就有权利来改变它或废除它，以建立新的政府。

这段文字构成了现代国家宪法的精髓。第一，人权是一种不可剥夺、不可转让的自然权利；第二，人们为了自己的安全和福祉组成政府；第三，政府的权力来自于人民的同意和授权；第四，如果政府违背人民的授权以致损害人民的利益，人民有权改变它、废除它，直至采用武装起义的方式推翻它，从而建立起一个新政府。

阅读从独立战争到美国宪法产生前后几十年的美洲大陆产生的一系列文献，个个都体现了这一宪法的根本性原则。由于殖民地和宗主国向来所具有的广泛而且密切的社会联系，使得发生在北美大陆这一欧洲各文明国家殖民地上的持续几十年的政治思潮，又直接影响和感染了欧洲大陆（美国有许多位制宪代表和政治理论鼓动家此后几十年曾以私人或者国家委派的身份活跃地穿越于美国、英国、法国等欧美国家）。1789 年的法国大革命和大革命中产生的《人和公民权力宣言》，以及 1791 年《法国宪法》，无不是在美国政治运动的影响和推动下产生并从总体上体现了这一宪政原则的。美国独立战争和此后建国的几十年的伟大活动，以及与此相连接的法国大革命，改变了人类历史。从此以后，大凡新的国家产生，或者古老国家发生革命或政变而建立新的政府，往往都会以颁布宪法的方式昭示天下，认可人民主权和自由精神。当然，落实宪法和执行宪法，体现人民主权的宪法精神无论在哪个国家都还有漫长的路要走，但是，美国成文宪法的出现则标志着人类进入了宪政历史的时代。

所谓宪政，简单来理解就是按照宪法精神处理国家政务，它是现代国家的一种主要政治生态。在实行民主宪政的国家制度下，人民通过宪法的形式昭示国家主权，然后在宪法的保障下享受神圣权利，政府则在人民的授权下按照宪法的规定处理公共事务并保障人民的权利不受来自任何方面的侵犯。鉴于历史上人民的威胁往往是来自于政府，所以在那些实行宪法和宪政较好的国家里（当然在这些国家里，往往都是呈现着人民的力量大于政府的态势），人民总是对政府保持高度的戒备，强调人民主权，是国家权力的源头，要求政府立法、司法和行政的各项政治权力都必须严格遵循宪法规定的原则和程序。

按照马克思的国家学说分析资产阶级的宪政理论，当然是不科学的。马克思和恩格斯认为，国家是阶级矛盾发展到不可调和的产物。国家通常都属于经济上占统治地位的那个阶级的。与直接由劳动力推动的自然经济所不同的是，资本主义生产方式是由资本推动的。资本家最初以货币资本的形式购买场地、机器、原料、劳动力等等生产要素，然后在资本家的管理下由转化为生产要素形式的生产资本推动劳动创造并占有财富。在资本主义生产方式中，传统的自然经济形态下由劳动直接推动生产并占有劳动财富的分配形式过时了，劳动者在资本主义生产中仅仅是作为一种生产要素出现的，劳动者得到的工资收入是劳动力的价格，劳动创造的财富则是以资本利润的形式按照资本的大小在资本家之间分配的。正如马克思所说，现代社会都是或多或少地改变了传统社会的杂质，或多或少地改变了形态，或多或少地发展了的资本主义。而现代国家则都是维护生产过程中的资本的统治并保障资本的利益的。所以，现代国家毫无例外都是属于资本家的，是资产阶级的国家，人民主权是一个过于笼统的或者不严密、不科学的说法。说它不严密，是因为人民是相对于国家和政府而存在的一个范畴，是一个国家所有人的总计与总和，是所有公民的集合。事实上，它是由不同的集团组成的，是划分为阶级的。按照马克思的国家学说，国家总属于一定阶级的，最终是为那个在经济上占统治地位的阶级服务的。所以，人民主权说掩盖了现代国家的资产阶级本质，是不科学的。

但是，不科学的，甚至是不够严密的理论，却不一定都是错误的、无用的、没有进步意义的。首先，按照人民主权理论，现代国家都被设想为一个社会契约，设想人民为了保障自己的权利和利益而同意组成一个政府，并且就政府的类型和管理它的条件达成一致的意见。事情当然不是这样。国家是社会发展到一定程度之后产生的，它通常是代表经济上占据统治地位的那个阶级的利益的。对于绝大多数的人民来说，国家是被动地接受的，也不可能是征得他们同意而组建的。但是，这样的解释却是有利于人民和社会的进步的。这比历代专制政府将自己打扮成接受天命和人民的代表，整天标榜自己如何为人民操碎了心有利于人民。因为以天命自居不仅可以不代表人民和必须为人民服务，而且总还是以施舍者和人民救星的姿态出现，人民实际上无权要求统治者做出更为有利于人民的事情。政治社会契约论虽然是不科学的，但它足以支撑人民主权理论，能够将人民送到社会的主人的位置上，有利于人民对统治者的限制和约束，有利于底层的人民伸张自己的权利和要求保障自己的利益。

其次，人民主权问题的提出是就国民和政府的关系提出的有关现代国家基本关系的重大政治命题，它是政府公务活动目的和国家治理关系中的一个最核心的问题。因为政府作为独立的力量凌驾于整个社会之上，直观它的对立面本来就是全体国民或者人民。所以，主张人民主权说的革命者在与专制时代的国王斗争中将国王放在与全体人民的对立面不仅是斗争的需要，而且是时代发展后社会政治生活已经显现和廓清的一个现实。资产阶级先进分子利用人民主权论对于孤立封建阶级和动员人民与封建阶级作斗争，都起到积极的作用，具有极为进步的历史意义。

还有，当资产阶级运用宪法的形式将人民主权的原则固定下来之后，社会地位较低的阶层和社会结构中处于被压迫被剥削状态的人群，甚至社会地位最低的阶级，就都可以利用这一武器打出平等和公正的旗帜，在要求废除特权的同时，以资产阶级上层已经享有的权利为尺度，提出扩大民主的诉求，通过实际目标和步骤来改变自己的社会地位，从而促进全社会的发展。

总结 200 多年来资产阶级国家的宪政历史，特别是发达国家有关人民主权的宪法宪政的实践，可以说修订和完善了马克思恩格斯的国家学说，特别是修正了马克思和列宁的有关国家消亡的理论。我们已经知道，马克思、恩格斯以及列宁都认为，国家最终是要灭亡的。但是，从最近 100 多年的历史实践来看，这一结果既不会是宣布"被废除"的，也不可能是通过革命"炸毁"的。按照马克思和恩格斯早年的认识，发达的资本主义国家的工人阶级通过革命手段打碎资产阶级的国家机器，建立起无产阶级国家然后实现国家的消亡。列宁就是在这一基础上进一步发展了马克思主义，试图通过建立起无产阶级专政的国家，实践这一理论的。但是，十月革命以后将近 100 年的世界历史并没有按照列宁预想的方向发展，特别是发达国家经济社会稳步发展，虽然工人阶级和劳动群众与社会上层的矛盾冲突不时发生，但却没有出现过足以产生革命的征兆和条件。之所以出现这种情况，从现代国家政治制度来说，应归功于资产阶级国家宪法所昭示的人民主权理论和民主宪政的实践。

毫无疑问，发达国家的政府是为金融资本家服务的，其本质是属于资产阶级性质的。但是，由于社会金字塔结构的特点，越是下层的人口也就越多，在人民主权和民主宪政制度下依靠一人一票的普选方式选择政府的国家，执政党需要靠选票胜出，那也就要迎合底层人民的需要，不断提出改善底层人民经济社会现状的执政目标。第二次世界大战以后6、70年以北欧国家为主的欧洲发达国家的福利制度，英国、美国等国家注重改善劳动条件和提高劳动报酬，普遍建立的覆盖全民的社会保障制度，以及设立最低生活水平线，等等，都极大地缓和与缓解了马克思时代所特有的社会矛盾。以上还只是从经济生活方面列举的进步，事实上在政治生活方面那些实行现正制度的国家所进行的改善底层人民政治状况的进步也都是很大的，也许这方面最为触目的进步就该是美国黑人总统的产生和越来越多国家的妇女出任政府的首脑。资本主义世界的发展已经改变了 100 多年前马克思在世时代的社会状况，至少从目前的世界局势来看，爆发无产阶级世界革命的可能性几乎是不存在的。资本主义社会显然是在选择了一种和平的方式进步和发展。

那么，马克思恩格斯关于国家消亡的理论是否是错误的呢？那也不是。人们广泛地知道，马克思主义认为人类依次经过原始社会、奴隶制社会、封建社会、资本主义社会和共产主义。其实，马克思从来没有做过这样的概括。那是一些所谓的马克思主义理论家们提出来的。马克思在 19 世纪 50 年代后期研究资本主义经济过程中，曾经将人类历史划分为资本主义发展阶段和在它之前、之后的 3 个阶段作比较研究。在资本主义以前，人的依赖关系完全是建立在自然发生的基础上，人的生产能力只是在狭窄的范围内和孤立的地点上发展着，这是最初的社会形态。在这个基础上产生了资本主义，这是第二大形态或者第二阶段。资本主义就是以工业化的即大批量的、深加工的、生产线的方式制造商品。在这个阶段，普遍的社会物质变换，全面的关系，多方面的需求以及全面的能力的体系。如同第二阶段是在第一阶段基础上生长出来一样，第二阶段为第三阶段创造条件，在资本主义充分发展的基础上才有可能产生出建立在个人全面发展和他们共同的社会生产能力这一基础上的自由个性，自由人全面发展的社会，——这就是我们通常表述的共产主义。马克思几乎在同一个段落里还指出，在以交换价值为基础的资产阶级社会内部，产生出一些交往关系和生产关系，它们同时又是炸毁这个社会的地雷。也就是说，资产阶级社会内部会生长出炸毁它的社会关系（地雷）。但是，他又认为：

> 如果我们在现在这样的社会中没有发现隐蔽地存在着无产阶级社会所必需的物质生产条件和与之相适应的交往关系，那么一切炸毁的尝试都是唐·吉诃德的荒唐行为。

这就是说，虽然马克思曾经主张通过无产阶级革命的办法"炸毁"资产阶级国家，但是，他仍然认为这个"炸毁"即取代资本主义基本关系的"地雷"即资本主义高度发达的社会经济关系是在资本主义社会基础上自然产生的（这一观点在《资本论》第一卷曾经表达过，包括恩格斯整理出版的《资本论》第二卷和第三卷在内的《资本论》手稿中还多次表达过），如果资本主义内部没有生长出炸毁它的"地雷"，任何炸毁的尝试则都是荒唐的。根据马克思的这一思想，100 多年来，落后国家倒是常有政局不稳和暴力冲突，甚至于不乏武装斗争，但显然因为这些国家未经过资本主义的充分发展从而缺少"无产阶级社会所必需的物质生产条件和与之相适应的交往关系"，决定了这些国家的那一类暴力绝对不可能是马克思所说可以炸毁资本主义和产生更高级社会的"地雷"；更高阶段的社会制度应该从发达的资本主义社会中产生，但是，发达的资本主义国家却因为推行的民主宪政及时化解了社会矛盾从而也很难再产生马克思时代所认知的"地雷"。所以，马克思最经典的表达，即通过无产阶级暴力革命推翻资本主义统治以达到国家消亡的观点，看来是过时了。那么，国家将怎样消亡呢？

恩格斯曾经说过，当国家真正属于人民了，人民对于国家来说真正可以谈论自由了，人民也就不需要国家了，国家从而也就消亡了。根据这样的分析来认识，现阶段的资产阶级国家性质当然还远谈不上真正属于人民，其宪法上所谓人民主权当然是资产阶级的主权。但是，相对底层的阶级则可以运用资产阶级的人权、平等、公平和正义等口号，接过人民主权的旗帜要求自己与资产阶级上层具有相同的权利，将资产阶级少数人可以享有的权利扩大化。所以，人民主权和宪政制度的发展，确实是在逐步改变历史发展的方向和轨迹。上个世纪 60 年代中苏两党大论战中，中国党曾经批评苏共"全民国家""全民党"的观点。在历史的现阶段，无论苏联共产党领导下的所谓社会主义国家或者发达的资本主义国家，固然都还远谈不上"全民"。但是，社会底层的阶级运用宪法中人民主权这一根本原则不断伸张自己的权利，通过逐渐缩小社会底层人口和扩大有产阶级的方式，通过不断缩小社会各阶级之间差别的方式，"全民国家""全民党"则是有可能出现的。（就这一点来说，资本主义工业化不仅意味着社会生产以工业化的方式生产出大批量的人们需要的物资产品，而且生产出人口越来越多的有产者阶级）正如马克思恩格斯所说，国家是一种暴力机关，是一个阶级压迫另一个阶级的机器。当人民之中有产者人口越来越多，阶级的差别越来越小，当全体人民基本平等而不再存在足以区分为阶级的差别的时候，社会已经平等到不需要镇压什么人和没有人再需要镇压的时候，当国家已经转变为全体人民的时候，国家就变得没有必要了，也就消亡了。可见，马克思的国家理论也需要随着时代的发展予以及时地修正和完善。

再回到我们的主题。按照马克思的论述，现代社会都是或多或少地发展了的资本主义社会，建立在这一基础之上的现代国家则都是资产阶级的，或者是或多或少具有资产阶级性质的国家。现代国家的宪法就是胜利了的资产阶级予以更有效地使用国家机器的同时，又要防止政府过于强大以至再退回到专制时代成为社会的主人，从而向政府昭示人民主权并授予其部分权力的社会文书。所以，就现代国家宪法的目的和意义来说，都是为了保障人民的权利和实现人民主权的。这是现代国家中具有永久性的原则问题，是具有根本性的。所以，它是决定现代国家的一切政治经济生活的基本原则与目的。与此相比较，其他的法律和制度不仅都是由这一基本原则派生出来的，而且是也都是为这一原则与目的服务的。也是在这个原则上，潘恩说宪法是人民制订，法律则是政府制定的。

（未完待续）

（2014 年 8 月 10 日、20 日分 2 部分刊发）

自印本《人口研究与江湖术士》序言和目录

谨以此书献给今天在北京隆重召开的"中国人口学会第八届会员代表大会暨 2014 年会"。

——梁中堂 2014 年 9 月 1 日

（一）序言

这本小册子汇集的几篇文章，即使最初并不是为博客所写的，但都曾经在我的网易博客上粘贴过。就内容来说，都是议论人口研究的职业操守和职业道德的。

不过，有两个编辑上的小问题需要向读者做一些交代。一个是第一篇文章最初不是在现在自己的网易博客上发表的，而是为开通博客以前的个人网站[1]上的一组文章《科学研究和职业操守》，所写的前言。因为它不仅是谈论研究职业问题的，而且还追踪了职业这个现代词语的发生和来源。所以，将其放置在开首，具有绪论性的性质和味道。

第二个问题是关于给田雪原的一封信，我将其放置在附录里。之所以做这样的处理，是因为无论从哪方面来看，它都该配在那个地方。一是因为它最初并不是为博客所写，二是它曾经被编辑放置在笔者的《论"公开信"》的小册子和《我国生育政策史论》里。不过，完全是因为文章体裁形式的原因，在这两本书里它也都是被搁置在附录里面的。

1　参见 http://www.liangzhongtang.cn

　　但是，在读者现在手上的这本小册子里将其继续放置在附录里却不是出于文章体裁一类的纯技术上的考虑，而是从文章的主人公田雪原在这本小册子中的地位来讲，它就该在附录里。无论对于不明就里的人口学界还是田雪原就职的中国社会科学院来说，田雪原似乎具有很高的学术地位，无论如何都该配在我的这本小册子里获得一个正式的位置。人们有所不知，他只是因为给宋健担当了几个月的副手就获得了自后终生就有的高度，而在宋健那里，他就是个配角。做技术工作的宋健及宋健的小团队运用计算机算出了一大堆数据后却茫然无知，不会运用它们写文章，这才去找中国社会科学院。不想，那时的中国社会科学院也没有人知道什么是人口研究，刚从教育部行政岗位上调到经济研究所的田雪原因刚参加马寅初平反写过一篇马寅初人口论的文章，所以就找到了田雪原。田雪原果真厉害，他硬是具有那种无论什么样的数据都可以写出适合主旋律的文章。田雪原果然不负所望，加盟宋健小团队后，仅用了一个多月中的几个星期天的时间，就以新华社记者的名义写出了一炮打红的"百年预测"和人民日报上的文章。如果稍微安分一点的话，田雪原继续维持一段配角的角色，合作也许会长久一些。哪想田雪原后脖子上长有反骨，他只给宋健团队写了一篇文章和一部还未交出去的书稿，就利用宋健团队计算的资料在人民日报等大报上单独署名自己干去了。所以，1980 年初春那个对当时的社会很有影响的"自然科学工作者和社会科学工作者"的"合作"也就只河合作了 1、2 个月的时间。因为田雪原在这个团伙中就是个配角，我在几篇文章里批评的主要对象也就只能是宋健。这样，田雪原就不得不继续受点委屈被放置到附录里去了。

　　也许，为了表明笔者并非是对田雪原存有偏见而不得不再多说几句。在我的一些著作里，有关田雪原的文章并不都是放在附录里面的。比如《中央人口座谈会：一个由田雪原自编自唱的谎言》，在《论"公开信"》里就是作为主要文章出现的。因为田雪原自 2008 年开始，编制出一个根本就不存在的"中央人口座谈会"，说"一对夫妇只生一个孩子"的政策就是这次会议上"民主讨论"和"科学决策""定"下来的，甚至还决定该由党中央以"公开信"的方式将它发布出来。这些当然都是田雪原的梦话或呓语。所以，为了还"公开信"的本来面目，不仅需要研究其产生的历史背景、性质、作用和意义，而且还须具体讨论他编派的故事。特别是得到 1980 年 4 月中共中央办公厅召开的人口问题座谈会的资料以后，笔者还专门写了一本小册子《鹿耶，马耶？——田雪原的中央人口座谈会》，予以专题研究和揭露。如同一生中他常有的表现那样，在那里，田雪原理所当然地都是主角了。所以，在笔者的文章和书本里，无论其地位的伟岸高大或渺小，都是以所论的内容来决定的。这样说当然也并非说笔者没有喜恶和不懂爱憎，在写作有关田雪原中央人口座谈会一组文章的过程中，笔者如同是在清理奥斯球王牛圈一般，时常会泛出一种恶心和欲要呕吐的生理反应。

按照司马迁的说法，自古以来接受天命登上宝座的帝王，有哪个会不举行封禅大典的？汉武帝迷信神仙，思念亡故的宠幸夫人，齐人少翁擅长鬼神方士，投其所好，果然让汉武帝夜间在另外一个帷帐中远远望见了不能忘怀的王夫人。由此，汉武帝拜齐少翁为文成将军，赏赐了许多财物，且以宾客之礼相待。用现在的话来说，齐人少翁稍稍运用点他的专业知识做了点讨好汉武帝喜欢的项目，就由此当上高官，成为受人尊重的知识分子的楷模。

其实，不只是古代人，相信天命、顺耳、祈求好运，可能都是人性的一种表现。所以，自秦汉以来，一些聪明人利用这一懦弱的人性特点，投其所好，以术士为生，长世不绝。想一想活到这把年纪才领悟过来，人生在世不过都是以各自的方式谋生存。用俗气一点的话来说，就是在世上混。方士，或者江湖术士，那也该是一些天分较高、比较聪明的人的一种混世的方式与手段罢。特别是为社会结构金字塔特征所决定，古代帝王和现代国家领导人手上的资源都特别地丰富，能够在那个层面上忽悠的方士和术士，才算得上高人之上的高人、聪明人之中的聪明人。

因为收录在这里的各篇文章都曾在博客上粘贴过，所以，我将每一篇的网址也都分别标注在各篇的题目之下，可供有兴致的读者进一步点击查看网友们的反应与评论。

是为序。

梁中堂 2014 年 8 月 19 日

（二）目录

序言
当科学研究作为一种职业不再神圣时[2]
人口学家与江湖术士[3]
再议人口学家与江湖术士[4]
戳破马寅初神话[5]
高官清谈，误国殃民[6]
职业操守与蒋正华的"科学发展"[7]
我国可能出现的补偿性生育有多少？[8]
附录
致田雪原的一封信

刊发于 2014 年 9 月 10 日）

---

2 见 http://liangzhongtang.blog.163.com/blog/static/10942650820073592816907
3 见 http://liangzhongtang.blog.163.com/blog/static/10942650820119674323747/
4 见 http://liangzhongtang.blog.163.com/blog/static/10942650820119187398837/
5 见 http://liangzhongtang.blog.163.com/blog/static/10942650820119271130129/
6 见 http://liangzhongtang.blog.163.com/blog/static/10942650820130254345 4971/
7 见 http://liangzhongtang.blog.163.com/blog/static/10942650820138100224 0937/
8 见 http://liangzhongtang.blog.163.com/blog/static/10942650820146200293957/

深切悼念安斗生同志

9月3日晚7点左右，正与几位朋友小聚，奉魁电话告诉我，爸爸去世了。尽管思想有所准备，但仍令人无限伤感。8月4日，我陪同华南理工大学公共政策研究院刘骥先生一行抵翼城考察，下午提出抽时间去看望安主任，药监局靳怀晖同志告诉我安主任因为脑梗已经住进监护病房。当时我就提出去医院探视，县里的同志介绍说当地风俗下午和晚上不看望病人。5日中午，靳怀晖陪同我到县医院探望了老人。据主治大夫介绍，安主任发病送医院已经十多天，病情现在基本稳定，但神志有时昏迷有时清醒。我握住安主任的左手，告诉他我来看他。安主任听到我的声音后，睁开眼注视着我，神情有些激动。我向他说，希望配合医生的治疗，等下次来翼城的时候，再去看望他。这竟然成了最后一次见面。

安斗生同志是我在翼城蹲点搞"晚婚晚育加间隔"试点时候的县计生委主任。该县能够争取到试点，试点初期的制度建设，以及试点工作的顺利发展，都与安主任的杰出的工作分不开的。毫不夸张地说，翼城县"晚婚晚育加间隔"生育试点，安主任是第一大功臣。

1985年过了"五一节"，我和省社科院的张广柱第一次到了翼城县。那年的3、4月间，我和山西省计划生育委员会根据国家计生委领导的批示，大致确定了"晚婚晚育加间隔"生育试点的主要意向。但究竟将试点放在哪里？计生委的领导先后提出了两个地方，一个是晋城市的高平县，一个是临汾地区的翼城县。据计生委党组副书记、副主任肖育英同志向我传达赵省长的意见，让我来确定。赵省长是赵军同志，当时任省政府顾问兼省计生委党组书记、主任。因为1984年机构改革前任山西省副省长，分管文教卫生和计划生育等工作，现在因年龄不担任副省长了，但我们仍沿袭过去的称呼。我对于试点应该放在哪里，事先也没有个框框。自从 1979 年 12 月在全国会议上批评"一胎化"生育政策并提出这个"晚婚晚育加间隔"生育办法以后，我就有了反对现行政策的名声。所以，尽管省里的计划生育工作有时也拉扯我参加，1983 年底山西省组建计划生育委员会的时候，省委甚至还任命我担任该委员会的顾问，但是我知道自己的本职工作毕竟不是具体的计划生育工作，不可以过多参与地方的具体工作。所以对山西省各个地方的计划生育实际状况，还真不了解。这就有了到这两县实地调查的决定。出发前，我与肖育英有个约定，即我在下面确定后电话通知他，他再给省委省政府呈送请示报告。

因为最初商议试点的几次会议赵省长都没有参加，我按照计生委党组扩大会议一起商定的办法，代计生委党组给省委省政府起草的请示报告本来是要在高平县进行试点的。现在，第一站却先到了翼城县。5 月 3 日到达翼城以后，县委书记武伯琴不在县里，县长李殿臣接待我，给我的感觉就不好。所谓感觉不好，倒不是李县长有什么过错。主要是他的言谈中所流露出的对计划生育的畏难情绪，当然，这是当时绝大多数基层干部都有的。但是，我这时是要在基层寻找敢于负责和有创新愿望的干部。陪同我到翼城县的临汾地区行署计划生育委员会主任王伯生觉察出了我有离开的意向，就要求我在县里再呆一天，等一等县委书记。也就是在这个时候，行署专员李振华借故在翼城县召开会议也过来看望我。现在想来，临汾地委一班人在地委书记杜五安的带领下，对我的这个实验是很在心的。显然是我要到翼城县调研决定试点的消息早就传到了临汾，临汾地委对此事先有过议论。所以，我前两天一到达临汾，地委副书记王耕喜手里拿着我要做实验的那张省委办公厅的《政务信息》，就去宾馆看望我，表示希望把试点放在临汾。李振华不几年后就当上了山西省的副省长，当然很有城府。他没有直接和我交谈试点的事情，但地委一班人的铺垫现在想起来并不是没有作用。这样，县里又多安排了两天下乡考察。

和安主任的初步接触就是在这几天下乡考察过程中。记得南面去了武池乡和南梁乡，东面去了北捍乡和隆化镇。现在有印象的是武池乡党委书记李勇在乡政府的接待和介绍，北捍乡党委书记单万金汇报后去牢寨村的考察。进了牢寨村以后，安主任将我们直接引到村的卫生和计划生育信息室，桌子上摆放的一本本厚厚的妇女妇检登记册和育龄妇女生育信息册，引起我浓厚的兴趣。为此，我提出还要看几个村。当然，我最终决定将我试点确定在翼城县，主要还是县委书记武伯琴的一句话。武书记回到县里以后，将我请到他的办公室，尚未听我介绍完毕，就对我说，请你把试点就放到我这里吧！别说试验成功了，即使试验失败了，对我们县来说也只有好处没有坏处。这就是我想寻找的明白人。所谓试点，那是对全国来说的，对别人来说的。对于本县来说，那还是自己的计划生育工作。究竟哪个政策对自己的工作有利？只要是明白人，用不了几句话就清楚了。所以，在翼城县的实验是在武书记一席话之后由我确定的。但是，安主任带我在各乡镇考察是个基础。因为在 80 年代，我国基层的信息还很贫乏，我做试点要经常对基层的情况随时做出判断。这样，牢寨村和其他几个村子的信息室的档案对我就具有很强的吸引力。

和安主任建立起感情，是在确定试点和开展试点工作以后，我们一起奋斗的岁月里。

1985 年 6 月 8 日和 11 日，山西省委书记李立功和副省长张维庆先后批示同意在翼城县试行"晚婚晚育加间隔"的计划生育试点。大约从 6 月下旬开始到整个 7 月份，我们和安主任一直投入到紧张的准备之中，设计方案、作人口测算、草拟人口政策和实施的细则、举办培训班……。无数次的碰头商议，以及参加各种没完没了的会议，记得那些天都是由安主任陪伴着我。特别是令我相当感怀的是，在整个工作过程中，只要是我需要的资料，以及与他讨论的相关问题，他都能给我以十分满意的回应。试点尚没有开始的时候，我已经暗自庆幸选对了地方。

随着试点的开展和深入，越来越深刻地令我感受到自己遇到了一位好帮手、好伙伴、好搭档。在经过我几次讲话以后，安主任领悟到了"晚婚晚育加间隔"生育政策和其他政策所不同的地方。凭借着对计划生育工作十分透彻的理解，他知道只要将试点政策贯彻好，自己完全可以在翼城县将计划生育工作做得有声有色。1986 年 4 月，安主任向县委以至国家计生委呈送了《关于改革人口计划管理办法的报告》，将过去每年等待地区下达人口出生指标后再逐级下达各乡镇人口指标的传统办法，改革为根据各地妇女年龄结构规划"五年早知道"，有效地扭转了计划生育被动管理的传统制度。完全是因为有了安主任这个环节，我的一些想法在试点工作中基本都可以得到十分恰当而有力的贯彻。

特别是在困难的日子里，是安主任、地区的王伯生主任和我一起，共同经受着沉重的压力和考验。1988 年，可能是因为总书记赵紫阳的交代，新履任的国家计划生育委员会主任向我提出要到翼城县了解试点的情况。我也曾和国家计生委几次商定了新主任来山西的具体时间，但都因省计生委和地区行署的主管领导的原因而作罢。1989 年"六四"以后，全国和省内外盛传翼城县是"赵紫阳的试点"。恰好这一年省委书记李立功安排我在翼城县挂职担任县委副书记，我和安主任多次讨论过全国计划生育工作的形势，达成了默默坚守的共识。

记得安主任独自经受的一次压力，是肖玉英 1985 年 9 月中旬到县里了解试点情况的时候。说实在的，肖育英同志一开始对试点工作是很热心、很积极的。国家计生委关于同意我向中央要求选择一两个县试行"晚婚晚育加间隔"试点的批示下达以后，赵省长因为妻子在北京住院而不在太原，最初的几次研究试点工作的会议都是肖育英主持召开的。5 月初我在翼城县决定试点以后，也是按照我们两个人的商定，我在翼城县委招待所给他打电话通知他向省委省政府报告在翼城县试点的。以省计划生育委员会党组的名义请示在翼城县进行试点的报告送达省委以后，很久都没有下文。虽然我和省委书记李立功也比较熟悉，但是，因为我给中央的报告是以落实胡耀邦赵紫阳批示的名义进行的，地方做这个事情在当时是要承担一定风险的。我觉得这个事情需要让省委书记自己来掂量，所以，在此期间，我并没有催促立功书记。文化大革命以前，李立功曾经任职团省委书记，肖育英也是团的干部。因为有了这样一层的关系，反倒是肖育英给李立功几次做工作，促成了省委省政府的批示。

但是，试点开始以后，国家计划生育委员会主任王伟8月27日在翼城县计划生育领导组《晚婚晚育加间隔工作简报》第八期上的一段批示，让肖育英感觉到国家计划生育委员会的领导对翼城县试点似乎有分歧、有看法，特别是好像王伟对梁中堂个人有所不满，对试点工作有所保留。王伟的批示说：

山西计生委：试点工作，既已开始，要注意精心指导。试点主要依靠本地干部和群众，干部和群众都要做好思想准备，干部和群众都要清楚到本世纪末，七五期间，今年、明年的人口规划，都要清楚政策、措施。一个县试点，也要抓一两个乡，切忌一哄而起。要及时总结经验。试点的指导思想是既要有效控制人口的过快增长，又要注意密切党群关系，促进安定团结。

肖育英将王伟的批示精神的注意点放到了"试点工作既已开始""主要依靠本地干部和群众""切忌一哄而起"这3个方面。所以，在接到王伟主任的这个批示以后，肖育英对翼城试点的态度判若两人。因为赵省长超过离退休年龄，省委和中央已决定其离休，虽未办理手续，但在谈话后已经好几个月不上班了。在这期间，肖育英主持省计生委的日常工作。9月中旬，肖育英约我一起去翼城县了解试点进展情况，也是传达和落实王伟的批示。肖育英是一个相当自负的人，特别是在政府机关工作几十年，养就了我们党的许多领导干部都有的那种对上级唯唯诺诺，在下级和下属面前却自以为是、老子天下第一，以及颐指气使、飞扬跋扈的坏作风。在听取安主任汇报工作的过程中，他不断地打断汇报，随意地插话，动辄厉声批评、训斥。安主任提着十二分的小心谨慎陪伴了3、4天，等9月20日中午送走肖育英和我，就立即病倒躺了许多天。后来虽然治愈，但因中风在面部神经方面的后遗症一直到晚年也未完全消失。

安主任是一个性格非常温和的长者，在我们认识将近30年的时间里，每次见他都是笑呵呵的。特别是在试点开始的几年里，在1988年至1989年我在翼城县委挂职的一年多里，我们是经常见面的，无论工作顺手或者出现挫折，从未见到他愁眉苦脸，也未见到过他给那位下属有过不好看的脸色。翼城县曾经是革命老区，干部群众有革命老区所具有的淳朴作风，特别是不少的基层干部都具有共产党的那种好大喜功的作风。但是，安主任却是共产党所培养的另外一种类型的基层干部，虽然也积极工作和争强好胜，却处事低调，不动声色、不事张扬、兢兢业业、埋头苦干。我知道自己是个很难对付的人。但是，和安主任一起工作，总是令人愉快的。无论什么时候向他了解情况，或者与他商量工作，他都能从容应对。即使一些难题、急事，他都可以及时、恰当地处理。

安主任1930年出生于翼城县隆化镇，1947年参加革命。1956年调县卫生局工作，1964年任卫生局副局长。前几年翻阅历史资料发现，翼城县在60年代就是省里联系的计划生育先进单位。文化革命以后，安主任自1973年起再次调任卫生局任副局长，主持工作。1981年组建县计划生育委员会以后，一直担任计生委主任。人们常说，为官一任，造福一方。作为一个在县里工作的基层干部，像安主任这样能将"晚婚晚育加间隔"计划生育试点争取到手并且将其完满地做好，无论对于本县或者全国，都是有贡献的。上个世纪80、90年代，无论国家实行什么样的人口政策，我国中西部的绝大多数农民都是生育两个孩子。但是，执行什么政策对于农民和基层政府来说却不一样。同样是生了2个孩子的农民，在翼城县就可以不罚款或者少罚款，党群关系自然缓和些，干群矛盾也就少了许多，社会当然也相对祥和。翼城县将近30年来享受和现在继续享受着别的地方没有的宽松政策，该有多少的翼城县妇女没有遭受到更多的强制性流产、该有多少家农民没有遭受到像别的地方那样推墙、扒房财产遭受侵犯的厄运、该有多少基层干部多少次幸免于与农民相对抗和面对自己的父老乡亲实施暴力执法，翼城县委县政府、各乡镇党委和政府省去了多少烦心的事情？——而所有这一切，都有安主任的一份功劳。对于全国来说，翼城县在实行除了少数民族以外最为宽松的政策以后，人口增长反而比全国、全省的平均水平还要低，这无异在全国范围内又确立了一个新的标杆、一个很特别的参照系。它至少告诉我们，如果全国都按照翼城县提供的经验去做，人口不仅不会发生爆炸，而且社会矛盾还将减少很多，人民至少可以免予来自政府的许多危害，从而可以过上相对安定一点的日子。安主任于全国来说，也是有功劳的。

我是1990年年底正式结束在县委的挂职回到山西省社会科学院的，安主任于1991年10月离休。按照当时县里的干部政策，安主任因工作积极，得到省和国家的表彰多，比一般的干部多工作了几年，使得翼城县的试点制度进一步成熟和巩固。自从他离休以后，每次回翼城，只要是时间充足一点，我都会去家里看望他和他的老伴；如果时间紧张，也会委托其他同志将他接到宾馆一起吃顿饭，说几句话，见上一面。奉魁那天电话里告诉我，老人家的安葬仪式确定在农历8月16日，也就是明天，9月9号。但是，这天已经答应参加浙江大学在杭州召开的"中国重大战略性人口科学与政策问题学术研讨会"，并根据主办方的安排将作为会议第四单元的主持人、主讲人做"中国人口决策的体制机制问题"发言。明天不能去翼城给老人送别了，所以，谨以此文作为向安主任告别的纪念。

安主任，您是好人。据我所知，好人在另一个世界里也是受人尊敬、受人爱戴的。虽然舍不得您离开我们，但那天已经在医院监护室里看到了您经受的痛苦和折磨。在那个地方，您已经纯粹成了一个病人，——而且是个常常丧失了灵智、丧失了尊严和自尊的病人。那本不属于您，不该是让您承受的。既然人类对这样的病症还束手无策，所以，我还是同意您现在的选择。这倒不是一般人所理解的对您是一种解脱，不，至少不全是这样。我了解您，我知道您为世人所做的贡献，您到了那边必定会得到人们的尊敬和爱戴的。安主任，请您相信，好人世世代代都平安。您放心地去吧。再见，您走好。

——2014年中秋节夜晚（刊发于2014年9月8日）

一部反映计划生育现实的好作品

——读羚子《北京孕事》

　　计划生育是中国最近 30 多年来的一个重大的社会问题，但以此为题材的文学作品却不多。自从 2009 年莫言的《蛙》出版以来，经过 5 年的等待，我们有了羚子的这本书。

　　如果说莫言的《蛙》是以我国农村计划生育工作为题材的，那么，羚子的《北京孕事》（北京联合出版公司出版，2014 年 9 月）则写一群城市白领围绕生还是不生而发生的纠结。主人公朱狄属于中国 70 后那一代，中国人民大学中文系硕士研究生毕业，已经是北京某大报社的资深记者。老公苏志明北京大学毕业，在某国企任中层经理，两人有一个 4 岁的聪明可爱的女儿。

　　一次意外怀孕，羚子特别想生下这个孩子。苏志明则担心失去现在的工作，逼迫妻子去做流产。羚子因此受到极大地伤害，夜里时常做恶梦，白天也产生幻觉。因为过去 30 多年，中国每年都流产几百万上千万，人们对周围每天都在发生的事情已经见怪不怪。所以，本来十分疼爱妻子的苏志明从一开始就对妻子的反应很不理解。"不就是刚刚形成的一个胚胎吗？""只是去流产而已，怎么会有这样异常的举动呢？"只是到后来苏志明姐姐的独生儿子意外死亡，才对妻子心生愧疚。

　　小说以此为主线，但展开的故事场面要比这宽阔和丰富得多。有羚子的闺蜜陆雯娜、郭艺文，一个宁可与丈夫离婚也不愿意趁年轻的时候生孩子，一个因为要生第二胎与公务员的丈夫假离婚。有朱狄的表姐、表弟和同母异父的弟弟，有苏志明的姐姐，等等，许多条线索所展开的各自婚姻以及与生育相关的现代城市生活。

　　这是一本关于 70 后那一代人的书。人们常常把那一代人当作是最具"小资情调"的一群人。《北京孕事》没有写中国最近 30 年的巨大变化，可具有小资情调的白领一代人的出现正是我国经济社会巨大发展带来的结果。独立、自由、热爱生活，重视心理感受，既不同于延安时代的知识女青年为了革命理想可以服从组织分配的婚姻，也不同于计划经济体制下的那一代妇女国家让生几个就生几个毫无怨言地实施流产手术和做绝育。在一些似乎很细微的小事上，70 后往往都有独特的反应。请看朱狄躺在妇检床上的那一小会的感受：

这个环节是阴道清洗。那个像金属的器械果然又硬又凉，朱狄疼得眼泪都要流出来了，她咬牙忍住。

整个过程只有十多秒钟，但对朱狄来说，却很漫长。她内心有点生气，女人的私处，那应该是最柔嫩的部位，应该是受到呵护的，为什么用这样粗暴的方式呢？现在医学已经很发达了，一定要用这么粗暴的方式呢？难道是为了让女人知道流产的可怕才这样设计的吗？女人哪有不知道的？不知道的是男人！

朱狄想起志明，他一直认为流产不算什么。他甚至无所谓地对朱狄说过，他某个朋友的老婆先后流产了五六次，也没啥事。朱狄不无恶毒地想，应该让这样的男人来领会一下流产的感受，或者只是来接受一次这位老护士提供的私处清洗服务也好，他们一定会改变想法。

她看了一眼面无表情的老护士。一个每天的工作就是这样粗暴对待女人私处的老女人，她的内心是什么感受呢？不容她想太多，老护士已经给她下达了命令，"好了！从那个门出去！"

许多人都把这一代人的许多表现归之为"小资情调"。但是，这些极具小资情调的白领的出现，却正好是我国最近 30 多年来经济社会巨大进步的成果。1978 年，我国仅有在国有单位就业 7451 万人，集体单位就业 2048 万人和农民 30638 万人，共计 4 亿就业人口。除此以外，几乎没有其他类在业人员。30 多年后，2012 年我国就业人口达到 76704 万人，其中在国有单位就业人员减少到 6839 万，集体单位减少到 589 万，农民有所增加达到 32877 万，其余基本上都属于此前计划经济体制下不允许存在的各类经济单位，多达 5 亿多人口。那些有小资情调的小白领，几乎都来自于国家单位以外的从业者。由于人类选择职业和劳动过程中的惰性原因，作为新成长的一代人，伴随着我国经济社会的发展，甚至于有知识的 70 后就构成了目前这一白领阶层的中坚。

有人否认普世的价值观念，而把具有自由思想的新一代归结为受到了西方自由化思潮的影响。但是，西方的这一类观念又是从何而来的呢，难道这些价值体系和道德观念不是一定经济关系的产物，而是西方猿人转化为人以前就存在的了吗？如果是那样，那也该认为它是一种符合人性的价值观。人性，即人的共同性，那当然是作为人就应该具有的。所以，它就是一种共同的、普世的。自由、平等、公正和正义，以及人权和尊严，都是本来存在于人性之中的。只是在某种经济政治制度下，它们是被蒙蔽和遮盖着的。当生产力达到一定的水平，由于经济社会的多元化发展，特别是市场经济制度的发生和发育，一种更符合人性的现时代的普世道德体系就自然地形成了。所以，当改革开放突破了单一的计划体制，当多元化的经济格局出现以后，符合新时代的经济社会发展需要的一代新人就应运而生了。因为这些有知识的白领还属于新社会的中坚和骨干，所以，随着经济社会的发展，这一个阶层的人口所占的比例还会越来越大。

婚姻和养育儿女永远是人们生活的主题。《北京孕事》以计划生育背景下的生育问题为线索，描写了我国新一代知识女性的悲欢生活。但是，朱狄和郭艺文们的纠结，不是由于他们能力的不足，而是政府人为的限制。这是落后的社会政策与新成长的经济社会关系的矛盾与冲突。作为上层建筑的国家制度和主流的意识形态，往往都落后于经济社会的发展现实。但是在一个包容性较强和具有开放性的社会机制下，政府对民众意愿的反映不仅十分迅速和敏捷，而且更重要地是能够及时做出回应与调整。相反，在一个落后与保守的机制下，社会对一些民众的意见熟视无睹、麻木不仁，人们长期处在等待之中而又没有希望，就感到特别地纠结。

小说还反映了一个特别令人震撼然而又特别现实的社会问题，

那就是越来越多的民众信奉或者皈依各类的宗教和迷信。马克思说："宗教的存在是一个缺陷的存在，那么这个缺陷的根源只应该到国家自身的本质中去寻找。"新时期以来，越来越多的人转向宗教和迷信，并不都是起因于计划生育。但是，国家在生育制度方面的所作所为给我们提供了认识当前民众为什么会皈依宗教信仰。由于人所具有的不可抗拒的生理周期，70后越来越逼近生育年龄的大限，而"一胎化"政策却迟迟得不到调整。由于妇女身负延续种族的职责，相当一些妇女往往对生育具有一种本能和冲动，随着年龄的增长和渴望生育的意愿被压抑的久长而焦虑愈为严重。当个人的力量面对实际困难而无力解决的时候，人们往往都会将希望转向社会和虚幻的世界。所谓社会，无非是家庭、朋友以及国家（政府）等等世俗世界的关系。在世俗的力量方面，最强大的当然还是国家。但是，人们在生育问题上的阻力不是来自于社会其他的方面，而是直接来自于国家。当世俗的希望渺茫以至无望的时候，人们就转向了宗教，天主教、基督教，以及中国传统的求神拜佛，甚至于巫、神等等的迷信。这是现阶段中国社会的一个奇特现象。从世界历史的发展来认识，现代国家是将民众从宗教迷信中解救出来的主要社会力量，人们往往是通过国家的中介摆脱宗教而获得政治的解放，成为有独立个性的自由人的。但是，现在人们又因为国家的冷冰冰的面孔转向了宗教。国家因为包括现行的计划生育制度在内的这一类落后的社会政策，沦为民众投入各类宗教迷信怀抱的重要推手。它给予拥有强大意识形态队伍和垄断一切宣传工具的国家来说，所带来的不仅仅是尴尬，还该有更为重要的深思。作者在书中有一段话说：

人啊，只要有希望，哪怕很渺茫，哪怕很遥远，就活得有劲儿。如果没了盼头，无论什么样的日子都是度日如年，索然无味。活下去需要勇气，而勇气，就来自希望，来自梦想。

国家，就该给人们以希望，给人们以梦想。

——2014 年 8 月 30 日于上海（刊发于 2014 年 9 月 21 日）

哪里是什么"人口问题"！

——写在《中国生育政策研究》新近出版之际

　　拙著《中国生育政策研究》新近由山西人民出版社出版发行。因为这本书终究能不能出版、何时得以出版，在未见到出版社寄给我书以前，一直是没有把握的。所以，它没有像通常那样，在付印前以序言的形式写上几句话，将一些必要的问题向读者做些交代。现在书出来了，却有些话要说。

　　其实，这本书就是国内外学术界比较熟悉的自印本《我国生育政策研究》。因为10年前的计划生育还是一个很敏感的话题，当时就起了一个比较含蓄的书名。这次由出版社重新编辑出版，遵照出版社的意见改为《中国生育政策研究》。但是，这本书并不是研究我国一般生育政策的，它以1979年开始的计划生育政策为特定的研究对象。所以，如果再确切一些，应该起名为《中国计划生育政策研究》。

　　这是一本站在计划生育体制内探索计划生育政策的书。1978年刚调动到中共山西省委党校担任理论教员，因为轮训各级领导干部的需要，领导就分配我承担计划生育方面的教学工作。我那时在主流的意识形态的指导下，只是从书本上读了一些马列主义，一是本来就相信我们的社会主义是世界上最先进的国家制度，二是普遍吃不好、吃不饱又是自己周围发生的社会现实，所以对于计划经济是社会主义的本质要求，计划经济决定必须实行计划生育的观点，很容易就接受了。收录在这本书中的70多篇文章，都是作者为寻求更好、更合理的计划生育政策而产生的。

　　所谓"更好、更合理的计划生育政策"，是相对于"一胎化"而言的。1979年，中共中央政治局候补委员、国务院副总理兼国务院计划生育领导小组组长陈慕华提出一个"争取本世纪末做到人口自然增长率为零"的人口目标和"一胎化"的生育政策。我经过计算以后发现，即使 2000 年实现了"一胎化"，因为那时每年达到婚龄的新婚夫妇人数大于死亡人数，就是全部已婚夫妇不再生育，人口变动显然也无法实现生死正好相抵为零。如果一定要为零，那就只能采取两条措施，一个是让一部分人终身不生，再一个是提高死亡率。这当然是相当荒谬的。这是一个情况。另外的一些结果是，几十年的"一胎化"政策必然导致我国人口老化过程加快，将来劳动力和兵员减少，老年人口比例提高造成经济消费结构和金融结构的变化，以及形成家庭 4：2：1 的年龄结构倒金字塔，等等。为了防止出现这许多不合理的经济社会问题，我认为应该实行晚婚晚育普遍允许生育 2 个孩子的政策（1985 年在翼城试点时，将以上内容简单表述为"晚婚晚育加间隔"）。这就是收入到本书的第一篇文章（该书第 1-12 页），它是作者提交给 1979 年 12 月份在成都召开的全国第二次人口理论讨论会上的论文。

1982 年 2 月，党的 11 号文件规定"群众确有实际困难"可以再生一个，是希望在农村开放"女儿户"。但是，这个政策是在 90 年代初期以后才基本得到贯彻的。整个 80 年代仍然实行的是"一胎化"的政策。同年，党的十二大正式提出"本世纪末将人口控制在十二亿以内"的目标。那个时代政府提出的计划是相当神圣的。特别是这次代表大会将计划生育提到"基本国策"的高度，对于人口目标来说，就尤为如此。1984 年，我利用 1982 年的人口普查资料进行推算，结果表明全国实行晚婚晚育和普遍允许生育二胎的办法，也能够实现 12 亿人口目标。我就此给中共中央总书记胡耀邦写了一份研究报告（该书第 80-85 页），建议在全国实行"晚婚晚育加间隔"的生育政策，后来还在山西省翼城县做了这个政策的试验。30 年来，这个县的农民可以普遍生两个孩子，但是，人口增长一直比全国、山西省和所在的临汾地区的平均水平要低。2000 年人口普查以后，笔者又用了一年多的时间写了长篇论文《20 世纪末的中国人口总量和大陆妇女生育率水平研究》（该书第 572-603 页），证明全国实际推行比翼城县试点要严厉得多的政策，而在人口总量和生育率水平上都得到比翼城县高得多的结果。总之，这本书中的几乎所有文章，都是站在计划生育体制内，为争取实行普遍生育两个孩子的政策所写的。

问题当然不在于我写了什么、写了多少，而在于事实上实行"一胎化"和"女儿户"等严紧的政策，并没有少生了孩子。既然党的十二大将20世纪末的人口目标列为全党和全国人民的奋斗目标，那一定对于我国经济社会的发展至关重要、很有意义吧？那么，一方面是执行极为严紧的政策却得不到实际的效果，一方面有个宽松的政策却可以控制好人口，为什么在长达30多年的时间里，中央和主管部门为何从不将其研究一下呢？许多年来我都在想，哪怕是有关部门曾经打算议论一番也好呢！遗憾的是，从来没有。您说，人口问题究竟重要呢，还是不重要？如果说重要，经过几十年的努力，特别是为了这个目标不少的地方搞得农民鸡飞狗上墙的，当历史跨进到2000年的时候，12亿的人口目标究竟实现了还是未能实现，以及实现了怎样，未能实现又可能怎样，政府和政府的主管部门为什么一点都不向社会交代呢？不交代也罢，这事就这样不了了之也算。可事情并不这样。计划生育仍然是基本国策，严紧的生育政策还要继续推行。政府和政府的有关部门的这些表现，不禁让人怀疑当初推行计划生育的意图是否正确？

至少对于我来说，上个世纪70年代末开始进入人口和计划生育研究领域，是相信中国人口多拖了经济社会发展的后腿。那个时候的人们吃不饱饭，没有住房，只有极少的人才有幸可以被推荐上了大学或者被招工当了工人，——上学就业对于绝大多数农民来说是不敢想的事情，因为城镇新成长的青年还被送到了乡下。人口多、底子薄，是那个时代经常说的话。所以，几乎所有的人都以为中国严重的人口问题才导致政府实行严紧的计划生育政策。但是，现在回过头来看，事情的确这样吗？我国从1954年第一次人口普查查出的6亿人口开始，特别是文化大革命以后公开把发展落后、人民群众生活水平提高得慢的原因归结到人口方面。但是，最近30多年的事实是，1980

年前后我国 9 亿多人口普遍吃不饱饭，现在 13 亿多即增加了将近 4 亿的人口以后，不仅可以吃饱饭了，而且至少有三分之一的人口达到发展中国家的平均水平，还有相当多的人口的财富实际上已经超过发达国家的中产阶级。巨大的变化已经驳斥了把人口当作发展阻力的观点。那么，进步的原因在哪里呢？还不是稍稍对计划经济制度实行了一点点的改革！我之所以用"稍稍"和"一点点"来表述，是因为截至目前的所谓改革一点也没有触及到计划经济的根基。我们还是处在陈云所说的那个"鸟笼子"里边。传统的计划经济体制极为严格地限制了人民自由追求幸福的权利，极大地束缚了社会发展的活力，从而导致了国家的贫穷，但社会却将贫穷的根源归结到老百姓生孩子上。30 多年来，政府只是在计划体制的边缘地带些许放松了管制，中国就赢得了历史以来从未有过的大发展和目前的大繁荣。哪里是什么"人口问题"！

说明这个道理的再明显不过的证据就是世界经济的发展现实。我们放眼全世界，现在从哪里去寻找一大块土地上还有比我们落后的地方？我们被生活在一个过滤和净化了的生活环境中，一方面并不清楚我们自己国家中贫穷人口究竟贫穷到什么程度，另一方面既不知道国外先进何以先进、发达如何发达，更不知道世界上不少所谓落后地方的居民许多生活指标其实比我们还要高。但是，除了中国实行强制性的计划生育以外，其他任何国家都未曾这样做。既然别的国家不搞计划生育竟然得到了不比我们差的发展，我们实行了计划生育却没有收获到比别人更多的进步，那还有什么理由一定要继续坚持这个与民对立的政策？

现在再回过头来谈论这本书。

该书收录了笔者自 1979 年至 2003 年期间的 73 篇文，这是笔者 20 多年里公开发表的一些文章。期间未能公开发表的一些同类性质的文章，都放在了 2004 年的另外一个自印本《人口论疏》里面了。这两本书的所有文章，都还是相信我国存在严重的人口问题和必须实行计划生育的前提条件下，为了争取更好更合理的人口政策写下的。所以，关于这本书的性质，我觉得出版社写在腰封上的 3 句话比较确切地将其概括了。这 3 句话说：

一位人口学家与"一胎化"政策 30 多年的论争；

一块隐藏在河汾之东 30 年之久的计划生育特区；

一部耗时 25 年写给历史和未来的人口学"史记"。

第一句中"30 多年"，是指自 1979 年"一胎化"产生以来至今这一段时间。第二句中"河汾之东"，乃是司马迁《史记·晋世家》中的话。西周封叔虞于唐，"唐在河、汾之东，方百里"。因为春秋以后晋国定都于翼城，该县的地理位置恰好符合在黄河、汾河之东，故以"河汾之东"寓意翼城县。第三句"25 年"，是从产生第一篇文章的时间开始，到作者为这本书写下"后记"为止的这段时间。

因为该书是一部有关当代生育政策的书，必然地而且确实与政府、与相关部门的领导，甚至与党和国家领导人发生不少的交集。早在上个世纪 80 年代，作者就曾对国家计划生育委员会主任王伟说：

……我是把您和国家计生委当作我们国家和党的职能部门及负责同志看待的，是代表党的。我是一个党员，党和人民给了我优越的研究条件，我有责任和义务将自己的研究成果报告给党和国家。（该书第 212 页）

所以，这是一本有关普通党员与党组织、公民与国家、公民与政府之间关系的书。从第一篇文章开始，书中有不少的篇章都反映了作为一个现代国家，国家领导人与普通公民应有的正常关系，但不少的文章也都透露出官僚机器的冷酷、冷淡与冷漠，有时甚至是一些国家工作人员的阴险与险恶。1989 年赵紫阳下台后，当时分管计划生育工作的中共中央政治局委员、国务委员李铁映最先在山西说出翼城县是"赵紫阳的试点"。1990 年 1 月，作者在提交给中国人口学会第五次全国人口科学讨论会的论文《新的生育高峰——中国改革与发展面临的契机》（该书第 430-442 页）中对此予以了反驳。1 月 5 日，在开幕式以后所作的题为《在生育政策问题上只能前进不能倒退》的大会发言中，我说：

去年我国历经了那场政治风波之后，有人说翼城县"晚婚晚育加间隔"实验是赵紫阳的计划生育试点。这显然是企图把学术问题政治化。晚婚晚育加间隔生育办法是由我在 1979 年全国第二次人口科学讨论会上提出来的。1984 年春节，我给中央书记处总书记胡耀邦呈送了一篇题为《把计划生育工作建立在人口发展规律的基础上》的研究报告，建议用"晚婚晚育加间隔"的生育政策取代"一胎化"的生育政策。中央将我的研究报告批转到国家计划生育委员会后，中国人口资料情报中心的马瀛通和国家计划生育委员会政策法规处张晓彤按照我提出的允许每个家庭生育 2 个孩子，但必须实行晚婚晚育的办法对全国的人口进行了测算后，又给中央写了《人口控制中的若干个问题》。该文除了指出本世纪末人口目标应该增加点弹性外，同时肯定我提出并向胡耀邦建议的晚婚晚育加间隔的生育办法。赵紫阳和胡耀邦先后批示同意该报告的观点，并提议由主管部门测算后替中央起草正式文件在全国实行。1985 年春节，我在有关部门未能有动向的情况下，又给中央写了要求选择 1、2 个县进行试点的报告。后经国家计划生育委员会和山西省委省政府批准，在山西省翼城县进行了"晚婚晚育加间隔"的生育实验。

应该承认，翼城县从 1985 年试点以后，赵紫阳对试点效果是十分关注的，是支持试点工作的。但是，我们不能把赵紫阳的支持当做反对翼城实验的理由。赵紫阳作为一位在我国先后担任过国务院总理和中共中央总书记的党和国家领导人，曾决定和参与过许多重大事情。我们不能、也不允许因为他的领导或者参与就否定那些事情本身。尤其我们学术界企图借用赵紫阳而否定翼城实验，实际上是把学术政治化，是一种学术上软弱无力的表现。（该书第 447-448 页）

记得参加这次会议的除了国家计划生育委员会主任彭珮云以外，还有包括原政治局候补委员、国务院副总理陈慕华在内的历届国家计划生育委员会主任钱信忠、王伟，以及包括全国政协副主席王首道在内的全国计划生育协会的领导。我在主席台上发言的时候，那些提出和坚持"一胎化"政策的一些领导都坐在我的身后。所以，也可以将这本书看作是作者在体制内所做的一定程度上的抗争。

当然，我还是看重本书作为一部学术著作应有的价值。因为许多人口现象和人口学概念，都是首先由我提出来并引起争论，从而引起了社会的重视和推动了我国的人口学的发展。从上个世纪 50 年代中期开始，党和国家提出"舆论一律"和所谓主旋律，知识分子和研究人员就逐步学会了亦步亦趋地为领导决策作注释。我在上个世纪也未曾离经叛道，只是觉得"一胎化"的政策过于极端，即使实现了也未必是好事。所以，我仅只是站在体制内寻求相对宽松一点的政策，这就有了对于我们国家的人口学和社会发展具有一系列积极意义的研究与发现。1952 年高校院系调整以后，社会学作为一门资产阶级学科被取消了，原来作为社会学一个分支的人口学也没有了。在西方的经济社会统计中，人口统计学是一门很重要的并且期间得到很大发展的一个学科。但是，在苏联的计划经济模式里面，人口统计仅作为劳动统计的附属物设置了极少极简单的几个项目。所以，我们国家在那个时代根本没有人口统计学（因为我们国家计划生育工作的需要，将人口学提高到无所不包和无所不能的程度，从而将其打造成了一门显学。其实，人口学在国外主要还是指人口统计学）。我们国家现在活跃的一代人口学家都是接受联合国人口基金资助培养至 80 年代末 90 年代初陆续回国的，特别是因为几十年来全社会都盯着生孩子的妇女计算人口的数量和生育率水平，恐怕现在一般人的人口学知识都比那个时代的老一代人口学家们的人口学知识多。那时的计划生育部门和制订国民经济计划的部门，都是运用人口出生率、死亡率和自然增长率制订计划、指导工作的。没有人口变动要受经济社会发展状况的制约和人口年龄性别结构决定人口发展的观念，所以会以为生育率水平一味地降下去，所以一年又一年地不断压低全国的生育计划和出生率、自然增长率指标。至于其他的人口学观点，比如人口老化，当时是把它当作资本主义腐朽的表现认为只有资本主义国家才会出现的现象。我国政府正因大量知青返城而为大量青年人的就业发愁，根本不会想到一个接近 10 亿人口的大国将来还有劳动力不足的问题。

我的论文从我国人口的年龄性别结构出发，计算出"一胎化"政策将加速我国的人口老化过程，导致劳动力资源枯竭和兵源紧张，影响经济结构，以及四二一，等等。这是第一次有人这样思维、这样提出和回答问题。所以，即使同样在国家机关工作的人，听后也有不同的感受。一位国家计划生育委员会的老同志前年见到我时说，她那个时候正在为"一胎化"而纠结，坐在会场听到我在台上的发言真有耳目一新、眼目一亮的感觉。过后，该同志极为难得地还把珍藏了 30 多年的我的论文的原件交给了我。上个月 9 号参加浙江大学的一个会议，尹文耀教授说他不仅听了我的发言，而且还听了陈慕华几乎逐字逐句反驳我的观点的讲话。陈慕华并没有参加人口理论讨论会。1979 年 12 月 14 日，全国第二次人口理论讨论会结束以后，参加会议的计划生育干部留下接着召开了各省、市、自治区计划生育办公室主任会议。尹文耀教授当时是沈阳军区的干部，全军和各大军区的会议代表也留下参加了后面的会议，所以有幸聆听了陈慕华在 12 月 18 日的讲话。我是在返回路途火车上的广播里，听到陈慕华反驳我的关于人口老化和劳动力不足的讲话的。

陈慕华讲话以后，1980 年初春，宋健田雪原出世。他们连续在 3、4 月份的人民日报和光明日报等媒体上发表的有关人口目标和人口老龄化的文章，几乎都是重复陈慕华的那个讲话中所反驳我的话。接着，报纸上和广播里（那时的电视还没有普及，更没有网络）也刊登出其他一些人口学家的"两害相权取其轻"和反驳"四二一"的文章。从 1980 年初春到 1981 年年初，我连续写了 7、8 篇文章，与主流人口学家进行论战（其实，这一年所写的《人口学》也是与他们论战的）。针对陈慕华反驳我说将来劳动生产力提高了，劳动力需求就会减少的观点，我回答说：

联动式蒸汽纺纱厂的建立排斥了数万架手摇纺车，但同时却开创了几十亿人的工业化时代；汽车的发明敲碎了马车夫的饭碗，但却为较之高出千万倍的人们提供了新的现代化劳动岗位。人类从脱离蒙昧状态以来，劳动生产力一直在提高，劳动队伍一直在扩大，一百年来生产力的发展有了迅速提高，同时世界人口也有了成倍的增长；战后发达国家经济有了突飞猛进的发展，而劳动力就业水平却大大高于战前水平。（该书第 39 页）

宋健田雪原运用他们的所谓"百年预测"的数据向人们说，我国的人口老化是"一个相当长的历史过程"，"本世纪的人口老化并不严重"。我则揭露他们这样的说法是极不负责任的。我说：

当然，要说长，也是够长的，因为它不是最近这一两年的事。但是，要说不长，也不能算长，因为它直接涉及的并不是子孙万代以后的事，而是二十五岁以下，现在已经出生的这一代人的事情。说得更具体点，乃是二十五岁以下这一代人晚年的事情。目前讨论人口发展目标问题，实质上就是在讨论这一代人晚年时，社会有多少年轻人在支撑着他们。（该书第 49 页）

其实，这里讨论的老化问题，正是向人们提出育龄夫妇以怎样的态度对待生育，以及将来这一代人的老年时，他们的儿女们又怎样抚养他们这样一个古老的问题。（该书第 66 页）

1980 年以前，人们对于急速到来的"一胎化"还没有来得及思考，发生在人口学界的争论，特别是主流人口学在报刊上对我的观点的公开批驳和批判，反而引导人们开始反思并在一定程度上接受人口老化等人口学的观点。当然，真正推动国家进步的主导性因素还是走向世界。1982 年，为了参加联合国世界老年会议，由国务院批准成立"老龄问题世界大会中国委员会"，后改为中国老龄问题全国委员会。这是一个官方的常设机构。1986 年，由一大批离退休的老干部的推动，又成立了中国老年学会。正是在这些自上而下的政府和非政府组织的推动和影响下，大约到 90 年代以后，人口老化问题才不被当作异端邪说了，计划生育可能带来的一些负面的社会问题才逐渐可以讨论了。

毫无疑问，笔者绝非学问大家。所以，这本书也并非是专业性和学术性极强的人口学著作。我向来以为，做学问如同打乒乓球、下棋之类的博弈活动，大师都是长期在与相对技艺高超的对手的较量中产生的。如果说目前我国制度下培养不出国外体育职业球队和大牌明星的话，相同的体制和环境也造就不出学问大家和大师。我国的许多具有实用和现实性的学科中，特别是那些接近政府核心和政治决策的一些领域中的主流的学者们，对于一些敏感的问题，要么绕道而行，三缄其口，不发表意见；要么舍弃客观真实，一味地论证长官决策的科学性与合理性。我这一本书中的东西，当然也都是站在体制内并且试图为体制服务的。但是，相对于主流的人口学家，我的东西仅仅是直面了现实。因为没有强大对手的质疑和发难，我的学问照样并不深刻。所以，我必须向读者说明的是，这本书并不深刻与深奥，只是全社会都是在被政府引导下通过一个聚光镜来看问题，结果就都看到了一个头脚倒置的影像。而我的视角偏离开了聚光的棱镜，有幸看到了一个真实的客体，——尽管它是一个模糊的客体或者仅只是客体的一部分。当我们国家发展到所有的公民都可以同政府一样平等讲道理的时候，当人们可以为自己的权利和利益去奋争的时候，当人们在不需要通过政府提供的棱镜看世界的时候，人们就会发现我在这本书中所讲的都是一些如同人要吃饭一样的简单道理。

但是，即使这样，我以为这本书也有它存在的意义，因为它是这一个时代唯一的一本努力挣脱开棱镜看世界的书。当人们从计划生育这个角度来研究国家的时候，当人们需要了解一个荒唐的政策何因能够推行几十年以及几十年期间里人们对它的各种认识和感受的时候，它可能就是一本不可或缺的书。2004年，我在这本书付梓印刷之前所写的序言中说：

在我们国家，写书的人比读书的人多。即使在学术界，这样的情况也不例外。所以，编选这本书的目的，还不一定是为了现在的人口学。

　　长期以来，我在思考一个并非人口专业方面的问题。我们的国家是为人民服务的，农民占我国人口的绝大多数，但绝大多数农民却因为必须生育的孩子而受到国家的处罚。国家制订"只准生一个"和允许"有实际困难的"农民可以生两胎的具体生育政策，本来是想调节人口出生的。但是，20 多年来，占我国人口大多数的农民生孩子却几乎和成文的政策规定没有直接的关系。我们党是一个以实事求是为原则的马克思主义政党。生育政策已经严重脱离实际，并被历史证明遭到大多数农民的反对。一个不受农民欢迎的政策，一个脱离实际的政策，一个起不到政策作用的政策，以及一个并不需要深奥知识就能够理解的徒有虚名的政策，却一直靠耗费大量的社会资源和政治家、"科学家"们的智慧在那里维系着。我想，这一定是在什么地方出了问题。我的这本书，和那本同一主题、同一时期形成的《人口论疏》，也是为将来那些研究这一问题的人而印制的。（该书"序"，第4 页）

　　新世纪以前，计划生育的重点在农村，计划生育工作中的矛盾和冲突也在农村。寻求和探索合理的计划生育政策，希望解决的社会问题主要还是满足农民生育二胎的愿望。所以，我将这本书"献给十亿农民兄弟姐妹"。

　　和原来的自印本《我国生育政策研究》比较，这本书也有一些变化。一个是自印本收录了 74 篇文章，这本书少了一篇。临付印前，我决定将《致宋健于景元的信》抽取出来了。好在那篇文章早在我的《中国人口问题的"热点"》（中国城市经济社会出版社，1988 年）中已经公开出版，没有自印本的读者，如果有兴趣可以在那本书的第309-310 页找到。二是个别文章的目录有所变化，譬如自印本中一篇题为《关于尽快完善农村具体生育政策的一封建议书》，本来是给胡耀邦的一封信。可能收录在本书的时候，不愿意在目录上显露和张扬，没有提胡耀邦的名字。但是，这篇文章后隔过一篇文章，其格式一模一样，就是《致国家计划生育委员会主任王伟》，为统一起见，现改为《致胡耀邦》。书中还有几篇也都是给胡耀邦的信或报告，但因为此前发表时已经使用了现在的名字，就不再改正了。另外，经编辑人员仔细校对，个别文章按照时间顺序的排列也有所调整。

最后，应该向山西人民出版社致以敬意。山西人民出版社与我有着深厚的友谊。上个世纪 80 年代初，我最初的几本著作都是由山西人民出版社出版的。虽然和以前的稿件有所不同，那时还都是铅字印刷，我送交的都是经过钢笔誊写的稿件，现在已经是电子版的文稿，特别这次送交的是有过一个自印本的电子版稿件。但是，经过山西人民出版社相当专业的编辑人员的编辑程序以后，还是发现了不少的错误。所以，这本书的编辑质量提高多了。这是迄今为止，我所出版的一部装帧质量最好、最满意的书。

——2014 年 10 月 9 日星期四

（刊发于 2014 年 10 月 9 日）

计划生育是老百姓的磨难与灾难

——写在《中国计划生育政策史论》新近出版之际

　　拙著《中国计划生育政策史论》新近由中国发展出版社出版。虽然连续读过几遍校样，但是否真的可以出版以及究竟什么时候出版，一点都没有底。所以与那本在国庆节前拿到手的《中国生育政策研究》一样，印刷之前没有写个序言或者跋之类的东西放在书前或者书后。现在终于出版了，倒有一些话要说。

　　《中国计划生育政策史论》即是学界不少人都很熟悉的自印本《我国生育政策史论》。它与《中国生育政策研究》一样，都是笔者的论文集。虽然凑巧两本书都是 58 万字，但后者是长达 25 年期间的 73 篇文章，这本书连同附录在内却仅收录了新世纪以后约 10 年期间的 17 篇文章。如果说那本书是作者在计划生育体制内对生育政策的探索，那么，这本书则是努力挣脱体制的约束后对以往历史过程中的一些大的关节点所作的历史研究。另外，那一本书的所有文章都是按照产生时间的先后顺序排列的，而这一本则具有一定的逻辑结构，包括绪论和附录的文章在内，主体部分还有思想史、专题史和阶段史、改革与发展等共计 5 个部分。需要说明的是，因为它不是一部专著，这样的体系并不是形成于撰写之前，而是产生于以上所有的文章出现以后，所以，这些文章的排列反而无法遵从时间先后的顺序了。为了弥补这个缺陷，我将每篇文章产生的时间署在文后，如果读者发现相同问题的认识和表述有所差别，则应当以后产生的文章为准。

　　我说"努力"挣脱体制的约束，不仅是作为体制内的人必然要受到体制的管理和约束，更重要的还是经过半个多世纪的历史打磨以后已经模糊了的一系列重要范畴所带给我们的一些观念的误导。

这可能也是苏东坡诗句中所讲的道理，"不识庐山真面目，只缘身在此山中"。在长期研究人口和计划生育的过程中，对于现行的生育政策与民众的矛盾要么视而不见，要么将其淡化。这既有作为体制内的学者固有的立场问题，也有对诸如节制生育和计划生育一些概念应有的基本认识问题。

我们一直以来把计划生育当作是一场移风易俗的革命，将计划生育同农民生育意愿的矛盾当作是群众受传统的"多子多福"和传宗接代落后意识的影响。如此一来，一方面将民众生育这一人生最重要的实际生活问题的性质简单归结到思想观念、文化道德一类的意识形态方面，另一方面又将由政府推动的计划生育工作与民众实际生育行为的矛盾变成了先进与落后、革命与不革命问题了。这样一来，即使发生强制、强暴和野蛮，看到一些农民受到了伤害，一度也竟然能心安理得。

上个世纪 80、90 年代，下基层多了，直接感受到基层干部和民众两头的艰难，脑海里自然就产生一个问题，即避孕和节制生育是世界上个先进国家的民众都接受了的事情，怎么就没有听说那些国家发生过政府和民众在这一问题上有冲突？另外，我国早期的计划生育似乎也不是这样。自从有了这个问题以后，许多事情自然就都逐步清晰起来。虽然避孕和节制生育是工业革命创造的一种符合人性的生活方式，但它在一个法制健全的和比较尊重传统的国家里就纯粹是一个私人的事情，完全是由个人自由地接受和实行的。把个人和家庭自行决定的事情拿过来当作政府的工作，这就是我国的计划生育。计划生育是我国政府创造的一个词汇。在我国实行计划经济以前，人们就是它是用避孕和节制生育来描述这个行为的。我国建立起计划经济制度以后，随着经济资源和生产纳入发展计划，也逐步将老百姓的生育演变为国家的一种基本制度，以至用计划生育取代了避孕和节制生育。但是，如果现在仅在节制生育的涵义上理解计划生育，那就不能正确认识现行的计划生育制度。因为我在《新中国 60 年的计划生育：两种含义，两个 30 年》一文中遵循历史和逻辑一致的原则，从历史发展的角度探索了计划生育的形成和发展，严格规制了计划生育和节制生育各自应有的含义。毋庸置言，认识和把握计划生育这一概念所固有的两种含义，不仅是研究我国计划生育历史的基本前提，也是阅读和理解本书的一把钥匙。所以，这篇文章作为"代绪论"（见该书第 1-19 页），放置在书的首位。

笔者不是先知先觉，相反，我属于反应迟钝和愚顽至极的那一类人。虽然生在"旧社会"，但"长在红旗下"。直到现在，我仍还是一点不脸红地承认自己是呼喊着"毛主席万岁"长大的。特别是在充满好奇的青年时代，笔者是在如饥似渴地阅读马克思和毛泽东的著作中度过而成熟的（我在这里仅将成熟当作成长、成年的同义语）。所以，在完全接受计划生育思想的年代里，正是因为相信计划生育是计划经济制度的重要组成部分，这才越是相信计划生育源自于奠定共和国基本制度的毛泽东。感谢时代的进步。新世纪以后，中央党史研究部门书写的一系列领袖传记和相关文献的出版，为研究这一方面的情况提供了一定限度的可能。

《毛泽东人口思想研究》（该书第 23-61 页）表明，计划生育这一概念来自于雄才大略的毛泽东。1957 年 2 月 27 日，毛泽东在发表"如何处理人民内部矛盾"的著名讲演中，不仅提出要实行计划生育，而且还要设一个部门，一个计划生育部或者节育委员会，作为政府的机关。这是毛泽东把计划生育思想阐述得最为透彻的一次。自此以后，计划生育这一个词汇才在中华大地上不胫而走。但是，历史常常诡异的是，毛泽东在字斟句酌地修改他的讲话记录稿以后，在公开发表的《关于正确处理人民内部矛盾的问题》中却没有任何有关计划生育的文字了。不仅如此，截至毛泽东逝世，在前后长达约 20 年的时间里，不仅没有设置一个政府机关管理计划生育，而且没有公开发表过他的任何有关计划生育的谈话。更有甚者，笔者甚至发现，自此以后，毛泽东再都没有在政府计划的意义上谈论过计划生育。所以，确切一些说，由政府管理的计划生育仅只是毛泽东 1956 至 1957 年前后很短时间里产生过的一个设想。

如果从历史的角度探索计划生育思想的产生和制度的发展，那篇有关毛泽东人口思想的文章就已经完成了。但是，从 1979 年以来，一直有一股强大的声音，说计划生育和控制人口思想来源于马寅初。马寅初中南海建言，毛泽东先是接受建议而后反悔，并指使康生陈伯达批判了马寅初。这样，在有关思想史的这一部分，又设置了《马寅初事件始末》（该书 71-129 页）和《康生、陈伯达批判马寅初考略》（该书第 130-209 页）两篇文章。相信只要翻阅了这两篇文章的读者，都会认可那是笔者多年心血的结晶。与被造出来的那个马寅初神完全相反，这是一个很世俗的人。马寅初一点都没有脱离开共和国历史上无数民主党派和共产党之间关系的范式。固然，马寅初早在解放前就主张节制生育。不过那是对穷苦人来说的。像他这样有地位、有能力的人，理所当然地应该娶妻纳妾，可以生养 7、8 个孩子。但是，新中国以后，马寅初作为共产党安排的高官，学习过毛泽东反驳艾奇逊的观点时提出"世间一切事物中，人是第一可宝贵的。在共产党的领导下，只要有了人，什么人间奇迹都可以创造出来。……一个人口众多、物产丰富、生活优裕、文化昌盛的新中国，不要很久就可以到来"以后，在许多年里他都相当识趣地不再提节制生育了。1953 年以后，党和政府在各大城市开展避孕和节制生育的宣传，这才有了1955 年他在全国人大会议浙江小组的发言。1957 年 2 月 27 日，马寅初聆听了毛泽东在最高国务会议上的讲话以后，中央安排他在 3 月1 日大会上做支持毛泽东计划生育的发言，7 月人大会议上又发表了他的所谓"新人口论"。回顾当年的马寅初，完全是一个听话的民主人士，党和政府何曾有过想要敲打马寅初的念头！至于所谓康生陈伯达批判马寅初人口论的说法，那更是一些子虚乌有的事情。所以，虽然有关马寅初的两篇文章都很长（在截至目前的社会发展阶段里，清除垃圾和打扫卫生，向来都是个重体力活），但我是把它当作《毛泽东人口思想研究》的附录放在思想史部分的，——它们只是附带地澄清了一些有关毛泽东的计划生育思想来源的传闻。

第二部分专题史、分段史，是本书的主体部分。笔者在这里不说分期史而说分段史，是因为只做了 1956-1978 年和 1979-1991 年两个阶段的计划生育政策历史研究，不能算作是对中国计划生育历史的分期。历史极富有魅力的地方在于，计划生育是毛泽东提出来的，毛泽东甚至都说了，要设一个政府部门。按照绝大多数读者的了解，雷厉风行才是毛泽东的秉性。可是，毛泽东时代的计划生育始终都是在节制生育的意义上进行的。当毛泽东在世的时候，不仅不许强制，从中央到地方的计划生育连一个正式的常设机构都没有。似乎所有符合毛泽东当年所说的计划生育含义的计划生育制度，都是毛泽东逝世后不几年的时间里建立起来的。《"一胎化"生育政策产生的时代背景研究》（第 213-254 页），揭示了现行生育制度与文化大革命后延续的极左社会思潮及其深厚的社会背景。

上个世纪 90 年代以后，随着胡耀邦、赵紫阳的 80 年代的坠落，在宋健田雪原有意无意误导下，一个由国内国外的人口学家发送的声音也越来越强，这就是 1980 年《中共中央关于控制我国人口增长问题致全体共产党员共青团员的公开信》第一次发布了一对夫妇只生育一个孩子的政策。如果是这样，那就意味着是胡耀邦制订了"一胎化"的生育政策。这当然不是事实。但是，这个观点自 90 年代初中期以来，愈喧愈强，国内国外都有很强的声音。特别是有关部门不知道从什么时候开始，一年一度召开"公开信"的纪念活动，更进步加强了这一认识。30 周年将近，按照中国人的习惯，该是一次大庆。所以，笔者在 2010 年集中撰写了几篇有关"公开信"的文章，赶在该年的 9 月份以前集结印制了一本小册子，名为《论"公开信"》，本书收录了其中的 3 篇（第 255-316 页）。我的研究证明，"公开信"是新走到中央第一线的胡耀邦的一个临时性的安排，是我国生育政策由"一胎化"向以"女儿户"为核心的现行的计划生育政策发展中的一个过渡、一个拐点，或者，一个转向路标。

这一部分中的《现行生育政策研究》一文（第 317-331 页），是这本书中产生最早的一篇文章。所以，如果仔细阅读的话，可以发现其中对生育政策历史问题的许多叙述都还显得稚嫩和不成熟。但是，作者对产生于 1982 年的现行生育政策的基本评价和认识，即现行生育政策是对"一胎化"政策的妥协和纠正，则是正确理解现行的计划生育制度的基本理念，也是中国计划生育政策历史研究中的具有根本性的思想观点。如果没有这一根本性认识的突破，就没有以后研究中的发展。

如果说《毛泽东人口思想研究》是从思想史或学说史的角度，《"一胎化"生育政策产生的时代背景研究》是从社会背景的角度探索产生现行的计划生育制度的根源，那么，《1956 年：计划生育制度的起源与形成》一文（第 332-349 页）就是从历史发展的角度来探索它。在计划体制和极左思潮的背景下，上海市作为中国最早现代化的城市其生育率势必率先下降的事实，被当作了在全国推行计划生育的依据、标杆和领头羊。特别是在文化大革命中，上海为我国计划生育制度的最终形成贡献了一系列先进经验。但是，我在 70 年代末进入人口和计划生育研究领域时，听到的却是"四人帮"反对和破坏计划生育。对这段计划生育历史的研究发现，那不过是中国政治领域特有的官话。文化大革命中，计划生育战线上也有"走资本主义道路的最大当权派刘少奇反对计划生育"的说法。不过，从事这方面研究的人都知道，我们党最早一次关于节制生育的会议就是刘少奇主持召开的。1957 年 3 月，人民日报上最早提倡节制生育的一篇社论也是在刘少奇的主持下完成的。从 1962 年 12 月开始到文化大革命，期间中共中央曾发出过 3 份有关计划生育的红头文件，也都是在刘少奇主持中央日常工作时期产生的。所以，如果同样实事求是地评价，从 50 年代中到文化大革命前 10 年的上海市委书记柯庆施，以及文化大革命 10 年期间的张春桥、王洪文等，甚至都具有比中央还要强的"计划生育自觉"。1964 年到 1978 年，中共中央计有 4 份（其中包括刘少奇主持中央工作时期有两份）关于计划生育工作的文件，几乎都与肯定和在全国推广上海经验相关（中共中央 1965 年中发 385 号文件的题目就是《中共中央国务院批转上海市委市人委关于计划生育工作的报告》，1974 年中发 32 号文件是《中共中央关于转发上海市＜关于上海开展计划生育和提倡晚婚工作的情况报告＞和河北省＜关于召开全省计划生育工作会议的情况报告＞的通知》）。吃水莫忘掘井人。我国计划生育能有今天的繁盛，是与从柯庆施到张春桥、姚文元、王洪文等人的贡献分不开的。"四人帮"（这一称呼的发明权是毛泽东，而他最早是说"上海帮"）是我国计划生育绕不过去的一块丰碑（2012 年，笔者曾有自印本《"四人帮"与计划生育》）。

　　80 年代的计划生育工作是计划生育领域中最有争议的一段历史，也是笔者研究计划生育历史的重心和重点。《1979-1991 年：先"一胎化"再"女儿户"的艰难历程》一文（第 350-404 页），也是这本书的主要文章之一。1980 年 2 月，中共中央十一届五中全会上，胡耀邦、赵紫阳当选为政治局常委，胡耀邦同时还当选为新设立的中央书记处总书记，在政治局和政治局常委领导下主持中央日常工作。9 月 11 日，五届全国人大三次会议上，赵紫阳当选国务院总理。而在此之前的 3、4 月间，赵紫阳实际已经主持了国务院的日常工作。胡耀邦和赵紫阳刚走到党政工作第一线，就表达了对当时正在全国推行的"一胎化"政策的忧虑。1981 年 9 月 10 日，中共中央书记处 102 次会议上，赵紫阳提出二个方案以替代农村的"一胎化"，一是允许农民普遍生育二胎，一是允许生了一个女孩的农民再生一个。1982 年 2 月，终于以赵紫阳提出的第二方案为基础，形成了以"女儿户"为核心的现行计划生育政策。但是，这个以中共中央国务院的名义颁发的红头文件，一直到 1988 年才由国家计划生育委员会在全国会议上明确要求全国执行。因为历经了 1989 年的那场政治风波和赵紫阳的下台，这一政策真正在全国得到基本贯彻，则又是 90 年代初期以后的事情了。"一项由党中央国务院郑重颁布的重大政策，从制订颁布到基本贯彻执行历经约 10 年的时间，这在共和国的历史上是绝无仅有的。"（第 397 页）

　　该书第三部分仅只收了《论改变和改革计划生育制度》一篇文章（第 407-450 页）。它实际上是笔者 2008 年参加上海社科院经济研究所的一个集体课题的一部分。那时的计划生育政策和制度都还不允许公开讨论，限于课题的性质，我更不便于直接讲出否定计划生育制度和归还人民自由生育权的主张，所以表述得尽可能缓和一些。但是，如果仔细阅读，还是能够领会出所谓"改变和改革"就是取消现行的计划生育制度。

附录部分一共收录了 5 篇文章，除了我的 4 篇以外，还收录了 Susan Greenhalgh 给我的一封信。其中《我国生育政策的历史与发展》是《南方周末》的实习记者梅岭的访谈录，文章内容由山西省翼城县的计划生育试点说起，又涉及到了试点发生时期的社会背景和其他一些问题。至于我与 Susan Greenhalgh 之间的通信，以及我给田雪原的一封信，则都是讨论和论述历史问题的。作为研究人员，根本就不在国家决策的圈子里面。但是，因为从那段历史中走过来，又从事这一方面的研究，有意无意地对相关的问题有了一些观察和认识，有些认识和看法不一定都是通过大片的文章反映出来，日常与朋友或者什么人的言谈及通信中也往往涉及。有的时候，信件中所谈的事情，还可能是相关人的唯一。这也是我比较重视通信和信件的原因。

这是一本有关计划生育政策历史的书。说到历史，客观上存在 5 种不同的历史，即产生（发生）的历史、记载（记录）的历史、研究的历史、传播的历史和接受的历史。历史本身当然是客观的。历史发生之后，记录、研究、传播和接受的 4 种历史，则都是人的活动过程，人类接受客观事物的活动。如果将后面 4 种历史浓缩为一个人的活动，那它就是主体与客体间的关系。5 种历史中的第一项是客体自然变化，后面衍生的 4 项都属于主体的活动。在属于主体部分的 4 种历史中，记录的历史是起点，接受的历史是终点，研究的历史和传播的历史则都属于过程中的中间环节，其中研究环节负责对接受的客观事物进行分析、剔除假象，传播环节则是对历史经过作分析和剔除、过滤后最终形成具有主体性质的事物即文字性的或者口述形式的历史。如果将后 4 种属于主体性质的历史浓缩为一个人的认识，记录的历史相当感官最初接受客观事务，研究的历史相当于动脑筋分析加工阶段，而传播的历史则与接受的历史可能合并为一项成为自己头脑里的历史，相当于照相机里的图片。即使作为社会的或人类的历史，4 项也并非截然分开。事实上，从起始项的记录的历史开始，就包含着记录者的研究、分析和判断。因为主体性的 4 种历史都属于人的主观活动的结果，那就难免都具有主观局限性。以照相为例，图像逼近于客观事物的程度，主要取决对于照相器材的先进程度和摄影者的技术水平。就广义来说，照相器材和摄影技术都属于人的因素，所以都可以说是主观局限性质，其中认识的水平相当于器材的科学技术所达到的程度，狭义的主观因素即个人的好恶和感情的色彩则相当于摄影的技能技巧所达到的高度。出版社在这本书的腰封上将其定义为"我国第一部研究计划生育政策历史的学术著作"，说它是一部研究的历史著作。有关计划生育历史的书过去不是没有，比如计划生育部门自己就编写也资助人编写了大部头的中国人口和计划生育史，其中当然包含了政策部分，所以也可以说是政策史。但是，严格地讲，它们不能算作是研究史。因为它们都是站在计划生育体制内的记录和描述，没有经过分析批判的加工环节，甚至连想都没有想到过要克服作为体制内的当事人难以避免的带有利益和感情色彩的主观局限。所以，这一类的历史著作仅仅可以当作是相关部门的宣传性的著作，——以历史为内容的宣传品。笔者则努力跳出计划生育体制的局限，努力用批判的眼光来审视历史。直至新世纪初，当笔者完成了对节制生育和计划生育两个传统概念的科学批判以后，扑朔迷离的历史才逐渐清晰起来。所以，任何读者在翻阅了本书以后都会承认，笔者的每一篇所论不仅都是在占有大量新挖掘的史料基础上的，而且相对于国内国外的媒体材料来说，笔者的所证所论都是全新的、具有颠覆性的。现在国内学术研究也像国际学术规范所通行的那样开始注意所谓原创，不过在中国的计划生育研究方面，包括国外发达国家的研究者在内也还都拿出什么具有原创性的东西。可能是受到占有资料的局限，至少截至目前来说，就是海外某些有影响学者的所谓成果，无论使用的材料还是其观点，都只是在那里重复国内一些所谓学人咀嚼过的污物。就这一方面而言，我可以一点都不脸红地向读者声明，这本书中除了所使用的历史资料以外，笔者所论证的每一件或者每一段历史，其结论其观点，都属于原创。

收录在本书中的 17 篇文章，有 10 篇都是已经在一些期刊上发表过的。它们构成了本书的主体部分。因为在未发表的 7 篇文章中还包含了 3 封信，有些文章一开始就不是为了发表并且也不好单独发表。包括平时的自印本在内，我的这些非主流的文章和书虽然颇费周折，但终归还可以面世，总是反映了社会的进步。年轻时曾经坚信，我们的社会主义国家才是世界上最优越的社会制度。将近20年对现行的计划生育制度的反思和近 10 多年对计划生育历史的研究，逐渐明白了作为发展中国家的"发展"的含义。人类都是从自然经济状态的社会阶段向工业制造的现代化发展，发达国家走在前面，发展中国家走在后面。按照马克思的历史唯物主义原理，社会的发展不只是生产工艺和生产水平的发展，而且包括政治法律制度和意识形态等等的上层建筑的全部社会的发展。最近因为撰写"计划生育法是恶法"的一组文章，重新阅读丹宁勋爵（Alfred Thompson Denning）的《法律的训诫》和《法律的界碑》等一套丛书，有些问题就更理解得更深刻了。丹宁勋爵的几本书都是 10 多年前甚至 20 多年前出版的，许多年前也都读过，但没有现在的认识。自从有了世界历史的视角以后，何谓发达何谓发展就比较地清楚了。读者现在都知道，发达国家具有法制传统。但是，发达国家也是从发展阶段走过来的。4、500 年以前，我们现在的人都很敬仰的托马斯·莫尔，《乌托邦》的作者、空想主义的鼻祖，以及十分优秀的随笔作家、现代实验科学和经验主义哲学鼻祖弗朗西斯·培根，在他们分别担任英国大法官的时候，也都是"吃了原告吃被告"的。但是，这两位大法官又很不幸，那个时候的历史已经发展到了"选择性执法"的阶段，所以，他们又都因为与国王政见不合而遭到国会的弹劾。这就有了哲学家培根对自己和国会弹劾结果富有哲学味道的回应："我是英国这 50 年中最公正的法官。但在国会这 200 年中，它是最公正的判决。"上个月苏格兰举行了让英国政府和英国大多数人都胆战心惊的公投，因为要求独立是苏格兰议会中占多数票的政党领导的政治活动，我们局外人当然不知道这一政治运动已经是持续多年的大规模社会活动的结果。公然主张脱离英联邦，反国家、反政府，结社、组党，游行、集会，公然煽动分裂……所有这些在现在一些发展中国家都不合法甚至要判以极高刑罚的行为，竟然在英国都属于国民的合法权利，得到政府最大限度的尊重。但是，400 多年前的英国也不是这样。1670 年，当伦敦的法官审判民团首领时，如果陪审团不同意有罪判决，则会被法庭要求继续合议而连续关押。读者别以为现在的政府活动往往都在星级饭店举行，陪审团被关押期间没有饭吃、不给水喝，甚至不提供任何方便。而在更早的时候，譬如说爱德华三世的时代，如果陪审团不同意一个案子的裁决，他们将被关在一辆马车上转圈，直到他们同意。了解了发达国家也是由现在发展中国家的状态下走过来的，特别是亲身经历了最近 30 多年的巨大变化（只是与逐渐醒悟和清醒了的人们的要求来比，我们的国家不仅落后而且变化的步伐还很小），尽管我说过计划生育是一面镜子，它的存在反映出我们国家还处在一个相当落后的阶段上，但是，我还是感到自己是一个很幸运的人，有幸处在一个迅速发展和进步的时代。它得益于中国走向世界和向世界开放。只要面向世界，看一看别的国家，特别是发达国家是如何做的，就知道自己在哪些问题上做得不够好甚至是做错了。即使犯错误的人不愿意改正它，但希望弄明白的人总可以把事情弄明白。——问题都已经明白了，解决它的时间还会很远吗？因为要走向世界，所以要反思过去，思考现在。为此，我将这本书"献给正在走向世界的十三亿同胞"。

关于这本书，还有一个问题需要向读者致歉。很久以前就读过因为排字工误解巴尔扎克的校对文字，在反复的修改过程中愈改愈为荒唐的故事，所以每次看校样都异常的小心谨慎。可能还是对出版缺乏足够的信心，在看第二遍校稿时也只是注意了前次要求改正的地方，没有逐页校对。哪知排版公司擅自调整第 449 页的文字以至改动了版式，并将移动到下一个页码的两行和该页原来的文字全都丢掉了。而在上一次的校对稿里，这几个页码本都是无需改动的。好在我拿到书的当天晚上就发现了问题，出版社已经用插页的方式予以补救，特向读者致以歉意。

自从研究80年代生育政策变动历史，写下"一项由党中央国务院郑重颁布的重大政策，从制订颁布到基本贯彻执行历经约10年的时间，这在共和国的历史上是绝无仅有的"那段文字以后，这几句话就长期萦绕在我的脑海里挥之不去。其实，如果推而广之，向中共中央1982年11号文件颁发的重大政策长期得不到贯彻执行，这不仅在共和国60年历史中，而且在中国共产党90多年的历史中都是绝无仅有的。共产党是一个纪律严明的政党。个人服从组织，下级服从上级，全党服从中央。这是每个党员，每个党组织和全党不仅明白而且都要严格遵守的组织纪律。共产党能够战胜国民党取得政权，以及我们国家能够有今天的稳定局面，在很大意义上都该归功于有 7、8000万党员这一大党的这一组织纪律。那么，在整个80年代，计划生育部门没有执行中共中央制订的以"女儿户"为核心的现行生育政策，执行的什么政策？按这个问题去梳理，发现从1978年中央69号文件开始，计划生育部门执行的都是经过中央同意的计划生育部门的政策。这个说法有点拗口，但它却是对拗口的历史的真实描述。

您看，1978年，中央69号文件中的"最好一个最多两个"，是国务院计划生育领导小组的报告中的话。1979年年中，陈慕华进一步提出"一胎化"，又得到了从党中央主席华国锋到副主席邓小平、李先念、陈云等中央领导的支持。1982年4、5月，钱信忠任国家计划生育委员会主任后，不愿意执行中共中央2个月前颁布的以"女儿户"为核心的现行生育政策，另行向中央起草了《全国计划生育工作会议纪要》，中共中央于10月份即以中办发37号文件的形式做了批发，这是替代2月份的中发11号文件的一个新文件。我曾说过，钱信忠实际上也没有认真执行他所争取到的37号文件，1983年在全国大张旗鼓地推行"一胎上环、二胎结扎"的经验。根据钱信忠的说法，他的这个"大结扎"的计划生育工作思路是得到国务院总理赵紫阳和薄一波等中央领导的同意的。虽然钱信忠被突然免去了职务，但可能一般的读者还不了解，免职在国家公务员管理制度中并不是处分。也就是说，钱信忠并不是因为没有执行 11 号或者 37 号文件，也不是因为搞了"大结扎"下台的。1984 年 4 月，中央 7 号文件中的有关政策部分，提出要把农村生二胎的幅度逐步放宽到约占当年一孩比例的 10%左右，那也是国家计划生育委员会的"情况报告"中的话。1988 年 3 月，中央政治局第 18 次常委扩大会议以后，才有了 1 年多的国家计划生育委员会执行中共中央 1982 年 11 号文件的短暂局面。当"女儿户"政策还未能在全国得到完全贯彻的情况下，随着 1989 年夏天的政治风波和赵紫阳下台，国家机关和社会上盛传"女儿户"是赵紫阳的政策。中央的政策又走到了十字口上。1989 年 12 月 7 日，国家计划生育委员会党组在给国务院递交的《关于计划生育工作中几个重大问题的请示》中说：

在"照顾独女户生二胎"的问题上，多年来一直存在着不同看法。近来，有人批评这是一个错误的、失败的政策，是赵紫阳同志在人口工作上的重大失误；有的人还把一九八四年以来完善农村生育政策的工作批评为"资产阶级自由化"。我们认为，现行计划生育政策是党中央决定的，不能认为这是赵紫阳同志个人的决策。

12 月 12 日，国务院总理李鹏主持总理办公会议，听取国家计划生育委员会主任彭珮云汇报并研究国家计划生育委员会《关于计划生育工作中几个重大问题的请示》。会议认为，计划生育政策要稳定。——这是执行至今的现行计划生育政策的由来。所以，虽然至今仍在执行的生育政策是经过中央 1982 年正式颁布的，但是，如果不是国家计划生育委员会在 1989 年 12 月的据理力争和坚持，它终究能否得到贯彻，还是一个两可的事情。

这是一个在党和政府其他各项工作中都不可能有的奇怪现象。党中央国务院明确颁布的政策长期得不到贯彻，而实际工作部门提出的政策则迟早都可以得到中央的批准和认可。我有意使用"迟早"这个词，它是与中央提出的政策长期得不到实行的状态相对照的。对于计划生育部门的意见和建议，中央也不是未曾犹豫过。譬如1978 年 6 月底召开的国务院计划生育领导小组会议，中央 10 月 26日才以 69 号文件的形式批准其报告（该报告签署的日期为 9 月 19日）。因为华国锋任国务院计划生育领导小组时，曾提出"还是靠宣传教育"，明确反对并否定过有关部门制订规章制度限制国民生育的做法。所以，不排除已经担任党中央主席的华国锋对报告中规定国民生育"最好一个最多两个"的犹豫。还有，钱信忠在 1982 年 8 月16 日上报的《全国计划生育工作会议纪要》，10 月 20 日才得到中央的批准。这样的办事效率，发生在党的十二大召开前后是不多见的。它可能隐含着中央对 2 月份刚颁发的承载以"女儿户"为核心的现行生育政策，与国家计划生育委员会这个报告提出的新政策的犹豫与考量。还有，1984 年 4 月 13 日中央批转的国家计划生育委员会的"情况汇报"，最初是新任国家计划生育委员会主任王伟在 1 月 19日中央书记处 108 次会议上的汇报，4 月 5 日中央书记处办公会议再次讨论，4 月 13 日最终以 7 号文件的形式下发，期间长达 4 个月的之久，不能说没有中央对于计划生育部门仍然未能贯彻中央政策的犹豫。但是，不管怎样，如果从结果来分析，中央最终还是放弃了自己颁发的政策而同意了计划生育部门的政策建议。特别是 1989 年 12月，国家计划生育委员会力挽狂澜，能够让党中央国务院接受他们的观点，相信赵紫阳最初在 1981 年 9 月 10 日中央书记处 122 次会议上提出，80 年代又几次走到前台予以坚持的"女儿户"政策不是赵紫阳的政策而是党中央国务院的政策，把赵紫阳任国务院总理和中央总书记两个职务期间将近 10 年而未能推开的政策贯彻至今，都很难想象类似的事情能够在其他领域里再次发生。

计划生育领域的这一特殊现象，充分反映了所谓人口问题和计划生育工作本身所具有的虚幻性质。

首先，计划生育从一开始就是由中央政府自上而下推动的一项工作，对于地方党委和政府来说，它具有从外部嵌入的特点。计划生育工作说起来重要。按照胡耀邦在十二大政治工作报告中的话说，"是我国的一项基本国策"。但是，在中央以下的各级党和政府的各项实际工作中，远没有其他各项工作那么重要。在各级党委和政府的工作议事日程上，党务、经济（包括计划、财政、金融等等）、教育、卫生、科技等等都排在计划生育工作的前列。只是因为它是中央要求做好的一项工作，按照全党服从中央的纪律要求，党委和政府必须将它列入议事日程。如果从党委和政府的工作自身运行规则和领导人的主观自觉性来说，计划生育工作往往排不上，甚至是永远也排不上。我说可能，是因为也不排除个别例外的情况。近些年阅读历史，可以发现上海市委柯庆施和他的学生张春桥、马天水，以及王洪文，就有计划生育自觉。"计划生育自觉"，这是我从"上海帮"即"四人帮"的作为中提炼出来的一个词汇。它是一种工作状态，是发自于内心、极强的冲动和积极性，自觉地要抓计划生育。但是，自从产生计划生育工作以来，绝大多数的地方党委和政府，除了把它当作中央要求推动的一项工作以外，究竟有多少人会像抓经济、教育、卫生、科学技术等等那样发自于内心，能有多少领导具有这种"计划生育自觉"？这是一个无需证明的问题。如果需要证明的话，那就是不少地方的上下级党委和政府之间每年签订计划生育责任状，承诺必须完成责任状确定期间的人口计划，以及全国各地广泛实行的"一票否决制"。计划生育领域中的这一类怪象，也从反面证明了它不是地方政府必然包含的或者政府工作中内生的和势必会产生的工作。

其次，不可否认，我们已经走得很远很远，但是切莫忘了，当初为什么要出发？毛泽东提出计划生育这个概念的时候，是说我们已经对物的生产，对钢铁的生产，对桌椅板凳的生产，有计划了，人类对自身的生产还无计划，所以要实行与政府的生产计划相适应的生育计划。70年代末80年代初建立现行的计划生育制度的时候，中央领导的讲话、中央文件和人民日报的社论，也都是说，我们是社会主义国家，国民经济有计划按比例发展，人口也需要有计划地增长。但是，几十年来，除了不断地重复那个臭名昭著的人口与国民生产总值的人均数量成反比的计算公式与计算方法以外，从来就没有人试图解释人口数量、人口计划、生育计划这类指标，究竟与经济发展存在着怎样的必然和内在的联系？分子已经确定的情况下，分母愈大除数愈小、分母愈小除数愈大。这是小学生也懂得的道理，而无需大国总理去耗费脑筋。但是，如果按照现在国内主流经济学家所接受的西方经济学的常识，在生产能力已经确定的情况下，不仅劳动人数越多生产量越大，而且宏观经济的增长还有赖于消费的增长，——人口愈多消费需求愈高，从而又能够刺激国民经济的增长。所以，如果不是仅仅重复小学阶段的知识的话，按照宏观经济理论来判断，生育计划和计划生育早已陷入了泥潭。

计划生育是被计划经济忽悠起来的，但是，如果进一步考究我国几个主要阶段的人口与生育计划，却都与当时的经济计划勾扯不上任何的关系。1978 年，华国锋在五届人大一次会议上提出争取在 3 年内把我国人口自然增长率降到 10‰以下。这是 1977 年至 1978 年举国狂热和急切的跃进气氛下提出来的，似乎是与"洋跃进"的国民经济中长期计划相适应的。但是，十一届三中全会以后，从 1979 年开始中央用了几年的时间实行经济调整政策，极大地压缩了经济计划，而人口和生育计划的目标却更高了。1980 年，华国锋在人大会议上将以前计划中要求 1985 年人口增长率降到 9‰左右，一下子拔高到 5‰左右。这一时期的经济计划和生育计划的关系已经打破了那个分子分母的除数定理：经济指标高要求生育指标高，经济指标降下来以后要求生育指标还要高。

接下来应该分析的是，1982 年党的十二大公开提出的"本世纪末将人口控制在 12 亿以内"的计划目标。按照国家计划生育委员会自己的说法，这个目标最早是 1980 年国务院长期计划座谈会提出来的。我们考察了这次会议，它是在 1980 年 3 月 30 日至 4 月 24 日召开的，参加会议的除了中央有关部委负责人以外，还有各省、市、自治区主管计划的负责人，以及 40 多名社会科学和自然科学方面的专家。邓小平、李先念、赵紫阳、姚依林等中央领导讲了话。会议期间，李先念还特意赴杭州看望并征求正在疗养的陈云的意见。会议涉及 8 个方面的问题，(1)降低积累率，提高消费基金的比重；(2)控制近两三年的投资总额；(3)将工业生产每年增长控制在百分之七至八或者更低一些；(4)适当调整经济结构；(5)在城乡所有制问题上，适当放宽政策；(6)要把经济效率当作指导各项工作的一条十分重要的方针；(7)发挥优势、扬长避短、承认不平衡；(8)重视对外贸易。都是关于经济问题的，会议重要事项中，根本没有提到人口和计划生育。

后来，我们在国务院计划生育领导小组办公室提交会议的一份资料《1980-1990 年十年人口规划初步预测》中，找到一段话：

我们要在今后十年内切实做到减慢人口增长的速度，争取一九八五年把人口自然增长率降到千分之五，二〇〇〇年总人口控制在十二亿以内，自然增长率降到零，达到生死持平。

这就是上个世纪最后 20 年，让全国人民努力奋斗的 12 亿人口目标的来历。但是，我们既没有看到这个会议对于这个"初步预测"有什么肯定或者否定的意见，更没有见到对此有什么论证或审议。这次会议以后，仍旧没有做过任何审议和论证。1982 年党的十二大会议上，它又成了党的总书记政治报告中郑重交给全党全国人民的战略任务。

至于 80 年代以后，我们离开计划的轨道越来越远了。1987 年 2 月，随着邓小平一句"不要再讲以计划经济为主了"，从此的政府工作就不再提计划经济了。历史又过了 20 多年，20 多年来，计划经济都不搞了，人口和生育计划却一直还存在着。所以，当初说计划经济决定计划生育，几十年来，生育计划与经济计划一点关系也没有！

再其次，我们再来分析几十年来的人口和生育计划是如何编制的。1978 年 2 月，国务院批转国务院计划生育领导小组《关于计划生育工作汇报会的报告》为标志，我国的人口和生育计划正式进入国民经济计划。在这次会议上，国务院计划生育领导小组提出每年下降

1 个千分点，至 1980 年将人口自增率达到 1‰以下。党中央国务院不仅认可了这个规划，而且在第二年的人大会议上又进一步提出 1985 年酱紫增率降到 5‰左右。就是说，从 1978 年开始至 1985 年，每年要坚持下降 1 个千分点的计划生育发展趋势。我们知道，1980 年长期计划座谈会上，计划生育部门有提出了一个 2000 年人口达到 12 亿以内的人口目标。整个 80 年代，计划生育部门的生育计划就是在 12 亿以内的框架下做文章的。即使对人口学知识知之不多的读者也都会明白，人口规划应该建立在人口数据相对准确的基础上。我过去一直批评包括宋健在内的人口测算都是在没有准确的数据的情况下做测算的。最近阅读历史资料，发现计划生育部门其实也懂得这一点。1989 年 12 月 7 日，国家计划生育委员会党组给国务院的"重大问题的请示"自揭矛盾说，1980 年提出 12 亿人口目标时，"多年未进行人口普查，人口调查资料很少，难以得到较为准确的人口预测结果"。那么，1990 年以后的数据就准确了吗？我们知道，2000 年和 2010 年两次的人口普查数据，有一些比如生育率数据，无论国家统计局还是国家计划生育委员会，总之官方从来都不使用。读者总不难理解，人口变动过程中如果我们把死亡完全当作是一个自然的和大致可以确定的数据的话，那么人口总量的变化主要就是随着生育率的变化而变化的。但是，政府部门从来不承认普查出来的生育率，说明人口数据中这个具有关键性的人口指标是有问题的。如果生育率不准确，普查的所有人口数据就都该是有问题的。30 多年来，计划生育部门一直使用有问题的人口数据编制人口与生育计划，谁还能说它是科学的？说是人口和生育计划，其实不就是那些做数据的工作人员瞎鼓捣！

还有，我们知道，所谓政策就是政党或者国家为实现一定的任务而制定的行为准则。不管怎样，既然计划目标制定出来了，政策就该与目标相一致吧？事实却不是这样。譬如，1980 年长期计划座谈会上提出 12 亿人口目标。1982 年中央的"女儿户"政策则是一个接近妇女平均生育 1.5 的政策，实际部门坚持的"一胎化"则是一个接近 1.0 的政策。那个时候宋健已经出世，在全国的计划生育部门规划中发挥重要的作用。但是，即使按照宋健的测算，每个妇女平均生育 1.0，2000 年的总人口为 10.5 亿，1.5 为 11.3 亿，平均生 2 个也即 2.0 则为 12.2 亿。很清楚，1.0 和 1.5 的政策都与 12 亿的人口目标不一致。所以，我在 1985 年给中央的报告和给胡耀邦总书记的信中，以及提交会议的论文里和会议上的发言，一直都在批评政策和目标的不匹配，是"北辕适楚"或"南辕北辙"（见拙著《中国生育政策研究》第 187、194－195、200 页，《中国人口问题的"热点"》第 172-173 页）。读者都已经看到，几十年来的人口目标和生育计划总是在调整，生育政策却基本上不动。政策和计划究竟有什么关系？

最后需要说的是，计划生育从一开始就是由中央自上而下施加给各级政府的一项工作，但是，即使从中央政府的层面来看，计划生育也不是现代国家中政府应该插手的一件事情。首先，因为说到现代国家，那我们先把注意力放在国外。现在世界上 200 多个国家和地区，出了我国以外，还有哪个国家专门设置一个政府部门负责发放指标和管理国民生育的？所有的国家都没有这样做，已经说明现代国家公共政策中没有管理国民生育的位置，政府工作中没有这一项。其次，我们从根子上来说，毛泽东提出了要搞计划生育，而且还说要设置一个政府机关，但是，在自后他的时代里，长达 20 年的时间，就没有搞过现在意义上的（也是他原来设想的）计划生育。所以，在毛泽东时代的共和国里，我国政府工作中同样没有现行的计划生育工作的位置。最后，1982 年十二大会议上说计划生育是"基本国策"。但是，我相信读者都有个判断，30 多年来的中央政府工作，党务、军队、外交、经济（工农业生产、财政、金融……）、教育、文化、卫生、科技等等，我们可以这样数下去，计划生育究竟放在哪里才足以说明它真的算"基本国策"了？其实，毛泽东产生出计划生育的设想却根本不予实行，中央 1982 年颁布了生育政策却长期妥协同意有关部门不予贯彻，都说明计划生育不是现代国家政府份内应有的事情。

我觉得特别重要的是，30 多年来，不管计划生育工作是否真地被各级政府摆放在"基本国策"的位置上、人口与经济的关系是否搞清楚了、人口与生育计划是否科学，以及人口政策与生育计划的目标是否配套和衔接，我国的经济社会竟然都能够以历史上从未有过的极快的速度发展着。客观历史的发展充分说明"人口问题"是一个伪问题，把计划生育当作基本国策是一种误导和误判，它是计划时代里，党和政府未能从计划体制寻找社会问题根源的结果。本来是计划体制窒息了经济发展的活力，导致社会发展缓慢和人民群众生活困难，在极左思潮的影响下，人们不在社会制度和公共政策方面找原因，把中国人口众多这一优势条件当作负担和包袱。"人口问题"成了压在党和政府身上的一个巨大的阴影，企望通过极大地压低老百姓生育来寻找出路。但是，党和政府却要受现代国家的政府事务自身规律的作用，自觉不自觉地按照客观事物发展规律的要求处理国务和政务活动。所以，尽管我们人为地给政府公务活动增加了这样一项工作，但是，各级党委和政府也就只是按照上级的要求被动地去执行，上面拨一下动一下，不拨了也就不动了。几十年了，这项工作还是未曾上路。对于政府工作来说，也许这样也未曾不好。

但是，对于老百姓来说，它确实不好。按照马克思主义的观点，国家是一种暴力机器。即使在现时代里，这种暴力的一面常常并不表现出来，但它仍旧是一种暴力机器。更何况政府心理上的人口问题阴影，已经上升为实行计划生育的国家理念并设置了日常的管理机构要求将其转化为现实。这样，对于老百姓来说，就成了一种别样的生活环境和状态。有史以来，没有哪个老百姓天生就要与政府作对的。我们从 50、60 年前开展避孕和节育的宣传时就有一种认识，而且这种认识在后来还占据了主导的地位，即不符合政府要求的年龄结婚和生育者，都属于传统的即封建的道德观念和风俗习惯。这是歪曲了人们的婚育行为的本质。婚姻和生育，是每一个人的具体的生活，是每一个人的活生生的人生和生命状态。因为每一个人的具体生活的社会和自然环境的差别，也就是每个人的具体生活条件的不同，婚姻和生育就有了差别。这些似乎是人可以选择的社会行为，在具体人的生活中往往却是无法选择的。政府推行的计划生育设置了一条线，人为地将某种情况下的婚育行为定性为合法，其他类型的则为非法。这样，属于非法婚育行为的老百姓就被推到了政府的对立面。人生如棋。每一个人面对自己的每一天的生活，常常有今天买菜、明天买米这样可以选择的事项，但每一个人总体上的人生路子却往往是别无选择。当一个无可选择的人生被别人推到了与政府相对立的位置上的时候，面对这个隆隆作响碾压而来的庞大暴力机器，那就不仅仅是心理上的阴影和魔幻，而是实实在在的磨难与灾难，——由于各自情况的不同，对于有些人来说甚至是毁灭性的灾难。

——2014 年 11 月 3 日

（刊发于 2014 年 11 月 3 日）

计划生育有个不同于党的一般工作的决策范式

——自印本《现行生育政策的决策体制与机制研究》序言和目录

（一）序言

今年 2、3 月份，持续研究了多年的《1979-1991 年：先"一胎化"再"女儿户"的艰难历程》修改完毕，广州市社科院即以《艰难的历程：从"一胎化"到"女儿户"》为题先于拙著《中国计划生育政策史论》在《开放时代》上发表。但是，我的思绪仍然无法离开这篇文章。艰难的历程，谁的艰难？为什么艰难？许多个问题萦绕心头，挥之不去。8 月 17 日，当接到浙江大学举办"中国重大战略性人口科学与政策问题学术研讨会"邀请函的时候，正在撰写的《左冲右突——胡耀邦赵紫阳与 80 年代的计划生育》资料部分已经完成，但对主题的基本认识却始终无法给自己一个满意的交代，所以，本不想分心参加他们的会议，就迟迟没有回复会议方的通知。直到会前不久，尹文耀教授给我来函，希望我给他们主持主讲"中国人口决策的体制机制问题"。我喜欢这个题目，它极富有挑战性。正是在准备这个发言的过程中，逐渐捋顺了 80 年代从"一胎化"到"女儿户"何以艰难的逻辑关系。接下来几个月的研究，发现了与现行生育制度起始以来时刻相伴的工作范式，这个问题才算解决。同时，也有了读者手上的这篇文章。

中国共产党是全中国人民的领导核心。中国工人阶级经过自己的先锋队中国共产党实现对国家的领导。这都是我国宪法的明文规定。中国共产党的领导集中表现在政治、思想和组织上的领导。中国共产党的组织广泛分设和分布于我国的机关、军队、企业和事业单位，以及所有从农村到城镇的一切有人群的地方。中国共产党是一个纪律严明的政党。中国共产党对全党、全军和全国人民的领导，都是通过其党组织不折不扣地贯彻执行党的路线和一系列方针、政策，才得以实现的。严格的组织纪律性是党的意图得以实现的根本保障。党的路线、方针和政策都是由党中央制订的，全党或相关的党组织不折不扣地贯彻执行党的政策，是中国共产党在长期的实践活动中形成了的基本工作范式。但是，从上个世纪 70 年代末开始，计划生育改变了令出中央的范式。从陈慕华 1978 年主持和分管计划生育工作开始，生育政策先由国家计划生育委员会提出，再经中央批准实行。有的时候，譬如陈慕华 1979 年提出的"一胎化"和钱信忠 1983 年的"大结扎"，仅只是得到个别中央领导的同意就在全国广泛推行了。如果我们仔细梳理其中关系，有些政策甚至是主管部门已经在工作中推行了以后，才得到中央领导的赞同或认可的。这都与党的一般工作范式有所不同。"女儿户"政策最早是由赵紫阳 1981 年 9 月 10 日在中央书记处 122 次会议上提出，1982 年 2 月再以中共中央 11 号文件的形式颁布的，它不仅不是出自于国家计划生育委员会，而且在一定程度上还是对国家计划生育委员会正在大力推行的"一胎化"政策的纠正，所以，虽说是党中央国务院颁发的政策，其贯彻仍显艰难。1989 年"六四"风波以后，经新一届国家计划生育委员会坚持并向党中央国务院力争说明，以"女儿户"为核心的现行生育政策不是赵紫阳的而是党中央国务院的政策，这才稳定推行到今天。

计划生育领域存在一个不同于党的一般工作的特殊范式，这是理解上个世纪 80 年代计划生育艰难历程的钥匙。本文就是探索和发现这一范式，并试图论述它的合理性的。

梁中堂 2014 年 12 月 3 日

（二）目录

（刊发于 2014 年 12 月 3 日）

谁主沉浮？

——现行生育政策的决策体制与机制研究

问苍茫大地，谁主沉浮？
　　　　——毛泽东《沁园春·长沙》

一、绪论：计划生育关乎党的指导思想，所以令出中央

在西方社会学历史中，向来就有马尔萨斯的"人口决定论"与马克思的"经济决定论"之间的对立。1949年8月，美国政府面对中国共产党即将取得整个大陆的胜利局面和对华政策的失败，向国会递交了对华政策的《白皮书》和国务卿艾奇逊给总统杜鲁门的信。在这两份文件中，美国政府就是运用马尔萨斯的观点看待中国问题，认为中国人口众多是历代政府无法解决的难题，所以才爆发了近代以来的历次革命。从8月12日到9月17日，毛泽东组织撰写了6篇新华社社论评述和批驳了《白皮书》（其中5篇出自于毛泽东之笔）。毛泽东在《六评白皮书》中，用铿锵有力的话语说：

世间一切事物中，人是第一可宝贵的。在共产党领导下，只要有了人，什么人间奇迹也可以创造出来。我们是艾奇逊反革命理论的驳斥者，我们相信革命能改变一切，一个人口众多、物产丰盛、生活优裕、文化昌盛的新中国，不要很久就可以到来，一切悲观论调是完全没有根据的。

毛泽东在这篇文章中将艾奇逊的马尔萨斯主义观点归结为历史唯心主义。后来在将这篇文章收进《毛泽东选集》第4卷的时候，毛

泽东又将题目改为《唯心历史观的破产》。特别是毛泽东在它所撰写的第一篇评论《丢掉幻想，准备斗争》中，直接揭露美国政府将依靠一批"民主个人主义"的拥护者，而且"中国某些思想糊涂的知识分子"也确有人对美国抱有幻想，希望美国政府能够放下屠刀，立地成佛。1949 年 3 月至 9 月，由中国共产党邀请准备参加中国人民政治协商会议的各民主党派负责人和社会各界代表，陆续集结在北京（那时还叫北平）。准备参加共产党召集的全国政协会议的各民主党派和社会各界知识分子，在如此大是大非面前，当然踊跃表态，不当那种"思想糊涂的知识分子"和"民主个人主义者"。毛泽东对美国政府的批评，"业已引起全国各民主党派，各人民团体，各报社，各学校以及各界民主人士的广泛的主义和讨论"。经过广泛的学习讨论，如何看待中国人口众多的问题，已经成为马克思主义和马尔萨斯主义、唯物历史观和唯心历史观的分水岭。马克思主义的经济决定论，已经成为建国前后我国社会主流的认识。

上个世纪 70 年代末以来，有一种观点说党和政府在 50 年代曾经鼓励生育和奖励英雄母亲，是没有依据的。1954 年 12 月，刘少奇就在党的一次会议上说：

> 我们中国要不要搞'母亲英雄'和提倡生育呢？我们不要搞，我看将来也不搞，可能永远不搞。

但是，受极为片面的唯物历史观的影响，那时将节制生育等同于反动的马尔萨斯主义，却是一种占据主导的和主流的社会意识。比如人民日报刊登读者来信，批评三联书店的书籍中介绍和宣传"山额夫人"（即桑格夫人），甚至连中国科学院的高级知识分子也将节制生育直接斥之为美帝国主义"杀人不见血的方法"。

可能是因为指导思想的重大转变，党和政府从提倡节制生育的那一时刻起，就采取小心翼翼的态度，十分注意和强调政策的适度，甚至将一些工作方法都当作政策方面的大问题，予以具体的规定。比如刘少奇在中央机关召开第一次节制生育的会议上对于节育的宣传方式方法、口径等等规定得相当具体、细致。1962 年，中共中央国务院《关于认真提倡计划生育的指示》中，要求各级党委要重视计划生育工作，将计划生育工作列为重要议事日程，着重在城镇厂矿和人口密度大的农村进行宣传，并指示"中央级的报纸不进行宣传"。1965年 11 月，周恩来在接见中华医学会和全国妇产科学术会议代表的时候说：

计划生育绝对不能强迫命令。现在发现了一个邯郸第一纺织厂，那个地方计划生育强迫命令可凶了，如果不晚婚要早婚大家就斗你，怀了孕也斗你，……胡闹嘛！

1973 年，华国锋任国务院业务组成员兼国务院计划生育领导小组组长，就曾直接否决了计划生育部门草拟的计划生育条例。他说：

全国情况也很复杂，作为国家、计划生育领导小组办公室统一规定不适宜。……我们说还是靠宣传教育。……硬性规定都不是办法。

所以，有关节制生育和计划生育的政策，似乎都是直接拿在中央手上的。但是，70 年代末以后，这种情况明显地发生了变化。

二、1978 年，中央颁发 69 号文件同意陈慕华的"最好一个最多两个"

1978 年 2 月 26 日，五届全国人大一次会议在北京举行。对于毛泽东逝世后的中国来说，这是继 1977 年 8 月党的第十一次代表大会之后的又一次重要会议。3 月 5 日，由党中央主席华国锋继续担任国务院总理的新一届国务院领导产生，中共中央政治局候补委员、原对外经济联络部部长陈慕华当选为国务院副总理。新一届国务院领导产生以后，陈慕华兼任国务院计划生育领导小组组长，分管计划生育工作。6 月 26 日，新一届国务院计划生育领导小组举行第一次会议，"着重研究了贯彻落实华主席提出的三年内把我国人口自然增长率降到百分之一以下的任务"。

新一届国务院计划生育领导小组会议所说，要落实华主席提出的任务，是指华国锋作为国务院总理于 2 月 26 日在五届全国人大一次会议上所作的政府工作报告中提出的 1980 年将人口自然增长率降到 1%以下。这个计划目标最初也是由计划生育部门提出来的，不过，那还不是陈慕华分管计划生育工作的时候。1977 年 9 月，国务院计划生育领导小组召开的全国计划生育工作汇报会揭批"四人帮"，会议由国务院副总理兼国务院计划生育领导小组组长吴桂贤主持。会议提出：

根据党中央抓纲治国的战略决策，三年大见成效和在本世纪内把我国建成社会主义现代化强国的要求，会议对今后三年、八年的人口规划和一九八五年后人口发展趋势的预测情况进行了认真的讨论，认为全国人口自然增长率，一九七八年应降到千分之十一，一九七九年千分之十，一九八零年千分之十以下，争取提前一年实现'五五'人口增长规划。

1978 年 2 月，国务院批转了这个会议的报告。

中国的计划经济体制的特征就是这样，相关部门提出的计划目标经过上级批准以后，就成了国家的计划。特别是经过党中央主席、国务院总理和中央军委主席华国锋在全国人大会议上提出以后，就具有特别神圣的意义。现在，又轮着计划生育主管部门来落实半年以前（国务院计划生育领导小组关于会议的报告是在 1977 年 12 月 30 日上报国务院的）自己向中央提出的计划目标了。

陈慕华在会议讲话中开门见山地指出，这次会议要讨论如何争取实现在 3 年内把我国人口自然增长率降到 1%以下的有关政策、措施，特别是解决领导方面存在的认识问题，做好思想发动工作。7 月 10 日，国务院计划生育办公室拟定了一份《计划生育工作条例》，这是笔者所见到的我国历史上第一份计划生育条例。其中关于生育子女数量的政策规定说："一对夫妇生育的孩子一个不少，最多两个。"10 月 26 日，中共中央 69 号文件批转的国务院计划生育领导小组第一次会议的报告说：

晚婚年龄，农村提倡女二十三周岁，男二十五周岁结婚，城市略高于农村。提倡一对夫妇生育子女数最好一个最多两个。生育间隔三年以上。各地根据人口规划的需要，对生得晚一点，稀一些，可根据实际情况进行具体安排。在执行中的一些具体问题，由县以上党委、革委会研究决定，报上一级党委、革委会备案。

读者切莫等闲看待这条规定，它可是我国现行的计划生育政策和制度的开端。我国主流的人口和计划生育研究人员，以及国家计划生育部门的同志，都是把此前计划生育部门提出的"晚、稀、少"的政策与这次的提法"一个不少最多两个"以及进而"一个正好、两个多了"的提法相提并论，是不恰当的。此前的中央文件上，比如1974年12月30日的中央通知中转发上海市革命委员会的《关于上海市开展计划生育和提倡晚婚工作的情况报告中》明确提到了"晚、稀、少"，但并没有具体的关于生育数量的要求。这次却不同，不仅有国民晚婚和生育数量的具体规定，而且在7月10日的《计划生育条例》中还有具体的限制措施。"条例"中规定说：

党员、团员和干部，特别是各级领导干部，要带头实行计划生育。是否实行计划生育要作为考察党员、团员和干部政治觉悟的一个内容。对党员、团员、干部职工中极少数不实行计划生育的，要耐心说服教育促使转变。对情节恶劣，教育不改，影响很大的，要给予必要的纪律处分。

这是至今执行的"计划生育一票否决权"的最早雏形。1979年1月，全国计划生育办公室主任会议进一步提出："我们提倡一对夫妇生育子女最好一个，最多两个。各省、市、自治区，可以根据当地实际情况制定有利于计划生育的政策、措施。对于只生一胎，不再生第二胎的育龄夫妇，要给予表扬；对于生第三胎和三胎以上的，应从经济上加以必要的限制。"那还是文化大革命结束后不久的时代，绝大多数省、市、自治区的人民代表大会还未能召开，其基本政治体制仍然是党的"一元化"领导，各级政府甚至还沿袭文化大革命中仿照上海市"一月风暴"建立的革命委员会。所以，陈慕华在会议上向全国布置说，在全国计划生育法没有颁布的情况下，各个省、市、自治区可以先行制订地方性的计划生育法规。很快，至1979年年底、1980年年初，全国29个省、市、自治区中，已经有27个制定了"计划生育试行规定"。因为有了具体的法规对生育数量和时间的限制，现行的计划生育制度就迅速地建立起来了。

三、1979年，陈慕华提出"一胎化"，获中央领导的支持

70年代末以来的计划生育工作中，就一直存在一种不同于其他领域的特殊现象，在其他工作领域，党的政策要求不偏不倚地贯彻执行，而计划生育工作则要求尽可能地向从紧从严的方面执行。1978年中央批转的69号文件规定"最好一个最多两个"，而主管部门却从其开始就将它继续推向更为严紧的方面。譬如7月份提供的《计划生育条例》是说"一个不少，最多两个"，而主管部门通常宣传的说法又是"一个正好，两个多了"。中央文件、部门的管理条例和管理部门的口头的宣传贯彻，都反映了计划生育政策朝向鼓励一个和限制两个的趋势发展。1979年1月27日，陈慕华在全国计划生育办公室主任会议上讲话说："要心中有数，要做工作，要把多胎控制住，鼓励生一胎，把人口降下来。"这是中央层面所见到的，提倡一对夫妇只生一个孩子的最早提法。而在此之前，一些地方就已经提出了鼓励生育个孩子的口号或者政策，比如新疆维吾尔自治区就提出"最好一个"。

党的十一届三中全会后，中央对经济形势的认识和对国民经济实施的大幅度的调整政策，可能是1979年计划生育部门迈向"一胎化"的又一个重要原因。1979年1月1日，李先念请党中央主席华国锋和副主席邓小平、陈云、汪东兴在《国务院关于下达一九七九、

一九八零两年经济计划的安排（草案）》上签署审批意见。这是一份后来被称之为"洋跃进"的 1978 年特殊气候背景下产生的经济计划。该文件已经在刚刚闭幕的十一届三中全会上获得通过，中央领导现在只是依据程序签署同意。1977 年 8 月，党的第十一次代表大会上，陈云当选为中央委员。1978 年 3 月，陈云当选为全国人大常委会副委员长。所以，陈云没有直接参与 1978 年国务院制订的上述计划。1979 年 1 月 1 日，在十一届三中全会上新当选的党中央副主席陈云在该计划草案上批示说：

国务院通知中'一九七九年有些物资还有缺口'。我认为不要留缺口，宁可降低指标。宁可减建某些项目。" 5 日，在新华社一份反映国家计委安排 1979 年的生产计划和物资供应留有缺口的材料上批转华国锋、邓小平、汪东兴。陈云批示说："我认为有物资缺口的不是真正可靠的计划。

邓小平阅后批示说：

请计委再作考虑。

6 日，邓小平在同余秋里、方毅、谷牧、康世恩等几位副总理谈话中说：

对今明两年的计划，陈云同志提了意见，他说有物资缺口的计划不是真正可靠的计划，计划不要留缺口，宁可降低指标，宁可减建一些项目。这个意见很重要，请计委再作考虑。有些指标要压缩一下，不然不踏实、不可靠。

上述几位副总理中，余秋里兼任国家计委主任，康世恩兼任国家计委副主任。此后，《国务院关于下达一九七九、一九八零两年经济计划的安排（草案）》没有发出，国家计委会同有关部门着手研究调整 1979 年的计划。

3 月 24 日，陈云、李先念联名给中央写信建议在国务院下设立以陈云为组长、李先念为副组长、姚依林为秘书长的中央财经委员会，作为研究制订财经工作的方针政策和决定财经工作中大事的决策机关，提出调整国民经济的主张。3月21日至23日，中共中央召开政治局会议讨论经过修改的1979年国民经济计划和对国民经济实行调整的问题。

3月21日下午的政治局会议上，陈云作了系统的发言。这是对于邓小平有中国特色社会主义理论的形成和中国未来生育政策的发展，都具有至关重要的一次讲话。陈云在讲话一开始就说：

我们搞四个现代化，建设社会主义强国，是在什么情况下进行的。讲实事求是，先要把"实事"搞清楚。这个问题不搞清楚，什么事情也搞不清楚。

我们国家是一个九亿多人口的大国，百分八十的人口是农民。革命胜利三十多年了，人民要求改善生活。有没有改善？有。但不少地方还有要饭的。这是一个大问题。我在去年中央工作会议上说过，解放三十年了，如果你再有一二十年不解决，支部书记会带队到城里要饭。不估计到这种情况，整个经济搞不好。农民是大头。不能让农民喘不过气来。社办工业很多，小城镇工业也很多，办这些工业是有道理、有原因的。原因就是要就业，要提高生活。当然其中也有盲目性。

一方面很穷，另一方面要经过二十年，即在本世纪末实现四个现代化。这是一个矛盾。人口多，要提高生活水平不容易；搞现代化用人少，就业难。我们只能在这种矛盾中搞四化。这是现实的情况，是建设蓝图的出发点。所谓按比例，就是按这个比例。别的国家没有这么多的人，没有这么多的农民。农业要用电，小城镇工业要用电，大工业要用电，电总是紧张就是了。按外国的数字，生产多少吨钢，相应地要有多少度电，这种计算法在中国不行。按比例，必须把农业考虑进去。这是一个根本问题。许多办工业、办商业的同志不大考虑这个问题。苏联现在发生劳动后备军不足的问题，中国不会发生这个问题。

总之，九亿多人口，百分之八十在农村，革命胜利三十年了还有要饭的，需要改善生活。我们就是在这种情况下搞四个现代化的。

3 月 23 日下午，邓小平在会议上说：

人口增长要控制。在这方面，应该立法，限制人口增长。还说：我同外国人谈话，用了一个新名词：中国式的现代化。到本世纪末，我们大概只能达到发达国家七十年代的水平，人均收入不可能很高。

4 月 5 日，中央工作会议上，中共中央副主席李先念代表党中央、国务院讲话说："我们一定要认真做好思想教育工作，订出切实有效的办法，包括法律的和经济的办法，鼓励一对夫妇最好只生一个孩子。""鼓励一对夫妇最好只生一个孩子"，是 1 月 27 日人民日报社论"我们提倡一对夫妇生育子女最好一个，最多两个"中，省去了后面一句"最多两个"。

在实际工作中，国务院计划生育领导小组已经将推动一对夫妇只生育一个孩子的活动推广到全国。5 月、6 月，全国已经有一批一对夫妇只生育一个孩子的先进典型。据人民日报上刊登的情况，兰州化工厂奖励终身只生育一个孩子的夫妇，四川省大邑县龙凤公社开展只生一个孩子的计划生育宣传活动，贵阳市 23 位年轻父母、上海虹桥公社 159 对育龄夫妇向社会提出倡议，只生一个孩子。另外，安徽省合肥市和天津市已经创造了给自愿只生一个孩子的家庭颁发"独生子女证的"的经验。越过 8 月，天津市已经有 28000 多户人家领到《独生子女证》，受到奖励。

计划生育部门在实际工作中推行一对夫妇只生一个孩子的政策，受到了中央的肯定和支持。6 月 18 日，华国锋在五届人大二次会议的政府工作报告中说："要订出切实可行的办法，奖励只生一个孩子的夫妇"。党和国家最高领导人华国锋讲话以后，陈慕华就更为理直气壮地将"一对夫妇只生一个孩子"转化为"一胎化"了。6 月 27 日，人大会议尚未结束，陈慕华在中央党校给学员讲计划生育课，公开用"一胎化"这个词语。7 月 6 日，人民日报报道"陈慕华同志在中央党校讲计划生育课"时，其黑体标题就是《把工作重点放在"最好生一个"上来》。8 月 11 日，人民日报发表陈慕华 6 月 27 日在中央党校报告基础上形成的长篇文章《实现四个现代化，必须有计划地控制人口增长》。陈慕华在文章中说：

只要我们下大力气，花大功夫，做好工作，一胎化的比例是可以越来越高的。

读者莫要以为陈慕华的"一胎化"仅仅是个口语化的词汇，在实际工作中，它是有相当明确的含义和标准的。1980 年 1 月 9 日，陈慕华在军事科学院的报告中说：

从现在做起，按农村百分之八十，城市百分之九十夫妇一个孩子，到二〇〇〇年，还要增加两亿人。……只有这样，才能把人口控制住。

过了不到一个月，陈慕华在一次座谈会上又说：

只有逐步做到城市百分之九十五、农村百分之九十的育龄夫妇只生一个孩子，到本世纪末，我国总人口才能够控制在十二亿左右。

从 1978 年到 1980 年，计划生育部门对生育计划的掌握越来越严。

陈慕华的"一胎化"政策也得到了陈云和邓小平的支持。1979 年 6 月 1 日，陈云对上海市负责人谈话说，"人口是个爆炸性的问题"。陈云说："人口问题解决不好，将来不可收拾。"陈云还说：

先念同志对我说，实行"最好一个，最多两个"。我说再强硬些，明确规定"只准一个"。准备人家骂断子绝孙。不这样，将来不得了。

10 月 15 日，邓小平会见英国客人时说：

人口问题是一个重要问题。现在，我们正在把计划生育、降低人口增长率作为一个战略任务。我们提倡一对夫妇生一个孩子。凡是保证只生一个孩子的，我们给予物质奖励。

1979 年是一个很特别的时代，由于全党在人口问题上所取得的共识，中央在计划生育方面的宣传跟得上，计划生育部门又抓得特别紧，所以在"一胎化"政策的推行上取得了很大的进展。12 月 18 日，陈慕华在全国计划生育办公室主任会议上讲话说：

> 一对夫妇最好生一个孩子，这是从今年以来开展计划生育工作的实践中，总结出来的控制人口增长的好经验。

> 把计划生育工作的重点，转移到一对夫妇最好生育一个孩子上来，是解决我国人口问题的战略任务。

为适应战略重点的转移，计划生育部门改革和调整了计划生育统计的指标体系，并从卫生统计中分离出来，实现了计划生育统计单列。1979 年，全国现有一个子女的夫妇 1535.4 万，其中已经领取独生子女证的夫妇 610.1 万，领证率达到 39.7%。

从"一胎化"产生至今的 30 多年来，不少人以为"一胎化"是邓小平提出来的，还有人认为是陈云，其实是陈慕华。这不仅因为在中央一级领导中只有陈慕华使用过"一胎化"的词汇，在具体的工作中有要求城市和农村 90%以上一胎率的要求，而且更为重要的是陈慕华向陈云的求证反而证明了事情的原委。

1980 年 6 月 13 日，陈慕华准备向新设立的中共中央书记处汇报计划生育工作，特意致信党中央副主席、国务院副总理陈云，咨询计划生育汇报提纲的起草稿引用陈云 1979 年 6 月 1 日对上海市负责人谈话中关于加强计划生育的话是否准确。陈云前一年 6 月 1 日关于加强计划生育的指示核心，就是那句"我说再强硬些，明确规定'只准一个'。准备人家骂断子绝孙"。经过多年的实际运行，党内已形成一个具有原则性的纪律和规定，即党和国家领导人到地方视察或京外活动，期间凡有重要讲话和指示，地方党委都要及时报告中央，中央按照具体情况再做处理。通常的做法，中央会根据领导讲话的内容及其重要性，向全党或者相关地方党委和有关部门的党组织，予以通报。前一年 6 月 1 日，党中央副主席、全国人大常委会副委员长陈云（1979 年 7 月 1 日五届全国人大第三次会议上又被任命为国务院副总理）关于计划生育的谈话，应该是中央向计划生育部门通报过的。否则，陈慕华是如何知道的呢？要知道，像陈慕华这样级别的领导人，在给中央会议准备的文件中引用小道消息是犯大忌的。既然情况来自于中央的相关通报，那又无需和陈云订正的。现在发生了向陈云订正的事情，正好说明：第一，"一胎化"生育政策不是中央会议上的决定。如果是中央会议确定的政策，就无须再求助于个别领导人。第二，"一胎化"与邓小平无关，否则，直接引证邓小平就是了。第三，虽然起草稿上引用了陈云，但它恰好证明了前一年"一胎化"产生的时候不是直接援引于陈云。否则，如此重大的政策直接源于陈云的讲话或者指示，那都该是众所周知的，以及现在继续光明正大地引证，无须向陈云本人求证。

"一胎化"是分管计划生育工作的陈慕华提出来的，但是，它又是经过从党中央主席华国锋到副主席邓小平、李先念和陈云等党和国家领导人的支持的。虽然除了陈云一个人明确要求"就一个"以外，其他的领导人都是"提倡和鼓励一对夫妇只生一个孩子"，不是"一胎化"。但是，党和国家领导人当然都知道他们所支持的就是"一胎化"。

四、1982 年, 中共中央国务院颁发中央 11 号文件提出"女儿户"政策

1981 年 6 月末，党的十一届六中全会上，中央书记处书记胡耀邦当选为党中央主席，赵紫阳、华国锋当选为副主席，邓小平当选为中央军委主席。而在此之前的 1980 年 9 月召开的五届全国人大会议第三次会议上，赵紫阳已经当选为国务院总理。至此，标志着邓小平处理华国锋的问题已经结束。走到党和国家第一线的胡耀邦、赵紫阳，立即着手制订人口政策。

9 月 10 日，中共中央书记处 122 次会议上，赵紫阳提出城市可以继续执行"一胎化"的政策。对于农村，赵紫阳说："农村里面要有一个合理的要求，要有一个比较坚定的长期政策。"赵紫阳提出改

善农村生育政策的两个方案，第一，在农村提倡生一胎，普遍允许生二胎；第二，在执行只生一个孩子的前提下，第一胎生了女孩的，可以再生一个。中央书记处会议决定，由国家计划生育委员会主持征求各个省、市、自治区党委的意见。1982 年 2 月，在中共中央国务院颁发《关于进一步做好计划生育工作的指示》中，关于生育政策的具体要求说：

国家干部和职工、城镇居民，除特殊情况经批准者外，一对夫妇只生育一个孩子。

农村普遍提倡一对夫妇只生育一个孩子，某些群众确有困难要求生二胎的，经过审批可以有计划地安排。不论那一种情况都不能生三胎。

对于少数民族，也要提倡计划生育，在要求上，可适当放宽。具体规定由民族自治地方和有关省、自治区，根据当地实际情况制定，报上一级人大常委会或人民政府批准后执行。

政策变化主要发生在农村。文件中"某些群众确有困难"，是农村中第一胎生了一个女孩家庭的特殊表述方式。在完成中央委托征求意见并代替中央拟定了以"女儿户"方案为核心政策的中央文件以后，国家计划生育委员会党组在给中央的报告中说：

《公开信》中"提倡一对夫妇生育一个孩子"，"某些群众确实有符合政策规定的实际困难可以同意他们生两个孩子，但是不能生三个孩子"的要求，已家喻户晓，在国际上也有很大影响，不宜轻易改动。第二方案的提法和《公开信》基本一致。而第一方案由于提法上同《公开信》不同，可能在群众中引起思想混乱，认为政策改变了，前段工作错了，今后要纠偏。

……对于中央文件中是否要写明"只有一个女孩的夫妇可以再生一个"，有两种不同的意见。一种认为，写明好，否则基层干部不好掌握；多数认为，中央政策要直接和群众见面，写明了会进一步助长重男轻女思想。我们同意后一种意见。

引文中所说第一方案、第二方案，就是指赵紫阳在中央书记处122次会议上提出的允许农民普遍生二胎和"女儿户"。中共中央11号文件中用"某些群众确有困难"指代只生育了一个女孩的农民家庭，说明中央接受了根据计划生育委员会党组的建议。因为这是中央与国家计划生育委员会达成的共识，按理说，这样的提法不该影响党中央国务院所颁发的这一重大政策的实施。但是，一个要与民众直接见面的政策，一个需要民众严格遵守的政策，却使用了模糊的词语。问题就发生在这个环节上。

五、1982 年，中央再次颁发中办 37 号文件实际取代 11 号文件

1982 年 11 号文件下发以后，国家计划生育委员会换帅。5 月 4 日，人大常委会通过决定，任命钱信忠担任国家计划生育委员会主任。60 年代初，钱信忠担任卫生部主管业务的副部长，1965 年任卫生部部长。文化大革命以后，1979 年再度担任卫生部部长。钱信忠 60 年代在上海蹲点抓计划生育工作，党中央国务院曾批转《上海市委市人委关于计划生育工作的报告》，号召全国学习上海市的经验。1965 年 10 月，钱信忠给中央写了《有关计划生育的几个问题》的研究报告，提出抓城市的同时，以抓农村为重点的计划生育工作思路。中央以中发（1966）70 号文件形式批转全国。1981 年，五届全国人大常委会第 17 次会议决定，设立国家计划生育委员会，任命国务院副总理陈慕华兼任主任。5 月 10 日，中共中央批准钱信忠、崔月犁等为国家计划生育委员会副主任。所以，作为原国家计划生育委员会第一副主任、陈慕华的副手，钱信忠对于 1981 年至 1982 年中央制订计划生育政策的过程是熟悉的，对中央的意图也是清楚的和了解到。

按照党和政府的工作规程，大凡中央有了新的政策和重要只是，主管本部门都要经中央同意召开全国性会议予以传达和贯彻。所以，

钱信忠走马上任要做的第一件大事就是召开全国会议贯彻中央 11 号文件精神。1982 年 11 号文件下达以后，遇到陈慕华和钱信忠新旧交接。我曾研究这段历史，认为钱信忠实际是在 4 月份到岗的。最近读历史资料，发现钱信忠自己也曾说，中央是在 4 月份决定他负责计划生育工作的。因为钱信忠对于计划生育工作和中央 11 号文件本来就很熟悉，贯彻中央 11 号文件的全国性会议最多需要 1、2 个月的准备就可以召开，但是，计划生育战线的同志们却翘首盼望到 8 月 10 日。当您读过 8 月 16 日会议结束的当天送交给中共中央的《全国计划生育工作会议纪要》以后就可以知道，这是钱信忠充分准备的一次会议，其准备充分的程度不仅在会议前说服胡耀邦和赵紫阳同意暂不执行"女儿户"政策，而且达到了会议结束的当天就可以把"会议纪要"送达到中央的程度。不过这样一来，这次会议与其说它是贯彻中央 11 号文件的会议，还不如说是直接否定 11 号文件。

首先，中央 11 号文件虽然没有明确批评、批判和否定"一胎化"，但明显是对其一定程度的纠正。"会议纪要"不仅继续强调"一胎化"，而且将还它视之为生育政策的根本前提和基本条件。读者如果仔细阅读这个纪要，可以发现它实际上是针对以胡耀邦赵紫阳为收的中央书记处和国务院的。为了刚刚到达中央的领导人对中国人口问题的严重性有一个比较确切地认识，该纪要在讲述政策之前还专门设立了一个部分讲述人口问题的严重与必须严加控制点重要性，在此之后，"纪要"才进入到政策部分。

会议指出，为了争取在本世纪末把我国人口控制在十二亿以内，必须普遍提倡一对夫妇只生育一个孩子，严格控制二胎，坚决杜绝多胎。在实际工作中，要把实现长远的奋斗目标和照顾群众旳实际困难结合起来，把政策建立在更加切合实际的基础上，使党的政策真正变成群众的自觉行动，从而更有成效地、持久地控制人口增长。

读者后面将要看到，钱信忠指责如果全国都实行中央的"女儿户"政策，那就是"一刀切"。但是，"必须普遍提倡一对夫妇只生育一个孩子"，那还不是"一刀切"？钱信忠只不过是反对中央实行"女儿户"政策时采取"一刀切"的办法，而他自己却可以用"一胎化"作"一刀切"。

其次，我们知道，中央11号文件提出"农村普遍提倡一对夫妇只生育一个孩子，某些群众确有困难要求生二胎的，经过审批可以有计划地安排"，这是指农民"女儿户"的另外一种称谓。钱信忠参与了11号文件的制订过程，当然知道它的真实含义。但是，他故意要在这个问题上装聋卖傻，认认真真在"某些群众确有困难"上面做文章。读者且看"纪要"如何说：

在《指示》下达之前，各省、市、自治区规定了三种情况可以生育二胎：(1)第一个孩子有非遗传性残疾，不能成为正常劳动力的；(2)重新组合的家庭，一方原只有一个孩子，另一方系初婚的；(3)婚后多年不育，抱养一个孩子后又怀孕的。在贯彻《指示》过程中，很多省、市、自治区在上述三种情况之外，对农村又新增加了四、五种或六、七种，主要有：(1)两代或三代单传的；(2)几兄弟只有一个有生育能力的；(3)男到独女户家结婚落户的；(4)独子独女结婚的；(5)残废军人；(6)夫妇均系归国华侨的；(7)边远山区和沿海渔区的特殊困难户。

如果仅仅从现象上来看的话，就这表面轰轰烈烈新出台的10条就足以证明这次全国计划生育工作会议是贯彻落实中央11号文件的。而实际上，如果执行中央的"女儿户"政策，农村可以生二胎的照顾面一下子可以放宽到接近整个农村人口的50%，而按照国家计划生育委员会自己的计算，上述可生二胎的10条仅只占到当年剩余一孩的10%。特别恶劣的是，钱信忠就此把人们的视线引导到"确有实际困难"的方面，使得计划生育部门几乎耗费了整整一个80年代。

再其次，中央11号文件的核心就是"女儿户"政策，这是中央制订的生育政策中有关农村的生育政策，当然是适合全体农民的。在重大政策方面上，党的纪律从来都强调传达要及时，贯彻不走样。但是，钱信忠的"会议纪要"却将其指责为"一刀切"。该纪要说：

会议认为，我国地域辽阔，各地的情况差异很大，在具体政策掌握上，要分类指导，不能'一刀切'。各地已有的规定，在能够完成国家人口规划和本地区人口规划的前提下，要稳定下来，一般不要再作变动。

各地将自己已有的政策"稳定下来，一般不要再作变动"，实质上还不是否定了中央的政策？本来打着贯彻中央11号文件的全国会议，就这样变成了一个彻底否定"女儿户"政策的会议。

问题可能还不仅仅发生在钱信忠否定11号文件方面，关键在于中央同意"各地当时的办法可以暂时不动"。8月18日，赵紫阳在中南海接见会议代表的时候说：

我主张稳定，现在就按各省自己的办。各地现在的规定，将来证明可能有的严了一点，有的宽了一点，宽或严，反正现在都不动，就按照这个去做。

10月20日，中共中央办公厅国务院办公厅以中办发（1982）37号文件的形式向全国说："《全国计划生育工作会议纪要》已经中共中央书记处、国务院审阅同意。现转发给你们，请认真贯彻执行。"这样，中央实质上是以一个中共中央办公厅国务院办公厅颁发的中央文件替代了8个月前以中共中央国务院名义颁发的中央文件。

六、1983年，中央领导同意钱信忠在全国搞大结扎

钱信忠虽然成功地争取到了中央37号文件，但是，在他还未能认真贯彻执行的时候旧改变了主意。从1982年年底开始，钱信忠把计划生育工作的实际重心放在了"大结扎"上。所谓大结扎，就是钱信忠经常说的"一胎上环，二胎绝育"，或者"一胎上环，二胎结扎"，即对已生一个孩子的育龄妇女上避孕环，对已生过二个和二个以上孩子的育龄夫妇的一方实行结扎。这个经验，是他60年代在上海蹲点搞计划生育总结出来的，是严格控制二胎，坚决杜绝多胎生育的最

切实可行的有效措施。1983 年实行"大结扎"的这一工作思路，据他讲是在"计划生育宣传月"中形成的。上个世纪 60 年代末 70 年代初，计划生育工作的重点逐渐转移到农村，计划生育宣传和节育技术工作结合农村工作的特点，往往是选择农闲时间组织宣传队和手术队下乡。根据中国的气候和农业生产周期性特点，春节前后无论南方或者北方，农民基本上结束了大田里的农活，在传统上是一个相对农闲的时期。再加上城镇人口也有在春节前后放假的习俗，计划生育部门认为这个时期的人们悠闲，也是怀孕率高发的时间段。钱信忠将全国基层政府 10 多年来逐渐形成的每年一度大抓计划生育工作的作法起了一个"计划生育宣传月"的名字。1982 年 12 月 22 日，由国家计划生育委员会、中国人民解放军总政治部、北京市人民政府联合召开首都计划生育宣传月动员大会，中共中央书记处候补书记郝建秀受党中央国务院委托在会上做了题为《全国人民都来积极宣传和实行计划生育》的讲话，中共中央政治局委员、书记处常务书记、国务院常务副总理万里出席会议也讲了话。说是"宣传月"，实际活动当然并非只持续一个月。不过从此以后，在春节前后大抓计划生育就成了全国各地一个较为普遍的活动。

根据钱信忠的说法，大结扎的思路就是在第一次全国计划生育宣传月的活动中形成的。1983 年 2 月 7 日，钱信忠在一次电话会议上说：

在这里，我讲一点我们组织的全国千分之一人口生育率抽样调查的情况。根据这次抽样调查和第三次全国人口普查结果的推算，今后五年中，全国平均每年将有一千二百三十万名女青年进入法定婚龄，说明我国正处于生育高峰期。同时，一九八一年全国的总和生育率为二点六三胎，即一对夫妇平均生育二点六三个孩子，这说明目前的生育率仍然是很高的。现在全国的一胎率为百分之四十六点五五，二胎率为百分之二十五点三六，多胎率为百分之二十八点零九，多胎率在百分之四十以上的还有七个省。如果按照这种生育状态持续下去，那么到二〇〇〇年全国人口将达到十三亿二千万，远远超过十二亿的奋斗目标。因此，必须迅速降低总和生育率水平，提高一胎率，坚决杜绝多胎。到一九八五年，必须把总和生育率降到一点七胎，到一九九〇年降到一点五胎，今后十八年平均自然增长率降到千分之九点五以下，只有这样，我们才能保证到本世纪末不突破十二亿。

钱信忠从数据上分析，每年新出生人口中 28.9% 为多胎，其中 7 各省的多胎率达到 40% 以上。所以他认为，只有采取"一胎上环，二胎绝育"的措施，提高一胎率，减少多胎，才可能将总和生育率、自然增长率降下来。关于一胎、二胎和堕胎的关系，钱信忠说：

为什么要结扎呢？目的就是要搞掉多胎。要搞掉多胎，对二胎的没个严格措施，就杜绝不了多胎。

生育了一胎以后必须上环，以及生了二胎后必须结扎，都可以看作是对二胎的严格限制。形成这样的工作思路以后，钱信忠说：

结扎问题，我也和中央几位老同志商量过，薄一波同志很同意。我把结扎情况和前十八年、后十八年的算账情况向紫阳同志汇报，他基本上都同意了。

"前十八年"和"后十八年"，可能是指从 1964 年到 1982 年较高出生的人口决定了 1982 年到 2000 年的人口发展态势，搞得不好就实现不了 2000 年的人口目标。所以，钱信忠决定"今年搞 2100 万结扎"。仅第一个计划生育宣传月期间，全国共做节育手术 886 万例，其中男女节扎 359 万例，相当于 1981 年全年的 1.6 倍，上环 351 万多例，相当于 981 年全年的 31.4%，人工流产和中晚期引产 175 万例。在年初形成的这一工作思路指导下，计划生育部门在该年的中心工作就是大抓以大结扎为核心的节育手术。1983 年，全国节育手术总例达到 58205572 例，其中放置节育环 17755736 例，男扎 4259261 例，女扎 16398378 例，人工流产 14371843 例，各项都是自实行计划生育历史以来最高纪录。

七、1984 年，中央 7 号文件同意将农村生育二胎的比例由 5%扩大到 10%

1983 年 12 月 8 日，中华人民共和国主席颁发任命令，任命王伟为国家计划生育委员会主任。钱信忠是在突然间被免去职务的。1983 年是钱信忠春风得意的一年，也是其最终遭遇滑铁卢的一年。年初，钱信忠获联合国人口基金颁发的第一届人口奖，该奖项授予为人口发展做出特殊贡献的人。3 月 21 日，钱信忠踌躇满志地就此答中外记者问。6 月 20 日，国家主席李先念在六届全国人大一次会议上根据全国人民代表大会的决议，颁布命令任命钱信忠为国家计划生育委员会主任。9 月，钱信忠赴美国纽约联合国总部接受人口奖。在党和政府的干部和人事管理制度中，免职并不属于处分。钱信忠当年已经 62 岁，组织上也为曾就此次人事变动做出解释。但是，6 月份全国人大会议任命，11 月份即遭受免职，实际上是不正常的。也许，万里的一次讲话道出了钱信忠被解职的原因。

因为工作的难度大，你们在工作中，有一点这样那样的毛病，中央是谅解的。任务那么重，农村的面又大，旧的传统思想影响很深，经济、科学、技术又落后，在这种情况下，要完成这个任务，发生一些强迫命令，是可以理解的。但这绝不是支持你们去搞强迫命令，那个做法是不合适的。例如扒人家的房子，逼的妇女去逃难，搞得不能生活，这太过分了，太脱离群众了。即使是个别现象，也不能不引起重视。现在农民有了生产责任制，生活改善了，如果在过去饿着肚子的时候发生这样的事，他们非造反不可。在座的各位都要正视这个问题。我们不向外宣传，不告诉外国人，但在内部，你们自己的毛病自己检讨，中央不批评你们，也不责备下边。但要好好进行教育，总结经验教训，改进工作。我们批评的，主要是过去国家计划生育委员会，不重视这个问题。我曾亲自批了一份反映河北省妇女因强迫结扎去五台山地区逃难的材料给国家计划生育委员会的领导同志，要他们赶快纠正一下子，加强群众工作。但他们根本不重视，当作耳旁风，连个回信都没有。强迫结扎，不能那么做。那个做法太脱离群众，是违犯党的政策的。我们党脱离群众，总是不对的吧？

万里的讲话表明，即使在计划生育领域里，中央的权威仍然是不容挑战的。

中央将计划生育方面所存在的问题归结为工作作风和方法，所以在当年以及大的经历要求国家计划生育委员会扭转工作作风。特别令人奇怪的是，向来在各个领域都十分注重政策问题的党中央，并没有以钱信忠离职为契机，要求计划生育工作执行 1982 年 11 号文件颁发的以"女儿户"为核心的生育政策。相反，根据中央批转的《国家计划生育委员会党组〈关于计划生育工作情况的汇报〉》即中共中央 1984 年 7 号文件，生育政策还是停留在 1982 年中办发 37 号文件上，让新一届计划生育委员会继续沿着钱信忠的路子向前走。首先，计生委的"情况报告"强调一对夫妇只生一个仍然是主要政策，特别是在农村，"今后进一步对农村特别是计划生育工作较差地区群众进行宣传教育，继续提倡一对夫妇只生育一个孩子，仍是一个重要任务"。

其次，关于农村生育二胎问题。国家计划生育委员会党组的情况报告说，1982 年出生婴儿中，二胎和多胎各占 24.2%。我们赞成"开小口子，堵大口子（指计划外二胎或多胎生育）"的意见。1982 年中央 37 号文件批转的《全国计划生育工作会议纪要》又规定了农村有 10 种情况可以生二胎，据测算，根据这一规定生二胎的只占一胎夫妇数的 5%以下。国家计划生育委员会考虑再增加几项，把二胎照顾面扩大到 10%左右。这就意味着，今后计划生育管理部门在政策调整上要继续在所谓"群众确有实际困难的"方面做文章，制订"有实际困难"的政策条件，扩大二胎生育范围。

再其次，根据许多地方农村多胎多的情况，还要提倡在自愿原则下，生了两个或两个以上孩子的夫妇一方作结礼，只是要区分情况，千万不要搞"一刀切"，也不要以超过实际可能的高指标压下面，对已经退出生育旺盛期的不必再作结扎，对采取其他避孕方法有效的不再改作结扎，允许签订节育合同。也许这就是钱信忠下台所带来的积极后果，即"一胎上环二胎结扎"还是要继续推行，只是不再允许那么强硬了。

八、1988 年，中共中央政治局第 18 次常委会后"女儿户"政策才走到前台

1988 年 3 月 31 日上午，中央政治局常务委员会举行第 18 次常委会，讨论了计划生育工作。中共中央总书记赵紫阳主持会议并在会议上回顾了 80 年代以来中央关于计划生育政策的历史，强调把计划生育政策建立在既坚定又可行的基础上。会议之后，中央在会议纪要中说：

现行计划生育政策的形成，大体经历了这样一个过程：一九八零年中共中央指出《关于控制我国人口增长问题致全体共产党员、共青团员的公开信》，提倡一对夫妇只生育一个孩子。同时指出："某些群众确实有符合政策规定的实际困难，可以同意他们生育两个孩子，但是不能生三个孩子"。公开信发表以后的几年间，广大干部作了大量艰苦的工作，计划生育工作取得了很大的成绩。但是，工作中也存在一些问题，如有的地方出现强迫命令、简单粗暴的现象，有的地方由于感到在农村推行只生一个孩子的政策难度大，就干脆撒手不管，放任自流，助长了多胎生育。在这种情况下，山东省从实际出发提出"开小口，堵大口"，实行的效果较好，中央肯定了他们的做法。一九八四年四月五日中央会议决定事项通知中指出，除城市、城市郊区以外，在部分农村地区逐步实行允许第一胎生女孩的夫妇再生第二胎的政策。在一九八六年十二月全国计划生育工作会议上，中央领导同志再次明确指出，农村应该有个长期、稳定、得到多数农民支持的计划生育政策，除了过去规定的一些特殊情况可以生两个孩子以外，要求生第二胎的独女户，间隔几年后可允许生二胎，并特别强调，"间

隔"非常重要。

中央决定在农村实行这样的政策，出发点是，既要坚定不移地把计划生育工作抓紧、又要从实际出发，使计划生育政策能够为多数农民所接受，得到他们的支持。只有这样，计划生育工作才有更坚实的基础，才能长期稳定的坚持下去。

实行这个政策，绝不是从重男轻女的观点出发的，而是实事求是地考虑到，目前我国农村生产力水平还比较低，家庭还是生产单位，一个农户只有一个女孩子，在生产和生活上确有实际困难，允许农村独女户有计划地生育二胎，将使我们的政策更能行得通，避免溺婴现象，国际形象好，而且有利于减少计划外多胎生育，实现控制人口的目标。不少地方的实践已经证明了这一点。

新一届的国家计划生育委员会党组领会了中央关于计划生育政策的实质。5 月 9 日至 12 日，国家计划生育委员会召开全国计划生育委员会主任会议，传达贯彻中央政治局常务委员会第 18 次会议精神，强调必须统一思想，首先是各级领导干部的思想要统一到中央的方针政策上来，这是当前做好计划生育工作的前提。会议要求，各个省、市、自治区应该按照以"女儿户"为核心的现行的计划生育政策重新修订《计划生育条例》。

九、1989 年，党中央国务院同意稳定以"女儿户"为核心的现行政策

正当国家计划生育委员会按照中央精神督促全国实行以"女儿户"为核心的现行生育政策的情况下，伴随 1989 年夏天发生的那场政治风波和中央解除赵紫阳的总书记职务，国家机关和社会上盛传"女儿户"是赵紫阳的政策。根据国家计划生育委员会当时的文件，已经按照"女儿户"政策完成地方立法的有 18 个省份，还有 9 个省、市、自治区已经做好"计划生育条例"的起草工作但尚未经过地方人大的立法程序，其余或者还未完成立法起草的准备工作或者根本未

能开始立法的准备工作。生育政策何去何从，显然又走到了一个十字路口上。1989 年 12 月 7 日，国家计划生育委员会向国务院提交了题为《关于计划生育工作中几个证大问题的请示》报告。报告说：

在"照顾独女户生二胎"的问题上，多年来一直存在着不同看法。近来，有人批评这是一个错误的、失败的政策，是赵紫阳同志在人口工作上的重大失误；有的人还把一九八四年以来完善农村生育政策的工作批评为"资产阶级自由化"。我们认为，现行计划生育政策是党中央决定的，不能认为这是赵紫阳同志个人的决策……

我们认为，在新的生育高峰面前，必须稳定现行计划生育政策。计划生育政策是一个十分敏感的问题，不宜轻易变动。现在，无论是再收紧或者再放宽政策，都会使干部无所适从，群众抢生超生，不利于控制人口。不少地方已经立了法，或者已经和群众订了生育合同，如果改变政策，必将失信于民，造成不好的影响。只有稳定政策，才能稳定人心，才有利于计划生育的推行。

1989 年 12 月 12 日，国务院总理李鹏主持国务院办公会议讨论并同意了国家计划生育委员会的请示报告，认为计划生育政策要稳定。至此，由中共中央国务院于 1981 年 9 月提出、1982 年中央 11 号文件颁布的以"女儿户"为核心的现行生育政策才得以在全国基本贯彻执行。所谓"基本贯彻执行"，是说这一政策并未得到全面和普遍实行，江苏省、占四川人口最密集的平坝地区并未实行，城市特别是北京、天津、上海等大城市郊区的农民也未能享受这一政策。

十、结束语

（一）中国共产党是一个纪律严明的政党。个人服从组织，少数服从多数，下级服从上级，全党服从中央，是其不可动摇的纪律准则。特别是在涉及党的指导思想（理论基础）和关系全局性的重大问题方面，历来都是由党中央直接制订出详细、具体的政策，要求全党或者相关的党组织不折不扣地予以贯彻执行。文化大革命中对毛泽东的"最高指示"有"传达不过夜，执行不走样"的说法，其实对党中央的指示精神也都莫不是如此。现在虽然不大这样说了，但是，这句话所体现的精髓还是各级党委必须遵循的组织原则。否则，仍会授人以不与党中央保持一致的把柄。计划生育从党中央提出的那天开始，就一直强调它的无比重要性。1955 年 3 月，中共中央对卫生部党组的报告批示说："节制生育是关系广大人民生活的一项重大政策性的问题。"1962 年 2 月，中共中央国务院在《关于认真提倡计划生育的指示》中说："在城市和人口稠密的农村提倡节制生育，适当控制人口自然增长率，使生育问题由毫无计划的状态逐渐走向有计划的状态，这是我国社会主义建设中既定的政策。"1982 年 9 月，党的十二大会议上，则提出"实行计划生育，是我国的一项基本国策。""重大政策性""既定的政策""基本国策"，都说明计划生育在中央心目中的重要位置。所以，由中央制订和颁布政策，全党予以执行的基本范式，也应该适合计划生育。

（二）但是，我们已经看到，1982 年中央 11 号文件所颁布的以"女儿户"为核心的现行计划生育政策，却到 90 年代初期才得以在全国贯彻和执行。一项由党中央国务院制订的有关广大人民群众切身利益的重大政策，一项被党中央提到基本国策高度的重要政策，从出台到真正与干部群众见面，前后历经约 10 年的时间，这无论在中国共产党 90 年还是共和国 60 年的历史上，都是绝无仅有的。

（三）具体分析从 70 年代末到 90 年代初的生育政策的变动，陈慕华 1978 年的"最好一个最多两个"、1979 年的"一胎化"，钱信中 1982 年 10 月争取到的中办 37 号文件、1983 年实际推行的"大结扎"，1984 年 7 号文件批转王伟的"情况报告"将生育二胎的照顾面逐步扩大到 10%，以及 1989 年 12 月国家计生委坚持稳定政策，都是国家计划生育委员会主动提出最终得到中央同意的。从党的政策产生的规律来说，"从群众中来到群众中去"，甚至政策产生于下一级组织或基层工作的经验，这在党的历史中都经常发生的。还有，在党的工作实践和历史上，在下级提出不同意见之后中央最终同意下级的建议而改变已定政策的事情，也曾有发生，似乎也都不值得奇怪。

但是，上述的情况毕竟还是不同于已往。首先，政策来自于基层和下级经验，甚至像 1982 年中央 11 号文件是经中央委托国家计划生育委员会党组代为起草，那都是由中央制订或者代中央起草，与党的政策产生和形成的范式不悖。但是，我们讨论的这些情况不是这样，它们都是由主管部门主动提出来的，有的甚至是在中央已有政策的情况下由主管部门另行提出政策建议而得到中央同意的。计划生育部门在中央未予授权的情况下自行提出新政策，这是不同于党的范式的。在现代，无论政党或者政府决策，一般都离不开职能部门。有的时候，中央甚至授权或委托职能部门代为起草文件或拟订方案，那都是现代国家中央政府决策的一种形式。但职能部门总是主动另行提出新的政策建议，甚至是在否定中央颁布的政策的情况下提出新政策，则是改变了现代国家的决策范式。其次，像解放战争中粟裕不同意毛泽东的军事命令并据理力争改变了毛泽东的战略，被当作党史军史上的光辉案例。但是，那是中央权衡中央和下级提出的两种方案而做出的改变和取舍的决定。1982 年中央 11 号文件在整个 80 年代一再搁浅和延宕，并不是中央认为"女儿户"的错误以至否定或撤销了这一政策，它是在受到职能部门的抵制无法实施的情况下中央暂时搁置已定的政策，这是中央对下级党组织采取的忍让和妥协。中央提出的政策得不到执行，只有主管部门提出的方案才可以贯彻，这显然是改变了中央决策的范式。最后，上述与党内关系范式截然不同的情况不是仅发生了一件二件，而是在 10 多年里屡屡发生以至形成了计划生育主管部门提出意见经中央同意以产生新政策的特殊范式。

（四）如果接着分析，发现还有更为离奇的事情。首先，在党的所有各项工作中，无一例外地要求政策具有一定稳定性，绝不允许因部门或者地方领导的变动而导致政策的变化。这是党的又一项重要组织纪律和工作准则。但是，80 年代的计划生育政策却因管理部门负责人的改变而频繁变动。国家计划生育委员会每次换人即换政策，历经 4 届主任，实际推行了不下 6 种具体生育政策，达到一人一策，甚至一人两策。

其次，因为计划生育是由中央自上而下提出来的，所以，其政策从来都是由中央制订的。但是，陈慕华打破了令出中央的惯例，1978 年 10 月中央刚批转了她的"一个正好两个多了"，仅半年多的时间，1979 年年中就又提出"一胎化"，开创了计划生育管理部门自己提出政策经中央同意的行为模式的先例。

再其次，1982 年中央 11 号文件是以中共中央国务院的名义下发的，这在我党我国历史上从来都属于最高级别的文件。钱信忠不仅能够让中共中央国务院同意暂不执行中央既定的政策，并且还谋得另外一份中央文件实际否定和取代早先下发的文件。党中央国务院出台的政策尚未与群众见面就遭到了主管部门的抵制与否定，中央不是用党的纪律约束下级而是采取迁就与妥协的做法，是极不正常的。

再其次，笔者过去曾以为，在 80 年代特殊的领导组合下，胡耀邦赵紫阳不具备中央应有的权威而致使他们无法推开自己制订的政策。1983 年突然罢免钱信忠，足以体现中央的权威。至少，当时的中央权威还是足以支持他们希望推行的这一类工作的。但是，钱信忠离任后，中央本可以重申和强调执行 1982 年中央 11 号文件，却以 1984 年 7 号文件批准新一届国家计划生育委员会继续行走在钱信忠的老路上。至少说明中央虽然制订有自己的政策，却没有那么强烈要求贯彻执行的兴致与愿望。

最后，在我们所关注的 10 多年里，1988 年 3 月 31 日中共中央第 18 次常委会至 1989 年夏天约一年多，是唯一符合党内组织关系范式的一小段时间，即中央明确提出政策要求，以及党的职能部门努力贯彻执行党中央的政策。当那场政治风波不仅打破了党和国家最高领导的人事组成的格局，而且也粉碎了计划生育领域中短暂出现的这一党内关系范式的时候，扭转这一事态的又不是如党的历史上往往出现的那样，由中央出面拨乱反正和反潮流，向全党发出警告并重申必须严格执行因受社会动荡的影响而危及到的中央政策。与此不同，它是由主管部门的党组织向中央讲述一大套道理以使党中央国务院相信并同意经赵紫阳提出的"女儿户"不是赵紫阳的而是党中央国务院的政策。

（五）由于本文是探讨现行生育政策产生过程中的体制与机制问题，这该是自上个世纪 70 年代末至今 30 多年的历史。所以，从一般逻辑上来说，也许仅讨论 70 年代末至 90 年代初期间 10 年多的政策变化，还是不够的。但是，如果知道 1989 年 12 月 12 日国家计划生育委员会党组给国务院的那次汇报会确定"计划生育政策要稳定"以来，特别是 2001 年全国人大常委会通过的《中华人民共和国人口与计划生育法》"国家稳定现行生育政策"被固化以后，20 多年来的生育政策没有大的变化或者基本上没有变化，那么，我们就只能从上述 10 多年政策频仍变动中提取应有的认识。除此之外，笔者认为，20 年来唯一的一次变化，也恰好验证了笔者所提炼的范式。2013 年 11 月以来实行的"单独生二"的政策，最早是李斌在 2008 年至 2011 年第一轮任国家人口和计划生育委员会主任期间提出并准备启动的。2011 年，实施方案已经呈报中央和国务院审定，却随着 2011 年至 2013 年李斌离任而搁置。2013 年 3 月，李斌任职大部制改革后的国家卫生和计划生育委员会主任，11 月中央即同意实施"单独生二"的政策。所以，至少从形式上来看，这次生育政策的变化与上个世纪 80 年代并没有什么不同。

（六）在对 80 年代前后计划生育政策变动的历史做过系统研究以后，我们终于可以回到本文的题目上来讨论现行生育政策产生的体制与机制问题了。在当前的中国语境下，体制和机制是两个使用频率极高的词汇。不过，在社会学和现代政治哲学上，它们却是相当难以阐述的两个概念。上个世纪 70 年代末以前，中国人言必称制度，生产资料公有制度（国有制、集体所有制），社会主义经济制度，社会主义制度，等等。不过，那时还没有体制这个词（在国外社会学和政治学上，至今也没有这个词汇）。马克思说，借更改名称以改变事物，乃是人类天生的诡辩术。文化大革命以后，我国所谓社会主义计划经济制度已经发展到必须实行改革和改变的时候了。但是，传统和主流的意识形态却认为它是世界上最优越的制度，不仅改不得，甚至连怀疑它存有一小点缺点都是罪恶。在这样的情况下，主张改变现状的改革派有了一个可视之为伟大的发明，创造了体制这个词汇。——不是社会主义制度不好，甚至都不是社会主义的经济制度不好，而是国营经济的管理体制有一点点问题，需要改变和改革过于集中的社会主义经济管理体制。其实，管理权从属于占有权，这无论马克思的政治经济学还是其他西方经济学都没有异议的。所以，经济管理体制也就是经济管理制度，哪里去找管理制度以外的管理体制或者管理体制以外的管理制度啊？它就是由所有权所决定的管理制度嘛！体制和制度这两个词的内涵和外延本来都没有什么不同，但是，在那个时代里，有了这个新词汇，改革就减少了非议，至少不大受攻击了。1978 年 12 月 13 日，邓小平在中央工作会议闭幕式的讲话使用过这一词汇以后，各种"体制"便日渐传播开来。

所以，真正要理解体制的含义，我们还需要转回到制度上去。但是，在国人的脑际中十分重要和神圣的制度这一概念，不仅西方国家很少有一个对应的词汇，而且还是社会学和政治学上的一个难题。它在科学上从未有一个简短而明晰的定义，似乎只是被看作是一种与结构及其功能有关的组织或者某种行为模式。至于机制，我则将它当作一定组织结构及其必然产生的功能主义的行为模式（范式）和过程。两者的区别，就是制度相当于静态的组织结构，机制是这一制度的动态形式或表现。现在将这两个词汇套用到我们的问题上，就是中央为推行和开展计划生育工作而设置的政府机关即国家计划生育委员会，以及从上个世纪 70 年代末以来的生育政策的变化所得出的一个带有规律性的认识，即现行的计划生育政策不是人们通常理解的那样仅仅是由党中央国务院决定的，而是由国家计划生育委员会提出经中央同意的。——中央和国家计划生育委员会，这是现行生育政策的决策体制（制度）；由国家计划生育委员会提出政策性意见或建议，经党中央同意和认可，也就是现行生育政策的决策机制。

（七）如果按照命题作文来说，文章至此就该算完成了。在现代国家，法是统治阶级意志的体现。所不同的仅仅是，在法制国家里，执政党根据国家法律制订自己的相应政策；在我国，执政党先行制订政策，立法机构再依据执政党的政策出台相应的法律。无论政党的政策还是国家法，都是该阶级或政党的意志，具有集体属性的范畴。同时，它们又是党和国家领导个人意志的体现。虽然 80 年代生育政策都得到了中央的同意，所以完全可以说它们也都体现了包括领导人个人在内的党和阶级的意志。但是，它毕竟还是显著地首先体现了计划生育部门领导人而不是突出体现了党和国家领导人的个人意志，特别是由党中央副主席、国务院总理赵紫阳提出的"女儿户"政策屡屡受到抵制和延宕，毋宁说是明显抑制或压抑了党和国家领导人的个人意志，——如果读者知道赵紫阳在 80 年代曾经屡屡走到前台讲述"女儿户"和"开小口、堵大口"的策略，就该知道当时的党和国家领导人也还是因为自己提出的政策得不到贯彻而郁闷。为什么会是这样？

首先，从现代国家公共事务管理的规律和规则来考察，计划生育是由中央自上而下交给地方党委和政府的一项任务，它不属于现代国家政府内在性和自发性产生的公共事务，具有外部嵌入的性质。1962 年 12 月 18 日，中共中央国务院在《关于认真提倡计划生育的指示》中说："各级党委和政府要把这一工作列为议事日程之一，定期地进行讨论和检查。卫生、商业、化工、民政、文化、教育等有关部门和妇联、共青团、工会等团体，要在党委的统一领导下，分工协作，做好宣传教育、技术指导、药物生产、供应和科学研究等项工作。"从这时起，计划生育工作虽然被正式列入到各级党委政府的工作日程，甚至要求将其当作党政"一把手"的主要工作，强调是"一把手工程"，要求"书记挂帅、全党动手"。上个世纪 80 年代以后，不少地方还将承包责任制引入党委和政府分管的计划生育工作中，上下级党委政府之间就每个年度应该达到的人口和计划生育目标签订责任状，未能完成任务者将被追究一定责任。另外，到了基层比如县以下级别的党委和政府，特别是农村的乡镇、城市的街道，以及工厂、学校等企事业基层单位，则都会受到计划生育"一票否决"的约束。一个单位只要发生一例超计划生育，除了超生夫妇接受开除出党、开除公职和处以巨额罚款以外，整个单位都将受到牵连，不能评为"文明单位"，扣发全体人员相当于第 13 个月工资的奖金，领导不得评奖、不得晋升职务，等等。

但是，毕竟它不属于政府公共事务内在性和自发性产生的工作，很难真正进入党委和政府领导的日程，绝大多数地方都是中央或者上级党委提醒之后才抓一下。按说，计划生育是基本国策，可在实际的工作中，党委和政府领导抓其他工作都有极大的积极性、主动性，抓计划生育则又是一种表现，上面推一下动一下，不推了往往就不动了。各级党委和政府领导对待计划生育工作的消极态度，当然不该从领导干部的个人好恶或兴趣方面来解释，其根源在于它的外部嵌入性而不具有并且不符合现代国家政府内在性的公共事务工作的特点。

其次，从计划生育的效果来分析。毛泽东最初提出计划生育这个概念，就是出于人口快速增长的现实而要抑制它的增长。"我们这个国家有这么多的人……六亿人口！……少生一些就好了。"国家计划生育委员会被设置以来，也总是以减少人口为己任。最近几年，还有计划生育减少 4 亿人之说。笔者向来不同意这个说法。倒不是对具体减少了多少人数有分歧，而是认为这个命题本身就有问题。它如同欧洲中世纪经院哲学中讨论"把猪牵到市场上的究竟是绳子还是手？"一样荒唐。欧洲人习惯用绳子牵着猪，中国的农民从不用绳子也一样可以把它带到想要去的地方。我把节制生育定义为资本主义工业革命创造的一种符合人性的生活方式，只要由传统向现代发展，人们就会自愿实行避孕和节制生育，与传统时代相比较，妇女生育率也就自然下降了。从 70 年代以来，我国大踏步地走向现代，谁不想让生育率大幅度降低也都难。看看国外，无论发达国家还是发展中国家都没有我们这样的计划生育，其妇女生育率也都降下来了。特别引起国际社会广泛注意的是，在一些令人意想不到的发展中国家里，譬如泰国、伊朗，最近30年比中国的生育率降得还要快、还要低。所以，您说计划生育使我国减少了4亿人，那别的国家都没有这样的政府机构、没有这样的政策，其生育率是如何下降的，人口又是如何减少的？

所以，如果讨论计划生育的效果，那就不能用"计划生育少生了4亿人"这一类本就属于模糊不清的事情证明自己十分明晰的主题。因为即使计划生育的确少生了人口（我们且先不论经济社会的发展是否真的应该减少人口），但它与经济社会的进步必然带来生育率下降混淆在一起，如同"把猪带到市场上的究竟是绳子还是手"一样无法说得清楚。我们知道，政策本来就是政党为了实现一定的任务和目标而制订的行动路线与准则，政策实施后的结果就是它的效果。早在现行的计划生育制度形成的时期，1980年前后，人们依据政策幅度做了许多种预测，譬如如果按照"一胎化"的政策，相当于要求妇女生育率维持在1.0的水平上，那么2000年的中国人口应该是10.50亿，2015年10.25亿；如果实行"女儿户"，则相当于1.5（因为有城镇人口，"女儿户"政策实际上要比1.5的水平低多了），2000年应该是11.30亿，2015年11.70亿。过去30多年中，实际执行的政策是，90年代以前的10多年里是"一胎化"，90年代以后为"女儿户"。如果按照实际的政策来计算，2000年的总人口应该控制在11亿以内，2014年稍稍超过11亿。但是，实际的情况却是，2000年普查时我国总人口12.6亿，现在是14亿左右。20年差了约2亿，30年差了约3亿，这意味着每年约1000万人口超出了政策预测的人口数。要知道，实际超过按照政策规定预测的人口数和违反政策出生的人口数并不是同一个概念，违反政策的人口数要比其大多了。即使以每年1000万不符合政策的人数计算，几乎占据了出生人口的一半都不符合政策规定，还能说政策效果好？

最后，我们再从中央层面来分析。自始以来，中央都十分强调计划生育工作的重要性。30 年前，它更被提高到基本国策的高度。但是，在中央政府的工作日程上，如果按照党务、军事、外交、经济（财政、计划和发展）、卫生、教育、科技、文化、民政，以及就业、医保、养老、扶贫等等来划分，计划生育工作究竟比上面哪一项更重要，或者比哪一项更多地占用中央政府的资源和领导人的精力，从而可以当之无愧地算是"基本国策"了？计划生育能不能排在最前面，成为中央政府列入的最重要的工作？如果不能，那么既然计划生育是基本国策了，排在它的前面的该叫什么"策"？还有，邓小平理论是我党我国建设的指导思想。邓小平也是坚持计划生育的主要领导人之一。邓小平有许多次有关计划生育的谈话，还有一些支持当时的计划生育政策的谈话，以及对于美国国会和国际社会上反对我国计划生育的言论予以批驳的谈话。但是，在邓小平亲自审定的几本《邓小平文选》中，一篇有关计划生育内容的文章都没有，有个别收入的文章在当时明明讲述了计划生育，该文在被收入文选时还特意把有关计划生育的话也删掉了。计划生育在邓小平治国思想中，占据着"基本国策"的位置吗？特别是反省 80 年代胡耀邦赵紫阳竟然同意将党中央国务院刚刚颁布的重大政策搁置起来而向主管部门妥协的做法，还不是因为计划生育工作既可以这样做也可以那样做吗？如果真的事关全局，中央会取这个态度吗？所以，计划生育不仅在地方党委政府中，而且在中央这一个层面，也都不过是说起来重要，实际上并不重要。

（八）但是，重要的是，30 多年来，我国的经济社会确实取得了巨大进步和发展。对比共和国 60 多年前后两个 30 年的历史，特别是人口与经济发展的现实已经让那种认为人口增长阻碍了经济发展的理论观点彻底破产。1950 年到 1980 年，我国人口由 5.5 亿增长到 9.9 亿，30 年增加了 4 亿多人口。当时的人们普遍吃不饱饭，物资困乏，不用说几亿农民应该随着我国工业化建设逐步转移到第二、三产业，那时连城镇新成长的青年都无法就业而被赶到了农村。改革开放以来，1984 年到 2014 年，人口由 10 亿增长到接近 14 亿，30 年又是增加了 4 亿，现在几乎听不到有人吃不饱饭，商品极大丰富甚至有点过剩以至于厂商发愁产品卖不出去了，青壮年农民受城市劳动力市场的吸引几乎全都进了城，面对 8、9 亿人口的劳动力资源，用人单位仍在喊叫劳动力紧张和招工难。我过去常从国家大势来说 30 年的巨大变化，现在从个人的亲身经历来说明。30 多年前笔者是年轻的国家干部，收入虽然不高但总不是生活水平最差的。现在从教授职务上退下来，靠退休金生活，生活水平当然算不上最好的。但是，自己与自己比照，不至于像梁漱溟说的"九天九地"，但提高的程度无论如何也是 30 多年前想象不到的。前 30 年后 30 年的变化之根本，还不是国家一点点地离开了计划经济制度和实行了改革开放的政策！您说，社会的进步究竟与老百姓的生育有什么关系？

所以，虽然中央和地方政府在实际工作中都未能将计划生育当作基本国策，但我认为这不仅没有错，而且恰恰是党和政府的明智之处。现代国家是适应经济社会的发展产生的，政府的政务活动也有它自身的规律，即使人们没有意识到这个规律的存在可并不意味着没有遵循客观规律。正如现代世界其他国家所表现的那样，政府公共事务中没有计划生育工作，尽管我们将它提高到基本国策的位置上，但是，因为其先天不具有现代国家政府内在性公共事务的性质，决定了包括中央在内的各级党委和政府就都缺乏自觉地而把它当作一项日常工作。这就是遵循了客观规律。读者不难设想另外的一种情况，在极个别情况下和极个别的干部真的相信并认真落实"基本国策"，譬如陈慕华时代的"一胎化"、钱信忠 1983 年全国大结扎，以及局部地方偶尔大搞的计划生育活动，哪次不是搞得鸡飞狗跳墙的？谁如果希望党群关系、干群关系，以及社会各种关系紧张，那就真的从中央到地方一年 360 日每天都去"国策"吧。读者无须过多地设想，只要将每年超出生育政策要求的 1000 多万都围堵到基本符合政策，那还不是一个民不聊生、国无宁日的社会！

（九）现在我们再来看计划生育政策的特殊决策范式是何以形成的。社会各界人士第一次聆听毛泽东讲出计划生育这个词汇，已经是 1957 年春天的事情了。事实上，1956 年至 1957 年的一些内部场合，毛泽东和周恩来都已经分别讲过许多次了。那是一个充满理想和幻想的时代，城乡不断掀起社会主义新高潮的时代。早从 1954 年开始，一些苏联援建项目陆续投产。到 1955 年至 1956 年，完工投产的大项目已是捷报频传。中国从一个基本上没有现代工业的落后国家一跃发展到初步拥有了现代矿山、冶金、机器制造、化工等基础重工业和一系列轻纺工业的现代国家。从未接触过资本主义现代工业的党和国家领导人并不懂得，资本主义是由资本统治整个生产过程的一种先进生产方式，其基本特点就是在具备生产条件的环境下，货币资本转化为生产资本，将一笔似乎观念上的货币魔术般转变成滚滚而来的物资财富。第二次世界大战以后，像中国 50 年代很快拥有一批现代工业的经济现象，在亚、非、拉一系列落后地区都重复上演过。旧中国的落后在于一是缺乏资本金，二是不具有吸引资本投资的社会环境。当一个统一的新中国从斯大林那里得到庞大的无息和低息贷款以后，其实就是将苏联的一些生产企业和技术购买过来，安装在中国的土地上。其实，8、90 年代的中国几乎是 50 年代的重复，不同的是第一次倒向苏联，第二次面向西方。无论苏联或西方，都是资本主义扩张，是资本主义向外扩张，属于资本的本能，是再寻常不过的事情。但是，那时的国人都以为我们正在跨越资本主义，从事一项历史上从未有过的伟大事业，是社会主义制度所发挥的巨大效力，从而将一座座拔地而起的大工厂归功于刚刚从苏联学到的社会主义计划经济制度，是计划经济的无所不能。受所谓社会主义计划经济制度的伟大成就的激励而被焕发出来的理想和想象、幻想和空想，以及敢想、敢说、敢干，都是那个时代的重要特征。那是一个狂热时代的前夜。

另一方面，中央政府学习苏联实行所谓的计划经济制度，在按照计划发展政府经济和扩张政府权力的同时，歧视甚至于仇视非政府成份，不断限制、排斥，甚至打击政府以外的经济因素和社会成份，从而极大地窒息了经济发展的活力，造成人民生活水平提高得越来越缓慢。但是，在"舆论一律"的严格管制和引导下，从中央领导到一般干部群众，都没有意识到计划经济制度的弊端，而是把政府计划不能有效解决的，以及甚至是由于计划经济造成的社会困难，都归结为"中国人太多了"。这样，共产党曾经在前门批判的马尔萨斯主义又从后门被迎了进来。当中国人口众多的因素又被转变成为困难的时候，还沉浸在计划经济迅速地改变了中国贫穷落后面貌的亢奋情绪中的毛泽东，想象通过计划改变老百姓的盲目生育。"社会的生产已经计划化了，而人类本身的生产还是处在一种无政府和无计划的状态中。我们为什么不可以对人类本身的生产也实行计划化呢？我想是可以的。"这样，计划生育就在具有浪漫主义诗人气质的毛泽东的头脑里形成了。

当毛泽东将他的计划生育设想在党内外宣讲而被社会普遍接受的时候，他却在修改"如何处理人民内部矛盾"的演讲记录稿的过程中把所有有关计划生育的文字删除了。也许，毛泽东发现了将人口当作社会包袱的观点是和他在战争年代接受的马克思唯物主义历史观直接冲突的。在此以后长达 20 年的时间里，毛泽东既不允许公开发表自己许多次有关计划生育的讲话，也未曾设置管理计划生育的政府机关。但是，具有无比优越性的社会主义计划经济制度为何不能解决政府计划面临的一系列困难，是一直到晚年困扰毛泽东而未能解决的问题。这样，毛泽东既没有公开放弃和纠正自己的计划生育思想，也未曾制止从而也是默许他的那些同样崇尚计划经济的伙伴们推进计划生育工作。

毛泽东是不再提与政府生产计划相联系的计划生育了，但他的计划经济要求计划生育的思想已经广泛深入人心，特别是深入到坚信计划经济是社会主义本质特征的那些人们的心底里。毛泽东逝世以后，恢复和发展经济，尽快实现四个现代化，是全国上下最为一致的呼声。一大批文化大革命以前从事经济管理工作的干部重新走到各级领导岗位，他们都是计划经济的骨干与中坚。最有代表性的是中央政府的人员构成，在 1979 年的 16 位国务院副总理，有 11 位是文革前的副总理或者各经济部的部长。另外，1978 年五届人大一次会议上任命的 36 位部长的绝大多数也都是文革前国务院各部的部长或副部长、局长。那时，文化大革命中的"一元化"领导的政治架构还在继续，在国务院任职的领导人大也都是中央政治局的领导。历史非常诡异的是，上个世纪 70 年代末是我国实践上开始告别计划经济的时代，却在中央营造出一个计划思想氛围最强烈、实行计划经济态度最坚决的政治堡垒。人们越是对计划经济的炽灼信仰，也就越坚定地相信人口因素已经成为中国发展的沉重包袱。特别是 1979 年 3 月陈云邓小平在政治局会议上关于中国 10 亿人口 8 亿是农民的讲话，以及同年 12 月邓小平对日本首相提出人均国民生产总值的概念和中国特色的现代化思想以后，中央政府心理上的"人口危机"的阴影越是被放大，试图通过计划生育尽快减少人口的观念也越强烈。

但是，客观规律是不以人们的主观意志为转移的。计划生育从外部嵌入到政府工作之中去的根本属性，决定了地方党委政府不可能积极主动地对待计划生育，特别是经济文化因素主导国民生育行为的规律又导致了生育政策无效果。这样，国家计划生育委员会作为中央政府设置的主管全国的计划生育工作的机关，面临巨大的工作压力，往往会提出过高的目标要求。如万里所说："因为工作的难度大，你们在工作中，有一点这样那样的毛病，中央是谅解的。任务那么重，农村的面又大，旧的传统思想影响很深，经济、科学、技术又落后，在这种情况下，要完成这个任务，……是可以理解的。"一方面，因为是中央设置的机关，中央终归是要体谅计划生育部门的实际困难。另一方面，生育计划所要完成的人口目标不过是满足中央心理上的未来人口危机的阴影，并不具有实质性的利益冲突，这都决定了中央能够以迁就、妥协，甚至一定程度上用牺牲个人意志和权威为代价迎合主管机关的意见。

总之，人口问题的虚幻性质和计划生育工作的外部性特点，共同构造了现行生育政策的特殊决策范式。

（十）为解决一个虚幻的阴影而设置出一个计划生育制度，几十年来深切地知道它危害于民，与党的宗旨不符，与现代国家政府职能相悖，与党内范式抵牾，民怨极大，却仍然坚持而不思改变，表明我们国家还处在极为落后的阶段上。最近有个流行语叫"土豪"，我们国家何尝不是一个土豪。不错，改革开放以来我们的经济社会有了很大的提高，但那仅只是叨光于共和国新成长的7、8亿廉价劳动力和引进的生产技术，在应该重视的软件建设方面，诸如国家政治制度和法制，以及转变观念对一系列现代观念和理念的吸收以改变传统的意识形态等方面，不仅少有进步，而且常常透露出排斥和反对。不用说生育行为是现代国家公民的基本人权，在所有法制国家里政府不干预家庭的私事，就是在那些具有现代理念的一系列发展中国家也都不可能发生这样的事情。譬如1974年在布加勒斯特召开的第一次世界人口与发展大会上，许多发展中国家的代表都强烈谴责国际社会广泛使用的"控制人口"，认为它是具有侮辱性的语言，属于新殖民主义的意识形态。至此以后，人口控制是以联合国为代表的国际社会已经禁用了40多年的词汇。我国政府当年也派遣代表团参加了这次会议，但是，40年来，人口控制已经成为我国使用频率最高的词语之一。虽然最近一些年我们也常说"以人为本"，但并不理解其现代含义。特别是在许多行为上，明显是回到了农耕时代，显露出对人和生命的麻木，竟一点也不曾意识到控制人口和实行的计划生育是对人的尊严的一种侵犯，是对人的一种侮辱和伤害。所以，不用说与发达国家比较了，比发展中国家政府官员的理念之落后，何止十万八千里！

　　也许用家暴的例子来比喻，可以更好地理解我们国家的发展水平。在传统时代里，农民可以任意打骂自己的老婆孩子。在更早的时代里，家长甚至可以随意处死妻妾和儿女。但那不是家暴，也不叫虐待，而是自然经济赋予农村家长的特权。历史发展到一定的阶段，由于文明光辉的照耀，社会终于才发现了妇女儿童也是人。当妇女不仅只是农民家长的老婆而且是国家的公民、儿女不仅只是农民家长的儿女而且是国家的公民的时候，当妇女儿童终于自己也发现自己是人、是公民，从而也具有公民自由权和终于可以生活得有尊严的时候，历史上才出现了作为文明时代才有的家暴这一概念。自此以后，昔日的妇女和儿童也就生活得鲜亮起来了。所以，也只有当我国经济社会得到了充分发展的时候，当我国社会终于发现了人，当国民自己也发现了自己是人的时候，无论政府或国民都才会感受到干预老百姓生孩子如同文明社会里那些实行家暴的行为是多么羞耻和荒唐的事情。

——2014 年 11 月 22 日

（刊发于 2014 年 12 月 8 日）

为什么我不是人口学家？

最近参加了一个学术会议，会上会下讨论了几个问题。

1. 我为什么不是人口学家？

这个问题是由蔡泳博士提出来的。蔡泳进入人口学领域时间并不长，但勤奋、聪颖、悟性又好，很快成为我国人口学研究中很活跃、很有成就的一位新秀。他阅读我的博客，感悟到我常常不把我划归到人口学家的范畴中。这似乎是个矛盾。我做了 30 多年的人口研究，却不承认自己是人口学家。

人口学是一门描述学，是要把人口变动的情况如实地描述和记录下来。现代人口统计学已经有了很大的发展。具备了人口统计学的一般知识，就能完成这项工作。一般来说，人口学就是人口统计学。当然，除此以外，还有更高深的人口学，那就需要高深的数学知识，建模型，做运算。只是因为被分派要研究老百姓为什么都想要生孩子，以及怎样才能让他们不生或者少生孩子，才把我和人口学硬拉扯到一起。政府以为老百姓不懂得什么是幸福所以想让老百姓更幸福地生活才限制以至于强制不让他们生孩子或者少生孩子，许多人口学家以为老百姓不懂得科学所以才要替老百姓设想了各种各样的模式建议老百姓按照他们的办法更科学地生活、更科学地生孩子。但是，我觉得似乎老百姓对于幸福和科学的理解和感受，都与政府和人口学家们有所不同。在老百姓那里，自由、祥和、稳定，不被人折腾就是幸福，按照自己的实际情况决定自己的事情就很科学。也许世界上真的还有很复杂的人口学，但至少有关中国老百姓生孩子的人口学却不复杂，甚至可以说相当地简单。我做了 30 多年的人口与计划生育的研究，前些年给博士生讲课还红着脸向他们说惭愧，因为我的研究一直都处在浅层次上，说一些大实话，甚至全是一些如同人必须吃饭一类的常识性的道理，竟然还没有本事让应该明白的人听明白。譬如从 1979 年开始说"一胎化"政策没有允许生二胎更宽松，老百姓更拥护。2000 年前后，我才看到自由地决定生育孩子的数量和间隔是各个家庭的权利，是自上个世纪 50、60 年代以来包括联合国在内的国际社会一系列国际公约中都明确规定的，我国恢复联合国席位来得比较晚，但也在不少有这条规定的国际公约上签署批准同意。自由生育权是现代社会公民的基本权利，走向世界的国家和民族的社会制度都必须以保护国民基本人权为基础，——所有这些本来都是极简单的道理却讲了多年都未能让听到的人欣然接受，更不用说还写不出现代经济学和人口学要求的既有模型又有图表的那种又好看又漂亮又能在考核中获得最高分的文章。所以，我不是人口学家。

人口学不属于国学，不是中国的传统学科。人口学是一种舶来品，是从国外引进的一门学科。现在国内搞人口研究的人，清一色海归，科班出身。特别是有成就、极鲜亮的人口学家，几乎都是上个世纪 80 年代联合国人口基金资助培养，取得博士学位，学有所成，才从海外归来的。几十年来，我都是在我的工作岗位上发现或者感觉到哪里发生了问题，需要自己搞清楚，然后就搜集资料和学习相关的知识探索和研究它，直到有了一个自认为合理的解释，再把它写下来。我不是科班出身，也没有海外留学的经历，只是土生土长在这个地方。我的研究都是我自以为有价值的、必须由我才可以做的事，既不在乎是否国家立项，也不大在乎能不能公开发表或允许出版。古时将文章刻在竹片或木板上，拿出来示人就是出版（板）。由于材料的艰难，那时的书都是一部两部的，藏于皇宫王府，能有几个人看？我很满足于现在的社会进步，也很不屑别人去审阅我的稿件，写好了就先粘贴在博客上，或者自行印制几十本、几百本，散发给愿意阅读的人。我很自诩的这种出版物，当然都不够海外刊物、国内核心期刊、国家出版物的级别，也拿不到现在高校和科研单位对教授、科学家也要量化考核打分计价的国家级课题，以及动辄几十万元、数百万甚至数千万元的课题费。所以，我不是人口学家。

人口学家这个辉煌的称号，是从 1979 年北京大学遵从陈云的批示给马寅初平反才开始叫响的。几十年来，那些在我们国家能够得到人口学家浪名的，如马寅初、宋健、蒋正华流，据说都曾在国家发展中有过影响并取得了重大建树，都是属于国字号的，官可以当到以毛泽东为主席的中央人民政府委员会的政府委员、以赵紫阳为总理的国务院委员、以李鹏为委员长的全国人大副委员长。但是，如果让我来评价，无论是他们的所谓"新人口论"，还是"百年预测""国家人口发展战略"，都将中国发展的障碍归结到老百姓生孩子上面，是讲了一大套的歪道理。科学和人口学在他们那里如同游走江湖术士手上的招牌、幌子和道具，是巫婆神汉作场跳大神时要用的行头。他们严重玷污了人口学，糟蹋和败坏了人口学家的名声。所以，最好我还是我，我不是人口学家。

2. 为什么我不再要求全国推广翼城试点经验？

翼城县"晚婚晚育加间隔"的计划生育试点是在计划生育体制下，为寻求一个较为宽松的政策而设置的。它同样是囿于计划经济而要求计划生育思想。现在已经弄清楚了，计划生育是我国政府为解决心理上人口问题的阴影而做的一种制度安排。实际上，一个国家的经济社会发展与老百姓的生育毫无关系。生育完全是各个家庭的私事，是国民的基本权利。计划生育不仅解决不了人口的多少问题，而且还给人民群众的正常生活制造了许多的麻烦，有的甚至是磨难或灾难。所以，现在已经不是在全国推广翼城县的经验普遍实行二孩，而是结束计划生育归还人民自由生育权的问题了。

3. 优秀的人口学家也都在那里"假数真做（算）"

几位做测算的学者分别在会上介绍了自己的研究成果。应该说，像郭志刚、王广州、乔晓春等几位教授，都是我国人口学界做计量研究最出色和最优秀的专家。但是，因为我国的人口数据是有问题的，多年来我国已经没有真实的人口数，再优秀的人口学家也不可能用假数据做出不朽的成绩。

4. 为什么说翟振武教授的测算只可算是大中学生的练习或作业课？

按：今年3月出版的《人口研究》发表了翟振武的《立即全面放开二胎政策的人口学后果分析》，测算出如果全面放开二孩即普遍允许人们生育两个孩子，中国将有可能在一年内出生4995万人。现在我国每年仅出生1600万左右，允许人们生育两个孩子每年就可能出生接近5000万。假使我国社会正常的话，人民有了自由生育权，一年没准还不生出一个亿或者八千万的？这不吆人瞎话嘛！所以，这次会上不少学者就此提出了不同的意见。翟振武教授即使不是欣然接受批评，倘能保持沉默，也都罢了。他竟然利用一个单元主持人的机会又做了10多分钟的讲解，声称他的研究是简单、清楚，合乎逻辑，以及无须置疑。这样，我必须针锋相对地对其提出评论和批评。本小节的文字以翟振武教授讲解后我的三点评论为主。

第一，人口学家应该具备科学家的品格。科学家做实验首先要鉴别实验的材料，人口学家搞预测所使用的人口资料就是科学实验的材料。但是，我们国家现在没有可靠的人口资料。众所周知，一个国家权威的数据来自于人口普查。可是，2000年人口普查计算的妇女生育率1.22，2010年普查的生育率1.18，政府从来不相信、不使用。有的时候，我都觉得有关部门甚至像对待麻风病人一样要绕开它、躲着它。根本不提这个数，至少可以解释认为它不可靠。那么，人口学家应该知道，在人口普查的一系列指标中，生育率是人口变动过程中一个相对稳定却起着决定性作用的核心指标。连续两次人口普查出来的生育率都不真实，意味着20多年来我国总体性的人口数据都是不可靠的。

翟振武教授使用的基本数据是国家统计局 2005 年 1%人口抽样调查中所谓"独生子女数"和国家卫计委下属人发中心的"单独二孩"家庭生育意愿调查数据。需要明确的是，我国人口普查质量存在严重问题导致数据不准确，不属于技术性的原因，否则 2000 年发生的问题在 2010 年普查中就该得到了纠正和解决。如果承认普查不准确的根源来自于计划生育政策，那么，人口抽样调查是比普查级别低的调查活动，从而不可能比普查质量更可靠。至于评价卫计委人发中心几年前的调查，一个基本的判断，"一对夫妇只生一个孩子"是国家计划生育委员会 30 多年来的一项重要工作，却拿不出一个全国的"独生子女数"。"单独"是独生子女的一部分，较之"独生子女"更复杂，所以，它的"单独"家庭的调查更不可能准确了。第二个判断，从制度、体制和技术专业化方面来说，卫计委的调查质量一般都比不过全国人口普查和国家统计局。第三个判断，卫计委的人发中心几年前的调查活动结果至今不公布，意味着其质量存在极大的风险。

翟振武的计算使用的一个核心数据是国家统计局 2005 年 1%人口抽样调查资料中的"独生子女"数据。如前所述，如果国家计生委拿不出"独生子女数"，那么，其他任何单位都不可能有这一准确数据了。我审查《2005 年全国 1%人口抽样调查表》，没有任何一项对"独生子女"的调查。国家统计局《2005 年全国 1%人口抽样调查资料》中的所谓"独生子女数"，实际是调查登记时要求 30 岁以下人口申报"有几个兄弟姐妹"中"兄弟""姐妹"均申报为"0"者。国家统计局将调查中的"没有兄弟姐妹"改变为"独生子女"，是改变了调查项目的内容。这是违背调查原则的，——这且先不去说它了。

另外，必须了解的是，为什么我们再也得不到准确的人口数据？关键点就在这个项目的调查里！由于违犯政策出现的超计划生育可能遭遇到一系列严重后果，所以有了瞒报。而"独生子女"是现行计划生育制度的基本政策，现实中发生的瞒报漏报的绝大部分就都发生在这里。我相信无论持何种观点的人都会同意我的以下的认识，即瞒报漏报的最大部分就存在于本该是独生子女家庭却又出现了新的生育，为了逃避处罚，非独生子女就要申报为"独生子女"。所以，大量实际有兄弟姐妹的人都会在这一项目中"兄弟""姐妹"下应填写的数量写上"0"。翟振武教授使用的"独生子女"数据，是一个被明显扩大了的数据。

需要强调的是，因为统计学是一门科学，而人口学是一门人口统计学，那么，人口学家无疑应该是科学家。严密、严谨，都是科学家应该具有的基本作风和品格。科学家做实验都要选择质量上乘的实验材料。人口学家在做测算时首先必须鉴别和挑选材料，以保证使用上乘的数据。这是人口学家做研究时首先要做的一项工作，在未完成这项工作程序以前，是不能向下延伸的。翟振武作为中国人民大学这个国家最高殿堂里的教授不只是自己写文章、做课题没有这个必须的步骤，而且是带着两个研究生一起写出这篇文章。这不是误人子弟吗？

第二，没有准确的人口数据，社会仍需照常发展。教授们在高校需要给学生传授知识和方法，在研究机构需要做一些相关方法学研究。但是，如同作为一个科学家做科学研究就该懂得必须具备相应的条件才可以做实验，知道在什么条件下可以做什么和不可以做什么。假数据不影响教学，不影响学生做练习做作业，甚至可以申请项目研究方法。但是，如果谁要用这些材料做有关中国人口变动预测的研究，那么，在课题申请立项的起步阶段就注定它已经失败了。

第三，翟振武教授不但毫不批判地运用上述极不可靠的资料做测算，而且还要为政府决策站台做背书。翟振武教授这篇文章的题目就是要为决策服务，今年 7 月还以这篇文章为依据，亲自在卫计委的新闻发布会上向社会介绍放开二胎将可能产生的风险。卫计委也就是用翟振武的数据为理由，说明现在还不能全面放开二胎（请读者注意，我是在陈述事实，并不表明我主张全面放开二胎。我还是强烈要求废止计划生育，归还人民的自由生育权）。你不要以为政府的决策是听从了你的意见，实际上是你在迎合与附和政府，给错误的政策披上一件"合理"的外衣。你现在是中国人口学会的会长，人口学的number one。主管部门坚持现行的政策，又讲不出什么让人信服的道理来。现在有你出来用这些假数据说这些话，当然就可以说：你们看，连中国人口学的 No.1 的研究都证明了不能放，政府怎么可以这样做！对于不了解我国体制的人来说，当然不知道你的一号位置其实也是由卫计委决定的，所以还满以为这个"稳定政策"的决定是蛮科学呢！

5. 关于 2005 年全国 1%人口抽样的质量问题

关注 2005 年全国 1%人口抽样调查，是因为它有几个与人口普查设计口径不一致的指标，特别是有个"独生子女"数。国家计划生育委员会做了 30 年的"独生子女"工作，没有一个准确的独生子女数，这儿反给我们提供出来了。既然使用它，那就得先评估，分析鉴别它是否准确，有什么限制条件，有什么局限性，等等。

2005 年全国 1%人口抽样调查资料一开始就遇到一个设计 1300 万而实际调查样本 1705 万的问题。有一个观点说在实施调查的过程中，一些省、市、自治区扩大了样本规模。即使是这样，因为抽样是按照等距、概率等原则设计的，各个省自行扩大的样本必然突破和破坏了抽样的科学与合理性，导致调查的质量发生问题。更何况，问题还不是这样。

各省、市、自治区的统计局在实施国家局调查任务的过程中搭顺车，自行扩大调查规模的做法，早在上个世纪 80 代各年度的 1‰人口抽样调查中就发生了。从 1982 年人口普查为基础，国家统计局逐步建立起每 10 年一次普查，每 5 年一次 1%抽样调查和每年一次 1‰抽样调查的人口调查制度。普查好说，是对所有人的调查。抽样调查制度是国家进行的，抽样的设计也针对全国的，要照顾到东南西北中的地理空间，特别是城乡的分布，无论 1%还是 1‰，都尽可能地代表全国的整体性，调查结果出来后按原则也可以用百分比、千分比倒推全国的总体情况。所以，这些调查无论原则和技术要求，都只对全国有代表性，不能保证各个省的数据有各自地方的代表性。从上个世纪80、90 年代开始，一些省区也在完成国家的调查时，增加了自己的一些调查样本。国家局在一开始是不允许这样做的。但是，统计局的双重领导体制，它作为地方政府的一个调查机构，人员编制属地方领导，地方政府也想知道每年的情况，自己在再增加点经费要这么做，国家局也挡不住。但是，地方扩大的调查样本是不进入全国的统计的。——反过来思考，如果各个地方调查都汇入到全国，你插一下，他插一下，势必冲击和破坏了全国原来的抽查样本的数量与比例，搞乱了"分层等距、概率比例"整群抽样的原则和方法。这样的调查无疑就乱套了，变得不可控了。

我对比了一些省市的数据，表明单独发表 2005 年 1%人口抽样调查的几个省份的调查样本和上报全国的数据，也是不相同的。譬如全国卷即《2005 年全国 1%人口抽样调查资料》中山西省的调查户数131264，其中家庭户 130427，集体户 837，计 444096 人；山西省统计局编《2005 年山西省 1%人口抽样调查资料》中则调查 227462 户，其中家庭户 226011，集体户 1451，769556 人。国家卷中广西自治区182251 户，其中家庭户 180466，集体户 1775，616837 人；广西自己发布调查了 142080 户，其中家庭户 140696，集体户 1384，489903人。国家卷中重庆市 130399 户，其中家庭户 129342，集体户，1057，370367 人；重庆市自己发布调查了 138700 户，其中家庭户 137576，集体户 1124，393943 人。3 个省、市、区的调查数据国家卷和地方卷不一致，说明全国并不是各省、市、区的简单汇总。特别是广西自治区发布的自己数据比全国卷还小，则表明地方的 1%人口抽样还不是对全国的简单扩大，而是用相同的原则和方法在本省重新做了抽样，其中与国家重合的部分则同时用于全国和地方，还有一部分则仅适用于全国而没有进入到"分层等距、概率比例"整群抽样的本省范围（同样的道理，即使全国的样本群不在本省区抽取的范围内，地方资料中也不会使用它们）。所以，在本省的抽样中，与全国并不重合的部分也就没有上报给国家统计局。

这就带来一个问题。根据国务院办公厅《关于开展 2005 年全国 1%人口抽样调查的通知》，以及国务院全国 1%人口抽样调查领导小组办公室拟定的"调查方案"，都明确说"这次调查的全国样本量共约 1300 多万人"，结果调查出了 1705 万。我们且先不说这样的差别是大还是小，先来确定初期的设计和实际调查无论耦合与否是不是会涉及调查的质量？譬如原来设计调查 1300 万，实际调查了 1305 万或者 1299.5 万，以及实际调查了 1 亿 1300 万，或者仅只在设计抽样的范围内找到了 500 人。多了或者少了 1 亿人，是不是都算是合格的调查？我认为这里面当然有个质量问题。否则，设计要调查 1300 万人口，结果在所抽样的范围内调查出了 1 个亿或者 500 个人都算成功调查，岂不荒唐？既然多了或者少了 1 亿人是失败的，那么在 1 个亿和达到 1300 万之间就有了程度不同的许多个质量调查。

然后再说原则和方法。2005 年 1%人口抽样调查是在我国人口普查制度的框架下的一个设计，逢〇的年份实施人口普查以后，虽然每年还有 1‰的抽样调查，毕竟样本量太小，不能保证把握全面的变动情况。5 个或者 6 个、7 个年头过去，则会有了更大的变化。所以，在第 5 个年头亦即两次普查的中间再安排一个较大样本的调查。也就是说，经过 2000 年普查后，2005 年需要一个较大规模的调查。按照 2000 年普查和其他各年的 1‰抽样做几次微小调整，国家统计局用所掌握的 2004 年的人口状况设计一个 1%的样本量，这个人口状况并不是当时真实的和实际的，它要根据 1%人口抽样调查结果调整或证实。

问题是实施调查以后，参加登记的不是 1300 万左右，而是 1705 万。主持调查的人不是用 1705 万推算全国的人口数，而是要保障他的设计绝对正确，所以再让调查登记的 1705 万同抽样调查前假设的 13 亿人口发生关系，得出"占全国人口的 1.31%"的结论。这个关系式显然是错误的。明明是做全国 1%抽样调查，应该是调查出来的数字乘以 100 得出全国总人口，而不是再倒回抽样设计时假设的人口，说占到假设总人口 13 亿的 1.31%。如果调查前 13 亿人口是真实的，那还要更大样本量的调查干什么？按照调查统计原则，大样本的调查纠正小样本的偏差，人口普查纠正抽样调查的偏差。现在却反过来了，无论调查出多少人都要返回到抽样框去，用最初根据 1‰ 的小抽样进行的设计纠正 1% 大样本的实际调查。

其实，仔细推敲这次调查的名称，"2005 年全国 1% 人口抽样调查"，当然是指被抽中参加调查的人口，他们占调查时点全国人口的 1‰。所以，1705 万应该是调查时点的中国人口的 1%。按照这个数据推算总人口，则是 17 亿 500 万人口。这与 2000 年的普查差别太大了，即使按照主持这次调查项目的人因为爱面子又将 1705 万的实际调查再返回去与抽样设计时假定的 13 亿人口发生关系，说"占全国人口的 1.31%"，这次调查的数据也是不可用的。从上个世纪 90 年代开始，计划生育部门自己认可计划生育报表的水分占 30%。所以，不仅做人口研究的人不使用计划生育部门的数据，就连计划生育部门自己也不用自己的数据。设计调查全国 1% 的人口，实际执行下来登记出 1.31%，超出了 31%，一点都不比计划生育部门的报表差错率低，还好说是有质量的调查？

至于那个"独生子女"数仅只是这次调查的一个项目，其错误可以算作是技术性的，前已陈述，不再赘言了。

6. 为政府决策做研究是否能与个人享乐结合起来?

我在《科学研究与科学决策》的演讲中提出："现实中没有科学决策，科学研究不一定都要为了政府决策；科学研究目的、目标都可以多元化，甚至于纯粹为了自己的兴趣和爱好。这样的科学研究生涯才有幸福和享受，才可以告别郁闷与憋屈。"有的同志针锋相对，说为政府决策做研究与个人享受并不矛盾，也能够与个人享受结合起来。我当然同意这样的观点。传统时代的知识分子也为皇帝做事而幸福，而且他们的幸福人生确实也都是与皇室联系在一起的。在我们身边和周围，有不少的人因为为政府服务而得到很高的社会地位，荣誉与生活待遇都得到很大的提升，过上了富裕优越的贵族生活。这都是事实。但是，我只是指出，社会已经有了很大的改变，政府依靠首长批示运作的时代慢慢成了过去，法制、程序，都将是未来的基本特征。此外，社会多元化的发展决定了从事于科学研究的人员越来越多，社会不能像传统时代将读书人赶到八股文和金榜题名的狭窄道路一样，也不能将越来越多的科学研究人员都驱赶到以政府首长批示为判别标尺的路子上。

7. 调整生育政策于"人口老化""低生育陷阱"无补，说明什么？

原新教授在这次会上向人们证明了调整生育政策无助于解决我国人口老化的困境，沈可博士证明国外鼓励生育无助于解决"低生育陷阱"，表明限制或者鼓励生育的政策对于人口变动过程是没有影响的。一把钥匙开一把锁。人口老龄化和生育率下降，都是经济社会现代化作用的结果，本都是社会进步的表现。事实上，这两种现象本质上是一个问题，持续的生育率下降必然造成人口老化。人口老化会给社会带来一定的困难，这个困难就是生育率降低了，劳动力相对有时甚至是绝对地减少了。生育率高或者低，不是用政府的计划和强制可以调节的。全社会的合力实现的生育率背后有着怎样的因素构成，人类目前还未能搞明白。所以，各个国家都实行尊重国民自己决定和自由选择的原则。我们国家也该这么做。

8. 根本就不存在"人口堆积"，也不会发生"人口冲击"

社会现实中没有"人口堆积"的道理，是我 1985 年在翼城县实施"晚婚晚育加间隔"生育试点中弄明白的。1985 年以前，翼城县也是"一胎化"政策。1982 年，翼城县还是山西省执行"一胎化"政策的红旗县。1985 年实行农民可以生 2 个的时候，统计报表上还有 5000 多个高年龄的"独生子女"家庭。如果再加上当年达到生育二胎年龄的家庭，1986 年开始就将有几年的生育大高峰。所以，我在实施的方案中制订了分两步走的方针。后几年的情况表明，根本就没有那回事。1987 年，我在给徐雪寒先生的信中说，瞒报漏报是基层干部对付我们政府官僚主义的极好办法。所谓"人口堆积"都是报表上的，现实中并不存在。2004 年保定会议上，我曾介绍过翼城县的这一情况。

因为政府制订了计划生育政策，基层单位就要按照政策要求填写人口变动情况。这样，从统计报表上看，会有很多的"独生子女"，如果放弃计划生育，大量"独生子女"家庭因为要生育二孩，一些家庭甚至还要生育多胎，从而将出现生育高峰。这是单纯看报表的结果。事实上，30 多年来绝大多数家庭并没有按照政策生育。婚姻和生育都是人民的实际生活。绝大多数希望生育的孩子都已经生育了。我曾经测算过，如果按照过去 30 多年的政策要求，现在总人口应该不到 11 亿。但是，现在的总人口已经接近 14 亿。超过政策而出现的 3 亿多人口是什么？不就是人口报表上的"人口堆积"吗？事实上，这些所谓的"堆积"早已经出生了，难道还会再生一次？

我们政府的有些官员和学者都很天真，以为政府有什么政策，老百姓就会怎么做，老百姓的生育是完全可控的。政府想做什么就都可以得到什么，那何必要改革开放？计划经济完全由政府控制，那不是很好嘛！客观过程是不依包括政府政策在内的人们的主观意志为转移的。特别是经过改革开放以来 30 多年的发展，我国民众的生育观念已经发生了根本性的变化。2005 年前后，上海市等一些地方允许"双独户"生二胎，也曾预计会有"生育堆积"带来的生育高峰，结果并没有发生。老百姓早都已经不愿意生孩子了，有些人却还是在那里害怕出现生育高峰，以为我国还有高生育的时代，那就等着吧。

——2014 年 12 月 23 日（刊发于 2014 年 12 月 23 日）

自印本《一部恶法：论计划生育法》序言

按语

去年 8 月份连载拙著"计划生育法是恶法"的稿件，粘贴到第三篇文章《一部有违于我国宪法的法》。按计划，该文将分四次分别贴出，其中第一至第三个问题"马克思关于现代国家的共同特征""斯大林建立的所谓社会主义国家，并不是马克思和列宁设所想的无产阶级专政""马克思和列宁的无产阶级专政也属于'资产阶级法权'"为一部分[1]，第四个问题"人民主权是现代国家宪法之根本"为一部分[2]，已经张贴。但因中国人口学会即将召开，为给学会选印单行本《人口研究与江湖术士》献给盛会，所以暂停了文章的粘贴。2014 年 12 月 19 日，参加复旦大学办的一个"面向未来的中国人口研究暨第三次生育政策研讨会"，除了将《谁主沉浮？——现行生育政策决体制与机制研究》提交会议以外，还将有关计划生育是恶法的三篇文章以《一部恶法》辑录了一个小册子，一并提交会议。从今天起，将小册子的序言和第三篇文章《一部有违于我国宪法的法》的后面两个问题分次粘贴于后。

——2015 年 1 月 15 日

按照预定的计划，关于计划生育法是恶法这一命题将由 7、8 篇文章构成。8 月份写到第 3 篇，因故而中断。后来，就再也没有回到这个题目上。根据现在所做的事情估计，短期内是没有时间再做它了。不过，有关计划生育法的原则性部分即关于它的法理的论述，已经完成。后面的工作，只是从计划生育工作的操作层面揭示它的荒谬

1　参见 http://liangzhongtang.blog.163.com/blog/static/109426508201471024818/

2　参见 http://liangzhongtang.blog.163.com/blog/static/1094265082014720112924414/

性。其实，这一特征，包含在它的每一项制度，每一个具体工作之中，每日每时都在向人们展示着。因为它的存在就是荒谬，文字方面的批判暂不做也罢。所以，先将已经完成的 3 篇文章辑录为一册，以示同好。另外，前几年有过一篇题为《计划生育法是中国法学的耻辱》的文章，曾粘贴于我的博客，也附录于后。

2006 年 5 月，即《中华人民共和国人口与计划生育法》颁布约略 5 年，我曾在《"一胎化"生育政策产生的时代背景研究》一文中论及计划生育法的性质和前景，现抄录于后。

现代国家的法既是适应国家经济发展和社会文明的进步所产生的，又是她的保障。经济的发展和社会文明的进步，不仅限于可以不断地为社会创造出可供人享受的物质的和精神的财富，而且更重要地体现在给人们提供了更多更方便的自主选择的机会。人们都说天堂好。但是，一个人只要自己不愿意，即使上帝也无权送他进天堂。如果社会发明了一个好的东西政府就制定法律强制人们必须接受它，那么，首先那些具有发明创造才干的人就该下地狱！

我国计划生育法的产生除了上面我所指出的立法机构的人员构成方面的偶然性变化促成以外，也典型地表现了中国式的聪明和狡黠。节制生育是一种符合人性的生活方式。即使如此，人们是否选择、何时选择以及如何选择，那都完全是每一位公民自己的事情。现在世界上大多数国家对待这一问题的态度，也仅只是采取一些似是而非地态度，用或明或暗的方式表达政府的意向。即使在那些支持节制生育的国家里，政府也只是从事一些宣传和倡导性的工作，个别旗帜鲜明的国家最多也是依靠半官方的组织为那些自愿选择节育行为的公民提供一些方便和服务。

但是，上个世纪 70 年代末开始，我国政府的计划生育部门一下子把自己的工作职能定位在管理所有的国民一生都别无选择地必须实行节制生育的生活方式并要求每一个国民只许可生育一个或者两个孩子。这必然地就把计划生育管理系统置身于一种始终被动和艰难的工作状态之中。为了摆脱和扭转这一被动的工作局面，计划生育部门不是寻求如何使自己的工作转变以适应客观过程和顺乎民意，而是在寻求"红头文件"和要求"各级党委一把手亲自抓、负总责"的同时，希望这一工作具有充分的法律地位。也许，这其中还有法制观念的觉醒。总之，从1980年前后伴随我国法制建设的发展与完善，计划生育部门也一直在努力寻求得到一个国家生育法。但是，由于在生育领域立法明显地破坏了渊源于罗马法以来的现代国家法所要求的"内部和谐一致"性原则，计划生育法长期受到立法部门的本能的抵制。在长达20多年的交涉过程中，可能是因为立法部门法理知识方面的脆弱，立法的分歧和障碍似乎只是集中在究竟应该允许国民生育几个的数量方面。由于《中华人民共和国人口与计划生育法》采取本法回避而授权地方法规规制公民的生育数量（这样的法规在各个省、市、自治区已经存在了20多年），从而躲过了争议，最终获得了通过。但是，法理上的矛盾不过是实践中的重大冲突的反映。它是不能通过这一类的聪明和智慧得到消除的。节制生育是一种符合人性的生活方式，可以促进家庭幸福。只是有一条原则必须遵循，即它是每一个公民的自愿选择，不能由政府强制实行。在现代国家法的体系中放置一个对国民生育问题规制的法极大地破坏了法的内部和谐一致性。国家生育法中固然没有具体规定国民生育的数量，但地方法规中的规定同样破坏了法的体系的内部和谐，一点也解决不了实践中本来就存在的普遍的冲突，计划生育部门也没有因此减少与群众对立的程度或者由此改变了工作的难度。随着我国加入世界贸易组织和愈益深入广泛地走向世界，更多地引入和通过与市场规则相适应的法律法规，以及不可逆转的改革使得我们距离市场经济制度愈是接近，计划生育法和我国愈来愈为完善的现代国家法的体系就愈是显得不和谐。所以，从现代国家法的体系中把生育法剔除出去以保持"自己的内部和谐一致"，是它被通过的那天起就已经注定了的事情。

是为序。

梁中堂 2014 年 12 月 10 日

一部有违于我国宪法的法（续）

——三论计划生育法是恶法

五、毛泽东宪法的历史意义就在于人民主权

毛泽东是讨论中国无论如何都绕不过去的一个话题。毛泽东就是中国。在毛泽东革命的年代，毛泽东代表了在黑暗中寻求光明的一代人。建立中华人民共和国之后，新中国就是以他的名字为旗帜的。特别是因为毛泽东总是大搞群众运动，让全国人民与他同步、而且更为重要的是人民也的确被他调动起来乐意亦步亦趋地跟他行走，从而使得毛泽东执政后连同他的错误也都是与他所领导的党和人民一起所犯下的。即使毛泽逝世将近 40 年，中国人民已经生活在邓小平授予的第三代领导人以后的领导人所领导的社会里，却仍然是行走在没有毛泽东的毛泽东的道路上。从中国目前正准备走向以美国为主流和主导的世界大道来说，延安时期的毛泽东就在争取美国政府的支持。70 年代打破坚冰，开辟冷战格局下与美国建交、恢复联合国合法席位，提出"三个世界"的理论，都是毛泽东在努力挣脱西方封锁而将共和国引向以西方为主流的世界的重大战略举措。所以，没有理由以为毛泽东自搞封闭，要做独立王国里的山大王，或者故意与西方国家闹对立。中国是一个大国。毛泽东改变了中国，也就是改变了世界。检索毛泽东的一生，他在世时就已经赢得了包括他的敌人在内的全世界的广泛尊敬，以至连长期以他为敌、最诋毁和诅咒他的美国总统也要来到中国，亲自向他表达一份真诚的敬仰。作为后人来说，您可以不喜欢，甚至对他极为反感。但您不得不承认他是中国人民最伟大的领袖，——完全是因为毛泽东，中国才走上了一个新时代。毛泽东作为一个人，不仅做了他应该做的和能够做的，而且做到

了作为另外任何一个人可能永远都做不到和做不了的大事业。

毛泽东的伟大事业中，就包括了由他主持制订的《中华人民共和国宪法》。我之所以将 1954 年宪法称之为毛泽东宪法，是因为它不只是从一般意义上来说是由毛泽东"主持制订的"。毛泽东一生至少曾经参与制订过 5 部宪法或具有宪法作用的临时约法，其中包括1931 年的《中华苏维埃共和国宪法大纲》、1946 年《陕甘宁边区宪法原则》、1949 年《中国人民政治协商会议共同纲领》、1954 年《中华人民共和国宪法》和 1975 年《中华人民共和国宪法》。但是，仔细分析这 5 份文献，恐怕只有1954 年宪法可以名副其实地称之为毛泽东宪法。1931 年通过"宪法大纲"的时候，虽然经中国共产党中央决定，毛泽东已经担任中华苏维埃共和国临时政府主席，但毕竟还不是党内领袖，宪法大纲的起草还不可能在他的领导下并完全体现他的意志。1946 年"陕甘宁边区宪法原则"一定会经过毛泽东的审阅从而体现了他的思想观点。但那毕竟是一个地方性的、原则性的约定，远没有一部正式的国家大法全面而深刻。1949 年制订"共同纲领"的时候，毛泽东事实上已经成为主宰当时中国政治的领袖，对该文件的内容可以起到决定性的作用。但是，按照毛泽东后来的说法，"共同纲领"前后仅用了一个月的时间（事实上当然不是如此，他说的一个多月，大约是指第三次稿子，是从 1949 年 9 月前后开始的。在此以前还有两个稿子。我阅读《建国以来周恩来文稿》发现，仅周恩来起草的纲领和稿子就有两个，是 1949 年 6 月筹备委员会成立以后产生的。按照胡乔木的回忆，第一个稿子是从 1948 年 8、9 月份就开始了。这样的话，时间跨度一年多，前后有筹备委员会以前的一个稿子、筹备委员会产生后到 1949 年 9 月份以前的一个稿子以及 9 月份以后的稿子，共计 3 次起草 3 个稿件），并且其性质仅只是临时约法，文件的局限性决定了它还无法承担过多的使命。当 1975 年 1 月第四届全国人民代表大会通过新宪法的时候，毛泽东身体已经相当虚弱，正在湖南长沙养病，从而无力字斟句酌地修改它了。

1954 年宪法是在毛泽东的主持领导下完成的。1954 年 1 月到 3

月上旬，毛泽东带领中共中央宪法起草小组在杭州连续工作了 2 个月，拿出一个《宪法（初稿）》。在截至全国人民代表大会召开以前的时间里，毛泽东将主要精力都用在了宪法草案上面，主持中华人民共和国宪法起草委员会、中央人民政府委员会等各类讨论宪法起草的会议。根据毛泽东的部署，宪法草案完成后，先后经过北京 500 多高级干部的讨论，全国 8000 多人的讨论，然后又在全国人民中进行了 3 个月的讨论。1954 年 9 月，第一届全国人民代表大会第一次会议召开，除了 1000 多的人大代表讨论和审议外，期间毛泽东还招集了一些特别会议讨论，进一步倾听代表的意见和建议，然后在第一届全国人民代表大会第一次会议上获得通过。可以说 1954 年宪法体现了人民的意志，倾注了毛泽东的心血，当然更是体现了毛泽东的意志。

无独有偶。1954 年制订宪法的时刻，有人曾经提议用"毛泽东宪法"命名，遭到了毛泽东的拒绝。倡议者可能受 1936 年《苏联宪法》又名为"斯大林宪法"的启示，但我有此念，却有着更充足的理由。斯大林也是苏维埃俄国的开创者之一，但在十月革命之前和之后的一些年，即苏维埃共和国政权建立和内战时期，特别是它的建立时期，斯大林并不是国家的主要的领导人。苏维埃共和国的灵魂是列宁而不是斯大林。我之所以高度评价 1954 年《中华人民共和国宪法》，并将其名之为"毛泽东宪法"，一方面是因为毛泽东用工农大众都能够明白的语言说出了"中华人民共和国的一切权力属于人民"这一根本性的原则，另一方面是因为我阅读党的历史，体会和理解到毛泽东在宪法上庄严地写上"一切权力属于人民"这 8 个大字，并不是简单地照抄照搬一般宪法条文上都会有的具有程序性的一句话，它是毛泽东用了前半生一直为之奋斗并领导中国人民通过革命战争获得的成果。就这一点来说，在资本主义十分弱小基础上建立中国新政权的毛泽东，一点也不比开创了资本主义新纪元的那一批美国开国元勋们稍有逊色。

国际宪法学界似乎有一个异常广泛的观点，认为政治权威须有宪法性的法律授予，即依照宪法程序产生的政府才算合法。按照这样的逻辑，严格意义的政府都是立宪政府。革命政府属于通过革命推翻原来的政权，废除和废止了宪法，因而就不可能拥有法律上的权威及合法性。至多，革命政府在广泛社会支持的意义上而拥有事实上的权威性。但是，将事实上的革命权威转变为合法性，就需要制订一部新的宪法。1954 年毛泽东宪法似乎就具有这样的性质。而且，似乎斯大林就是持这样的观点（十分遗憾，斯大林的宪法似乎就没有起到他所希望起到的作用。上个世纪 80 年代初，国际宪法学领域中有所影响的米尔恩说："苏联政府也起源于革命，但由于它的国民所受到的对待，今天，它不能称之为立宪政府，尽管它有一部成文宪法。"米尔恩的评论起因于联合国《世界人权宣言》诞生 30 周年所举办的一系列纪念活动中，在此基础上形成的著作出版时，米尔恩已经担任英国法律与社会哲学协会的主席，所以，该书在英国和世界宪法学领域都具有很广泛的影响），因为这次立宪也正好是斯大林向访苏的刘少奇建议中国尽快召开人大会议通过宪法，以使得中国政府具有合法性，堵住人们的口。按照当时中国的政治形势，中国政府产生于第一次政治协商会议，"共同纲领"已经具有了宪法的作用。如果不仅仅分析这些表皮的现象的话，就实质来说，毛泽东建立的中华人民共和国政府并不是如绝大多数国家经过短时期的武装斗争或者通过政变夺得政权，缺乏广泛的社会基础。在那个时期，作为世界上一个大国，无论承认与不承认，中华人民共和国都已经是一个不争的事实。所以，无论国内国外，还真的没有人议论共产党在中国大陆执政的合法合宪性。鉴于这样的原因，不仅毛泽东和共产党在听到斯大林建议前没有马上召开人民代表大会立宪的打算，而且当共产党听从斯大林的建议启动立宪程序后，还需要向其他党派和民主人士做工作，打通他们的思想认识。

毛泽东领导的中国人民的胜利，不同于包括列宁的十月革命在内的所有后来的所谓社会主义国家。这些国家的革命政权的获得，有点"城头转换大王旗"的味道。武装力量控制了以首都为主的几个大城市，也就获得了整个国家。以十月革命为例，首都工兵苏维埃发动武装起义，吓跑了临时政府，赢得了圣彼得堡，就算得到了国家政权。后来的社会主义国家，如东欧的几个国家是随着二次世界大战末期苏联红军打败德国法西斯占领了大半个欧洲而产生的。毛泽东的胜利可没有那么容易。即使不说抗战和抗战以前的几十年艰难斗争，40 年代末，由共产党和毛泽东领导的人民解放军由最北部的黑龙江打到最南部的海南岛，由东部沿海城市扩展到西部从新疆到西藏、云南的国境线上，用铁蹄踏碎了一个如果用和平的方式也许需要数百年才可以改变的旧中国。看一看印度经过了几百年的英国殖民地统治，其独立建国比毛泽东的共和国还早几年，现在一些地区仍存在种姓等落后的等级制度和接近于氏族社会的组织，不能不承认毛泽东的革命是一次彻底的社会革命。所以，重要的是，中华人民共和国屹立在那里，已经表明中国完成了历史的宪法。短缺的不过是要再将它转变成文字，那只是早几年晚几年的事情罢了。

问题是人们很少深刻认识共和国前的革命性质，再加上毛泽东以及他所领导的党一直将无产阶级社会主义革命列为己任，并且是在这次立宪前就启动了向社会主义过渡的程序，在实践上仅用了 3 几年的时间，1956 年就宣布基本完成社会主义改造即进入社会主义阶段了。这样算来，作为资产阶级革命成果的民主革命的胜利似乎只是支撑了共和国 5、6 年的社会发展。因为一直把资本主义当作敌对的社会形态，过多地强调其负面的社会作用和宣传资本主义阴暗面，以及几十年来对于资本主义的恐惧和排斥，使得共产党人自己也未能真正认识清楚自己所领导的那场大革命对于中国发展的巨大意义，——更不用说宣传它的历史功绩，从而充分肯定共产党和毛泽东的历史地位了——特别是 1975 年宪法的本意是在宣示共和国实现社会主义，也就取代了 1954 年宪法。早在制定 1954 年宪法的时候，斯大林就明确向刘少奇建议，实现社会主义改造以后，可以再制订新的宪法。所以，在包括毛泽东在内的共产党领导人自己也没有十分重视 1954 年宪法，把它仅仅当作一部过渡时期的根本大法，当 1978 年、1982 年又颁布了两部新宪法以后，1954 年宪法真的就成了一部过渡时期的临时法典了。这是人为地贬低了 1954 年宪法的历史意义。事实上，它如同 1787 年美国宪法之于美国一样，1954 年宪法对于中国的长治久安本来同样至关重要，只是包括制订它的那一代伟人事实上都没有深刻认识它的历史意义从而在制订的那天起，就准备要用一个新的宪法取代它，所以，也就根本没有认真遵守和执行它。共和国从第一个宪法（本来一个国家就应该只有一部宪法。一个国家不断地制定新的宪法，表明这个国家的不成熟，实际上是政府自毁法纪和法制）开始，就缺少对法律的敬畏。所有这些认识，都源自于斯大林以及斯大林的"一国可以建成社会主义"。

资本主义、社会主义、共产主义，都是马克思之前很久在西方国家流行的词语。这些词语在不同的社会学派那里，甚至在同一个学派不同人那里都有各自不同的含义。马克思之前，人们总以为社会是由有思想有意识的人组成的，是人为的产物，所以并不把人类社会当作是与自然界一样具有规律性的客观过程。社会大转变时期的思想界往往都异常活跃。在小农基础上产生的工场手工业繁荣发展和工业革命早期，各种批判现实和憧憬未来的学说就应运而生。人们把在传统的个体经济基础上形成并日益发展的现实社会称之为资本主义，不少小资产阶级思想家敏锐地发现许多早期资本主义黑暗和不合理的社会现象，在批判和否定现实的同时往往又将他们所设想的理想社会称之为社会主义，也就是马克思批判性肯定的空想社会主义。19世纪上半叶，工人运动兴起，而工人阶级的一些思想派别则将它们的希望取代资本主义的未来称为共产主义。但是，所有这些概念在各个派别的观念中不仅各自的含义往往差异很大，且都是不关联的。马克思发现并且用清晰的语言将历史唯物主义陈述出来以后，才使得原来杂乱无章的社会发展变得清晰起来。如前所述，马克思提出人类社会发展"三阶段说"，用自然经济基础上发展起来的第二大形态指代资本主义，用在第二大形态或第二个阶段充分发展基础上产生的"第三个阶段"指代共产主义。这样，按照马克思的学说，资本主义基础上产生共产主义，共产主义将取代资本主义。列宁则又将共产主义社会划分为"第一阶段"和"高级阶段"。列宁以后的马克思主义者又将列宁所说的共产主义第一阶段称之为社会主义，将更高阶段称之为共产主义。这样，在马克思主义看来，人类社会也如同自然界一样，都是一个有规律性的发展过程。

但是，以上历史唯物主义原理只是解决了人类发展的认识论或历史观问题。如同懂得了春夏秋冬交替的规律性并不能让自己永远停留在春暖花开的季节里每天享受春光明媚的一样，知道了社会主义必然要取代资本主义，并不意味着一下子可以迈步跨越到社会主义。但是，包括马克思、列宁和斯大林在内，马克思主义者恰恰在这方面走入了历史误区。

首先，马克思和列宁都曾经投身于推翻资本主义的革命斗争，表明他们认为人类历史已经发展到了社会主义足以取代资本主义的阶段。这个认识在逻辑上就有问题。我们知道，马克思所处的时代，资本主义刚刚完成了工业革命，其生产力所达到的蒸汽动力还未能推广到普遍的生产和生活领域。如果这个时候可以通过无产阶级革命实现社会主义，即意味着资本主义阶段的结束和马克思所说的第三个阶段即共产主义的开始。如此计算，第二个阶段的资本主义从其萌芽或者原始积累时期算起，到工业革命，也仅只有几百年的时间。人类社会从原始时代几十万年甚至于上百万年才发展到资本主义阶段，资本主义以后的人类社会仍然是个无止境长久的历史过程。这样，第一阶段和第三阶段就都很漫长，而第二阶段的资本主义如果仅只有数百年，那就短得几乎可以忽略不计。如此说来，马克思从历史唯物主义原理出发提出的三个阶段学说还有什么意义？另外，重要的是，这样的认识也与马克思、列宁以后的资本主义社会发展的实际不相符合。马克思和恩格斯在《共产党宣言》中评价说，资本主义100多年所创造的生产力比过去世代创造的总和还要多，列宁也认为苏维埃加电气化就是共产主义。但是，如果将马克思和列宁时代的成就与之后约 100 年的资本主义的世界做个比较，连列宁满以为可以支撑共产主义的生产力充其量也仅只是资本主义的初级阶段。展望未来，在看得见的时间内，资本主义世界还有相当大的发展和成长的空间，至少还没有发现可以取代现实资本主义的新社会的萌芽。所以，马克思和列宁都在社会主义取代资本主义的历史关节点的时代问题上，犯了急躁性的毛病。

其次是斯大林的"一国建成社会主义"为马克思主义造成的困惑以及给人类带来很大的麻烦。马克思和列宁虽然投入到革命实践中，但是，他们还有一个前提，那就是由于资本主义世界市场的形成，决定了无产阶级社会主义革命性质是世界性的，至少是主要发达资本主义国家同时爆发革命（中国共产党从川力道第二次世界大战即将结束，就是列宁提议创立的共产国际的一个支部，特别是在毛泽东事实上成为党的领袖以前，不仅是在共产国际的资助下创立的，而且时时接受共产国际和斯大林的领导和指导。毛泽东时代将那么多的钱慷慨给予第三世界国家，也还是出于这一世界革命理念。只是比我们富裕的发达国家不需要我们的援助，那就只好给比我们穷的国家了）。19 世纪 50 年代以后，世界范围没有出现革命的迹象，马克思和恩格斯再也没有鼓动和参加所谓社会主义革命活动，而是将主要精力放在科学研究和在工人阶级中间宣传科学社会主义的理论上。列宁领导了俄国十月社会主义革命。不过，列宁在十月革命以后还说："在一个国家内取得社会主义的最终胜利是不可能的。"他只是认为帝国主义发动的第一次世界大战将各个国家的无产阶级的世界革命"冲散了"，俄国的十月革命仅仅表明"俄国人开始了，德国人、法国人、英国人将去完成"。可见，列宁也不承认俄国一个国家可以取得社会主义的胜利，特别是他曾反复说过社会主义不可能单独在落后的俄国取得成功。遗憾的是，1922 年以后，列宁因为病而基本上离开了政治舞台，无法判断当他发现其他所有发达资本主义国家并没有出现革命，特别是资本主义自后又得到前所未有的巨大进步从而进入到一个新的稳步发展的阶段的情况下，是否会修正和改变自己的学说（是否在一定程度上可以说，列宁的新经济政策实行国家资本主义和向农民让步就是对这一理论的一种修正？）。

但是斯大林为了巩固和加强个人在苏共和苏维埃国家政权中的领导地位，出于反对和打击反对派的需要，提出"一国可以建成社会主义"的理论。经过俄国 70 多年和国际共运史 100 多年的实践，证明这个理论是错误的，荒谬的。

第一，根据马克思的理论，社会主义（即共产主义第一阶段）是在资本主义充分发展的基础上产生的，"第二个阶段为第三个阶段创造条件"，"资产阶级内部，产生出一些交往关系和生产关系，它们同时又是炸毁这个社会的地雷"。但是，沙皇时代的俄罗斯是一个农奴制国家，资本主义在十月革命前虽有一些发展，仍属落后的农业国。斯大林在这个基础上建设社会主义，就改变了马克思的历史唯物主义基本原理，意味着自然经济可以生长出社会主义和共产主义。

第二，列宁说，小生产每日每时都在产生资本主义。所以，在落后的俄国建设社会主义也就意味着要在一个农民和小资产阶级构成的汪洋大海里建设社会主义。

第三，马克思说，各种经济时代的区别，不在于生产什么，而在于怎样生产，用什么劳动资料生产。比较斯大林的所谓社会主义，除了农村集体农庄明显地仍然落后于美国和澳大利亚等发达国家的农场以外，其他一般工业不仅落后于西方一般的国家，而且政府控制的大企业也都相对落后于发达国家。马克思把劳动资料当作经济时代的指示器，把苏联与资本主义国家的生产方法做比较，除了相对落后以外，并没有实质性的区别。另外，尽管西方资本主义国家不时地对苏联实行封锁和制裁，但是，苏联与世界市场总还是发生一定的联系，占据世界市场一个份额，成为世界市场的一部分。

第四，我们再来分析国家形态。斯大林和斯大林之后的苏联总是以无产阶级专政国家自居，但是，且不说无产阶级专政是一个极短的过渡阶段，即使就无产阶级专政实质来说，马克思和列宁说那是以工人阶级为主体的全体武装人民的政治形式，它排斥军队、警察、监狱和官吏（上个世纪 50 年代以后世界各国跟着欧洲执政的社会民主党和工党政府称其为公务员）等现代国家机器及设施。但是，苏联的国家政权和西方资产阶级国家无论形式还是实质，就武装部队、警察和官吏来说，没有任何区别。岂止是没有区别，斯大林和斯大林以后的苏联其资产阶级国家的特征甚至于比西方国家还要浓烈得多。您看，苏联拥有异常强大的军队和警察，连其工业生产都是以军事工业为龙头。虽然斯大林也说社会主义生产目的是为了满足不断增长的人民生活的需要。但是，实际上，苏联的整个国民经济是由军事工业带动发展的，范式强势的工业和科学技术几乎都与军事相关。

共产党人都是以马克思主义自居的。马克思的理论核心就是历史唯物主义。按照这个理论，决定社会发展的基础或者原动力就是生产力。生产力决定生产关系及其上层建筑。斯大林要在落后的个体经济基础上建设社会主义，而且据说是用比西方资本主义更为落后的生产力建成了社会主义。马克思主义向来认为，资本主义被共产主义所取代是不以人们的意志为转移的客观规律。但是，西方发达资本主义未能产生出社会主义（共产主义），斯大林却在落后的生产力水平上建成了社会主义。那么，社会形态的发生只是人们选择和创造的结果而不是客观的过程。按照这个道理，谁只要想走社会主义，无论在怎样低的生产力水平上就都可以建成社会主义；如果是顽固不化和拒绝，那无论怎样先进的生产力都就可以抗拒社会主义的前途。——这哪里是唯物历史观，分明是主观唯心主义嘛！所以，这是一个关乎马克思主义基本原理的大问题。按照马克思的唯物史观，斯大林的所谓社会主义仅只是资本主义的一种特殊形态。人类在现阶段仍然处在资本主义时代。

笔者之所以做这些理论考证，就是要说明斯大林的所谓社会主义不过仍然是马克思所说"建筑在资本主义多少已经发展了的现代资产阶级社会的基础上"的资产阶级国家，90年代初发生的"解体"不过是由国家垄断的资本主义向一般自由资本主义政治制度的回归（如果前苏联能顺应一般资本主义政治制度的要求实行自觉的调节，不一定会发生国家版图变化的"解体"）。"斯大林宪法"仅只是1918年"根本大法"的一个翻版，就其性质来说仍然是资产阶级宪法。事实上，现代一切法律体系都是派生于资产阶级国家法的。所以，宪法这一现代国家的根本大法，也就都是资产阶级的根本法。资本主义以后没有法。有人以为社会主义国家还有宪法，那是不正确的。因为按照马克思和列宁的国家学说，资本主义和社会主义之间有一个比较短的过渡时期即过渡性的和临时的政权形式，接着就是共产主义第一阶段即社会主义和共产主义高级阶段。过渡时期已经不是原来意义的国家，而是无产阶级专政即武装起来的无产阶级和人民。资产阶级国家机器首先是常备军、警察和官吏。列宁说，在过渡时期，"管理国家的不应当是警察，不应当是对人民毫不负责的、站在人民头上的官吏，不应当是脱离人民的常备军，而应该是苏维埃所联合起来的普遍武装的人民自己"。旧的资产阶级国家机器已经被打碎，并用全民武装取代常备军和警察，用选举产生、并随时可以撤换的人民代表取代国家官吏。所以，无产阶级专政是一种完全新型的国家形式，是不受任何法律约束的政权（仍是列宁的语言），不需要宪法。它仅只需要向像列宁在十月革命中发布一个公告，宣布"一切政权转归苏维埃"就可以了。走过这个暂时的"过渡阶段"，就是社会主义。而社会主义已经不是原来意义的国家。因为就实质来说，宪法是强化国家法权的根本大法，社会主义社会却正走在国家灭亡的道路上，是一个逐步消亡的"半国家"。所以，处在日益消亡过程中的社会主义国家没有法制，也不需要强化法治，所以也就不需要宪法。至于共产主义，那是自由人的全面发展的社会，人们已经不知道法律和法权为何物了，宪法更是不必要的了。所以，资产阶级国家才需要宪法。宪法也总是具有资本主义的性质。

凡是宪法就都是资产阶级性质的，无产阶级没有宪法、也不需要宪法的思想观点，也不完全属于我个人，而是受到了列宁理论逻辑和他在十月革命前后的实践的启发。列宁就有这样的思想，只是过去所有的人包括列宁的拥护者都没有意识到列宁的这一认识。早在革命前，列宁就高度评价与临时政府并立的工兵农代表苏维埃，认为它是可以取代旧的国家形式的新式政权，是马克思所说的巴黎公社一类的无产阶级专政，从而提出"一切权力归苏维埃"的口号。十月革命以后，列宁并没有主动颁布宪法，而是以全俄工兵代表苏维埃第二次代表大会的名义颁发了自己起草的《告工人、士兵、农民书》，以及《关于和平问题的报告》《关于土地问题的报告》《关于成立工农政府的决定》等 5 份具有纲领性质的文件。1918 年 1 月，十月革命前决定召开的立宪会议如期召开。那是布尔什维克出于反对临时政府而提出的策略。二月革命以后的历届临时政府都不敢召开立宪会议。害怕普选招致革命群众运动高涨，是一切资产阶级和小资产阶级政党的致命弱点。俄国历届的临时政府都对召开离线会采取拖延和敷衍的态度，相比之下，工人代表苏维埃这一残缺不全的"民选"的政权形式反而具有一定合法性，临时政府倒是缺乏任何民意和民选的合法性。所以，布尔什维克有效地抓住临时政府的这一软肋，猛烈攻击。列宁在有关《四月提纲》的报告中就说"我攻击临时政府，是因为它没有确定召开离线会议的日期，没有确定立即召开，也没有确定一个大概的日期，只是用许诺敷衍了事。我曾一再证明，没有工兵代表苏维埃，立宪会议的召开时没有保障的，是不可能的成功的"。但是，列宁的无产阶级革命理论中也就是没有立宪会议的。列宁在这个"提纲"中说得很清楚："不要议会制共和国（从工人代表苏维埃回到议会制共和国，是倒退了一步），而要从下到上由全国的工人、雇农和农民代表苏维埃组成共和国。"既然苏维埃共和国已经成立了，苏维埃共和国就是工人、雇农、士兵和农民的代表所组成的国家政权，原来临时政府所选出来的立宪代表会议继续召开就是多余的了。它不过是布尔什维克为了表明兑现革命前的承诺的一个行动罢了。所以，革命成功以后，列宁并不指望它确立宪法，而是亲自起草了一个《被剥削劳动人民权利宣言》要求立宪会议通过。无论形式还是内容本质，"权利宣言"都是十月革命爆发当天的那个宣告"一切权力归苏维埃"的《告工人、士兵、农民书》的再一次表述。立宪会议拒绝了该"宣言"，以列宁为首的布尔什维克退出了立宪会议，接着又由全俄苏维埃出面解散了它。因为在列宁的思想中，已经产生了苏维埃这一集立法与行政于一身的无产阶级专政形式，事实上已经不需要什么立宪会议这样的权力机构与法律关系了。一周以后，1918 年 1 月 12 日，被立宪会议拒绝的"权利宣言"在全俄苏维埃第三次大会上得到了通过。因为社会思潮和背景的问题，也许出于策略的考虑，1918 年 7 月全俄工农兵和红军代表苏维埃第五次大会上通过了《俄罗斯苏维埃联邦社会主义共和国宪法（根本法）》。与一切重要的文件都是由列宁亲自起草不同的是，这个所谓的宪法并不是出自列宁之笔。但是，列宁要求将他起草的"权利宣言"放在该宪法的最前面，它意味着有了这个权利宣言就足够了，其他并不重要。毛泽东当年起草宪法时，注意到了这一点，但他没有理解列宁的深刻含义，而是将这个所谓宪法的不伦不类当作一种"新形式"即在宪法文本之前加上相当于序言或者引言性质的一部分文字。还有，列宁总是要将这一个所谓的宪法后面加上"根本法"几个字，其实就是告诫大家，它不是资产阶级国家的宪法。另外，这个宪法究竟重要不重要，读者可以阅读列宁代表人民委员会作的报告，以及对全俄工农兵和红军代表苏维埃第五次代表大会所作的总结报告，他根本没有高度评价这个即将通过和已经通过的"宪法"。斯大林则不同。斯大林很重视宪法，而且积极地不断颁布宪法，并且劝告中国共产党赶快召开代表大会颁布宪法。但是，斯大林颁布的宪法并不是要确立人民主权，正如他给刘少奇所谈，是要给人看。斯大林的宪法是形式宪法，而不是实际宪法。

所以，宪法就其本质来说是资本主义历史大时代或者如马克思所说人类历史"第三个阶段"的根本大法。尽管 1954 年以后我国还产生了 3 部宪法，但就实质性来说，它们都只相当于 1954 年宪法的修正案（我们且先不论其内容是否正确），它们的历史价值都是闪耀于中华人民共和国的第一部宪法的光辉普照之下的。如同美国宪法的光辉产生于独立战争，1954 年宪法之所以对于中国具有深远的历史意义，那是由于它是毛泽东和共产党领导的民主革命和人民战争的结晶。

中国共产党自建党始至新中国成立，其革命主要都是解决农民耕者有其田和将占中国国民百分之九十五以上的农民从传统的土地制度以及封建宗法制度下解放出来，解决的是农民及其土地问题。这是为资本主义发展扫清道路，本来就是资产阶级的历史使命。以毛泽东为首的中国共产党以为自己比资产阶级先进，要做超越资产阶级的大事业。实际上，历史任务是按照历史的发展阶段才会逐步产生和出现的。没有资本主义就没有社会主义。中国是一个落后的农业国家，发展资本主义是中国迈不过去的重要历史阶段。中国由一个封建个体农业国家转变为资本主义，首先就必须打破旧制度的束缚，将土地和农民从旧的社会关系中解放出来。美国资本主义能够迅速发展是因为没有沉重的旧的土地制度和建立在自然经济基础上的小农，它一开始就是以市场为目的的资本主义农场生产。而其他所谓有着悠久历史的国家，包括像德国和法国那样的发达国家，以及像印度那样的发展中国家，解决从传统的旧的土地制度到发展资本主义所需要的农业革命，都经历了漫长的时间。晚清以前的传统社会里，一方面，中国人是在政权、神权、族权、父权和夫权等旧的社会关系网织的社会中生活的，当然谈不上现代资本主义社会应有的独立和平等的人身自由。按说辛亥革命已经打倒帝制，标志着中国已经进入到资本主义时代，但是，从太平天国以后形成的地方武装割据和中国社会发展的不平衡，使得封建时代的社会关系和人身依附在绝大多数地方依然存在。另一方面，中国的土地被数亿私人分割和占领，一是碎片化，二是极不平衡、不平等，绝大多数农民无地或者很少有土地。所以，对于绝大多数中国人来说，旧的土地制度是一种再也无法忍受的腐朽制度，是新制度即资本主义的障碍，占据人口80%至90%以上的农民都强烈渴望得到土地。但是，从晚清以来的历届政府包括以孙中山思想为指导的国民党政府虽然有实现"耕者有其田的"美好承诺却没有任何实际的举措从而都未能满足农民的愿望，毛泽东的革命作为旧政府的造反者在很长的时间里也都只能囿于狭小和有限的地理空间，但解放战争这一最后一役用武装部队的铁蹄踏遍了祖国960

万平方公里的土地，通过政权实行土地制度改革的（其实表述为革命更合适），满足了农民的要求。共产党赢得了农民的拥护。想一想当时不到 5 亿人口的国家里，前后有 3 亿多无地或很少有土地的农民从政府手里得到了祖祖辈辈渴望得到的土地，在国民党和共产党这一部天平上，孰重孰轻就很自然地解决了。所以，国民党的失败不是输给了共产党，而是在与共产党竞争的斗争中输掉了农民。3 年内战是中国资本主义革命的大扫帚，把所有过去时代的垃圾都扫除干净，一下子完成了在中国迅速发展资本主义所需要的以土地和农民劳动力为主的社会革命。近 30 多年来，虽然有不少的人嘀嘀咕咕，指责毛泽东的革命，但是，中国自后 60 多年能够有巨大的发展，都依赖于那场彻底的以土地为中心的反对封建制度的革命。毛泽东在那次大革命中解放了农民，赢得了农民的广泛支持，以至于尽管说他的晚年犯有很大的错误，但至今仍未能有任何人取代其在底层人民心目中的崇高地位。毛泽东制订的 1954 年宪法，只不过是将已经完成的历史用文字表述出来而已。

也许中国的宪法学者会对我高度评价毛泽东宪法中人民主权思想不以为然，以为自晚清以后的几个宪法都有类似的表达。按照毛泽东的统计，截至 1954 年的宪法之前，中国曾经产生过 9 部宪法。除了晚清的《宪法大纲》仍"大清皇帝统治大清帝国万世一系，永世尊戴"以外，其他大多都有承认人民主权的条款。但是，那都是具有西方理念的政治精英照抄照搬西方宪法的词句，却不等于他们真的理解和以为人民会有主权。我们且先不说当广大农民尚且未能从封建土地制度的依附下解放出来的时候，讲人民主权就不过是鹦鹉学舌，仅以此前的宪法的制订者们所具有的思想观念来说，包括孙中山这样伟大的先行者的深层的思想意识和骨子里，还是或多或少继承了晚清皇室及其士大夫们的认识，即中国民众没有文化、落后愚顽，所以还不具有实施宪法宪政的条件。不仅孙中山的军政、训政、宪政的主张是这样，蒋介石 1947 年 12 月通过的宪法宪政的实质内容也莫不是如此。总之，一方面，旧中国四分五裂的政治局面和极为落后的经济制度就不具有实行统一宪法的社会条件。另一方面，就连制订那些宪法的人也不相信人民有能力实现主权，而他们所说的人民主权是必须通过他们才可以实现的。毛泽东的革命实现了中国的统一，也就具备了实施一个统一宪法的基础。

从走过的历史来分析，毛泽东领导的共产党在那个时代的确也与他们不一样。我们可以回顾共产党领导的解放区，是如何让没有文化的农民行使自己的民主权利的。全体公民大会是古希腊的民主制度的核心。公民大会拥有国家最高的权力，是国家重要事务的最后裁决者，而裁决的方式和程序就是每人一票的表决。读者切莫要以为古希腊的公民人人都是可以读书写文章的知识分子。实际上，希腊公民的绝大多数都是目不识丁的农民。但是，他们有他们独特的民主方式。譬如古希腊的流放制度。希腊人每过一个时期就要以投票的方式推选出对共和国最具危险的人，让他们在一段时期内远离国家。人们手执陶片，走过写有候选人名字的地方，那些收获陶片最多的人，就必须在确定的时间离开共和国。上个世纪 40 年代，共产党领导的晋察冀边区等许多地方，就以这样的方式选举过村长、区长、县长。不过，他们使用的不是陶片，而是豆子。读者切莫小看"豆选"，它实际上让我们看到了共产党当初是如何与包括晚清政府在内的一切以为中国民众没有文化不具有实行民主制度条件的所谓革命家、政治家们分道扬镳的。

当然，我也不是要一笔抹杀晚清至新中国将近 40 年中国所取得的社会进步。但是，那最多也只是中国宪政历史上的第一阶段，毛泽东宪法则是一个新阶段。特别是毛泽东和共产党领导的武装革命的权威一下子粉碎了旧中国几千来的土地关系，把农民从束缚他们的封建土地和宗法关系之中解放出来以后，中国才有了实行宪法宪政的社会基础（当然，有了基础还不等于有了可以生长于其上的现实），社会底层的人民终于在经济政治方面都有条件谈论并实现其民主权利了。工人农民翻身做主人，已经成为毛泽东领导的人民民主革命胜利以后从一般普通的老百姓到国家领导人都知晓的基本原则和浅显的道理。刘少奇对时传祥一句"你掏大粪是人民勤务员，我当主席也是人民勤务员"，让千百万生活在社会底层的人民知道了这个制度不再承认特权，他们应该和社会最顶层的人平等的道理。

另一方面，我觉着更为重要的是，毛泽东宪法所凸显的人民权威和人民主权，也是毛泽东始终所信仰和坚持的。毛泽东与国民党的缔造者以及其他的政治家或者政客很大一个不同之处，就是以前的政治领袖和政客认为是自己恩赐给人民一部宪法，而毛泽东从骨子里相信群众才是真正的英雄从而参与和领导、并经过人民革命最终得到了一部人民主权的宪法。人民群众创造历史的原理不仅是书本上的马克思主义，更是毛泽东早年从事工农运动和秋收起义后长期与士兵群众生活所获得的财富。早在 1927 年，当南方的农民运动兴起的时候，当国民党和共产党这两个当时的革命党的绝大多数人都对农民运动持否定态度的时候，毛泽东深入到当时开展运动最为广泛的湖南，做了 32 天调查，写了著名的《湖南农民运动考察报告》。毛泽东在报告中说：

广大的农民群众起来完成他们的历史使命，乃是乡村的民主势力起来打翻乡村的封建势力。……打翻这个封建势力，乃是国民革命的真正目标。孙中山先生致力国民革命凡四十年，所要做而没有做到的事，农民在几个月内做到了。这是四十年乃至几千年未曾成就过的奇勋。这是好得很。

毛泽东从农民运动看到了革命的根本道路和前途。他说：

很短的时间内，将有几万万农民从中国中部、南部和北部各省起来，其势如暴风骤雨，迅猛异常，无论什么大的力量都将压抑不住。他们将冲决一切束缚他们的罗网，朝着解放的路上迅跑。一切帝国主义、军阀、贪官污吏、土豪劣绅，都将被他们葬入坟墓。一切革命的党派、革命的同志，都将在他们面前受他们的检验而决定弃取。站在他们的前头领导他们呢？还是站在他们的后头指手画脚地批评他们呢？还是站在他们的对面反对他们呢？每个中国人对于这三项都有选择的自由……

现在再次阅读上面的话，不能不为毛泽东的敏锐的认识所折服。20 年后，毛泽东、陈独秀、蒋介石，3 个人特别鲜明地代表了 3 个类型，3 种态度，3 种人生，3 个结局。

毛泽东的敏锐认识是基于马克思的唯物历史观，是从骨子里拥有的群众观念。我有的时候也曾思考，不可否认，毛泽东早期拥有的中国传统文化成分可能更为强势一些，"水可载舟，亦可覆舟"的道理，也许都深刻在他的脑海里。但是，无论怎样，人民群众的观点是毛泽东能够领导中国民主革命并取得胜利的秘诀或法宝。我阅读毛泽东，发现在他的一生里，从来没有出现过对人民群众的厌恶或虚伪。相反，建国后毛泽东一个群众运动接着一个群众运动，希图运用群众运动的方式实现社会的跨越，固然是从列宁斯大林的无产阶级专政理念出发必然收获的结果，但也反映出他对于群众运动的过分崇拜。现在回过头来看，这样的认识和做法固然幼稚，人民也为此付出了极大的代价。但那也不乏真实与可爱，因为那才是毛泽东。

所以，如同美国的宪法精神与精髓并不仅仅是宪法制订出来的那一刻才出现的一样，毛泽东宪法有关人民权利和人民主权的精神也不是 1954 年宪法颁布之后才产生的。共和国成立以后，首先是以毛泽东为首的共产党人真心实意地把一切国家权力都当作人民的，这一点不是从那个时代走过来的人是很难以感受的。在那个时代，共和国要清楚地昭示是"人民共和国"，各级政府是"人民政府"，"人民政府""人民军队""人民警察""人民银行""人民商店"……，一切机关、商店、银行、公路和铁路、航空等等从天上到地下，从山上到湖河江海，都是人民的。笔者生活在一个小县城里，就连县城小镇上的一个澡堂也要写"人民澡堂"。为什么？还不是因为人民从来就没有拥有过，现在要昭示世人，人民拥有了。至于写上了人民是否就等于属于人民，那当然是另外一个更为深刻的问题，——甚至是需要更进一步发展的一个历史过程。但是，它确实是当时掌握权力的共产党人真实心仪的表达。这样写和这样说，一方面，首先是要告诫一切执政的党员干部，要让他们知道，包括政权在内的一切都是属于人民的。另一方面，也给民众宣示人民已经不是从前了，我们才是这个国家的主人。这个道理此前是没有的。中华 5000 年文化，"普天之下莫非王土，四海之内莫非王臣"。作为黔首之民，拥有什么？人民主权的道理，是从 50 年代初期的新中国开始的，是从 1954 年宪法开始以法的形式得到确认的。现在我们已经懂得更多，知道实现宪法上的人民主权，将纸上的宪法变为可以在大地上行走的宪法还有相当长的一段路要走。但是，那个时代的人民都以为宪法上确立了，现实中自然就都有了。所以，那时的人民真的欢欣雀跃，打心底里拥护共产党，拥护毛泽东。60 多年过去了，我们也不可说那全部都是虚幻与天真。在一个从来不知道法和宪法为何物的国家里，那样的认识和表现当然具有天真的成分，可那都是我们通过成长和前进走向成熟道路上的一个必须经过的阶段。1954 年宪法的诞生表明，人民主权毕竟已经不是一种虚幻了。

因为本文不是专门讨论宪法问题的，所以没有涉及 1954 年宪法的缺点。制订宪法期间，正是毛泽东收获巨大胜利和荣耀的时候。特别是斯大林时期的政治弊端和经济问题都还被遮盖着，毛泽东接受的空想社会主义一点还都未受到人们的质疑。特别是对于自己所处的资本主义大历史时代的认识上的错误，使得毛泽东把过多的自信与自负，理想与空想，以及政治和理论的成份放进了宪法，而对法制的和限制人治的内容显然都体现不足。这在那个时代是难以避免的，因为刚刚取得革命胜利的毛泽东也自感没有执政的经验，苏联在短时间内成为世界上的经济大国，特别是在第二次世界大战中苏联对德法西斯战争中无以替代的作用，似乎都证明了斯大林的社会主义制度和个人执政能力，所以，毛泽东很重视从斯大林那里得到的咨询意见。在斯大林理论的指导下，毛泽东推行无产阶级专政（毛泽东将它称之为人民民主专政），而这种政权按照列宁的说法是不受任何法律限制的政治形式。所以，它就只能以不遵守法制为其基本特征。

　　第二个问题是没有讨论毛泽东宪法中有关政府设置的问题，一方面，我们的论题主要是为了了解人民主权的原理。另一方面，政府的设置和运作相关的问题虽然也都属于宪法宪政的重要内容，但它毕竟都是从属于人民主权并为之服务的。人民主权才是宪法的灵魂，不可动摇、不可更改的原则。在这一原则的指导下，为了更好地贯彻和实现人民主权，才产生了包括政府设置和运作的原则及程序一类的问题。所以，有关政府如何设置和运作的宪法规定，其实都是从属性的问题，可以讨论和改变的。有的时候，它的产生纯粹就具有偶然性。1949 年中国革命和国际大背景下，反对美帝国主义、反对"第三条路线"，这就产生了毛泽东和各民主党派一致的"一边倒"政策，明确提出要向苏联靠拢，学习和模仿苏联，所以在讨论《共同纲领》和政府设置的时候，就有了"不采取资产阶级民主的三权鼎立制"。所以，在革命历史的大势过程中，也有许多的偶然成分。譬如我就曾经假设（读者当然懂得，历史没有假设。但是，在历史研究中有的时候做一些假设，倒可以帮助人们思考问题），考虑到抗战时期的不少美国驻华外交人员就已经对蒋介石的民国政府的腐败不满，而对偏居延安的共产党却颇有好感。我读当时美国驻华大使司徒雷登的回忆录，中华人民共和国成立的前后，美国政府其实是在观望和犹豫之中。如果中国的台湾和台湾海峡不是如此的地理位置，蒋介石就无处可逃，从而毛泽东可以干净、利索、彻底地打败甚至消灭了国民党政府。或者，如果毛泽东不是成立了中华人民共和国而将中华民国弃之不用而是继续沿用这个国号，这就相当于一个国家改变了一届政府一般，那个总是以实用主义为最高原则的美国政府是不是会较快地承认毛泽东的政权？我所讲的不是没有道理。中华人民共和国是1949 年 10 月 1 日宣布建立的，1950 年 1 月，美国政府已经宣布中止了对蒋介石政府的援助。这该是多么强烈的一个信号！如果美国出于对斯大林的战略考虑，再进一步向毛泽东示好，也许就没有后来中国派兵朝鲜与美国之战。可惜的是，美国政府的示意还是显得微弱，特别是毛泽东这一班人还没有外交经验，对于外交礼仪礼节和信号反应不止是迟钝，而是无认识、无意识、无感觉。如果共产党高层有一批从英美留学归来的人和熟悉外交礼节的人，能够及时扑捉到这一时期美国政府的信号，则整个中国和世界的历史，都可能改写。

我们继续讨论毛泽东和毛泽东宪法。有不少的人把毛泽东当作虚伪的人。我可不这么看。一个人虚伪，即使善于伪装，那也不可能长久，从而无法赢得人民的拥护。毛泽东就是毛泽东。他不伪装，才有他自身独有的魅力，才可以成为领袖。除了其他方面，毛泽东的魅力就是来自于相信人民群众的力量，以及对人民的忠诚。这不是虚伪的人可以做得到的。毛泽东人民群众的基本理念，他的人民性，是贯彻始终的。说实在的，我在阅读毛泽东讨论宪法时的一些有关政府设置体现、服从和服务于人民主权的讲话，就非常感动。要知道，毛泽东制订宪法的时刻堪比 100 多年前美国制宪会议时的华盛顿。美国制宪时宪法设置总统条，华盛顿当选第一任总统几无悬念。1954 年的宪法草案中设置了国家主席，毛泽东担任国家主席，该都是基本上明确或者所有参加讨论宪法的人都心知肚明、心照不宣或者说没有悬念。傅作义等不少的人提出应该写一条"中华人民共和国主席为国家之元首"，毛泽东则删去了这样的条文。他还就此解释说：

有人说，宪法草案中删掉个别条文是由于有些人特别谦虚。不能这样解释。这不是谦虚，而是因为那样写不适当，不合理，不科学。在我们这样的人民民主国家里，不应当写那样不适当的条文。不是本来应当写而因为谦虚谨慎才不写。科学没有什么谦虚不谦虚的问题。搞宪法是搞科学。

没有国家元首，即是表明国家所有公民一律平等。这对于已经成为当之无愧的党和人民的领袖来说，是多么难能可贵。在讨论政府的设置时，为强调人民主权的至高无上，毛泽东说：

我们的主席、总理，都是由全国人民代表大会产生出来的，一定要服从全国人民代表大会，不能跳出如来佛的手掌。

毛泽东不仅讲了主席要服从人民代表大会，而且在他的提议并坚持下，宪法中写进了全国人民代表大会有权罢免国家主席，而对于人民代表大会如果出了错误则只好等待下一届代表大会来纠错。这样，国家基本制度就把政府和政府首脑个人完全放置在人民权力之下，早期西方民主国家中为之斗争了数百年的"王在议会"和"王在法下"的问题，在这里轻易之间就都得到了解决。他说：

资本主义国家的总统可以解散议会，我们的主席不能解散全国人民代表大会，相反地，全国人民代表大会倒可以罢免主席。国家主席是由全国人民代表大会选出来的，并服从于它。主席也不是政府，国务院不向他报告工作。

我们中国是一个大国，叠床架屋地设个主席，目的是为着使国家更加安全。有议长，有总理，又有个主席，就更安全些，不至于三个地方同时都出毛病。如果全国人民代表大会出了毛病，那毫无办法，只好等四年再说。

不能认为那个时候的毛泽东就知道文化大革命时代他个人的威望大过了宪法，相反，应该认为，制订宪法时期的毛泽东还是一个彻底的人民主权论者。因为就是在共和国的第一个宪法里，明确表达了人民主权的根本主张，表达了人民有权约束政府和政治权威的根本原则。如果沿着这个宪法所具有的精神前进，那就是意味着中国走上了宪政之路。在最近几十年的"毛泽东学"的研究中，有一种中外政治学上常见的但又十分庸俗的观点，即用历史人物的道德品质解释历史，把一部大国的政治史当作是政治人物的政治技巧史、政客的政治伎俩史和宫廷斗争史。所以，持这种观点的人可以将毛泽东当作一代乱世枭雄，才取得了胜利；而将治国期间的毛泽东的许多重大决策都当作是争权夺利、相互倾轧和资产阶级政客般的政治表演，似乎毛泽东完全是依靠小聪明、小伎俩实行个人统治的。但是，至少我不这样认为。毛泽东所处的旧中国，可不是一般意义上的乱世。因为西方资本主义的渗透和发展，旧中国处在传统的自然经济向资本主义的过渡阶段，经过太平天国运动，无论大清帝国还是从北洋政府到蒋介石的政治统治，都已经不能适应这一重大历史过渡时期的经济社会的变化。所以，那不是一个历史上王朝更替期间的暂短的乱世。从曾国藩镇压太平天国首创了地方武装开始的封建割据，已经是这个大过渡时期的中国社会的一种"新常态"。如果不是毛泽东领导的中国共产党结束了这个局面，我们真的不知道这样的"乱世"还会在中国持续多久。

另外，毛泽东在共和国建立后执掌中国行走了 26 年。尽管现在评价说毛泽东晚年犯了极大的错误，但是，与共和国之前的旧中国比较，正是在毛泽东领导下的中国才得到了稳定与安宁，才有了举世瞩目的发展，——贫穷落后的中国是在这个时段里改变了面貌和形象，在世界上赢得大国的地位从而得到世界尊敬的。建议读者阅读《建国以来毛泽东文稿》《毛泽东文集》和《毛泽东年谱》，特别是建国之初一段时间里毛泽东应对国务活动中的一招一式、一点一滴的历史，能够直接感受到毛泽东是怎样将一个支离破碎、四分五裂和经济落后的国家引领到了阳关大道的。没有毛泽东的雄才大略和大智慧，就没有现在的中国。毛泽东堪称是结束旧中国历史的最后一位巨人，也是开创中国新时代的第一位伟人。所以，说毛泽东代表了这一个伟大时代的中国人民，具有这个时代中人民的优秀的品质，一点都不过分。如果我们不愿意脱离实际把毛泽东当作不食人间烟火的圣人、当作神，那么，即使是个伟人，那也是人，也就具有人所都有的一切缺点。作为一个极富有个性的，甚至于具有浪漫主义和情绪化特点的人，难免有时也会耍一些性子，感情或意气用事，也即他自己所说的"猴性"。长久地占据在社会权力的最高点，也许早期还时时警惕自己，时间长了权欲膨胀失去控制，在国家大事上也竟然随心所欲，为所欲为。这都是事实。但是，即使出现这样那样的缺点和错误，也难掩毛泽东嵌入到中国历史上的伟大光辉。我阅读毛泽东，总感觉到了一个真实的人和真实的思想，以为每个时期他的言论与行为都是出自于他当时的肺腑，反映了他当时的认识。包括后来越来越没有约束，俨然成为一位王者，那也是历史条件的变化，制度与环境的使然。30 多年前，我们刚从那个让众多干部遭受磨难的文化大革命中走过来，又主要是由这批人评价毛泽东，给毛泽东确定了一个"三七开"或"四六开"的结论。那些评价没有意义。伟大人物的历史地位不是由个别人评价出来的，它是由历史赋予的。时间愈是向前推移和发展，就愈是能磨砺出伟大人物的伟大光辉。毛泽东后来的所作所为，往往凌驾于宪法之上，不能完全归咎于毛泽东，也不全属于宪法本身有什么问题，而是宪法的执行与运作的问题，是中国特有的历史背景，以及执行宪法过程中的人民和执政党两方面都有问题。因为人民主权只有在具体执行和运作过程中才能实现，它不仅需要政府，更重要的还要有人民对政府的限制、监督与坚持。宪政永远是人民和政府这一对矛盾对立面的互动过程。阿克顿勋爵曾说，权力会导致腐败。当人民的力量过于脆弱和政府过于强有力的情况下，即使最初是代表人民的政府也会因为缺少人民的监管而通过逐步越权擅权而蚕食人民主权。我们的教训也是这两方面的，一方面人民还不够成熟，过于相信甚至迷信（至少在共和国的初期是这样）执政党和它的领袖，人民的监督和监管缺失，以致使得人民主权往往成了一纸空文。另一方面是执政党的不成熟，执政党内缺乏民主和民主的气氛，领袖集团中的绝大多数成员都缺少现代社会公民具有的自由个性、独立品格、崇高意识和尊严，党内的民主氛围不够才使得执政党的领袖俨然成为凌驾于党和国家之上帝王，——领袖集团的成员们对最高领袖支持和拥戴有余，而监督、制约和批评均显不足。对比美国开国时期的元勋们，那些围绕在华盛顿周围的精英始终保持着个人的独立精神。而在执政党和人民监督监管的关系中，主要地还是人民的因素而中国人民把毛泽东当作救星，毛泽东的领袖班底的人们也同样将毛泽东当作神。所以，社会上一直有人过度地谴责毛泽东破坏法制，认为中国宪政的缺失都是毛泽东个人道德品质问题，以为仅凭领袖高尚的道德情操就可以得到一个现代民主制度，都是唯心历史观的认识。从历史经验来看，任何渴望救星和希望政府施舍宪政的想法，都是一厢情愿的幻想。在现代国家中，不成熟的民族才乞求于政府实施宪政；而成熟的人民则总是在教育政府应该如何执法和行政。所以，共和国历史上不成熟的宪政实践是和不成熟的人民密切相关的，不成熟的人民是政府超越宪法约束和违宪执政的土壤。

在中国，竟然有人反对人们讨论宪法宪政，实在是一件匪夷所思的事情。宪法的诞生固然是社会进步的表现，但绝对不是制订出一部成文宪法就是要将它束之高阁。人们制订宪法的目的是为了实施它。宪法的具体实施就是宪政。一个国家的国民主动谈论宪政，那无论怎么讲都是天大的好事。即使对于那些借助讨论索要更多权利和福祉的人们来说，能用宪法据理力争也是值得肯定的，这说明他们还是承认和认可国家宪法的，是在宪法的框架内、基础上，以及前提下讨论问题和争取民主的。不用说，那本来就是设置宪法的初衷，即使对于政府来说也是好事，民众自觉与政府对话，无论如何都应该说是积极地从而应该给予高度评价。宪法的诞生标志着历史即将进入宪政的时代。人民愿意讨论宪法，这是人民理性和成熟的体现。

从包括发达国家在内的所有的国家的历史来看，一方面，政府往往都有一种自发扩张与滥用权利的趋势，会自觉不自觉地危害到人民的利益；另一方面，政府人员本来也是从人民中选拔和产生的，也难免如同一般的人一样具有一定的局限性，需要包括人民的批评在内的教育和指导才可以学会工作、改进工作，把人民的事情办好。所以，无论人民还是政府都不能以为有了一部成文的宪法就束之高阁和万事大吉了。人民必须时时监督政府，教育政府，政府也是是需要人民的监督和批评。正如美国启蒙思想家潘恩所说，宪法是人民的法令，人民有权讨论宪法，有权用宪法要求政府、限制政府，甚至于批评和反对政府。在人民和政府这一对关系中，人民永远处在主权的位置上，政府永远处在被授权和从属的位置上。如同一个不愿意服从雇主批评的雇员一定不是好雇员一样，不愿意服从人民批评教育的政府也不是好政府。如此这般，如果有哪个政府果真讨厌人民讨论宪法，不允许人民谈论宪政，那就毫无疑问说明这个政府眼里没有人民，没有宪法。这样的政府才是不合法的僭越者。

从历史来看，任何国家的民主宪政都是一个曲折而漫长的过程。之所以曲折漫长，因为就根本原因来说，宪法实施的过程本质上也是一个国家经济社会发展和文明进步的过程。即使将宪法的原则写成了文字，一方面，人民和政府都有一个成长和成熟的过程。另一方面，因为国家权力固有的腐蚀性特点，任何政府都会有自发离开宪法而扩张的冲动和本能。所以，人民主权和国民的民主权利都不能指望政府会自觉、自发和自然地施与人民。不，不是这样的。民主政治从来都是由民众争取和推动的。我们国家的一些人竟然在那里指责现在的亚非拉发展中国家人民与政府的斗争，说泰国、印尼之类的国家照搬西方民主制度已经失败。哪里失败啦？人家那是行走在现代宪政的道路上，是那些国家的人民和政府在宪政的道路上学习走路。这是传统落后的国家的必须经过的阶段，任何国家都不可能不通过这个过程而获得民主制度。即使分析各个发达国家，何曾有哪一个国家在其发展历史上没有充满了上层社会的肮脏与血腥，以及底层人民争取自己权利的血泪与斗争呢？宪法学家通常把源头寻找到13世纪初期英国的"大宪章"运动，那距今已经有了800年的历史。如果按照我们所说的经过17世纪英国内战和"光荣革命"所奠定得宪政原则，那也有了2、300年的历史。在这几百年里，所谓议会主权的英国先是历经了贵族用金钱收买选票控制下议院的100多年"腐败的旧制度"时期，接着是19世纪上半叶的宪政改革和几十年的工人阶级争取选举权的"人民宪章运动"，英国人才逐步得到了普遍的民主权利。如果那些对目前泰国评头品足的人生活在19世纪20年代到40年代，看到了英国政府对以利物浦和曼彻斯特地区的工人阶级为主的人民要求普选权的血腥弹压，那也该指责英国民主制度的失败。如此下来，世界上也就没有民主制度，人们也不值得去争取民主了。再以美国为例。它是世界成文宪法历史的楷模，但是，其建国后200多年历史中，18世纪的独立战争、19世纪南北战争和解放奴隶、20世纪黑人争取消除种族歧视的斗争，才构成美国宪政发展的全部历史。另外，就美国社会的成长来看，从《美国宪法》默许南方奴隶制到 21 世纪初期非洲后裔奥巴马总统产生的全过程，也就是美国 200 年人民主权和民主宪政发展与进步的历史。人们乐道于美国之后，该是法国了。但是，法国自 1789 年大革命之后，并没有因为产生了历史上评价甚高的《人和公民的权利宣言》和 1791 年的《法国宪法》普通的法国人就得到了基本人权和宪政制度了。相反，那两个可以代表人类文明史的文献，一点也没有而减少了法国的社会动荡。事实上，法国大革命以后一个半世纪竟然经历了 4 次王朝和 5 次共和，又产生过不少于 15 部的宪法，一直到 1958 年戴高乐将军执掌的第五共和之后，社会才算相对稳定下来。除此以外，欧洲其他的民族国家也不是生来就是民主制度，人民都是通过与政府的斗争才获得的。以最为理性、逻辑著称的德国民族来说，仅在上个世纪两次世界大战间隙期间执政的魏玛政府的 10 多年历史中，政府以公共秩序和安全为由，250 次宣布暂时全部或部分限制公民自由，置换了 21 届政府内阁。而且，特别值得一提的是，正是在这样的背景下产生了践踏德国和全世界人民基本权利的纳粹政府。接下来该是我们的毗邻大日本帝国了。第二次世界大战以后，日本在美国军事占领背景下接受了一个“和平宪法”。自此，日本算是进入了宪政时代。但是，日本政局不稳是全世界有名的。许多首相执政仅只有一年甚至不到一年，还有个别的上台组阁仅只有一个多月就逼迫辞职的。为什么这样，还不是因为日本毕竟离开农业社会还不算太远的缘故！

在了解了发达国家现在貌似成熟的宪政制度也都是经过了一个漫长的甚至是动荡的发展过程以后，就该明白任何国家的宪政都不是平稳过渡的。宪法宪政本来是根植于市场经济土壤之上的政治制度，特别是资本主义生产发展到占据社会主导地位以后才算比较地成熟。发展中国家由传统的以自然经济为基础的社会制度过渡到现代，特别是要达到相对成熟的民主宪政，人民和政府就都需要历经一个相当长的学习阶段。2013 年笔者在台湾时，第二年大选加入马英九内阁的一位中央研究院院士向我们介绍电视镜头下的台湾议会的暴力现象。议会中不同党派的议员有不少私下都是朋友，当电视台的摄像镜头转过来的时候马上大打出手，镜头转过去之后却互相哈哈大笑握手拥抱。议员们的这种表演，就是为了迎合部分选民的情绪。在台湾，不少底层的工农劳动者和小市民还喜欢暴力，相信暴力才可以解决问题，他们希望自己喜欢的议员也具有暴力色彩。这是假暴力。当然，现在许多发展中国家还没有从真暴力的雾霾中走出来。要知道，人们都刚刚从传统时代充满暴力的社会阶段走过来，所有的人都还不习惯于完全采用非暴力的手段解决分歧和争端，特别是那些政府喜欢运用暴力的国家，收获的必然是人民的暴力。如同每一个人都必须经过儿童的幼稚才可以走向成熟一样，这是所有民族国家走向现代文明绝对迈不过的一个坎。目前许多发展中国家在实行民主宪政的过程中发生的混乱与动荡，在发达国家的昨天都经历过。幻想只要发展中国家的社会进步而拒绝社会动荡，俨然如同只要硬币的一面而拒绝另一面。

我们现在再回过头来看毛泽东。1976 年毛泽东去世以后，批评和批判的声音从未停止过。接受历史评判从来都是伟大人物的特权。毛泽东当然也未能豁免。毛泽东的伟大之处在于领导中国人民得到了一部永垂历史的伟大宪法。他已经完成了历史赋予他的这个使命。问题在于毛泽东又掌管了 26 年共和国政府最高领导权的经历，人们当然有理由还要他模范地执行由他制订的宪法，实现中国的宪政。不过，这真有点难为毛泽东。毛泽东之所以能够实现和制订出毛泽东宪法，是因为中国从晚清时代开始已经有了半个多世纪的争取人民主权的斗争。毛泽东不仅亲自参加并领导人民进行这一斗争，而且由于他特别善于学习和总结正反两反面的经验，从而取得了成功。相反，中国还未有宪政的实践。让毛泽东实现民主宪政，他哪会呀？一个国家的宪政是在人民和政府的斗争、博弈和互动中实现的。但是，您先看毛泽东和他的领袖班子之间的关系，再看领袖和人民如何互动。他和他的领袖班子成员本来是同志，处着处着，就变成了上下级关系或者君臣甚至是父子关系了，毛泽东所制订的党内民主集中制最后俨然发展成了家长制。究其原因，就在于中国几千年源远流长的封建文化。毛泽东和他的战友们都是从晚清时代走过来，即使对于这个时代最具有造反精神的弄潮儿也难以完全脱离时代的局限和影响。所以，缺少世世代代商品经济所锻造和熏陶的自由、平等和独立精神与现代品格的一代人，毛泽东无法做得更好，他的领袖班底的成员们也不知道该怎么去做。

另外，在现代社会，如何执行宪法从而实现宪政，本来是该由人民教育和教导政府的。但是，人民和毛泽东一样地幼稚。政府在 40 年代末 50 年代初刚刚分配给农民的土地，不几年号召集体致富，又从农民手里收缴掉了。无论是分配或者收缴，农民在毛泽东面前表现了几乎相同的欢呼和响应。毛泽东头脑发热，认为 10 年、15 年就可以超英、越美，赶苏联，人民则用土法炼铁炼钢、制造出亩产万斤的丰产田让毛泽东看。亚里士多德说："给人赋予权威就等于引进一个野兽，因为欲望是具有某种兽性的东西，即使是最优秀的人物，一旦大权在握总是倾向于被欲望的激情所腐蚀。"毛泽东无疑是一位优秀而伟大的人物，也都会有亚里士多德所说的优点和缺点。毛泽东只是接受了斯大林的马克思主义，所以要在一个小农经济占统治地位的国家里建设社会主义。这当然是乌托邦。这种具有空想成分的社会主义如果仅仅作为一种空中楼阁或者一个学说流派，那就让它存在着罢了。毛泽东是一个大国的领袖，掌握极大的权力，却要将空想付诸实行。假如这样的事情发生在一个经济多元化的社会或者有民主传统的国家里，就会有人抵制他、反对他，以至教育他醒悟过来。遗憾地是，中国还是一个自然经济占据统治地位的农业国家，占据人口绝大多数的农民和小资产阶级缺少现代的理念，再加上割裂和封闭的经济无法将具有相同利益的人们结合或者联系起来足以形成强大的力量阻止强大政府的意志。读毛泽东、刘少奇、周恩来的文稿可以发现，他们在建国之初一直很注意不让社会产生制约他们的力量苗头，这种将对政府有意见的力量视之为反革命以至要将其消灭的执政观点首先就是一种小农理念。国家是阶级和阶级斗争的产物，社会存在不同的利益集团，在家生人们观察问题的方式方法都有所不同，对任何问题包括政府公共事务的评价有所不同，甚至反对政府，那都是正常的，宪法基于的人民的权力。政府不允许反对派，那首先是政府的霸道和违宪。读者都听说过把权力关进笼子里，但是，那是在成熟的民主制度的国家才有的现象。把权力关进笼子，首先是由人民将其关进笼子即授予政府有限的权力并严格监督其执行，而不是依靠政府自觉地走进笼子里。强大的人民力量不是建立在个体农业的基础上，而是成长在统一的市场体系里。中国的民主宪政需要市场经济体系的发育、发展和成熟，需要成文宪法以后长期的制度性的建设。这个过程，就是民主宪政，——成文宪法以后历史久远的使命。

有不少的人以华盛顿为榜样指责毛泽东，是不恰当的。美国原来是英国的殖民地。英国从 13 世纪初期的大宪章时代开始，已经有了 400 多年的议会斗争历史。17 世纪英国革命以后，"王在议会"即受约束的国王（政府）有限的权力已不仅是一种观念而是一种现实的国家制度。独立前的北美各殖民地仿照英国本土的政治制度，权力在州议会。独立战争之后建立的美利坚合众国，实行邦联制度，是一个相当松散的联合体，连一个具有象征性的统一国家日常行政运作的政府都没有（更没有后来设置的被称之为总统的这样的国家元首了）。制定宪法后建立的联邦政府，也仅仅接受了各州议会几项极为有限的授权，总统职务在很大程度上只解决了统一国家政府的象征问题，并没有后来那么多的权力。华盛顿担任总统时，独立战争拖欠的内外债务不仅没有及时清偿，原来 4200 万美元的债务连本带息已经上升到 5400 多万。那个时候的 5400 万，可不是个小数。想一想战争时的欠债过了近 0 年，不少还多了，就该知道政府的光景是什么样子了。建国之初的美国连个统一的关税制度都没有，国内的税收都掌握在州一级的政府的手上，联邦政府缺少财政来源，财政部长汉密尔顿想设立一个相当于现在中央银行这样的金融机构，国会也不予批准。所以，那时的美国远不能与现在相比。因为资金困乏，就连总统也是一个很少有津贴的职务（直到现在总统的职务报酬仍然不是很高）。那个时代的上流社会盛行以夫人名义举办舞会，总统夫人的舞会尤其频繁，不仅每次应邀出席的人数多，而且场面宏大、气派。政府每年给华盛顿总统 200 美元以补贴其夫人举办舞会，这在当时虽是个不小的数字，但还是入不输出。担任总统以前的华盛顿主要靠自己弗吉尼亚的弗农山庄的收入过活，担任总统后不仅不能如常照料农场，而且每年还需要拿出不少的钱补贴他在纽约总统任期上的花销，两届 8 年下来，已经不是一个很小的数字。

但是，正如华盛顿所说："在我们努力的过程中，建立一个新的全国政府，在全国范围的斗争，似乎不像是荣耀，而是为了生存。"所以，对于华盛顿来说，为了国家的长远利益，以上的情况都可以克服和忍受。可能更重要的一个原因，那是现在的发展中国家的民众、政客和军人都无法理解的，即华盛顿将名誉看得无比重要。在现在的一般发展中国家，那些政客和军事独裁者们不要脸面，将公权力据为私产，不惜用暴力镇压人民也要维护自己的统治。华盛顿却不是这样。华盛顿是英属殖民地氛围中成长起来的具有绅士风度的政治家，把声誉看得比什么都重要。另外，那时北美殖民地各州的民众对君主政体还持有强烈的戒备心态，华盛顿的第二期连任已经引起人们不少的猜忌。再加上这个时期党争已经尖锐而无法调和，以至于被人认为华盛顿的左膀右臂、美国《独立宣言》的起草者杰斐逊也采取不合作态度，愤然辞去国务卿职务。华盛顿虽然没有具体陷入哪个政党之中，但他所组建的联邦政府明显代表北方工业资本家的利益，无可避免地遭到以南方种植园主为主的共和党的攻击。如果有人以为华盛顿收获的全是赞歌，他是在鲜花和礼赞中自动归隐的，那就错了。请读者阅读当时费城出版的《晨报》上的一段话：

难道我们不该得出这样一个结论，那同一个虚伪的面具，曾戴在那个凯撒，那个克伦威尔，和那个华盛顿脸上？

如果一个国家曾经被一个人强奸的话，那么，美国不正一直遭受华盛顿的强奸吗？如果一个国家曾经被一个人欺骗的话，美国不正一直遭受华盛顿的欺骗吗？把他的行为当作一个后人必须加以警戒的样本吧。绝对不要把任何人当成神吗？拜。

被历史学家列为美国之父的英国人潘恩，是改变北美洲人们思想观念，为北美洲殖民地起下"美利坚合众国"名字和给人民树立起独立意识的《常识》的作者，——杰斐逊、华盛顿那一批美国开国元勋们具有开拓进取的精神，《独立宣言》和《美国宪法》，其实都曾受惠于这本篇幅不长但却属于历史上最伟大的不朽著作。潘恩在一封给华盛顿的公开信中也照样不客气地说道：

至于你，先生，在私人交往上背信弃义，在公共生活中伪善做秀。世人不知你究竟是个变节者还是个伪君子，不知你究竟是已经背弃了做人应有的原则，还是从来就没有过这样的原则。

每日面对政治分歧和纷争，华盛顿倍感厌倦和难以忍受，故而去意坚定，拒绝第三届连任。所以，要说美国免于帝王专制制度的命运的根本原因，当然不是因为华盛顿的开明。虽然我们必须承认，华盛顿毫无疑问是一位开明的绅士。但是，美国避免了君主专制制度却和华盛顿的开明没有任何的关系。美国走上现在的道路在于美国建国前后北美各州传承的宗主国英国的宪政传统，以及主权在各州的现实。正是当时历史的大背景，使得美国建国时期根本不可能走上君主制度，也使得美国之父华盛顿可能压根就没有要当帝王的想法（这几天正好有主流媒体批判演员袁立夸赞华盛顿，说后者独立战争之后主动辞去总司令职务后不几年就当选总统又连任，似乎华盛顿辞去总司令就是为了再当总统。那是比袁立还不懂美国历史的认识。独立战争结束的时候，远还没有人会想到有一天将要立宪成立合众国。要知道，那个时候的美国是邦联的性质，作为一个国家各个板块的各州之间相当松散，几乎是各自为政。总统这样的职务是战后许多年以后的制宪会议上，精英们争吵讨论了许多天才发明制造出来的一个位置。而且，又总又统的总统这个词汇是美国有了这个职位 100 多年后，生活在晚清帝制时代的中国人的翻译，而在宪法制订者那里最初仅只有看守，照料、照看、照管的意思，较为接近于现代企业中公司经理职位的含义）。所以，是决定历史发展路径的大因素在起作用，而与领袖人物的私德基本上没有直接的关系。相反，如果像有些人一定要寻找毛泽东的局限性的话，那就该认识到，是英属殖民地氛围造就了华盛顿的资产阶级绅士品格，而出生于晚清时代的毛泽东难免接受封建文化的熏陶。如果要说私德方面的问题，包括华盛顿在内的美国的开国元勋们绝对都可以搜罗出几大筐。仅以我们讨论的宪法宪政来说，美国宪法的制订者们在宣示人民主权的时候也只是将他们自己和他们所代表的白人，特别是有产的白人包括在人民之中，南方的几十万奴隶不仅不在他们所昭示的"一切人生而同等自由、独立"和"人人生而平等"之中的"一切人"和"人人"的所谓人民的范畴中，而且黑人、佣人、印第安人和妇女（包括白人妇女），甚至没有财产的白人男子也都没有包含在其中。被认为开辟了历史新纪元的美国宪法根本没有、也无心触及美国的奴隶制。华盛顿就是南方奴隶制堡垒之一的弗吉尼亚州的一位大农场主。那个时代医学还不发达，人们还没有很有效的保护牙齿的方法，更没有烤瓷牙和种植牙的技术。牙医为年老的华盛顿修补牙齿，就将年轻的奴隶牵过来敲掉选择好的牙齿直接安装在华盛顿的口腔里。这些情况当然都不可以归结到美国宪法以及制订宪法的开国元勋们的人性是否虚伪，而是历史时代的局限。社会总是在进步，时代总是在发展。再过 10 万年的社会照样还是有它的局限性。所以，只要不是超越历史时代苛求于人，华盛顿及其美国制宪的先哲们的历史局限性总是难掩他们伟大的光辉。

毋庸讳言，不少的读者将毛泽东与华盛顿比较，主要还在于指责毛泽东没有如华盛顿定期隐退做出典范，或者制订出一个由人民投票选择的好制度来。就这个问题来说，当然有一个毛泽东个人的局限性。但是，还有其他一些具体的背景。前些年，我也有这类责怪毛泽东的思想认识。读的书多了，有所思考了，就明白在毛泽东的时期根本就不可能产生华盛顿厌倦政治而解甲归田或隐居乡里的思想。华盛顿是典型的英式绅士，君子不党。美国那个时候还未曾出现两党制，特别是华盛顿这一代人，至少还未有成气候的政党。毛泽东却是一个大党的领袖。特别是从共产党接受的政治理念，就没有功成名就和成功隐退之说，为共产主义奋斗终身，连我这样的晚辈们入党时都是这样举手宣誓的。我们很难肯定或者否定毛泽东存在有恋权的思想和嗜好，作为政治家当然搞政治就是他的生命。但是，我觉得这都不重要。关键是作为他的思想理念，他所接受的马克思主义认为人类很快就将进入到共产主义阶段，那时就没有了政党和国家。中国共产党排斥其他政党的思想当然不排除农民狭隘的理念，但为共产主义奋斗是马克思主义的一个基本原理。列宁在十月革命以后，就对青年人说，你们 15 岁以下的这一代人就可以进入到共产主义社会。当然，列宁的共产主义分两个阶段，第一阶段是较为低级的共产主义，也就是后来人说的社会主义，那是经过了从资本主义到共产主义的过渡时期即无产阶级专政阶段以后就可以达到的。即使在社会主义阶段，按照列宁的学说，那也因为没有阶级和阶级斗争从而也就没有各种政党了，仅只是因为还存在按劳分配这样一类的资产阶级法权，国家形式还会存在。但那已经属于不断消亡的国家或者半国家，政治这一类的生活基本上已经不存在了，或者已经相当淡薄了。中国共产党就是在这样的思想环境下成长的。我至今还未看到毛泽东具体论述中国多长时间进入共产主义的说法，但根据最近看到的胡乔木的说法，60 年代初期撰写反苏论战文章的时期，陈伯达认为 20 世纪末全世界可以实现共产主义。陈伯达是那个时代最能揣摩毛泽东思想和想法的秘书之一，至少说毛泽东也有接近这一认识的思想观点。在毛泽东的文稿中，1958 年给刘少奇等人的信说 10 年、20 年就可以赶上以至超过英国、美国。所以，他就根本没有想到资本主义是一个相当长的历史时期，政党也是长久的历史现象，所以就没有这方面的设计。想一想，中国党什么时候才有了退休的想法和制度？反省文化大革命以后。1978 年宪法上还没有对国家领导人任期的限制，因为那时还未开始反省文化大革命。1982 年彭真主持的宪法才有了领导人的任期限制。邓小平什么时候交出中央军委主席职务的？1989 年那场风波以后。那时的邓小平多大年龄了？85 岁。1949 年中华人民共和国建立的时候，毛泽东还不到 60 岁。我们该历史地去看待毛泽东。华盛顿时代的美国国家权力在各州，各州议会授权多少他才可以得到多少，他如何同毛泽东比？1949 年中国共产党领导的解放军打下一个地方，就成立一个军政委员会接管了政权，中国大陆的政权完全在毛泽东所领导的共产党手里。1948 年毛泽东拟订"五一"口号时提出由政协"讨论并实现召集人民代表大会，成立民主联合政府"，被邀请的民主人士进入东北解放区，倒是民主党派提出不需要等待人民代表大会，新政协就是临时人民代表会议，即可以产生中央政府。民主党派自认为自己代表人民，毛泽东当然乐得如此。

好了，至少我们在本文中没有必要过多地比较和讨论毛泽东与华盛顿，因为无论作为伟大历史人物的华盛顿还是毛泽东，都已经在他们所处的时代上充分利用能够利用的主客观条件，将他们能够起到的历史作用发挥到了极致，推动了社会的发展。现在人们要求毛泽东的，其实都是现代国家才具备的一些基本制度。成长于小农经济制度下的毛泽东，不可能一下子都敏锐地体悟到资本主义经济基础上产生的许多上层建筑和政治设施。毛泽东用几十年的革命运动和人民战争谱写了一部"一切权力属于人民"的宪法，就已经完成了他的历史使命。按照这一根本大法实现民主宪政就该是自后的中国人民在新的历史时期的新的历史使命了。所谓"自后的中国人民"，当然也包括产生毛泽东宪法之后的毛泽东。但是，更多的还是毛泽东以后的祖祖辈辈的炎黄子孙。民主宪政是一个相当长的历史阶段。从一个根本就不知道宪政为何物的、甚至于一个连宪政这一词汇都不允许提及的古老而传统的民族国家里，宪政制度的建设的历史可能会更为久远而漫长。不过，可以肯定的是，这个历史无论多么漫长，人类都必须从那里通过。从发达国家已往的历史来看，宪政建设的过程，也就是享有自由平等权的人民群体扩大、人数越来越多，以及国民的物质生活和精神生活不断丰富和提高，从而也是国家发展和进步的过程。它是社会不同利益集团之间，特别是人民和政府之间不断博弈和互动的过程。一个民族国家文明的形成和发展，就是在人民与政府的博弈和交锋的过程中完成的。所以，它是直到国家消亡以前世世代代的人们都要遇到而且必须解决的现实问题，从而也就是每一个时代人们的实际生活和人生。宪政既不可能是一蹴而就的，更不可能被施舍。想一想毛泽东时代的中国距离晚清时代也仅只有几十年，一方面中国从传统的时代走过来，落后的经济和落后的观念不可能产生出那么多的现代理念，另一方面处在西方世界封锁的环境里也不可能了解那么多的现代国家制度。对毛泽东过多地苛求，一个是现实中的人们妄图逃避现实矛盾的懦弱习性，一个是还未能彻底从神化毛泽东和救星毛泽东的思维中走出来。毛泽东已往矣。责备毛泽东没有给人民以宪政的观点既不公允，也与现实无补。毛泽东能够制订出一部毛泽东宪法已不朽矣，超越毛泽东的伟大人生乃是毛泽东后的中国人的伟业。目前中国正在大踏步走向世界，我们已经处在现代国家林立的环境中。所以，我们倒是可以、也应该要求现代国人，看一看发达国家怎么做的，甚至是大多数发展中国家都可以做得到的，中国为什么就不能？

（刊发于 2015 年 5 月 11 日）

《一部有违于我国宪法的法》一文的结束语

宪法昭示人民主权，即人民享有无限的权利。正如上文所曾提到的，宪法中罗列和列举的一些人民权利并不可以解读为否定或轻视人民所保留的其他的权利。事实上，人民主权就意味着人民具有无限的权利，许多并未罗列的权利诸如结婚权和婚姻自主权，决定生育孩子的数量和生育的间隔即自由生育权，抚养家庭和教育子女的权利，在自己的国土内自由迁徙或定居的权利，以自己认为合适的方式度过闲暇的权利，等等，那都是理所当然或者不言而喻的。另外，宪法上列举的公民自由权利也都隐含着相应的诸如言论自由包含着沉默的自由和匿名表达的自由，宗教自由也包含着不信教的自由，集会与结社自由也包括不参与集会、不结社的自由以及在许多情况下具有不公开自己加入社团的权利。总之，人民主权就是人民享有充分的、不受未经正当的法律程序发生的剥夺和限制，既不受社会的侵犯，也不受政府官员的侵犯，甚至不受以多数人或者国家的名义所发生的来自于政府的侵犯。这才是人民主权和人民至上的含义。

按照人民权利（权力）早于宪法的历史和逻辑，在人民主权的宪法设置下，无论是否有明确的文字规定，宪法都不允许制订违背人民主权和剥夺公民权利的法律。自由生育权是人生而具有的、不可剥夺、不可转让的自然权力，是早于资产阶级革命之前就存在的一种"生而自由"的权利。资产阶级宪法昭示人民主权，人民也就不可能制订法律限制自己的权利，特别不会制订法律限制自己生而获得的自然权利。这也是为什么世界上其他任何国家都没有像我们国家那样，会有一部强行限制国民生育的法律。现代国家法制的基础是资本主义经济。我国传统经济不具有产生资本主义的条件，也就不具有现代法律的基础。如同资本主义是西方国家输入的一样，现代国家法律体系也都是从外部嵌入的。实际上，即使将国外的许多法律移植到我们国家，但对于绝大多数人来说，并不理解其法理法源，有如计划生育法这类荒唐的事情，才可发生。但是，我国从 1954 年宪法开始，包括 1975 年、1978 年和 1982 年宪法都明示"一切权力属于人民"，所以，包括限制人民自由生育权在内的这一类限制人民自由权的法律就都是违背宪法的。

按说，本文的主题已经论说结束。但是，我国 1978 年宪法中有"国家提倡和推行计划生育"，以及 1982 年宪法有"国家推行计划生育，使人口增长同经济和社会发展计划相适应"的条款。所以，似乎制订计划生育法是宪法赋予的权力，而反对计划生育就是反对宪法了。这是一个悖论。1978 年通过新宪法的时候，以强制为特征的现行计划生育制度尚未形成。那时的人们还是在避孕和节制生育的意义上来谈论计划生育的。我们知道，避孕和节制生育是工业革命创造的一种适合人性的新的生活方式。随着现代化的进展，现在几乎没有什么人不是在按照自己的意愿和条件实行节制生育了。所以，那时的宪法规定国家提倡和和推行计划生育，虽然如同在宪法中写上"人应该吃饭"一样没有实际的意义，但立法者愿意这样去做，至少也不算什么大的错误。1979 年以后，我们国家在很短的时间里形成了国民必须按照政府的计划指标生育的现行的计划生育制度。这样，1982年宪法"使人口增长同经济和社会发展计划相适应"，显然是从计划经济推导出计划生育，然后为政府用发放指标限制国民生育的做法提供法律支持的。但是，首先，从 1987 年党的十三大以后，党和政府已经根据邓小平的指示不再提计划经济了。也就是说，我们已经从实践上放弃了被当作社会主义本质特征的计划经济。计划经济都不搞了，还搞什么计划生育！其次，限制人民自由生育权的做法，毫无疑问是违背宪法的。在国家宪法中，只有人民主权才具有根本性质，其他的条款都是由此派生的，属于次一级的，可以改变的。即使 1979年以后根据 1978 年和 1982 年宪法中有关计划生育条款制订了计划生育法，但是，因为它违背了宪法中人民主权的根本性原则，所以，如同 1954 年毛泽东宪法和 1975 年宪法中没有计划生育的条款而在 1978 年和 1982 年宪法上增加了一样，人们迟早也必将从宪法中将其剔除出去。

（刊发于 2015 年 2 于 6 日）

主流无史学

——写在《马寅初考》出版之际

所谓史学亦即历史科学。马克思和恩格斯说，社会领域只有一门科学，那就是历史科学。最近读百岁老人周有光的东西，发现他有一个观点，即凡是符合历史事实的才可称之为科学。而我说主流无史学，也就是指主流多年来的有关计划生育历史的宣传基本不符合事实，则都是出于自己近年对计划生育历史的研究所得。自踏入人口与计划生育研究领域，我也是无条件接受计划生育部门的宣传，即使提出"晚婚晚育加间隔"生育办法，以及在山西省翼城县搞实验，那也都是在体制内的所作所为，基本前提还是承认计划生育的依据，以为实行计划生育是合理的、必须的和必要的。10 多年前有意要做计划生育的历史研究，也仅是想了解当时我们何以走向误区的，并未对自己所接受的历史有所怀疑。但是，随着重新整理和研究自己走过去的这段路程，发现很多的认识都是错误的，而且有不少是被人有意误导的。

我 1978 年进入计划生育领域的时候，有关部门就一直宣传说"四人帮"反对计划生育。譬如，那一年的 6 月，国务院计划生育领导小组会议上，陈慕华和李先念都讲到"四人帮"对计划生育工作的破坏。当时正是揭批"四人帮"的时候，因为大家都把计划生育当作党和政府的一项重要工作来认识，"四人帮"是反党反革命，他们也就必然要反对计划生育工作了。重新研究历史以后发现真实的情况并不是这样。我国计划生育最初的几十年，基本上都是在避孕和节制生育的意义上来做的。节制生育是工业化创造的一种新的生活方式。上海市作为我国最早一座现代化城市，节制生育的普及率一定会高于其它的地区，生育率则相对低一些。所以，作为政府的一项工作，主管部门一定会较多地关注上海市，向全国介绍上海市的情况。即使从工作方法来说，这都是自然与合理的。另外，从实际情况来说，从 50 年代的市委书记柯庆施开始，上海市也一直重视计划生育工作，出了不少的经验。读者知道，张春桥作为柯庆施悉心培养的一位政工干部，文化大革命前就担任了中共上海市委宣传部部长、市委书记处书记，分管计划生育工作。张春桥所以能够进入毛泽东的视野，又在文化大革命中获得毛泽东的器重，在很大程度上还是柯庆施提携的结果。我们如果理性的分析这个事实，那还得认可张春桥在很大的程度上是学得了包括如何抓计划生育工作在内的柯庆施真传。

以上也不仅仅是逻辑推理，是有历史依据的。1967 年到 1968 年，全国大乱的背景下，以张春桥为首的上海市委市革命委员会就认识到必须抓农村的计划生育工作。上海市不仅认真抓了郊区，而且抓出了成效、抓出了经验。1970 年 6 月 28 日，上海市革命委员会以沪革 [1970]44 号文件转发《严桥公社开展计划生育工作的调查报告》，向全市推行川沙县严桥公社的经验。接着，中央卫生部军管会又向全国转发了上海市的经验，这才推动了全国将计划生育工作的重点转移到了农村。有关部门最近一些年宣传说计划生育以来中国少生了 4 亿人，都是从这个时期算起。如果我们看中国妇女生育率曲线的变化，1969 年还高达 5.8 左右，1970 年以后迅速下降下来，10 年间就降到了 2.5 左右。这是人类生育史上的一个奇迹。究其原因，与文化大革命中全国计划生育学习毛泽东竖起的上海这面政治红旗，将战略重点转移到农村，大抓农村分不开的。计划生育工作在文化大革命中上了一个很大的台阶，以张春桥为首的上海市委市革委会功不可没。

更为重要的是，事实证明以张春桥为首的上海市一帮人具有强烈的计划生育自觉。1974 年到 1975 年，毛泽东离京南下养病期间，王洪文主持中央日常工作，于 1974 年 12 月 31 日以中发[1974]32 号文件形式向全国转发上海市革命委员会《关于上海计划生育工作和提倡晚婚工作的情况报告》和河北省委省革命委员会《关于召开全省计划生育工作会议的情况报告》。这是十年文化大革命期间，中央发出的唯一一份有关计划生育工作的文件。1975 年 1 月 22 日，四届全国人大一次会议闭会后的第一个重要会议"计划工作座谈会"上，当别人都在谈生产计划的时候，上海市委书记、革委会副主任马天水和党中央副主席、上海市委书记、革委会副主任王洪文主动提出要抓计划生育。我们知道，上海市以张春桥为首的领导班子，是文化大革命中各个省、市、自治区最稳定的一个领导集体，这一班人表现出的计划生育自觉性，是一般的党的干部所没有的。但是，从中央到计划生育部门，却一直在说"四人帮"反对计划生育！

再说"公开信"。我在 1980 年亲历"公开信"的发表，感觉到与计划生育部门想要得到的，是一个很大的反差，计划生育部门这个时期似乎是在过关。但是，1989 年以后，计划生育部门却总是把"公开信"当作是党中央不断向严紧政策推进的一个台阶。2010 年坐下来系统研究时，从逻辑上推断出"公开信"是"一胎化"到"女儿户"的一个过渡、拐点和转向路标，是新近走到党和国家领导第一线的胡耀邦赵紫阳对"一胎化"的忧虑而做的一个临时性安排。2013年，当我发现胡耀邦赵紫阳和中央书记处其他成员在 1981 年 9 月 10日中央书记处 122 次会议上的发言后，这个认识就被证明了。至少，当时的计划生育部门是了解中央的态度的，知道中央希望在一定程度上纠正"一胎化"的做法。但是，他们一直隐瞒和歪曲历史，误导舆论。

现在再说我们这本小册子吧。10 多年来，马寅初的研究搞得我好苦。

我 1978 年进入人口与计划生育研究领域，1979 年中央为马寅初"平反"。所以，马寅初因为主张控制人口而遭受到党和政府的批判，以及康生（后来又扯出了一个陈伯达）组织批判马寅初的故事，都是全盘接受的。谁曾想这全都是假的！那个时候正有一个反思文化大革命、否定毛泽东和"翻案""平反"的思潮，特别是对马寅初的宣传中提及所受批判由康生、陈伯达组织，其后台毛泽东已经是呼之欲出了。这个故事的主题就是毛泽东先是接受了马寅初实行计划生育的主张，后又反悔批判了马寅初，致使计划生育工作走了弯路。"错批一人，误增三亿"，这是当时影响广泛的一个命题。要知道，当时全国人口是 9 亿左右，减去 3 亿是多少？如果中国那个时候仅只有 6 亿，一切事情就好办了。1979 年 4 月份中央工作会议以后，计划生育部门开始在全国各地推行十分严紧的"一胎化"政策。6 月21 日，陈云在新华社的内参上批示"马寅初的问题，应该平反"。对马寅初的"平反"和对马寅初错误批判的宣传，就都纳入到推行"一胎化"政策的轨道上。——如果当年毛泽东不是批判马寅初而是听从了马寅初的主张，中国不误增这么多的人口，可能现在也无需这样做了。——人们试图将毛泽东从神坛上拉下来的同时，又塑造了一个比毛泽东还灵光的神。

笔者是一个思维愚钝的人。只是在 10 多年前，觉得搞了几十年的人口和计划生育研究，对于它的指导思想没有系统研究，终究是个缺陷。这是研究毛泽东人口思想和马寅初的初衷。但是，直到 2010 年《马寅初事件始末》的历史部分都完成了以后很久，马寅初先于毛泽东提出计划生育和毛泽东批判了马寅初的基本认识还统治着我。所以，在毛泽东的研究中寻找受马寅初影响的资料，在马寅初研究中寻找马寅初如何影响毛泽东，以及康生陈伯达如何组织批判马寅初一大堆子虚乌有的东西，耗费了我大量的精力。

马寅初在 1958 年和 1959 年年末到 1960 年年初曾两度被批判，这是事实。但是，首先，不是党和政府批判了马寅初。马寅初可不是一般的知识分子或者普通的民主人士，他是中央政府里的大官，是可以与毛泽东、周恩来坐在一起的大人物。因为他从不反对毛泽东，所以，毛泽东也没有必要批判马寅初。其次，马寅初遭受批判也不是因为他主张控制人口而受到了批判。毛泽东在那个时候已经提出了计划生育。如同都是节制生育，但主流的意识形态总可以讲出一番可以西方资本主义国家是马尔萨斯主义，我们则是马克思主义一样，即使批判马寅初人口论，那都能够将党的政策和马寅初严格区分开来。

那么，马寅初因何遭受批判？这必须到知识分子的原罪方面来认识。1950 年 6 月，毛泽东在中国共产党七届三中全会和全国政协一届二次会议上，连续两次提出改造知识分子，以使其更好地为社会主义服务的问题。顺便澄清一个误解，近些年有一种观点，说毛泽东早年曾经在北大图书馆当管理员，受到教授们的歧视，建国后报复知识分子（特别要是要报复北京大学教授），这才有了对知识分子的反复改造。这是用小知识分子的阴暗心理解构毛泽东。毛泽东关于改造知识分子思想来源于列宁的赎买资产阶级专家的观点，它是列宁的无产阶级专政思想的一个重要组成部分。早在十月社会主义革命前夕列宁的重要文章《布尔什维克能保持国家政权吗？》中，列宁就阐发了这一思想。按照列宁的观点，经济学家、工程师、农艺师、统计师、技师等知识分子，更毋庸说大学里的教授们了，一概都是资产阶级专家。但是，取得政权的工人阶级又离不开这些有技能的人。所以，列宁提出用高薪赎买他们，在工人的监督下让他们老老实实地为无产阶级国家工作。这是列宁的无产阶级专政理论的一个重要思想。1951 年 6 月 1 日，周恩来在对教育和学术界的一次讲话中说：

> 从旧社会过来的知识分子，在过去不是受着封建思想的束缚，就是受着帝国主义奴化思想的侵蚀；现在，要为新中国服务，为人民服务，思想改造是不可避免的。

也就是有资格聆听周恩来这次讲话的所谓北京大学教授们，自动组织了学习会，并委托校长马寅初聘请周恩来等党和国家领导人为他们做学习辅导，帮助他们改造思想。我之所以用"所谓北京大学教授"，是因为并不是一般的教授，而是如汤用彤等具有副校长和教务长等等行政职务的教授们。毛泽东和周恩来提出知识分子改造问题以后，苦于没有适当的形式。马寅初向周恩来发出聘书，邀请无产阶级革命家向北大知识分子作辅导报告。毛泽东周恩来认为北京大学这种自己组织起来学习的方式很好，就通过教育部先是组织"京津高等学校教师学习会"，接着又将北京大学的方法推广到全国所有知识分子相对集中的地方，拉开了知识分子改造的序幕。当然，有没有马寅初和北京大学教授们组织的学习会，毛泽东和周恩来都会发动知识分子改造运动。但是，马寅初和北京大学的教授们自动组织学习会主动接受改造就大不一样。北京大学从 1919 年"五四"运动以来，时时处处站在反对国民党旧政府的前列，具有革命的传统；马寅初从美国学习并取得博士学位，算得上我国第一代经济学家，现在又在中央人民政府担任重要职务。这些知识分子都主动组织起来学习，自觉接受社会主义改造，还有哪个单位和哪个知识分子会以为自己例外而拒绝改造？毛泽东和周恩来选用马寅初为理想的"二传"，巧妙地将知识分子改造这颗"球"顺势打了出去，一场在中国社会里最有思想最富有个性的知识分子阶层中开展的统一思想和消除个性的运动，异常迅猛而又波澜不惊地在全国开展起来。

按照周恩来的讲话，知识分子的问题具有原罪的性质，并不是经过一次、二次改造运动就万事大吉了。从 1951 年知识分子改造运动到 1957 年反右斗争，知识分子在历次政治运动中都是群众运动整治的对象。但是，因为马寅初在共和国初期担任着以毛泽东为主席的中央人民政府委员会委员，人们经常可以从人民日报上看到马寅初参加毛泽东召集的会议。中央政府在天安门广场举行集会，马寅初往往和毛泽东都出现在天安门城楼上。所以，马寅初那时有着十分耀眼的光环，历次运动中都未受到过冲击。他不仅不受冲击，有的时候还是运动的动力。譬如知识分子改造运动中，马寅初就是"京津高等学校教师学习会北大分会主任"。1952 年三反运动中，马寅初又是"北京大学人民法庭审判长"。（马寅初的后面的这一个职务，令人想起前不久有人主张"无产阶级专政与法制建设结合起来"。列宁说，无产阶级专政就是工人阶级直接掌握国家政权。它是不受任何法律约束的政治形式。也就是天然合理的群众运动。马寅初担任"人民法庭审判长"，就是"三反""五反"运动中群众的创造。如果要寻求无产阶级专政和法制相结合，这个"人民法庭审判长"就该是两者结合的典范）马寅初从一开始就是运动的领导者和革命的动力，他也很享受这样的角色。

但是，马寅初毫无疑问也是"从旧社会过来得知识分子"，理应进行思想改造。1954 年人民代表大会制度以后，民主党派在共和国政府中的作用式微。特别是 1957 年反右斗争后，中央政府中许多当大官的民主党派都被解除了职务，党又加强了高校的领导权，党委书记直接抓高校的教学工作。罩在马寅初身上的光环已逐渐褪去，经马寅初传出去的球又打回来了，作为从旧社会过来的知识分子马寅初应该收获的一份也该收获了。

北京大学师生批判马寅初，发生在 1958 年的"双反"运动中。1958 年年初席卷全国的"双反"运动相当于一个已经处在癫狂状态的运动员的起跑，是中国大跃进前的一跃。毛泽东在此之前极力赞赏的"四大"——大鸣、大放、大字报、大辩论，是开展"双反"运动的基本形式。所以，北京大学的"双反"运动并非是上级或者学校党组织所领导下的批判马寅初运动。在"双反"运动中，人人张贴大字报。现在翻阅反映运动情况的《北京大学校刊》，党委第一书记陆平、第二书记江隆基、党委书记马适安，以及各位副校长都收获了不少的大字报。说实在的，马寅初作为一校之长，不在学校的最基层，也不直接跟富有激情的大学生和青年教师交往，收获的大字报并不算多。事实上，处在教学第一线的其他知识分子，特别是老教授们，以及刚从海外归来的专家们，受到的冲击最严重。譬如化学教授傅鹰，不搞哲学、文学、历史等意识形态，本该算不上典型，但给他张贴的大字报覆盖了整个化学楼。检点《北京大学校刊》上被张贴大字报的教授们，冯友兰、郑昕、傅鹰、黄昆、汪子嵩、汤佩松、王力、林庚、魏建功、游国恩、邢其毅……，所有教授，几乎没有可以幸免的。2 月28 日，陆平作运动动员后，北京大学就张贴了 22 万张大字报。3 月10 日，陆平又做誓师动员，仅会后几小时就张贴了 9 万张大字报。都写什么啊？就是你给我贴、我给你贴，互相贴大字报，这就是解放思想，就是革命。不同的是，陆平、江隆基、马适安等等的人都态度诚恳，承认错误或有所不足。特别是已经在历次运动中有了经验的知识分子，如傅鹰对付青年教师和学生的批判，"骂你三分混蛋，承认五分，鼓掌通过！"。只有马老要解释、要说明，总之是不肯承认师生给他张贴大字报的内容。一来二往，马寅初的大字报不仅多，而且热闹些。

1958 年 4 月，光明日报为反映北京大学的"双反"运动，以"来自北京大学的大字报"的形式，在"读书"专栏转载了几篇北京大学师生给马寅初张贴的大字报。6 月和 7 月，马寅初写出了两篇长文，答复光明日报对他的批判，其中后一篇文章，光明日报连续用了 4 天每次几乎大半个版面的篇幅。6、7、8 月份，光明日报批判马寅初的文章相对就多一些，热闹点。到了 7 月下旬，马寅初说他要外出视察，8 月份以后的北京大学就几乎见不到他的大字报了。11 月份以后，光明日报也停止刊登批判马寅初的文章。——这就是 1958 年马寅初在北京大学受到的批判。

分析 1959 年各个学会发起的批判虽说是采取讲演会、讨论会、报告会和辩论会的形式，但从《北京大学校刊》来看，这些活动就针对马寅初一个人举行，完全是对马寅初的围攻。中共北京大学党委会和党委书记陆平自始至终都没有露面，但是，却不可说与他完全无关。1959 年 12 月 19 日，《新建设》杂志致函北京大学党委会，询问该刊应马寅初要求发表《重申我的请求》是否恰当？所谓"重申""我的请求"，是马寅初 1959 年 11 月份曾经在《新建设》杂志发表文章，揪住光明日报，说前一年组织批判他的文章，都属于"破"，你们至少应该拿出一篇"立"的文章。11 月 30 日到 12 月，光明日报上批判马寅初的"烽烟"再起。马寅初认为对方继续是"破"的招手，所以"重申"要对方的"立"的文章。在此前，北京大学校园张贴马寅初大字报和批判马寅初的活动，已经沉寂了将近一年。《新建设》的公函发到北京大学以后，24 日，北京大学"人口问题研究会"即举办大型演讲会，批判马寅初的"人口论"。25 日出版的《北京大学校刊》用两个版面刊登演讲会报告人的批判内容、马寅初的《重申我的请求》和《新建设》杂志致北京大学党委会的公函。如果不是党委第一书记陆平的意愿，24 日的演讲会如何可以组织到全校 8000 余人？如何可以将马寅初送达《新建设》杂志的稿件《重申我的请求》拿过来在《北京大学校刊》上率先刊登，以及能将《新建设》杂志给校党委的函件公开发表在《北京大学校刊》上？所以，这次批判马寅初的活动，后面闪动着陆平的影子。

但是，也不可将马寅初在北京大学受到的批判过于拔高。马寅初虽然被任命为北京大学校长，但他的实际职务要比大学校长高很多。一般的民众只知道马寅初和周恩来的亲密关系，却不知道他和毛泽东认识得更早，更密切。1920 年 1 月 17 日，杨开慧的父亲杨昌济在医院病逝。此前此后，毛泽东和杨开慧作为杨昌济的亲人张罗一切事务。住院期间，马寅初是北京大学的第一任教务长，少不了要替代校方处理相关的事务。1949 年以后，马寅初能在中央政府当大官，全是毛泽东的照应。不少的人以为马寅初书生气，其实是个很"灵光"的人。马寅初看得懂中国共产党党内主要领导人的关系，曾经明确在会议上说"请毛主席出个主意，让周总理去执行"。马寅初是党的重要统战对象，最早担任中央人民政府委员会委员，是国家领导人。1955 年国家人事制度改革，毛泽东、刘少奇、周恩来、朱德等党和国家最高领导人也只定行政二级，那些元帅们定行政四级，马寅初是三级。马寅初当然也知道自己的一切是毛泽东给的，所以对毛泽东很崇拜，连孙子辈的名字都暗含了对毛泽东的感恩戴德。所以，马寅初并不是可以由北京大学和中共北京市委可以决定去留的人物。1958 年"双反"运动中师生们的大字报，不过是革命群众和在革命政府当大官的马寅初共同相应党的号召，积极投身于运动。至于 1959 年年底又起风云，源于马寅初的《重申我的请求》和《新建设》杂志的公函。按照现在的认识来分析，一方面，不能排除反右斗争后担任北京大学党委第一书记、第一副校长的陆平进校两年来，因与马寅初校长工作和人际关系上的龃龉而在背后耍弄一些小伎俩。另一方面，也许陆平的认识和北京大学的革命师生都没有任何的不同，即马寅初作为旧中国过来的资产阶级知识分子，必须经过革命群众的教育批判才可以得到改造。但是，无论怎样，这个层次的批判，在那个年代毕竟充其量也就是个"小儿科"，随着 1960 年 1 月 13 日马寅初住进了医院，批判也就戛然而止了。

检点两次批判马寅初的活动，除了我依据逻辑判断，北京大学党委书记陆平在收到 1959 年 12 月 19 日《新建设》杂志的公函后可能搞了点小动作以外，整个过程至少没有发现党和政府组织批判马寅初的任何线索。反过来想想，共和国历史上，党和政府要批判哪个人，无论党内党外，谁曾享受过马寅初这样的待遇？能够申辩，可以反驳，甚至每每都是由他主动出来挑战，决定批判活动的发展，可说是守攻有方、进退自如。马寅初的论战文章不仅比任何对手的都要长，而且想要发表在光明日报、《北京大学学报》或者《新建设》杂志，甚至刊登在哪一期、哪一天，似乎都是由他说了算。不用说党中央和毛泽东，就是地方一级的党和政府何曾有过这样窝囊的批判运动？历史的事件只有放到历史中才可以理解。为此，我将 1958 年到 1960 年的光明日报搬到家里，请人将这几年的所有《北京大学校刊》，以及《新建设》杂志和各种报刊发表的批判马寅初的文章复印一套，一遍又一遍地翻阅，日复一日，月复一月，年复一年地，强制自己尽可能地沉浸在当年的环境与氛围中，终不得其解。突然一日醒悟，毛泽东何曾想过批判过马寅初！那时的光明日报还是民主党派主管主办的报纸，而北京大学师生和马寅初互贴大字报，以及革命和表现革命的知识分子批判旧知识分子马寅初，——那不过是无产阶级专政时代里所有知识分子的命。

1979 年"平反"马寅初，是说当年马寅初因为主张计划生育遭到了批判。如此之说，实际上是说知识分子被批判终究还是因为知识分子自身有什么问题。或者，革命群众批判知识分子总还是出于什么正当的理由。所以，为了了解历史，我们尽可能引用当年报刊自己的话来说。

1958 年 4 月 17 日，人民日报刊登了一篇未署名的短讯《综合平衡理论的讨论》。文章说：

最近出版的一期"计划经济"杂志（1958年第四期），发表了马纪孔、锺契夫的"就综合平衡理论与马寅初先生商榷"一文。文中对马寅初的两篇关于综合平衡理论和按比例发展规律的文章（载1956年12月28、29日和1957年5月11日人民日报）中的一些观点提出批评。这些问题是：关于对计划经济的理解问题，对于国民经济计划工作所依据的客观经济规律的阐述问题，对于在计划经济制度下价值规律的作用问题，以及马寅初在这两篇文章中所采用的"团团转"的研究方法等。"计划经济"编者在马纪孔、锺契夫的这篇文章的前面加按语说，发表这篇文章是供大家研究和讨论的。

说得很清楚，"对马寅初的两篇关于综合平衡理论和按比例发展规律的文章"的批评。

5月9日，光明日报应马寅初要求，发表《在谈我的平衡论中的"团团转"理论》，有一个编者按语：

本报"读书"专刊第3期（4月19日）和第4期（4月26日），选载了北京大学的4篇大字报：韩佳辰的《"团团转的联系"不是唯物辩证法——评马寅初著〈我的经济理论、哲学思想和政治立场〉》，周家本、强重华等《评马寅初的"新人口论"》。韩佳辰的文章，着重批评了马寅初的"团团转"的理论。马寅初的这一篇文章对他的"团团转"的理论作了说明。我们认为：这个讨论涉及到哲学和政治经济学的若干根本问题，特别是唯物辩证法的根本问题，有进一步展开讨论的必要。欢迎学术界以及各界人士发表意见。

学生的大字报涉及了马寅初"新人口论"，但包括马寅初在内，重点在"哲学和政治经济学的若干根本问题，特别是唯物辩证法的根本问题"。

6月1日，光明日报以"学术动态"综述的方式发表《是无产阶级思想？还是资产阶级思想？学术界对马寅初论著展开辩论》，介绍《经济研究》《教学与研究》《计划经济》刊登的批判马寅初的文章，将批判的调门进一步升高。

马寅初的著作"我的经济理论、哲学思想和政治立场"是由五篇论文构成的。一篇就是作为书名的"我的经济理论、哲学思想和政治立场"；另外是作为附录的："联系中国实际来谈谈综合平衡理论和按比例发展规律"，"联系中国实际来再谈谈综合平衡和按比例发展规律"，"新人口论"，"我国资本主义工业的社会主义改造"四篇论文。在作为书名的那篇文章的第一节，并以"此书各篇论文内在联系的说明"为题，阐述了他的哲学思想——"团团转的联系"。因而，马寅初的学术思想的基本问题表现在四个方面："团团转"的理论，"综合平衡"理论，"新人口论"和对我国资本主义工业的社会主义改造的问题认识。再因马寅初在正文的第 10 节到第 12 节，涉及到凯恩斯的经济理论，从而有关凯恩斯理论部分，也是马寅初经济理论的基本问题之一。

全书近十七万字。其中很大一部分比重是用引号或者不用引号的摘录，包括马克思列宁主义经典著作中的论述，我国党政负责人的文章或者发言，关于我国第二个五年计划的有关文件以及一些调查报告。另外一部分就是马寅初自己的论证。

这部著作自从 1958 年 1 月出版后，学术界即展开了一场辩论。这场辩论正在继续中。除了在本报已刊出的讨论文章和马寅初的"再谈我的平衡论中的'团团转'理论"外，"经济研究"5 月号，"教学与研究"5 月号和"计划经济"4 月号，先后刊出了批评马寅初著作的文章。

学术界关注的是马寅初新近出版的《我的经济理论哲学思想和政治立场》一书，《新人口论》仅只作为 4 篇附录之一收进这本书里。

11 月 29 日，光明日报在"彻底批判资产阶级学术思想"的通栏标题下，用两个半版面发表"北京大学经济系批判马寅初经济思想小组"的三篇批判文章。光明日报在署名"本报编辑部"的文章中说：

学术思想的不同见解和对立意见，应该用辩论的方法解决，谁是谁非，大辩几个回合，分晓自见。辩一辩，好处甚多。从来正确的科学理论都是在斗争中成长的。同时，辩了一辩之后，对于资产阶级伪科学的理论，也就不仅知之其错，而知其所以错了。

从今年 4 月 19 日开始，本报刊登批判马寅初先生的资产阶级学术思想的文章，陆续已有三十一篇，还刊登了马寅初先生的两篇进行反驳的长文。这场辩论进行得很好，有来有往，打了三个回合。战场也就由本报一家而逐渐延伸至几家报纸和许多杂志。这也证明了学术辩论和批判，是大有可为的。热热闹闹的学术大辩论，也是我国学术昌盛、理论水平提高的必然景象。

马寅初先生是北京大学的校长。北京大学又是批判马寅初先生资产阶级学术思想的重要战场。北京大学的学生是其中的主力。经济系以二年级学生为主，组成了"批判马寅初经济思想小组"，奋战两个月，写出了有相当质量的 13 篇论文（我们这次刊登的三篇，就是从其中选出的。）这又证明，学术辩论和批判，有助于新生力量的迅速成长。

经过三个回合，马寅初先生资产阶级学术思想的一些主要论点，已经比较深入地为人们所认识；同时，也使不少人深入一步地理解到不同学术观点大争、大辩的必要性。这都是学术批判所产生的好影响。也证明了学术批判必须深入进行。

是批判"马寅初的资产阶级学术思想"。

1960 年 3 月，《新建设》杂志编辑部辑录了 10 多篇已经发表过的批判马寅初的文章，汇编为一册，起名为《马寅初批判》，内部印制了若干本。该刊编辑部的"编辑说明"，具有总结性质。

马寅初在 1958 年初出版了"我的经济理论哲学思想和政治立场"一书。在这本书中，还附录了他写的"联系中国实际谈谈综合平衡和按比例发展规律"（原载 1956 年 2 月 28、29 日"人民日报"）、"联系中国实际来再谈谈综合平衡理论和按比例发展规律"（原载 1957 年 5 月 11、12 日"人民日报"）、"新人口论"（原载 1957 年 7 月 5 日"人民日报"，稍有修补）、"我国资本主义工业的社会主义改造"（原载 1957 年第 3 期"北京大学学报"）等四篇文章。这本书出版后，许多报刊陆续发表文章，对马寅初的反动理论展开批判。1959 年 11 月马寅初又发表了"我的哲学思想和经济理论"一文，继续宣扬他的资产阶级谬论，并对学术界对他的批评进行攻击。接着"新建设""光明日报"等报刊陆续发表了一些批判他的文章。这个批判还在继续进行。现在我们把一九五九年十二月以来各个报刊发表的一部分批判文章编成这本集子，并将马寅初在今年一月发表的"重申我的请求"一文和其他三篇有关材料，作为附录，供内部参考。

还是因为马寅初《我的经济理论哲学思想和政治立场》这本书惹的祸。

读者知道，共和国以后，绝大多数知识分子的文章都难以发表，能出版书那绝对是一种特权。那时候没有电视，没有网络。报刊也都很少。马寅初却经常在人民日报和中央广播电台上发表文章。实际上，马寅初的文章基本上都是利用他的经济观点为党和政府的经济政策服务的。不少读者都知道，要研究现实问题，即使现在要得到政府的资料有何等的困难。但是，由于他的特殊身份，不仅能够得到资料，而且是政府尽可能地给他提供条件。马寅初就曾给学生说，他要研究财政问题，给周总理说了一下，周总理立即让财政部给马寅初搞了一间大房子和大批的资料。马寅初不仅了解政府上层的意图，有不少的观点甚至不少的话都来自于中央领导或者主管的官员。比如有关工商业社会主义改造过程中政策过左而影响经济发展的观点，就是国家工商管理局局长许涤新的话。成也萧何，败也萧何。马寅初的文章可以顺利在报纸上发表，是因其贴近政策。但群众不知道许多话是来自政府，把它当作马寅初替资本家说话。马寅初很懂得党的规矩，受了群众的批判和围攻也不暴露党的机密。这是他很有底气，坚持与论敌辩论的本钱。

1960 年以后，78 岁的马寅初不再当北京大学的校长了，但全国人大常委还照当，原来的吉姆小车、秘书、司机、厨师、工资级别、住房等等待遇，一应没有变化。1965 年人大政协换届，下肢瘫痪的马寅初已经 83 岁，转任全国政协常委。根据马寅初的家属叙述，文化大革命中，马寅初并未受到冲击。1977 年"五一"节，马寅初参加了华国锋出面的盛大游园活动。1978 年 2 月，当选以邓小平为主席的第五届全国政协常委。

马寅初是中央层面的人物，当年是否受到党和政府批判，本来是清楚的。但是，1979 年开始，以新华社、人民日报和光明日报（文化大革命期间改为中共中央主管主办）等主流媒体，一连串地凭空捏造出一系列离奇的故事。

计划生育是毛泽东从计划经济思想提出来的一个计划体制的概念，马寅初聆听了毛泽东的演讲，迎合毛泽东写出了《新人口论》。主流的媒体却塑造出马寅初早于党和政府（当然包括毛泽东）研究社会主义的人口规律，率先提出控制人口的主张，在中南海建言实行计划生育。

马寅初当年受批判是在 1958 年的"双反"运动中发生的，北京大学师生和马寅初互相张贴大字报，是双方积极响应党的号召，认真投入运动的表现。现在回头看，如同小孩"玩家家"一样，革命师生和革命的马寅初都同样天真、不成熟，但双方确实都是出于革命的愿望。至于马寅初处在被批判的一方，则必须客观地将其放在新中国对待知识分子的大背景下才可以得到正确解释。但是，主流媒体则制造了党中央和毛泽东要批判马寅初的故事，甚至捏造出具体的情节，说康生把当时北大的党委书记叫到中宣部，布置在北大批判马寅初。

北京大学师生和知识界批判马寅初的主要内容，是其刚刚出版的《我的经济理论哲学思想和政治立场》一书，重点是就是其书名中的这三个方面。《新人口论》仅只是作为 4 篇附录之一，被收入到这本书中，不是该书的主要内容，更不是被批判的重点。因为人们都知道毛泽东提出计划生育（毛泽东刚在一年前一个有社会各界 1800 多人参加的盛会上演讲提出的概念），所以，即使当年批判其"新人口论"的人，也都将政府的计划生育和马寅初的主张区分开了。但是，主流的媒体甚至官方直接说当年马寅初因为主张控制人口而受到了批判。

党和政府没有处理过马寅初，媒体却要说被罢免了人大常委职务；马寅初从来都是为党的政策作注释、注解，做宣传的，根本就没有提出过与党和毛泽东不同的主张，主流媒体却将其标榜为"真挚诤友"。

更令人奇怪的是，如此等等离奇的重大新闻稿件都是发生在党的十一届三中全会以后，胡乔木主管意识形态的阶段。按照党的惯例，新华社、人民日报等新闻媒体重大稿件都要经过中共中央主管意识形态的领导的批准，才可以发出。1961 年以前，胡乔木作为毛泽东的秘书和中宣部副部长就在分管意识形态，他至少应该清楚计划生育是毛泽东提出来的，党和政府没有批判过马寅初。特别是他该深刻地了解到，像马寅初这样的统战对象不经过毛泽东的允许，谁敢对其下手？更何况那时的胡乔木与康生、陈伯达相知相交，当然知道他们不敢擅自批判马寅初。甚至我都觉得，"真挚诤友"这样的话，都直接出自于胡乔木之笔。为什么是这样？

前几年读一位早年加入过共产党到过延安、去过重庆的司马璐的书，说他在重庆的时候，有次与石西民一起走路，看见有两个人在打架。石西民对他说，我们一起喊"特务打人了"。经他这么一喊，不仅过来许多人围观，而且围观的群众也都愤怒呼喊"特务打人了"。见此情况，石西民拉了司马璐就走。其实，是不是特务，以及究竟谁是特务，并无人知道。石西民当时任中共南方中央局机关报新华日报采访部主任，解放后历任《新华日报》社长、中宣部副秘书长，以及中共上海市委常委、书记处书记、宣传部长、市委书记，1965 年调任文化部副部长（张春桥与石西民屡有交集：1949 年同时随军南下，新华社、《解放日报》，1955 年任上海市委宣传部副部长，是石西民的助手；1963 年先后接替石西民的职务任宣传部长、书记处书记）。按照司马璐的解释，石西民必须抓住这个机会，让群众痛恨国民党。至于是不是真的"特务打人"，就不重要了。长期以来，这是做意识形态工作的职业人和塑造主旋律的工作者的基本特征，时刻记着的中心工作，一切为了中心工作，至于是否符合事实则是次要的问题。1979 年到 1980 年，一个马寅初神话，就是这样被制造出来了。

主流主干的史学不可靠，攀附在主流主干之上的枝蔓就更是靠不住了。读者已经看到，当年的马寅初并不是因为人口问题遭受批判的。——我曾经说过，那个时候中国正在提倡节制生育，而且稍有社会地位的人也都知道毛泽东主张计划生育，所以，即使批判马寅初的人口论，还要将毛泽东和马寅初区别开来，那也是一种批判的技巧甚或是艺术——但是，宋健 1980 年出道的时候接受的宣传恰是马寅初为真理敢与康生以及康生背后的势力恶斗而表现出"铮铮铁骨""不畏强暴"。宋健不过是一头误撞西瓜园的野猪，却要将自己打扮成早在 20 多年前马寅初遭受批判的时候就开始崇拜马寅初并且因为受到马寅初的激励而立志从事人口研究。我至今还记得 1982 年宋健在全国第三次人口理论讨论会上发言时朗读马寅初的一段话："我虽年近八十，明知寡不敌众，自当单枪匹马，出来应战，直至战死为止"。光明日报本来是民主党派所办，不了解背景的人就把马寅初当年对民主党派的光明日报叫板当作是敢于和康生叫板和不畏惧康生背后的那个人。在他以及他的一伙人的误导下，美国的 Susan Grennhalgh 还写了一本在国际上很有影响的书，说党和国家听从了以宋健为首的国防科技专家的意见，制订了"一胎化"的政策。似乎中国的政治体制已经进步到可以接受科学意见的民主决策阶段，这不明显是瞎掰吗？宋健是搞科学技术的，本应该有科学技术人的严谨和做科学研究的品格，但他很享受国内外将它当作中国现行计划生育政策"设计师"的荣誉。但是，宋健一帮人出世的时候，陈慕华为在全国推行"一胎化"政策，已经努力工作了一年了。宋健的东西就是为当时的"一胎化"服务的。那个时候，宋健一伙希望攀上陈慕华，可说是用尽了各种的手段。当自己也爬到了那样的高位以后，就要窃取本该属于人家陈慕华的"一胎化"政策发明权。别忘了，1980 年初春，你们通过分管的领导钱学森和许涤新分别给陈慕华写的信还在那呢！

宋健团队中还有更无耻者。田雪原不甘他的领班宋健独得头彩，所以在 2009 年以来接连著书立说，写就大部头的《中国人口政策 60 年》和《中国人口政策：艰难困苦的合理选择》《新中国人口政策 60 年》等许多文章，接受媒体采访无数，要将中国计划生育的功劳据为己有。许多年以来，田雪原不仅与宋健一样要将自己立志做人口学研究的时间提前到当年马寅初因主张控制人口受到批判的时候，而且还要将为马寅初平反的功劳记在他的名下、中国明晰的人口政策历史似乎就是始于这个时刻。田雪原说，1959 年他进入北京大学的时候，正值北京大学批判马寅初的人口论，这激发了他去阅读马寅初，发现马寅初的文章字字珍珠，句句真理，不仅为马寅初暗鸣不平，而且深藏誓为马寅初翻案的雄心。从大学出来以后，田雪原就没有忘记过这个誓愿，一直为翻案做准备。1978 年党的十一届三中全会以后，条件才算成熟，所以能"20 年磨一剑"，在 1979 年 8 月 5 日光明日报上发表了《为马寅初先生的新人口论翻案》的"重头文章"。请看田雪原自己如何说：

1959 年我考进北大经济系学习，正值第二次批判马寅初新人口论。当时的情景是：大字报铺天盖地，声讨之声不绝于耳——发生了什么事情？我们的老校长怎么了？这使我一有时间就跑到第五期刊阅览室，找到刊登马老《我的经济理论、哲学思想和政治立场》文章的《新建设》等杂志，同时也找来《光明日报》等发表的批判文章读了起来。越读越觉得马老控制人口数量、提高人口质量的论述讲得颇有道理，更为那种年近八十誓死捍卫真理、直至战死为止的彻底唯物主义精神所打动；……特别是康生亲临北大点名"属于哪个马家"之后，包括马老居住的燕南园在内的燕园大批判升级，直到最后马老从北大校园、政坛和学坛"蒸发"，再没有见到马老的身影。这使我着实困惑了一段时间，留下一个悬念，这场大批判就这样收场了？心中埋下了一个学术情结。

……不过积压多年的最大学术情结，还是 50 年代末 60 年代初那场对马寅初的批判。于是我将多年积累的资料整理出来，写出《为马寅初先生的新人口翻案》的长篇文章。1979 年 8 月 5 日《光明日报》作为"重头文章"发表了"编者按"，算作该报对过去错误批判的清算，自然在学术界和社会上产生较大影响。说心里话，当时撰写和发表这样的文章是需要一点儿勇气的。因为批判了马寅初新人口论之后，人口问题成了无人敢于触动的"禁区"，传统的、权威的观点，是前苏联《政治经济学》教科书"人口不断迅速增长是社会主义人口规律"的教条。对此提出异议，弄不好有可能被戴上马尔萨斯人口论的帽子，马寅初等被批判的情景历历在目。

如果读者不仔细阅读，还以为这是田连元在说评书。实际上，中国社会科学院的学部委员田雪原在创作文学作品。首先，当年马寅初遭受批判并非是人口问题。其次，1959 年年底到 1960 年年初，中国经济已经陷入低谷，经济困乏、粮食困乏。写大字报要笔墨、要纸张、要面粉打浆糊，政府财政早已不支持这一革命形式了。我们翻阅这个时期的《北京大学校刊》，从 1958 年年末开始，几乎已经没有了大字报了。北京大学第二次批判马寅初，只用演讲会、报告会、讨论会和辩论会的方式。可 20 多年后，田雪原竟说他还看到"铺天盖地"的大字报。第三，马寅初《我的经济理论、哲学思想和政治立场》是 1958 年 2 月由财政出版社出版的一本专著，田雪原不知怎么在《新建设》等杂志上阅读？第四，查遍北京大学的档案，包括由原北京大学党委书记主持编写的《北京大学纪事》根本就没有康生批判马寅初这回事，田雪原竟然在 1959 年见到康生亲临北大校园指导批判马寅初。第五，田雪原不仅像巫师一般知道马寅初的问题以后一定要"翻过来"，为以后自己的发展也"留下了一个伏笔"。而且在另外的一篇文章里还说，"1976 年粉碎'四人帮'后，笔者曾动笔撰写为马老翻案的文章，但是当时的形势是'两个凡是'当道，自然不得发表。十一届三中全会恢复了实事求是的思想路线，经过数易其稿，最后定名为……"田雪原真的伟大的不得了！第五，文化大革命以后，光明日报是中国共产党中央的机关报，在党报上发表文章还"需要一点勇气"，莫非中国共产党还处在地下斗争状态？第六，那个时候的党中央是把控制人口和计划生育工作当作头等大事来抓，人民日报和光明日报每天都有表彰一对夫妇生一个孩子的先进单位和个人的文章，你的一篇文章怎么就有了危险的了？第七，实际的情况是，中央为落实陈云为马寅初平反的批示，由中央统战部牵头组织教育部、中国社会科学院等成立平反专案小组。由于马寅初是以经济学家的名义担任原来中国科学院哲学社会科学部委员（即现在的科学院院士），这一摊在 1977 年整体改为中国社会科学院，这项工作就落到了社科院经济研究所。田雪原刚调到经济研究所，就被抽调参加马寅初的平反工作。一方面是为落实中央领导的平反批示，另一方面也是为了推动计划生育工作，平反小组自然要组织一组理论文章。田雪原写奉命文章，过后还要将自己装扮成勇士！第八，田雪原《为马寅初先生的新人口论翻案》的文章是 1979 年 8 月 5 日在光明日报上发表的，早在 7 月 13 日人民日报就发表了陈中立的《为马寅初的"新人口论"平反》的长篇文章。7 月 16 日，中共中央统战部副部长李贵代表党中央专程拜访马寅初，通知马寅初"组织要为他彻底平反和恢复名誉"，新华社发了通稿并以《实践宣布了公允的裁判二十多年的是非终于澄清党组织为马寅初彻底平反恢复名誉统战部副部长李贵前往拜访马老通知平反》为标题刊登在人民日报、光明日报等各大报上。又过去了 20 年，田雪原叙述这段历史竟说那个时候做这些还"是需要一点儿勇气的"！

计划生育本来是从中央到地方的党和政府的一项重要工作，是党和政府的工作实践。所以，计划生育决策当然是政府的事情。但是，在田雪原的笔下，人口生育政策却全都是他个人的历史。田雪原在其大部头著作《中国人口政策 60 年》和其他许多篇文章里，包括给新闻媒体的访谈，都要将中国人口政策的开端说成是来自于马寅初的"直谏"——给毛泽东的建言。但是，因为马寅初建言而罹难，事实上并未开展起来。还是因为田雪原为马寅初的翻案文章拯救了马寅初，并且由此开始，有了宋健找上门来，出了他们的"百年预测"成果而引起中央的重视。为此，有了连续 5 次的中央人口座谈会，"定下'提倡一对夫妇生育一个孩子'大计，起到了控制人口增长和加强计划生育一锤定音的作用，这对后来人口政策的形成和发展至关重要。"田雪原特别强调他不仅"亲历"了座谈会，而且承担为中央书记处的报告，以及中央后来以"公开信"的方式确定的一对夫妇生一个孩子的政策，这个政策一直贯彻到现在。——这是《中国人口政策 60 年》的主要内容。不过，这还未完。田雪原继续说，他当时还有一个以个人名义写给中央的报告，提出一对夫妇只生一个孩子的政策执行 30 年以后的中国人口政策。这就是说，30 多年的中国现行计划生育政策不仅来自于田雪原，而且，他还为中国未来的政策都规划与设计好了。在这本书里，田雪原将他几十年来主持的一些课题都归纳到中国人口政策的历史之中。这样，一本《中国人口政策 60 年》，就变成"田雪原 60 年"了。中国人口政策历史不是政府的历史、国家的历史，而是田雪原个人的历史。这不只是无知，简直是无耻。

所以，如果接受攀附在主流主干上的宋健田雪原编制的历史，那比主流主干还要荒唐。

造成主流无史学的以及主流人口学荒唐的根本原因，还是要归结到现行的计划生育制度方面。上个世纪 50 年代初，党和政府要建立的所谓社会主义计划经济是一种排斥政府以外社会成分的经济制度。在极左的意识形态指导下，政府经济无法满足人民日益增长的生活需要，却从不怀疑经济制度有什么问题，而把越来越困难的原因归结到中国人口众多方面。其实，新中国社会发展水平搞了，生活改善了，但妇女并没有多生孩子。只是人口死亡率降低了，特别是婴儿死亡率明显下降了，自然增长率在一个时期内增长的快了。人口成了政府心理上的一个极大的负担和阴影。为此，党中央为各级党委政府设置了计划生育工作，逐渐建立起计划生育制度。中国最近 30 多年改革开放的伟大实践证明，经济社会的发展是与人口的多少没有关系的。推动或者阻碍发展的原因还是政府的公共政策。其实，看一看世界上 200 多个现代国家和地区，除了我们以外，哪个政府会管制老百姓生孩子？但是，几十年来，为了推动计划生育工作，就必须将虚构的人口问题说成现实，将不合理的计划生育制度说成合理合法的，主流的意识形态就需要编制出许许多多的理论。为要把歪理说得正，需要编制更多的理论。这样建立在不合理的制度上的理论与学说，如同沙盘上的建筑一样都经不起震荡与推敲，如何有符合事实的科学呢。

《马寅初考》（中国发展出版社，2015 年 1 月出版）是由我的两篇独立的论文《马寅初事件始末》和《康生陈伯达批判马寅初考略》组成的，其中前一篇文章早在 2011 年《山西省委党校学报》第 5 期上发表，2012 年人大复印资料《中国现代史》卷第 3 期予以转载。去年，我又将这两篇文章作为毛泽东人口思想的附录和注解而收录在拙著《中国计划生育政策史论》一书里。笔者从事研究生涯也算一辈子了，但是，只是从最近 10 多年研究计划生育历史以后才感觉是进入了科学的殿堂。特别是通过研究和撰写这两篇马寅初的文章，才知道了什么叫研究。很感谢中国发展出版社在处理《中国计划生育政策史论》的过程中独具慧眼，同意将这两篇文章再次集结出版。35 年前，马寅初问题是在中央层面发生的，曾经深刻而广泛地影响了我国思想和文化的各个领域。这本书将会给知识界的人们带来特别的思考。尽管作为熟悉我国体制的人，对主流意识形态将继续以沉默来封杀这本书有所准备，但是，它毕竟是一本涉及重要历史事件的学术著作。它以无可辩驳的材料和逻辑匡正了一个被主流歪曲了 30 多年的历史而有价值。所以，只要这个被歪曲的历史还存在着，它就将屹立在那里。

我觉得，希望做研究的人应该懂得一个基本的道理，那就是人们可以用不科学的态度对待历史，但历史一定会科学地对待人。

——2015 年 3 月 1 日

（刊发于 2015 年 3 月 10 日）

不受制约和限制的政府是黑社会

——与俄罗斯朋友把酒论道

自由国家就是可以自由对待本国公民的国家，即具有专制政府的国家。

——弗·恩格斯

按语

下面这篇文章是 2013 年 3、4 月份所写的一篇随笔。那一段正在读尼古拉·梁赞诺夫的《俄罗斯史》（第七版）、鲁·格·皮霍亚的《苏联政权史》和《剑桥近代史》第十二卷中有关俄国和俄国革命的历史，在与俄罗斯朋友聊天时也往往有所顿悟，就将其记录了下来。前一段普京失踪 10 多天，曾心生感慨，准备加注一篇较长的按语再将这篇文章张贴出来。今天再次翻检，发现文章拉拉杂杂已经够长，所以将想说的话暂且搁置。

——2015 年 4 月 3 日

这个命题是我与俄罗斯朋友讨论戈尔巴乔夫和叶利钦的历史功绩的时候提出来的。其实，这句话没有说完，后面还有 3 个字，"是魔鬼"。俄罗斯朋友是虽然年轻，但历史、政治、文化、社会等各方面的知识还是比较丰富的。所以，我们还能谈到一块，经常在一起喝酒、聊天。最近两次喝酒时，聊起俄罗斯这些年的发展。我说，戈尔巴乔夫和叶利钦为前苏联做了一个大好事，将来的俄罗斯人民将会像彼得大帝那样把他们当作自己的民族英雄。我的朋友不同意我的观点。他说，普京才是英雄。我反问说，如果没有戈尔巴乔夫和叶利钦，普京将是什么？能是一个克格勃的首领？他回答说，做不到，可能就是一个中层的官员。为此，我说，是戈尔巴乔夫和叶利钦的成功改革实现了前苏联的社会转型，为俄罗斯的现在发展奠定了基础。如果没有戈尔巴乔夫和叶利钦的改革，就没有现在的俄罗斯和世界国际新关系，不用说谈不上俄罗斯的发展，甚至都没有中国和现在世界上最富有活力的一大批发展中国家和地区的发展。所以，是戈尔巴乔夫和叶利钦为普京的发展铺平了道路，造就了俄罗斯人民心目中崇拜的普京偶像和普京时代。我的朋友不一定理解我的观点。

要认识戈尔巴乔夫和叶利钦的历史地位，首先就必须了解他们的改革，改什么和改了些什么。

戈尔巴乔夫和叶利钦改革的是传统的苏联社会制度。前苏联可是一个超级大国。从第二次世界大战基本结束开始，大约自上个世纪40年代中期到90年代初，苏联和美国共同主宰世界经济政治格局将近半个世纪。前苏联是一个怎样的国家？那是伟大的马克思主义者列宁一手由一个落后的沙皇俄国缔造的伟大的社会主义国家。我们知道，马克思的社会主义理论主要从批判分析以英国为首的发达的资本主义国家得出来的结论，这一革命理论是以欧美国家为背景的，其基本观点是这些发达国家同时爆发革命。俄国在19世纪末20世纪初期，还是一个相当落后的农业国家，社会面临的是反对封建的资产阶级革命。但是，也就是在19世纪最后几十年，俄国开始引进资本主义生产的同时，不少激进的知识分子崇尚社会主义理论。在这一个面向西方的强大思潮中，马克思主义在俄国知识分子和工人阶级中也得到了广泛的传播。所以，比较这一时期的俄国与当年欧美发达国家的资产阶级革命，明显有所不同的是，当俄国在进入资产阶级革命的阶段时，已经拥有了一个人数虽然不多却非常活跃而有政治头脑、深受社会主义思想熏陶的工业无产阶级，以及可能是更为重要的是一批善于与这一人数不多的工人群众相联系的马克思主义革命组织。20世纪初期，以马克思主义为旗帜的知识分子在圣彼得堡和莫斯科等一些大城市成功地开展工人运动，成为俄国资产阶级革命的一条十分重要的战线。在这些马克思主义者中间，最为突出的是参加第二国际的俄国社会民主党。1903 年，俄国社会民主党第二次代表会议上，因一系列革命原则和策略问题而产生分裂。这些分歧主要集中在两个问题上，一个是关于俄国资产阶级革命的领导权问题，一派认为既然俄国面临资产阶级革命，那么就应该由资产阶级担任领导的任务。而以列宁为首的另一派认为俄国的资产阶级投靠沙皇从而已经转向保守和反动，无产阶级应该站到革命的前列担当起领导的责任。另外一个分歧问题是应该建立一个什么样的政党？一派倾向于较为广泛和松散的联盟，而以列宁为首的另外一派则主张应把俄国社会民主党建设成为一个以职业革命家为主的、纪律严明的政党组织。列宁为首一派在党内占多数，后来被称之为布尔什维克，另一少数派称为孟什维克。

在 1905 年的俄国革命中，社会民主党所领导的工人运动在其中发挥了重要作用，特别是革命中产生的苏维埃组织受到劳动大众的热烈爱戴。1914 年第一次世界大战爆发不久，列宁就提出了其帝国主义分赃的战争性质，号召各个国家的工人阶级一致反对帝国主义战争并利用帝国主义大战的机会发动革命，把世界战争转变为"国内战争"的策略。1917 年俄国"二月革命"形成了资产阶级临时政府和工兵苏维埃并存的局面，列宁正确地分析和把握了政治力量的均衡并依靠工兵苏维埃在首都圣彼得堡成功发动了武装起义。俄历 1917 年 10 月 24 日夜到 25 日晨，赤卫队和正规军团以闪电般速度包围了预备议会所在地，占领了邮局、火车站、国家银行、电话局等具有军事意义的重要场所和设施。临时政府总理克伦斯基落荒而逃。到了中午，临时政府被围困在冬宫。恰如二月革命推翻沙皇政权一样，人民推翻临时政府仅用了几个小时。一夜之间，几乎没有流血，苏维埃就成了首都的主人。接着，革命又在几个大城市取得了胜利。

同以往历史上那些创造历史的人们一样，革命的进程往往使得革命的结果与他们当初的设想一点也不相同。马克思关于社会主义革命的理论最初是以世界各发达的资本主义国家共同发动革命为前提的，是世界性的。所以，马克思说，工人没有祖国。列宁发动革命，也是以设想各国工人阶级把世界大战转变为国内战争为条件。列宁以为，紧接着欧洲其他国家的无产阶级也会爆发革命。但事实上，除了德国民主党试图发动战争并遭到失败以外，其他国家几乎没有什么行动。另外，革命应该在发达的资本主义国家发生，而俄国是一个很落后的农业国。在革命中，布尔什维克提出的口号是"一切权力归苏维埃！"。按照列宁在革命前的阐述，要在俄国建立无产阶级专政即一个没有警察没有官吏而由武装的人民对反抗的资产阶级实行专政的新型国家，以保障人民的民主权利。但是，新的政权还没有站稳脚跟，首先就遇到了原来俄国所参加的协约国的军事干涉。红色俄国与德国单方面缔结和平协议退出战争，加重了协约国东线战场的压力。原来驻扎在俄国的协约国部队或新派遣的武装部队，连同国内反对新政权的武装力量，从多方面构成包围红色俄国的态势。先是因为国内战争的需要，接着在政权建设和经济生活过程中，红色政权毫无顾忌地使用武装和恐怖手段，其中包括向农民征集余粮以支持前线和满足城市工人、士兵等市民的需要。说是"余粮"，其实常常是以武力夺取农民仅存的一点粮食。残酷的战争和尚处于脆弱状态的政权，都需要由具有献身精神和坚强意志的职业革命家为核心的党员队伍。军队和政府中的领导权被布尔什维克牢牢地控制起来。这样，政党和国家权力自然而密切地重合在一起。既然布尔什维克拿过了资产阶级民主革命的领导权，那自然就该首先完成资产阶级未能完成的历史任务才是。但是，他们掌握国家政权后，却立即抛开资产阶级民主阶段没有来得及做的许多事情（譬如发展资本主义生产为社会主义革命创造条件），跳跃资本主义发展阶段，紧接着就利用国家政权建立社会主义经济。斯大林改变了马克思、列宁的学说，提出一国可以建设社会主义的新理论。苏联政府首先将工业、金融等经济资源收归国家所有，即由政府掌握"制高点"，接着又把农民即"无时无刻不在产生资本主义的小生产者"驱赶到集体农庄里。仅仅经过

10 多年的时间，俄国已经在落后的农业国基础上"建立起"一个以国有和集体所有制经济为基础的社会主义。

在政治生活领域，布尔什维克先是排斥别的党派，使其成为国家权力的真正和唯一的持有者。接着，随着斯大林在党内统治地位的稳固，又在党内清除"反对派"。那些与列宁齐名的一些党的领袖人物譬如托洛茨基、加米涅夫、基诺维也夫、布哈林等先后都成了反对党的"反革命"，先是从政治上打倒，接着被处以绞刑或者流放、驱赶到国外。如果不考虑"内战"时期的红色恐怖，仅 20 年代后期开展集体农庄运动中就有 500 万富农被消灭，30 年代"大清洗"中劳动营的囚犯达到数百万。由于具有国际影响，人们都知道卡廷惨案中有 2.2 万波兰士兵被杀害。相反，却很少有人知道另外一些恐怖的事情。1988、1989 年，人们在白俄罗斯的明斯克附近发现 10.2 万具尸体，在基辅郊外发现 20—30 万个墓地，在乌拉尔地区的车里雅宾斯克和斯维尔德洛夫斯克附近发现 30 多万具尸体。这都是 20 世纪 30 年代苏联"大清洗"的产物。根据苏共自己的调查报告，1935-1940 年，有 192 万人因"反苏"被逮捕，其中有 68 万人被枪决。出席联共（布）十七大的 1966 名代表，1108 名被逮捕，848 名被枪决；139 名中央委员和候补委员中，98 名被逮捕或枪决。在前苏联，人们不明不白地消失或者突然间就被加上一个说法而送去劳教、投放监狱或者流放，都是经常发生的。布尔什维克在革命前曾经承诺要建立一个没有警察和官员的社会主义，苏联人民得到的却是一个并不比沙皇时代享有更多自由的国家制度。

关于前苏联国家制度和国民的权利的状况，我还是引用原三联总经理沈昌文先生回忆他曾经删去房龙《宽容》一书中所描述俄国革命前后有关言论自由和书报检查制度的一段话。房龙说：

俄国大革命爆发了。

在过去的七十五年里，俄国的革命者大声疾呼，说自己是贫穷的、遭受迫害的人，根本没有自由。为了证明这一点，他们指出，当时所有的报纸，都受到了严格检查，但在 1918 年，形势颠倒过来了。革命者当了权。又发生了些什么变化吗？这些胜利的、热爱自由的革命者，是不是废除了书报检查制度呢？根本没有！他们查封了一切对现在的新主人的行为不做正面报道的报纸和杂志。他们把大批可怜的编辑流放到西伯利亚或阿尔汉革尔斯克。毫不过分地说，他们比被称为"白衣小神父"的那位沙皇手下遭到唾骂的大臣和警察们，要不宽容一百倍。

在苏联，人民的权利得不到保障。苏联不是没有宪法。即使不算此前的几个以全俄工兵代表苏维埃和农民苏维埃代表联合签发的法令，1918 年、1924 年和 1936 年分别颁布过 3 个宪法或"根本法"。这些根本法和宪法都规定"一切权力归苏维埃""一切权力归人民"。但是，在党垄断国家政权的情况下，实际权力一直在党的控制之下，包括宪法在内都是党的工具，为党服务的。新中国建国前，斯大林就向刘少奇建议，中国应该制订一个"阶段性的宪法"。所以，在斯大林看来，宪法都是为自己的工作需要服务的。邓小平曾经说："斯大林严重破坏社会主义法制，毛主席就说过，这样的事件在英、法、美这样的西方国家不可能发生……"党垄断国家政权的情况下，党的领导人已经具有不受约束和限制的权力，包括党组织、政府和法令，都是他的统治工具。

无可否认，苏联在斯大林时期用很短的时间就取得了工业化的巨大成就。也是在斯大林的领导下，苏联人民有力地抗击了德国法西斯的侵略，赢得了第二次世界大战的胜利。公正地说，如果没有斯大林和苏联人民，第二次世界大战的历史可能就是另外一种结局。当然还不止这些。美国人有了核武器，苏联很快也有了；美国人登上了月球，苏联的卫星也很快上了天。与落后的俄国相比，苏联在生产技术、科学教育等方面都进步多了。但是，苏联的人民生活并不富裕，生活必需品总是困乏；苏联人民并不自由，包括党和国家领导人在内的人身安全都没有保障。在斯大林时期，国家事实上是否认人权的。1948 年联合国 48 个成员国投票通过《世界人权宣言》，苏联等所谓社会主义阵营 8 个国家和公然实行种族歧视制度的南非共同投了弃权票。不错，苏联的几个宪法都规定了人民享有的从言论、出版、集会、游行和示威等一系列的自由权利。但是，那是名副其实的"纸上的宪法"，并不曾在大地上行走。80 年代的苏联曾流行一则政治笑话。一个美国人对一个苏联人说，我敢在白宫喊"里根下台"，你敢在克里姆林宫喊吗？苏联人干脆地回答，敢。于是，二人来到克里姆林宫前。苏联人大喊："里根，下台！"

苏联曾经是我崇拜的对象。我沿着传统的路子阅读马克思，自然地就走到了列宁和斯大林。列宁和斯大林至今在我的心目中仍然占据着重要的位置。但是，即使这样，当我最近阅读俄罗斯和苏联历史的时候，仍不可抗拒地认为，这个不受制约和限制的政权实际与黑社会毫无二致。尽管自己的感情难以接受，但逻辑的力量是不可抗拒的。

在通常的认识里，黑社会只是针对非政府的暴力组织。那是一种误解。什么是黑社会？判断黑社会，主要取决于其正当性与合法性两个条件。而正当性与合法性，都决定于我们所认识的国家这一范畴的概念。我们必须重新定义国家这一个范畴应有的概念。如果把国家定义在传统时代，自然经济条件下依靠强权所取得的家天下，那是一个家族的国家。"普天之下，莫非王土；率土之滨，莫非王臣"。"朕即国家"，"朕即法律"。那整个国家都是人家的，执政者什么时候和无论怎样做，都是合法的。只存在不合法的臣民，不存在不合法的帝王。但是，自从资产阶级革命以后，整个原理就颠倒过来了。资产阶级革命提出人民主权说。人民为了相互的福祉相互联合和组织起来，并通过公正的法律，成为一个政治社会或政治体。人民构成政治体或国家的实体。国家一切权力归人民。民主和民主国家，意即人民主权、人民当家作主或一切权力归人民。人民高于国家，从而也大于国家。人民不是为国家服务的。相反，国家是为人民服务的。人民的一切行为都是合理合法的。如果反过来，本来是为人民服务的政府变成了主人，不受限制、没有约束，用国家暴力对付人民，人民没有了自由，受到来自政府的威胁，失去了安全保障，这个政府本质上就不具有人民性和合法性，它对付人民的那一套当然也不具有正当性。我们可以比较一下民主制度和前苏联国家的人民生活。在民主制度下，政府不敢随意给哪个公民强加罪名，人民却敢于以自己方便的方式批评或反对政府。警察不敢随意逮捕、盯梢和限制居民的自由，不会明目张胆地偷听别人的电话，没有书报审查制度，可以自由迁徙和出国，可以自由组党……，而这些在前苏联都是不可想象的。在前苏联，除了共产党，不允许其他任何政党存在。没有人权，没有自由。如上面已经提到的，一个人不知道什么时候就消失得无影无踪。在写这些文字的时候，发现网上有一段美国国家地理记者跟随医疗队潜入北朝鲜，冒着生命危险拍下那里的人民生活[1]。其实，那不过是原汁原味的斯大林制度下的人民生活。前苏联制度和西方民主国家相比较，显然处在较低的发展阶段上。关于民主制度，传统的马克思主义曾不断地批判说那都是形式上的因而是虚伪的，在资本主义社会里事实上是不民主的。这些观点并不完全错。但是，在一个民主国家里，政府无法把一个普通的公民随意丢进监狱，而在前苏联那样的社会里即使党的领袖也可以随意附加一个罪名而将其从肉体上消灭。哪一个是更好的民主呢？

戈尔巴乔夫和叶利钦开始改革的时候，不一定有我现在认识得这样深刻。他们作为苏联政府的高层官员，可能最关注的还是经济问题。苏联计划经济已经走到死胡同的尽头，经济该是戈尔巴乔夫等上层人士改革的动因。1990年，叶利钦有一次说到他访问美国的感受。他说："当我看到那么多的货架上堆满了成百上千的小罐头、小盒子，等等，我有生以来头一次深深地为我们自己和我们的国家感到无比的心痛。"客观地说，斯大林以后的苏联共产党中有不少的人都企图实行改革。马林科夫、贝利亚，以及赫鲁晓夫，都是试图改革的。但是，这些领导者不仅没有把改革进行下去，他们的结局甚至于都不

1　参见 http://t.cn/SLlZSI

如民主社会中一个失败的政客。无数的实践表明，苏联的体制是抵制、反对和不允许改革的。戈尔巴乔夫就是在这样一个事实上不许可改革的制度下谋求改革的。应该说，戈尔巴乔夫的改革在其开始并不是明确的、具体的。但是，经过几年的探索和行动，逐渐走出了一个较为明晰的路子，即在经济上实行国家所有制和私人所有制的市场经济或混合形式的所有制；政治体制上宣布人权为最高原则；实行多党民主制；推动代议制、行政执行权和立法权的分立，差额自由选举；反对党控制军队和要求军队远离政治；实行多民族的真正联邦制共和国。在对外政策上，撤回驻扎在东欧盟国的驻军，归还各国人民自己的自由选择权；从阿富汗撤军；谋求西方大国关系正常化和逐渐融入世界民族大家庭。我以为戈尔巴乔夫改革的成就，用他自己的一句话就可以概括。1990 年苏共代表大会上，戈尔巴乔夫说："苏共对权力和管理的垄断已经结束"。人民重新登上历史舞台，由人民自由选择，这是戈尔巴乔夫的功劳。

谈到叶利钦这位亲手埋葬了前苏联的历史巨人，不少的人对他充满敌意和仇恨。野心、偏执、酗酒、性格粗暴、狂妄自大、缺乏教养……，但是，他是怎样赢得俄罗斯人民的？曾在苏联解体前后担任俄罗斯国家档案馆馆长的鲁·格·皮霍亚在苏联解体后不久完成的《苏联政权史》中有几段精彩的描述，故事从 1985 年叶利钦取代老资格的苏共中央政治局委员格里申担任莫斯科市委书记开始。

作为莫斯科党委第一书记，叶利钦遇到了这个庞大城市的无数问题。许多问题出乎他的意料。格里申在管理该市的 18 年中，不让任何人干预莫斯科的事务，他认为莫斯科没有什么问题。格里申的口号是："我们要把莫斯科变成模范共产主义城市"。对于一部分人来说，莫斯科确实是个"模范共产主义城市"。这部分人只占莫斯科总人口的百分之几，他们不仅包括那些"由上级任命的干部"——务必经党的机关同意才能任命的党和国家官员，还包括一小部分与他们有着不甚明显但是牢固联系的艺术界、学术界、警方和商界的工作人员。他们享有按苏联标准来说很好的住宅、医疗服务和"紧俏"商品。

但是，还有一个多数人的莫斯科。警察岗哨、门卫、"专用"公务轿车、火车站和机场内形形色色的"贵宾室"把这个多数人的莫斯科同那个少数人的莫斯科分隔开来。在多数人的莫斯科，每四个人中只有一个人有机会通过排队得到住房。数十万限额招收的临时工在这里从事最不体面的劳动，他们要苦苦等待 10-15 年才能成为"莫斯科人"，取得宝贵的"莫斯科户口"。在这个多数人的莫斯科，门诊部和医院的条件极差，在商店购物要排长队，街道脏乱不堪，市政公用设备常年失修，"赫鲁晓夫式住宅"随处可见。

格里申是少数人的莫斯科的市委书记。人们常说，他们这些人、克里姆林宫宫墙里面的这些人过上了共产主义生活。叶利钦是多数人的莫斯科的市委书记，是广大工人和公务员（不包括中央委员、学者、大学教师、院士、即将晋升将军的军官）的市委书记，是大多数莫斯科人的领导人。他站在多数人一边未必出于政治上的盘算。叶利钦在莫斯科开始干过去在斯维尔德洛夫斯克（叶利钦曾是这个州的州委书记）做过的事。但是，莫斯科不是斯维尔德洛夫斯克。在全国任何一个地方，两个社会阶层——"官员"和其他所有居民之间不存在表现如此明显的矛盾。叶利钦的行动——郑重其事地视察商店、坐城市公交车视察、对不干工作和干不好工作的人进行严厉惩处、承认莫斯科面临的严重问题、坦诚回答直言不讳的问题以及第一次当众承认他受到莫斯科黑手党的威胁，使他成了罗宾汉式的人物。

阅读这段文字期间，我的脑海里呈现一个念头，那就是假如我是莫斯科的市民的话，我的一票也会毫不犹豫地投给了叶利钦。叶利钦是一位勇士，他要毫不顾忌危险地将改革事业进行到底。1991 年 6 月，俄罗斯举行了历史上第一次的总统大选，叶利钦获得 57.3% 的选票。1996 年选举中，叶利钦得 53.8% 选票。2000 年和 2004 年，叶利钦挑选的继承人普京都分别以高于 70% 以上的选票当选总统。我们常说人民的选择，这不就是人民的选择吗！

不少的人都把苏联的解体归罪于戈尔巴乔夫和叶利钦。其实，那不正是苏联体制不允许改革和不可在其内部改革而造成自身解体的吗？一个伟大的民族，是不会长久地屈服于不自由状态的。当这一社会制度排斥改革，不能通过体制内的因素推动历史前进的时候，决定社会历史发展的客观因素就要起作用，它通过打破和摈弃旧体制产生新的经济社会实体为自己开辟前进的道路。这就是苏联解体的原因。一个现代国家如果没有人权这一最高原则和缺失人民性，那就如同一具没有活力和精神的僵尸，一具还暂时站立在那里的巨大而风化腐朽透顶了的木偶道具，哪怕是一阵清风吹来也会顷刻间灰飞烟灭。所以，1991 年苏联解体不过是完成了它早就该行进中的结果。从这点上来说，前苏联的解体不该是戈尔巴乔夫和叶利钦的功劳，而他们仅仅是成就了这一客观过程。历史真是惊人地相似。1917 年二月革命和十月革命，都是在几乎未经流血的情况下实现了政权的转变。1991 年，貌似庞大的前苏联帝国也几乎是在和平形式下支离破碎的。1991 年，苏联人民没有经过流血实现了由政府管制的计划经济向市场的转型和政治上获得自由，则应该归功于戈尔巴乔夫。因为，这是一个依靠暴力和血腥镇压维持统治的政权。运用暴力是它的长项。但是，这个用恐怖维持了 70 年的国家，最后在解体的时候竟然没有暴力，不能说不是一个奇迹。所以，我曾对俄罗斯的朋友说，所有前苏联国家的人民将来会反过来认识这段历史，他们将会感谢戈尔巴乔夫送给了他们一个和平的转变。

当然，历史往往也会嘲弄人。一个外表如此强大的帝国如同雪人般一夜间塌台。戈尔巴乔夫利用个人权威好不容易当上了苏联总统。可是，历史还没有容许他把总统的位置暖热，苏联就不存在了。作为苏联总统，戈尔巴乔夫既是第一位，又是最后一位。如果愿意，还应该补充一句，他甚至于是苏联 70 多年历史上唯一的一位未满任期就无位可坐的总统。无论对于苏联这个国家，还是戈尔巴乔夫本人，苏联解体都是悲剧。可对于前苏联的各国人民来说，甚至于对于全世界来说，从而对于人类历史来说，苏联解体却是一件喜事、幸事。确切地说来，当苏联在斯大林手里将其建构为恐怖政权的时候起，这个帝国大厦的倒塌已经开始了。从历史趋势来说，没有戈尔巴乔夫和叶利钦，这一历史时刻也会到来。戈尔巴乔夫和叶利钦顺应历史的发展，推动一个大国完成了一次伟大的革命，把他们谓之为历史英雄，一点也不过分。只是还该添一句话，戈尔巴乔夫是一位悲剧式的英雄。

20 多年来，把苏东剧变当作悲剧来谈的人多，而将其当作革命者少。如果站在大历史的角度上观察，这是一次货真价实的革命。

当今历史，是人类社会由传统向现代的变化和发展。如果用经济和政治两个坐标来检视，经济上是由自然经济向社会化的商品经济或市场经济过渡。按照马克思的术语，叫资本主义阶段。资本主义是被马克思主义者批判臭了的一个词汇。实际上，如同封建制度一样，作为一个历史阶段，它总是具有极大的局限性，批判其局限性和不合理性没有什么不对。但是，作为一个历史发展的客观阶段，它也不会因为受到批判而不存在。从政治来说，则是由专制过渡到民主。俄国人民革命推翻沙皇的统治，就是要向这个方向前进，这也是列宁的社会民主党认识到的资产阶级民主革命的任务。完成这样的转变，是一个很长的历史时期，需要一系列的、不断的社会变革。苏联共产党通过"十月革命"推翻了沙皇的统治而建立的国家，不过是由落后的沙皇俄国向现代化国家转变过程中的一个阶段。在这个阶段上，政府不仅要发展经济，改变民生，而且还要不断拓宽民众的政治自由，实行民主制度。如果是一个无限开放性的国家体制，像许多民主国家那样随着人民的要求不断实行改革，就不会发生革命。最近被国人炒作得很热的托克维尔的《旧制度与大革命》一书，就是分析法国大革命爆发的原因。革命前执政的路易十六并不是一个碌碌无为和贪婪的暴君，而是虔诚信仰上帝和善良、亲民的君王。即使在革命前的年代里，路易十六也在世人的眼光里落下"好人"的名声，"他给予在他自己田地上最后一批农奴自由""他建议废止在万塞纳的土牢与巴士底狱""他允许异教徒与犹太人有相当大的宗教自由""他禁止政府侦查人民的私人通讯"……。据说，路易十六相当仁慈，他不愿意下令处死一个人；他还相当的民主，不愿意惩罚自由思想。有一件事例可以说明，路易十六能容忍巴黎的小册子把他讽刺为乌龟，说他的妻子是妓女，孩子为私生女。客观地评论，法国在革命爆发前的4、50年里，国家经济实力还有了历史以来从没有过的大发展。但是，人民不仅要生活、要民生，而且还要政治自由、要民主。革命前的法兰西王国制度不具有自我改革的功能，所以爆发了革命。前苏联没有离开沙皇专制制度后建立一个开放的现代民主制度，才遭致这样的巨大变革。人们看惯了流血的革命，忘记了还有一种不流血的革命。苏联解体是一次不流血的革命。

我把前苏联的解体称之为大革命，是从其产生的历史后果来说的。上个世纪90年代，中国一批知识精英反思我国近代史，以辛亥革命为由头，提出革命有害论。包括一些被打出去的人也撰文宣扬"告别革命"。一时间，革命这一被当作正面词语在中国流行了近百年之后，即刻成为一个极负负面的贬义词。革命不仅会引起社会动荡，还往往伴随着流血和暴政。如果直接看，革命是不好的。假如所有的国家都可以像现在的发达国家那样，社会经过自我调节来解决一些不合理的制度，走一种渐进发展的道路。那当然好。如果是那样，我也拥护知识精英们所称道的"要改良，不要革命"。但是，像前苏联那样，从"十月革命"取得政权以后，建立的制度不仅没有给人民以政治自由和民主权利，就连自己党内亲密战友都可以轻易地罗织"叛国""反党"等罪名而处以极刑，设置书报审查制度，随意关押、盯梢，监听电话、检查私人信件……所有这些在一般民主国家不可设想的事情，在前苏联社会中却是一种常态。最为重要的是，这些涉及基本民主制度的问题没有改善的迹象，而上层虽然偶有改革的意象但总又被扼杀或叫停。历史总有它自己的逻辑。当社会不能顺应其发展的时候，它会以自己的方式为自己开辟道路前进。人类历史发展到现阶段所要解决的自由、民主制度（亦即列宁时代所定性的"资产阶级民主革命"），本来是"十月革命"取代沙皇俄国朝着这一方向不断改革前进的历史趋势，被用暴力和恐怖手段终止了70多年。70年后一次性的历史巨变要完成70多年应该实现的发展，所得到的前后对比当然有一个极大的反差。这个符合历史发展的，或者我们国人常说的"人民的选择"结果所得到的社会制度，与前苏联已经全然不同。它，不是革命是什么？特别重要的是，以前苏联为主的苏东所谓社会主义国家巨变实际给包括知识精英在内的国人提供了一个十分宝贵的历史见识，那就是除了流血和暴力外，还有一种进步和发展形式，叫做不流血的革命。

前苏联革命后所得到的社会制度和以前比较而言，最突出的表现就是从经济上铲除了不受限制的政府的经济基础。现代国家与古代的传统王朝统治还是有本质区别的。王朝本来就是一家一人的国家，它存在的本质就是捍卫和维护一家一人的利益。因为自然经济的性质和特点，除了与现代国家一致的职能需要征收贡赋外，王室自己的庄园经济与民间经济一般都不会发生直接的冲突。现时代却不是这样。人民因为共同的利益构建国家，现代国家属于人民主权，政府只是受人民委托承办公共事务的机构。在现代国家，人民的利益决定国家利益，国家的一切行为都必须体现人民的利益，国家利益即是人民利益。但是，在前苏联，国家将一切重要经济资源都收归政府所有。虽然根据斯大林的说法，"在国家企业中，生产资料和产品是全民的财产"。但是，正如马克思所说，"我们判断一个人不能以他对自己的看法为根据，同样，我们判断这样一个变革时代也不能以它的意识为根据"。在前苏联那样的国家里，纵然人们把"全民所有"喊上千万遍，也很难想象一个西伯利亚的农民生活如何体现他的"全民所有"的权益？相反，因为政府对待财政收入和政府企业利润分配的自由意志，有雄厚的经济支撑去做它想要做的一切事情，所以，前苏联这样的国家倒是变成了恩格斯所说的"自由国家"，"就是可以自由对待本国公民的国家，即具有专制政府的国家"。

前苏联实行的经济制度究竟是社会主义还是国家资本主义，那纯属于意识形态的争论。因为如果把政府所有当作一种社会所有从而称之为社会主义，那么，现在的发达国家的主要经济成分既不是个体所有，也不是资本家所有，而是以股份制占主导的一种新经济。股份制当然已经不是个人资本主义，至少也是一种社会所有制从而也可以称之为社会主义。即使抛开这些意识形态的争论，作为不争的事实是，作为当时仅次于美国的第二经济大国以及世界上几个有数的出卖经济资源的大国（直到现在仍然有不少人认为苏联解体的原因是 80 年代末国际石油价格大跌导致国家收入大幅度减少造成的，可见石油出口在前苏联国民收入中的地位），前苏联的人民既没有享受到与其第二经济大国地位相称的发达国家的富裕生活，也没有一般西方国家公民都可以轻易享受到了的政治自由。所以，十分显然地是，西方民主国家是比前苏联更发展的社会制度。而支撑这一进步的经济基础，就是包括私人资本在内的非政府以外的社会经济成分。解体后的俄罗斯社会制度能够比前苏联进步，很大程度也是它的私有化。一方面，因为政府已经失去"国家企业"等经济基础，它的直接经济支撑就必须依靠税收为主的纯国家职能的财政收入。政府依靠单纯的财政收入发挥职能，是社会对其实行监督和实现有限制的政府的基本前提。另一方面，只有政府放弃占有的众多社会资源，实现经济多元化，才可以建立和完善市场经济。市场经济不仅仅是社会稳定和持续发展的经济基础，而且是国家民主制度的前提。

自从毛泽东把一个国家的政治制度区分为国体和政体以后，人们往往不大重视"政体"。其实，政体即政府架构或政府各种职能的分工与联系，是相当重要的，因为它具体负责实施和完成社会公共权力的运作。政府，一般的人仅仅把其理解为以行政长官为首的、自上而下的国家行政系统。那是狭义的政府概念。既然政府是一个国家公共权力的运行和执行机关，它就涉及立法、司法、行政以及武装力量军队和警察等暴力机关。现代国家一切权力归人民，国家行政体现人民的意志，主要通过法律以及法制的实现来完成。所以，立法、司法和行政是国家职能的日常表现。在现代国家，武装部队和警察也是人民意志的体现。但是，武装部队和警察等暴力机关必须遵循一项重要原则，无论何时，人民的暴力机器不得对着人民。前苏联的国家政权设置则是违背了人民主权的原则。苏联 1936 年宪法中规定"全部权利属于城乡劳动者"，以及"苏联最高权力机关为苏联最高苏维埃"。但是，该宪法同时又说"工人阶级、劳动农民及劳动知识分子中最积极最觉悟之公民，则自愿结合于苏联共产党，即劳动群众为建成共产主义社会而奋斗中之先锋队，劳动群众所有一切社会团体及国家机关之领导核心"。我们且先不论苏联宪法中"劳动者"和一般现代国家所说的人民的差别，即使按照该宪法所规定的"全部权利属于城乡劳动者"和"苏联最高权力机关为苏联最高苏维埃"，却又将苏联共产党确定的劳动者和国家机关的"领导核心"。这样，在所有政府机构上再高屋建瓴地增加了一个党中央机关，成为政府的首脑机关。因为苏联共产党及其工作人员的经费都由国家财政支出，国家所有重大事项都由其决定，所以，它不仅是前苏联国家的政府机构，而且是最重要的政府机构、政府的首脑机关。它是领导所有国家机器的最高领导机构，包括最高苏维埃、部长会议、法院、武装部队、警察，等等，都不过是它的执行机关。所以，苏联共产党就是前苏联国家的政府，而且是最重要、最核心的政府机构。苏联共产党中央是前苏联政府的最高领导机关。马克思说过，"借更改名称以改变事物，乃是人类天赋的诡辩法"。因为苏联共产党是政党组织，它的中央机关被排斥在国家政府架构之外。它可以给国家任何机关发号施令，凌驾于人民至上，不接受来自任何方面的限制和监督，是前苏联的真正主人。

解体后独立的前苏联民族国家解决了苏联时期所确立的政府不受限制的政治制度。首先从解体前的戈尔巴乔夫开始，向其他民主国家学习，确立一项原则，军事力量和警察不参与政治。其次，构建了一个不再依附于任何人或者党团并且受到制约、受到限制和人民可以随时监督的政府系统。按照列宁的政党学说，群众是划分为阶级的，阶级通常是由政党来领导的。人类在由传统的自然经济向以社会联系日益紧密地市场经济过渡，以及在完成了全球化的国际统一市场以后很久，由于多元化的经济体和由此带来的经济利益的矛盾和冲突，不同阶级和阶层的存在，不同利益集团的存在，都将是长期的。那么，不同阶级和利益集团的政党组织的存在也是正常的和必然的。但是，在前苏联体制下，除了苏联共产党以外，不允许其他任何政党的存在。苏联解体以后，以原来 15 个加盟共和国为统一版图的国家苏联已经不存在了，原来的苏联共产党也不存在了。我之所以把苏联政府比喻为"黑社会"，除了其他方面的原因以外，还在于它只允许自己存在，而其他的政党在自己执政的国度里一律违法。在解体后独立的各个民族国家里，取消了实际存在的党禁，人民开始有了结社的自由。不过需要说明的是，现在的各种合法政党已经不是列宁的具有严密组织纪律、强调必须个人服从组织、用党性抹杀个性意义上的政党了。现在政党主要是思想意识形态意义上的，对于公共政策持不同意见从而在议会和总统选举上站在不同立场的"影子政党"，而很少有履行组织入党手续、宣誓等程序。即使对于执政党来说，也仅仅表现在国家行政首脑以及执政的理念代表该党，在其他方面和在野党相比并没有多大的区别，更没有了前苏联时期凌驾于国家机关之上的特权。一方面，不同政党平等存在使得任何政党不可能再凌驾于别的政党和整个社会之上，保证国家再也不会发生像前苏联和纳粹德国那样用政党绑架政府的现象了。另一方面，各个政党之间的相互竞争不仅保障各个政党亲民、廉洁和进步，推动整个社会健康发展，而且，政党竞争势必造成在野党对执政党的特别监督，营造出一种对政府监督和制约的良好氛围。无需赘言，在野的政党对政府的监督和制约是人民对政府的限制和制约的一个重要方面。在野党或者反对党对政府的监督和制约不仅比来自一般国民的监督和制约广泛，也来得持久、苛刻。这是根植于现代国家中保障政府公正、廉洁和高效的深厚土壤。

刚从专制制度下挣脱出来的人们往往特别醉心于清官明君，把社会的发展和自己权利的保障寄托于开明的国家领导人，这是极不可靠的。最近托克维尔因为《旧制度与大革命》而在我国特别走红，绝大多数读者却不知道他的成名作《论美国的民主》。在这一不朽著作中，他说："在像我们今天这样的文明和平等的时代，统治者们可能比古代的任何一个统治者更容易把一切公民权集中在自己一个人手里，使其以习以为常地和无孔不入地深入到私人利害领域。"即使对于戈尔巴乔夫、叶利钦和普京这些所谓致力于改革的人，也是一有机会就向往大权独揽和专制，想方设法除去对立面，逃避监督。戈尔巴乔夫刚当上总书记的时候，谦虚、随和、平易近人。接着就在中央委员会执行局排除异己，即使对于那些从未反对过他的政治局委员，因为年龄大、比他的资历老一些，也要他们逐个退休，用善于吹捧他的年轻人来接替，以及性格暴躁、动辄训人，民主作风已经离他越来越远。俄罗斯独立后，总统叶利钦的主要精力都放在为加强自己的权力而与杜马的斗争上。他的助手们甚至拟定出一份宪法草案，要将总统的权力置于司法、行政和立法之上。达不到目的，他会不惜代价下令解散议会。早在 2000 年，普京就公开打击传媒界敢于针对他的批评者，指控他们危害俄罗斯甚至叛国罪，有关传媒遭受蒙面警察的突袭。所以，从国家最高层面的政府架构做起，建立起立法、司法和行政相互制约的政治制度，才是保障人民主权宪法的制度保障。2001年，普京总统有一段话说：

革命之后通常都会有反革命运动，改革之后通常都是反改革运动，然后是寻找那些在革命中有罪行的人并对他们施以刑罚……俄罗斯的历史经历充满了这样的例子。但我认为，现在是坚决地宣布这个循环已经终结的时候了。将不会再有革命和反革命。稳固的、以经济为基础的国家稳定对俄罗斯及其人民是一件好事，我们本来早就应该按照这种正常的人类逻辑来生存。

普京所列举的这一前景当然很重要，因为它表明俄罗斯已经一劳永逸地摆脱了前苏联体制，使得人民获得了自由。但是，那还不够。我认为足以把前苏联解体视之为革命的标志，是 2011 年年底大选前莫斯科爆发的反对普京大游行、2012 年 6 月普京重新当选总统后爆发的反政府大游行。本人对于反对普京的具体政治主张和立场都不存在肯定或者否定的价值判断，而是回应那个苏联时期"里根下台"的政治笑话。就俄罗斯公然发生的反对总统游行本身而言，展示了俄罗斯人民已经开始享有政治自由的表达权，说明人民主权在现在的俄罗斯不仅是一张纸上的宪法，而且是可以在大地上行走的宪法。

即使这样，我还是与我的俄罗斯朋友有分歧。他比较崇拜普京。我却对他持有节制和保留的肯定。苏联解体后俄罗斯获得的普京时代，既是俄罗斯民族由沙皇时代、斯大林和解体前的前苏联时代，再向人民主权时代发展过程中的一个阶段，也是王权和专制逐渐式微过程中的一个转折和居留站。虽然普京在 2008 年拒绝那种修改宪法有关总统任期限制以求连任的建议，但却设计了再次担任一届总理后而求得可以再次连任两届总统的独特仕途。普京设计的这一普京时代固然说明俄罗斯还需要普京，同时也表明无论俄罗斯作为一个国家还是民族都尚未成熟到民主社会应有的程度。因为人民主权原则对于政府来说，有一个基本的判别，那就是立法、司法裁判、行政贯彻和军警暴力等政府实践中始终都有一个人民至上的标杆。前苏联违背了人民主权的原则，遵循政权至上，还谈不上人民至上。普京时代能够发生反普京游行表明人民不仅有了一般意义的个人民主权利，而且具有包括反政府权在内的政治自由权，体现了俄罗斯政治制度的人民主权性质。但是，那也仅仅是做到了尊重人民的权利，还远未达到人民至上。所以，我对朋友说，俄罗斯人民还崇尚一个叫做普京的神，普京也认为自己的民族还未成熟到可以没有他也能照常前进的程度，从而要把自己当作拯救国家的神，玩弄权力于肱骨之间。但是，毕竟时代不同了，历史一定会无情地嘲弄那些敢于嘲弄它的人。

——2013 年 4 月

（刊发于 2015 年 4 月 3 日）

胡耀邦与计划生育

谨以此文作为胡耀邦逝世 26 周年纪念。

胡耀邦最早从什么时间开始与党的计划生育工作发生关系，我没有做考究。党和政府从 1954 年开始提倡节制生育工作，1957 年提出计划生育这一个概念，然后就一直把它当作全党的事业来抓的，除了宣传部和国家卫生部以外，其他部门和各个方面也还都有所分工。譬如，1962 年 12 月 18 日，中共中央国务院在《关于认真提倡计划生育的指示》中就说：

> 卫生、商业、化工、民政、文化、教育等有关部门和妇联、共青团、工会等团体，要在党委的统一领导下，分工协作，做好宣传教育、技术指导、药物生产、供应和科学研究等项工作。

所以，作为团中央第一书记的胡耀邦应该很早就介入到计划生育工作当中了。但是，本文不想探讨这种仅具有工作关系的问题，包括 1982 年 9 月党的十二次代表大会上，胡耀邦代表中国共产党中央所做的政治工作报告中把计划生育当作第一个"基本国策"，提出十二亿人口的奋斗目标，都不作为探讨胡耀邦人口思想和他与计划生育工作关系的依据。因为作为党的高级干部和领导人，党中央确定的具有原则性的工作，不仅都应该无条件地服从和执行，而且往往也都能代表了他们的意见。但是，那些并不一定就都能体现他们的真实思想和情感，特别是不一定完全都与具有个人特质的思想情感与情怀相符合。本文所要陈述的一些故事，都是胡耀邦在 1980 年担任中央书记处总书记、1981 年至 1986 年担任党中央主席和总书记期间，足以体现他的思想观点和独特个性的具体事情。

在切入主题以前，我们必须简单交代一下，1980 年前后，胡耀邦对待中国人口问题的认识，与陈云、邓小平是一致的。甚至可以说，胡耀邦是接受了邓小平和陈云的有关思想认识。1979 年 3 月 21 日，陈云在政治局会议上讲话说："我们搞四个现代化，建设社会主义强国，是在什么情况下进行的"？"九亿多人口，百分之八十在农村，革命胜利三十年了还有要饭的"。"我们就是在这种情况下搞四个现代化的"。陈云这一有关基本国情的讲话，不仅对党中央决定从 1979 年到 80 年代初连续几年的国民经济调整有直接的影响，而且对包括邓小平有中国特色社会主义理论的产生以及中国共产党之后一个时期的一系列方针政策都有重大的影响。整个 80 年代，人们都是在这样的语境和氛围中工作的。中国人口太多，影响了四个现代化建设的步伐，必须大力开展计划生育工作。这是那个时期全党的共识。但是，也就是在这一共识的基础上，胡耀邦赵紫阳还是别有一番认识和做法。

一、胡耀邦对"一胎化"政策的疑虑

胡耀邦是在 1980 年 2 月 23 日至 29 日召开的十一届五中全会上增选为中共中央政治局常委的。同一次会议上，中共中央决定设置中央书记处，并选举胡耀邦担任中央书记处总书记。3 月 8 日，中共中央书记处召开第一次会议。4 月 7 日，中央办公厅按照中央书记处的指示，召开了人口问题座谈会，征求各方面专家对"一胎化"生育政策的意见。在第一次会议上，中共中央办公厅副主任冯文彬就会议的起因和目的，向与会人员交代说：

为了解决我国人口问题，提倡和鼓励一对夫妇只生一个孩子，这个大方针是定下来了。在贯彻这个方针的过程中，干部群众中议论较多。有人说两对夫妇各生一个孩子，将来结婚后生育一个孩子，这样两个劳动力就要抚养 4 个老人，一个孩子。还有人说青少年犯罪中独生子女比例高，独生子女中低能儿的比例也较高，独生子女中女多男少，有的人还担心今后的兵源问题等。计划生育工作中也存在有宣传不够深入，有的地方搞强迫命令，医疗技术没有完全过关等方面的问题。中央书记处在讨论这个问题时建议召开一个座谈会，征求各方面科学家的意见。今天请各方面的专家来，就是要讨论这个问题，如何既能达到控制人口增长的目标，又能避免或妥善解决由此而造成的某些不良社会后果。

虽说胡耀邦是一个多月前任总书记，但早在 1978 年 12 月的十一届三中全会担任中共中央秘书长，对于 1979 年年中开始计划生育部门推行"一胎化"政策，并分别受到华国锋、邓小平、李先念、陈云的支持，应该是清楚的。因为这一政策受到了从党中央主席和 3 位副主席的明确支持，所以，冯文彬说"这个大方针是定下来了"。我的理解，冯文彬的这句话是重述胡耀邦的。胡耀邦也是承认这个政策的。但是，他对此又有疑虑。也许，在担任中共中央政治局委员、中央秘书长的职务期间，胡耀邦对这个政策就有看法。只是在那个职务上，是不适宜提出这个问题的。中央书记处一经设立，作为中央总书记的胡耀邦就可以提出这个问题了。一方面，固然是因为那个时期里，人们把人口问题看得十分重要。另一方面，也在于激进的"一胎化"政策搞得人们很不安宁，影响了社会的稳定。

中央书记处将征求专家意见的座谈会交中央办公厅主持，而不是国务院计划生育领导小组，该是有所考虑的。想一想，"一胎化"政策是由计划生育部门提出来并强制推行的，现在再由它出面征求意见，谁还好意思说？但是，我觉得冯文彬当时并没有领会胡耀邦在这方面的特别意图。所以，这次名为中央办公厅召开的人口问题座谈会，实际上却是国务院计划生育办公室在主办。仅从参会的名单来分析，国务院计划生育办公室的干部可说是全力出动，而所谓中央办公厅只有冯文彬一个人仅参加了会议个别活动。另外，参会的专家也都是由国务院计划生育办公室决定的，绝大多数都是来自于和计生办多年来有着工作关系的机构或单位。选择与自己有工作关系的专家，当然有利于对他们的影响和控制。根据冯文彬的讲话，中央书记处征求专家的意见，是出于对"一胎化"政策负面影响的考虑，所以，邀请有不同意见专家参加会议，非常重要。而且，这个时期确实也有对"一胎化"系统研究并提出不同意见的专家。冯文彬讲话中列举两对夫妻、四个老人和一个孩子的问题，兵源问题，就是笔者在几个月前提出来的。我在提交给1979年12月召开的全国第二次人口科学讨论会的论文中，对"一胎化"政策进行了专门的分析，提出了4:2:1的命题和人口老化的概念，提出了对未来劳动力资源和兵源的影响问题。那个时代还不允许讨论和批评正在执行的政策，我的观点不仅写有文章，而且在全国性的大会上发言，所以在当时还是很有影响的。当我发言的时候，国务院计划生育办公室主任栗秀珍就在主席台就坐。几天后，继续在成都市锦江宾馆召开的全国计划生育办公室主任会议上，陈慕华还直接反驳了我的论文中有关"一胎化"会迅速导致人口老化和劳动力资源短缺等观点。所以，国务院计划生育领导小组及其办公室至少了解笔者是对"一胎化"政策有不同看法的专家。而且，那时的全国会议是由政府的计划生育、党校、社会科学院、高校、全军等几个系统的代表参加的，规模不可以说不大，影响不可以说不小。但是，中央办公厅人口问题座谈会并没有邀请笔者参加。还有，会议显然是由国务院计划生育办公室主任栗秀珍主导，第一次全体会议上，不仅首先由栗秀珍发言，而且安排极力主张"一胎化"政策的宋健、田雪原发言，其实就是为会议的方向定调子。

因为会议参加人员的选择，以及对座谈会的引导，使得会议很难听到对计划生育部门正在极力推行的政策有不同的声音。相反，会议逐渐变成了表态支持和拥护"一胎化"。几年前，一位当年参加会议的原国务院计划生育办公室的老同志对我说，本来是征求一对夫妇只生一个孩子政策意见的会议，开着、开着，就成了一边倒地支持只生一个孩子了。冯文彬在最初两次会议期间，还主持召开小型会议准备撰写给中央的报告，后来也放弃了。关于中央办公厅人口问题座谈会，笔者在长篇论文《鹿耶，马耶？——田雪原中央人口座谈会》较为详细的论述，不再赘言。

当一股强大的社会潮流涌过来的时候，其势是很难阻挡的。中央办公厅人口问题座谈会是否达到预想的结果，并不是本文要探讨的问题。胡耀邦走马上任中共中央总书记职务不到一个月，明知"一胎化""这个大政方针是定下来了"，却指示中共中央办公厅召开人口问题座谈会，征求专家的意见，在一定程度上表明他对这一政策的担心与忧虑。

二、胡耀邦提议制定政策规范计划生育工作

1980 年 6 月 26 日，胡耀邦主持中央书记处会议，讨论和研究计划生育问题。会议听取了国务院副总理、国务院计划生育领导小组组长陈慕华关于人口和计划生育问题的汇报。

也就是在这次会议上，胡耀邦提出由中央财经领导小组和国务院经过调查研究制定一个切实可行的政策，将当时在计划生育工作中涉及到的一些经济政策譬如对"独生子女"的奖励问题，都纳入到长期规划中通盘解决。那个时候，对违反计划生育政策的人，已经有了较为普遍而严厉的经济和行政处罚。这次会议却要求取消现行的计划生育工作中扣发工资、工分、不提级、不发奖金等经济处罚的办法，认为这些做法都是违反社会主义按劳分配原则的。会议还提出，计划生育部门在过去宣传的奖励政策不要轻易改变，但也不要再扩大了。[11] 不难发现，中央书记处第一次讨论计划生育问题所遵循的原则，和计划生育部门自行制定且延续至今仍然行之有效的政策，还是有很大差别的。

三、胡耀邦提议致党团员的《公开信》

1980 年 9 月 25 日，中共中央发出《关于控制我国人口增长问题致全体共产党员、共青团员的公开信》。《公开信》是 6 月 26 日中央书记处会议上决定的。据胡耀邦说，这是他提出来的。

几十年来，《公开信》的影响很大，但误解也很多。其中最大的误解，是说《公开信》提出"提倡一对夫妇只生育一个孩子"即"一胎化"政策。其实，恰好相反，胡耀邦提出搞《公开信》，就是为了纠正"一胎化"的极左错误和遏制实际工作中的极端作法的。1981年9月10日，中央书记处122次会议上，当胡耀邦说起为什么要这样做时，他说："公开信是我提出来的。当时一方面看到思想不通，一方面看到强迫命令很厉害。"虽然在当时的具体背景下，计划生育部门利用中共中央的《公开信》，把正在全国城乡贯彻执行的"一胎化"活动又推动上了一个新台阶。时至今日，计划生育部门还常常把《公开信》当作推行严紧政策的工具。但是，按照担任总书记职务不久的胡耀邦本意来说，《公开信》不过是一个应急措施。如果不是《公开信》，在当时巨大潮流和氛围中，有关部门要求出台一个肯定"一胎化"的红头文件，事态将尤为严重。特别是从现在的大历史来看，《公开信》不过是胡耀邦和赵紫阳在制定新的政策之前的一个缓冲、过渡或临时性安排，是由"一胎化"走向"女儿户"的拐点和转向路标。关于这个问题，笔者在2010年纪念《公开信》30周年的小册子《论"公开信"》中，已有详细论述。

四、与赵紫阳联手制订以"女儿户"为核心的现行计划生育政策

1981年6月27日至29日，党的十一届六中全会标志邓小平处理华国锋的问题结束以后，胡耀邦、赵紫阳立即联手制订新的计划生育政策。

1981年9月10日，赵紫阳在胡耀邦主持的中央书记处122次会议上提出了改善计划生育政策的两个方案，一个是继续在城市执行"一胎化"的政策，在农村，则普遍允许农民生两个孩子。第二个方案，在普遍提倡只生一个孩子的基础上，允许只有一个女孩的农民家庭再生一个。1982年2月9日，《中共中央国务院关于进一步做好计

划生育工作的指示》中发〔1982〕11号，关于生育政策，文件中说：

国家干部和职工、城镇居民，除特殊情况经批准者外，一对夫妇只生育一个孩子。

农村普遍提倡一对夫妇只生育一个孩子，某些群众确有困难要求生二胎的，经过审批可以有计划地安排。不论那一种情况都不能生三胎。

对于少数民族，也要提倡计划生育，在要求上，可适当放宽。具体规定由民族自治地方和有关省、自治区，根据当地实际情况制定，报上一级人大常委会或人民政府批准后执行。

这就是执行到现在的"现行的计划生育政策"。文章中的"农村……某些群众确有困难要求生二胎的，经过审批可以有计划地安排"，是国家计划生育委员会党组1982年1月11日给中央的报告中向中央提出的建议，认为写明"只有一个女孩的夫妇可以再生一个"，会进一步助长重男轻女思想，并建议用这个提法。所以，"某些群众确有困难"是中央和国家计划生育委员会党组达成的共识，是"女儿户"的一种特别称谓。按说，中央文件作这样的处理，不应该影响政策的执行。但是，恰恰做了这样的表述以后，整个80年代，计划生育部门就是在"某些群众确有困难"方面做文章。现在的不同条件允许生二胎的政策，就是这样来的。中共中央1982年11号文件颁发以后，有关部门不是在如何落实"女儿户"的工作上下功夫，而是在制订譬如"两代或三代单传""几兄弟只有一个有生育能力"等等条件当作落实"某些群众确有困难"的政策规定。其实，如果实行"女儿户"政策，农民中可以生二孩的比例一下子就接近50%，相比之下，各级政府不断立法决定允许一些群众生育二胎，其许可生二胎的政策比例却始终没有突破当年生育的10%。

我们且不用管这个文件如何执行，只是用现在的眼光来分析，它该是1980年走到党和国家第一线的领导人胡耀邦和赵紫阳，继1982年中共中央批转的《全国农村工作会议纪要》即1982年中央一号文件之后，联手出台的又一项重要政策。虽然这一政策并没有远离开"一胎化"，但是，在一个十亿人口、八亿多农民的国家里，允许农民家庭生了一个女孩的可以再生一个，那就是对接近一半人口的解放和解脱。

五、坚决纠正计划生育粗暴作风

当事物出现反常的情况的时候，往往会发生一系列不正常的现象。中共中央 1982 年 2 月以 11 号文件的形式颁发了以"女儿户"为核心的现行生育政策，10 月又以中共中央办公厅和国务院办公厅的名义颁发中办 37 号文件，明确"各地已有的规定……，要稳定下来，一般不要再做变动。"这实际上是用中办 37 号文件取代了中央 11 号文件。但是，即使这样，钱信忠也没有准备执行自己争取到的中央政策。钱信忠是老卫生部部长。1981 年设立国家计划生育委员会以前，计划生育一直是卫生部的一项重要工作。他认为在中国搞计划生育，最为有效的办法还是"一胎上环、二胎结扎"，即生过一个孩子的妇女必须上环，生过两个孩子的一定要结扎。这是文化革命前，他在上海市蹲点搞计划生育总结出来的经验。在钱信忠这一工作思路指导下，不少的地方都是不管育龄妇女是否采取了其他避孕措施，也不管效果如何，规定凡是生育了两个孩子的，40 岁甚至 35 岁以下者，一律结扎。甚至一些已经上了环的妇女，也要求取环结扎。在钱信忠担任国家计划生育委员会主任之前，即使在 1979-1981 年强制性"一胎化"的几年里，全国妇女每年实行结扎的最高年份也仅只有 500 多万例，人工流产（包括大月份引产）900 多万例。1983 年，全国妇女结扎 1640 万例，流产 1437 万例。这是共和国至今的最高记录。

国家计划生育委员会以大结扎为中心的工作安排，进一步加剧了"一胎化"生育政策以来在计划生育领域的强迫命令和违法违纪行为，尤其在农村推行的大结扎和人工流产、引产，带来很严重的社会后果。"有的地方出现过用野蛮的办法，抄家、封门、砸锅、扒房子、毁坏庄稼、牵走牲畜，破坏群众的基本生产资料和生活资料，甚至围村突击，拉人游街、变相监禁群众、株连亲属、乡邻等。"有的地方甚至组织"夜袭队"，晚上去抓计划生育"超生户"或结扎对象。

中央采取果断措施，免去了钱信忠的职务。1984 年 1 月 19 日，胡耀邦主持的中央书记处 108 次会议严肃指出，要彻底纠正"强迫命令不可避免"的错误看法，严禁采取野蛮做法，坚决处理违法乱纪的行为。

六、1984 年两次中央书记处会议所体现的胡耀邦执政理念和博大情怀

中央决定免去钱信忠的职务以后，胡耀邦主持 1984 年 1 月 19 日中央书记处 108 次会议和 4 月 5 日书记处办公会，分别听取新任国家计划生育委员会主任王伟代表党组所做的《关于计划生育工作情况的汇报》和书记处候补书记郝建秀汇报国家计划生育委员会《情况汇报》的修改情况。这是 80 年代有关计划生育工作的两次重要会议，在这两次会议基础上，中央形成了关于几乎所有工作的 1984 年 7 号文件。胡耀邦在这两次会议上就计划生育工作发表了一系列重要指示。

胡耀邦提出，要把计划生育政策建立在合情合理、群众拥护、干部好做工作的基础上。1982 年，赵紫阳肯定了山东省烟台市"开小口堵大口"的经验。胡耀邦赞同赵紫阳的意见，他在 108 次会议上提出，对农村适当放宽一点生二胎的小口子，坚决制止大口子，严禁循私舞弊的歪口子，少数民族规定一个适当的口子，把这四个口子搞完整一点，使我们的政策建立在合情合理、群众拥护、干部好做工作的基础上。

在讨论避孕药械和节育技术问题时，胡耀邦提出，要下决心从国

外引进计划生育的先进技术、器械和优良药品，提高从事计划生育工作干部的科学知识水平。避孕要采取综合措施，在多胎生育情况较严重的地方可以提倡结扎，但引产和流产要严格执行手术常规，两者均应保证手术的质量。要重视培训节育技术队伍，不断提高他们的业务水平，严防手术事故的发生，让实行节育的人民群众要有安全感。胡耀邦说，这是关系人民生命安危的大事，一定要特别重视。

上个世纪 70 年代末期开始，人口问题越来越被宣传为具有全局性质的大问题。计划生育常常被强调到不适当的程度，生育指标越来越严紧，工作方法越来越粗暴，强迫命令的风气盛行。特别在广大农村地区，计划生育政策和农民的生育意愿反差很大，矛盾和冲突越来越多，不少的地方甚至发生了恶性事件。在一些地方，计划生育已经成为影响安定团结的重要因素。当年王伟曾和我讲过，胡耀邦说，要让计划生育部门的同志懂得，计划生育是党的一项局部性的工作。局部工作要要服从和服务于党的全局。1984 年 2 月底 3 月初，在全国计划生育委员会主任会议上，国家计划生育委员会遵照中央书记处 108 次会议精神，提出改进作风，王伟在这次和以后的几次讲话中，都用"议大事，懂全局，管本行"教育计划生育干部[24]。我不知道这 3 句话 9 个字是不是胡耀邦讲的，但那是符合王伟向我所讲的基本精神的。

1984 年 1 月 24 日，胡耀邦在陕西渭南地区的群众来信上批示说："工作要作得合情合理，为广大群众同情才好。"[25]在 108 次会议和 4 月 5 日办公会两次中央书记处会议上，胡耀邦都要求把计划生育政策建立在"合情合理、群众拥护、干部好做工作的基础上"，这实际是对计划生育工作和政策的约束、限制和框定。有这样三个条件的限定，计划生育就不再是一个重要性被强调到足以不惜一切成本和代价的程度上，群众利益、群众态度、群众基础，仍然是决定计划生育工作合理性的基本条件和标准。

中国共产党接受以斯大林为首的苏联共产党的理论体系，把自由和民主，平等和正义，人性和人权等等之类的现代价值观念都一概斥之为资产阶级意识形态，即使在强调人民性和关注群众利益的时候，也还要特别地批判人性论。但是，我在研究80年代的计划生育问题和70年代末期以来的中国改革过程中，总是感受到胡耀邦和别的领导人之间的明显差别。文化大革命后期，当一大批被打倒的领导干部在申请复查解决自己的问题的时候，胡耀邦思考的是历次的政治运动中的性质，历史中的问题。胡耀邦能够比较早地提出纠正冤假错案，这不仅是出于政治家的思考，因为那个时候的他仅只是中国共产党众多的高级干部之一，尚且处在第二次被打倒和靠边站的时候，绝对还谈不上政治家或政客需要争得民心时才会表现出来的那种实用主义的心态，而是表明他内心深处本来就有的一颗大众之心。文化大革命以前，胡耀邦不整人，以及对被整的人予以的同情和保护。在担任总书记以后所表现的温和与民主作风，以及对所谓犯有"自由化"错误的人的保护，以至落下了反对"自由化"不力的名声，成为解除他的总书记职务的借口。现在来看，那正是胡耀邦人品和秉性的表现，和他与生俱来的与万民相通相连的平民之心的体现。我觉得，这正是他的过人之处，他的优点和长处，也是胡耀邦能够历史长存的基点和基础。在全党都把人口问题和计划生育强调到不适当位置的时候，尽管胡耀邦也具有相同相近的认识，但是，惟有他体会到了身处其境的一般群众和老百姓的感受，能够在那个时代背景和氛围下提出用群众的"安全感"来要求计划生育工作，这不是用一个难能可贵就足以表达的。这是胡耀邦与其他人在执政理念方面存有差异与分歧的根源，也正是由此才导致了别人与胡耀邦的分手与分别。

七、胡耀邦有意在全国实行普遍二孩

在日月流淌，岁月走过了30多年后的今天，我们再度走进胡耀邦赵紫阳的心灵，可以感受到80年代初期，他们刚刚走到党和国家的领导岗位上，联手设计了许多个具有战略意义的大政策。其中1982年初春有关农业经济的一号文件和农村计划生育的十一号文件，一个冲破人民公社制度束缚，实行联产承包责任制，一个突破"一胎化"生育政策的限制，允许生了一个女孩的农民再生一个。这是从生产和生育两个方面给农民松绑，是同样重要的解放农村生产力的举措。现在回过头来看，那该是胡耀邦政治战略上的一个大手笔。遗憾的是，"女儿户"政策受到了计划生育部门将近 10 年的有意无意地抵制，使得整个 80 年代，全国仍然基本停留在"一胎化"政策的层面上。我曾经指出，一项由党中央国务院郑重颁布的重大政策，历经 10 年左右的时间才在全国得以基本贯彻，无论在中国共产党 90 年或者在共和国 60 多年的历史上，都是绝无仅有的。

1979 年 12 月，笔者在提交全国第二次人口科学讨论会上的论文中，曾提出用"晚婚晚育加间隔"允许人们普遍生育两个孩子取代"一胎化"的政策建议。那个时代，经济计划是全社会得以围绕的中心，不可动摇的工作原则。党的十二大确立的十二亿人口目标，成了计划生育政策越来越严紧的依据。1982 年人口普查后，笔者利用人口普查资料测算后证明，在提倡和鼓励一对夫妇生一个孩子的同时，如果实行晚婚晚育和延长二胎生育的间隔，允许人们生育二胎，也能够在 20 世纪末把人口控制在 12 亿。1984 年春节，笔者给胡耀邦写了一篇题为《把计划生育工作建立在人口发展规律的基础上》的研究报告，建议实行"晚婚晚育延长生育间隔"和允许生育二胎的政策。我不知道胡耀邦是否见到这篇文章，当它转到国家计划生育委员会以后，再次被否定了。之所以说"再次被否定"，是因为 1979 年 12 月我在全国会议上提出它的时候，当时的国务院计划生育领导小组及其办公室已经否定过一次。但是，在国家计划生育委员会这次讨论我的文章的时候，政策规划处的干部张晓彤是同意我的意见的。几个月后，在他和国家计划生育委员会所属的中国人口情报资料中心马瀛通合作的《人口控制与人口政策中的若干问题》中，肯定了我所提出的政策建议。在这篇给赵紫阳的研究报告中，他们建议说：

我们认为，梁中堂同志在给胡耀邦同志的信中，提出的晚育加间隔的生育办法是可行的。他的推算不准，提出间隔 8-10 年也很难行通，但如果允许农民在 24 岁生育第一胎后，隔四五年再生一个，则有利于人口控制，又较易为农民所接受。这个做法，会在多数群众拥护支持下把多胎率降下来，使生育高峰趋向平缓，还可使几个年龄组的生育移至 2000 年后增加完成本世纪末人口控制指标的可能性。初步推算，采用这个办法，到本世纪末全国人口可控制在 12.3 亿左右。如果能以《计划生育法》来公布这个办法，可以减小群众对政策稳定性的怀疑。2000 年以后，城乡都可以采取这个办法。

1984 年 7 月 30 日，该报告完成并送达的当天，赵紫阳作了极为肯定的批示。他说：

我认为此文有道理，值得重视。所提措施，可让有关方面测算一下，如确有可能，建议采用。本世纪人口控制指标，可以增加一点弹性，没什么大了不起。

胡耀邦赞同赵紫阳的意见。8 月 5 日，胡耀邦对该文批示说：

同意紫阳同志的意见。这是一分认真动了脑筋，很有见地的报告。提倡开动机器，深入钻研问题，大胆发表意见是我们发展大好形势，解决许多困难的有决定意义的一项。我主张按紫阳同志提出的请有关部门测算后，代中央起草一个新的文件，经书记处政治局讨论后发出。

胡耀邦赵紫阳的批示清楚、明白。但是，有关部门并没有按照胡耀邦赵紫阳的批示计算人口发展的情况，也没有"代中央起草一个新的文件"。

为什么党的总书记和国务院总理希望推行的重大政策竟然能无声无息？这是推动我自上个世纪 90 年代初中期开始，在更为宽阔的领域寻求答案的直接动因。笔者最近 10 多年致力于计划生育政策的历史研究，仍未寻找到解决这一具体问题的满意答案。但是，我却发现，现行的计划生育制度自上个世纪 70 年代末得以很快产生以来，从胡耀邦、赵紫阳之先的邓小平、李先念、陈云，以及到此后的所谓第三代，人们总是习惯性地不断呼唤抓紧抓好计划生育工作，而惟有 80 年代的胡耀邦赵紫阳要求做好计划生育工作的同时，还不断教育和劝说计划生育部门将政策适当放宽松一些。特别是胡耀邦明显在计划生育和人民群众之间首先选择了后者，反对强迫命令，严禁野蛮和粗暴的做法，并提出节育措施要让人民群众有安全感，将节育技术与人民生命安危连接起来，等等。

胡耀邦之后，再无胡耀邦。

——2015 年 4 月 15 日

（刊发于 2015 年 4 月 15 日）

自印本《胡耀邦与计划生育》序言和目录

（一）序言：胡耀邦留给世人的丰厚遗产

4月2日，陈剑先生邀请我参加他主持的中国经济体制改革研究会和胡耀邦资料信息网主办的一个纪念胡耀邦的座谈会，遂决定将博客中的几篇有关胡耀邦的文章集结在一起。上个世纪80年代，是我国计划生育工作发展的关键时期。自己从事人口和计划生育的研究，经历的也主要是这一个时期。最近10多年研究计划生育的历史，80年代是笔者所关注的重点。而研究这一阶段的计划生育历史，无论如何也都绕不开胡耀邦和赵紫阳。但是，我的有关胡耀邦赵紫阳与80年代的计划生育专题研究，恰恰尚未完成。

我在经过10多年历史的研究之后，大致形成了有关80年代计划生育的"三部曲"：《艰难的历程》《谁主沉浮？》和《左冲右突》。其中第一篇主要研究70年代末到90年代初的计划生育政策变动历史，记录了中共中央和国务院制订的以"女儿户"为核心的现行生育政策历经10年才得以基本实行的曲折轨迹，所以有《从"一胎化"到"女儿户"》的副标题。这篇文章曾先刊发在2014年《开放时代》杂志第一期，后又收入到我的论文集《中国计划生育政策史论》。

第一篇文章完成以后，两个问题曾久久挥之不去。艰难的历程，谁的艰难、何以艰难？这就有了后续的两部论文。无条件执行中央的政策，这是从中国共产党诞生的时候起就一直予以强调的组织纪律。但是，党中央国务院颁布的政策却在长达10年的时间里步履维艰。相关部门本来就是为贯彻执行中央的政策才设置的，计划生育部门长期不执行中央制订的生育政策，竟然还得到了党中央和国务院的支持和同意，可说是匪夷所思。直到研究中发现计划生育领域内存在一个与寻常的党的工作范式不同的决策体制和机制以后，这一问题才算得到了解决。所以，第二篇论文的副标题是《中国现行生育政策的决策体制与机制研究》，完成后曾提交给复旦大学去年 12 月份举办的一次讨论人口政策的会议。

计划生育是毛泽东在计划经济背景下提出的一种设想。但是，现行的计划生育制度却是在毛泽东逝世以后，随着 1979 年以陈慕华为领导的计划生育部门在全国强制推行"一胎化"的生育政策才得以迅速形成。计划生育仿照计划经济体制，以政府给国民审批和发放生育指标为特征。邓小平和陈云都不在乎强制推行"一胎化"带来的社会后果，他们认为"提倡只生一个孩子是眼前第一位的工作，至于由此而产生的一些问题则属于第二位的问题"，即使老百姓"骂断子绝孙"也无所顾忌。后来的人们也不在乎。只要计划生育部门能够贯彻得下去，即使作风野蛮些，搞点强迫命令，出点问题，甚至在一些地方引起群众的反弹，一概都可以原谅和包容。惟只有胡耀邦赵紫阳在 80 年代还有另外的做法。他们当然也是坚定不移地实行计划生育的，但还提出"工作要作得合情合理，为广大群众同情才好"。现行的计划生育制度本身就是对公民自由权的一种限制，是与经济社会发展带给人民越来越多自由选择权的历史发展趋势完全背道而驰的，从而是不符合社会发展的趋势，也就是不合乎情理的。胡耀邦和赵紫阳却要在这种不合情理的体制内寻求"合情合理、群众拥护、干部好做工作"。因为这篇文章就是研究他们在不合理的制度内要求合理而遭致的情况，所以，第三篇的文章题目是《左冲右突——胡耀邦赵紫阳与 80 年代的计划生育》。

这篇文章比较全面记录了胡耀邦在当时的努力，反映出了他的博大情怀，适合提交给陈剑先生的会议。无奈，这却是一篇尚未完成的文章。大约 5 万字左右的资料部分早在去年 8 月份已经齐备，只是还有许多个具体问题尚未曾梳理得清楚。不过，在研究这些问题的过程中，已经获得了一些认识。在党的文献上，计划生育被提到了基本国策的高度。可对于历来的执政者来说，它却一概不是他们的重点与中心。计划生育工作在胡耀邦赵紫阳那里，也仅只占据着极小的分量。但是，就是在胡耀邦极力要求将生育政策制订得合情合理些，赵紫阳要求将政策适当放的宽松一些，才体现了他们与其他人不一般的理念。生活和工作在体制内，理念与制度一致的时候，或者不一致的理念选择了服从体制的时候，一般都不发生冲突。胡耀邦和赵紫阳以前或者以后的人，都与现行的计划生育制度没有冲突。胡耀邦赵紫阳似乎感觉哪里总有点问题，并且开始上下求索，这才表现出左右的冲突。左冲右突，是指既想要坚持现行的制度，要求依据现行的政策进一步做好工作，又要现行的制度不发生伤害人民的负面结果。这以特殊的现象是尝试在体制内寻求改革和出路的时候才会出现的，它是属于那些具有锐意改革的人才配享拥有的专利。事实上，胡耀邦赵紫阳的左冲右突不只是发生在计划生育一个领域，我说啦，这仅只是他们工作中极小的一部分。他们是带着与党内占据主导地位的人们明显不太一致的理念，分别走到了党和国家的最高领导的岗位。他们执政后试图用自己的理念去指导政务工作，所以就产生了许多的冲突，有了专属于他们俩的结局。但是，也就是胡耀邦赵紫阳的左冲右突，才在我国传统的经济体制中撕开了一个缺口。胡耀邦赵紫阳才是上个世纪80年代我们党内第一批具有先进理念并将中国引领到改革航程的领路人。我们后面还有陈述。

因为适合会议的文章尚未完成，所以就有了同名为《胡耀邦与计划生育》的论文和这本小册子。

关于这个小册子，有两个问题需要交代。

一个是关于胡耀邦和《中共中央关于控制我国人口增长问题致全体共产党员、共青团员的公开信》。读者当然都知道，不只是体制外的研究者，就连体制内绝大多数研究者都是在档案未曾开放的情况下研究当代甚至现代中国历史的。2010 年研究《公开信》的时候，笔者根据个人对胡耀邦的许多材料的感觉和国家计划生育委员会整理的 1980 年 6 月 26 日中央书记处会议简介，曾推断《公开信》与胡耀邦无关。2012 年 10 月，作者无意中却发现了一份记录相关会议的文献，胡耀邦亲口说"公开信是我提议的"。所以，必须郑重声明，我在 2010 年前后写的《论"公开信"》，以及收入到这本书里的相关文章认为胡耀邦与《公开信》无关的推论，都是错误的。

不过，同样需要说明的是，我的这一有关史料方面的错误不仅没有否定和影响许多年来我对这一段历史研究所获得的一些具有结论性的意见，相反，发现《公开信》是经胡耀邦提议发表的历史事实，进一步证明了我说《公开信》是一个临时措施的观点是正确的。胡耀邦的话加强了我的这个观点。他说："公开信是我提出来的。当时一方面看到思想不通，一方面看到强迫命令很厉害。""一个是群众跑反，一个是干部不管。"这充分说明，胡耀邦对正在推行的"一胎化"政策存有疑虑。但是，1980 年 2 月新设立的中央书记处，仅只是在政治局和政治局常委会的领导下的日常工作机构，华国锋还是党中央的主席，胡耀邦刚刚走到中央书记处总书记位置上，还不具有纠正和改变这一政策的条件。所以，《公开信》作为一个过渡性的安排，应运而生。1981 年 6 月 27 日至 29 日，党的十一届六中全会标志着邓小平最终解决华国锋的问题以后，9 月 10 日，胡耀邦和赵紫阳就联手在中央书记处 122 次会议上提出完善计划生育政策的两个方案并最终产生了现行的计划生育政策。为此我才说，胡耀邦提出《公开信》，乃是"一胎化"走向"女儿户"的一个过渡、拐点和转向路标。

第二个问题是，这本小册子收录了 2010 年到 2011 年期间，在博客上粘贴的我写给胡耀邦 4 封信。其实，在上个世纪 80 年代的那一段时间里，我给胡耀邦写的信远不止这几封。因为撇开了国家计划生育委员会，只记得已经让王伟坐不住了。他让秘书王国强写信给我，说是转达王伟同志的意见，今后我给中央的报告能不能同时也抄送给他一份。那个时候，我们的国家制度还与现在有很大的差别。1949 年，中国共产党明确要建立的是一个人民民主专政的国家。所谓人民民主专政，是无产阶级专政在中国的特殊形式。所以，到了 50 年代中后期，就直接说是无产阶级专政了。且不论我国是否具备条件，先说什么是无产阶级专政。按照列宁的说法，无产阶级专政"是不受任何法律约束的国家政权"。如果按照列宁更为经典式的话来叙述，无产阶级专政就是全部武装的工人阶级及其代表所掌握的国家政权。因为无产阶级专政的国家不遵守法律和不受任何法律的约束，其运行的特点和特征，一个是和人民群众广泛而直接的联系，有的时候就直接表现为群众运动，群众专政，一切都由群众说了算。另一个作为常态性的行为，就是领导的指示和批示。领导依据国家运行的情况及时发出指示，随时调节运动（无产阶级专政就是无产阶级革命运动的一个阶段，一个特殊阶段中的运动形式）的方向和速度。所以，国家领导人批示，各级领导批条子，是无产阶级专政形式的国家的执政方式之一。

80 年代以后，随着我国经济社会的发展，国家机构也现代化起来。国家形式的现代化，就是官僚制度化。官僚制度，是一个被马克思主义者批臭了的词汇。不过，按照马克思的唯物历史观来分析的话，它是一个适应资本主义发展的国家形态。我们平时说的现代化，究其本质来说就是生产上日益资本主义工业化，社会生活方式日益适应资本主义工业化的生产。那么，官僚制度这一作为数百年适应生产需要逐渐形成的资本主义国家形态，就是一个社会发展的产物。当一个国家由传统走向现代的同时，国家制度适应经济社会的发展需要也过渡到了官僚体制，这乃是社会进步的表现。官僚体制依靠法律和程序，而不承认长官即时性的号令和批示。所以，90 年代以后，我已经很少以至现在不再向党和国家领导人写信反映情况了。当然，现代官僚制度的建立需要有两个前提条件，一个是较为完善的法制制度，一个是具有一定专业素养的公务员队伍。我们这两个方面明显都不具备，所以社会问题丛生，彰显出国家政治体制特别不适应社会发展的需要。国家要能顺利实现过渡阶段时常会产生的各类危机，政府首脑首先就必须具有先进的理念并统领和驾驭改革的全局，引领国家机构和设置向现代民主制度转化，特别要顺应发展趋势不断地满足而不是压制甚至弹压人民的诉求。这些当然都属于另外一个方面的问题，我们且先不用去说它了。

　　胡耀邦的一生，是从一个红小鬼成长到党中央主席和总书记的一生。胡耀邦 15 岁时开始投身到中国共产党的怀抱，直到他的去世，应该说一直都在党内，是一个把自己一生都交给党、为党工作了一生、为党的事业奋斗了一生的人。一个十几岁的穷苦乡村的孩子，还不同于农村富裕家庭可以接受儒家经典的文化教育。胡耀邦的少儿启蒙，该是在进入苏区参加红军后接受中国共产党的马克思主义开始的。如果仔细研究就可以发现，胡耀邦人生和思想形成和成长的过程，也是毛泽东思想形成和发展的过程。因为胡耀邦是在中央苏区和延安成长的，比较接近中央苏区的创始人毛泽东那一批领导人，特别是在延安抗日军政大学工作期间，这是毛泽东思想形成和成熟的关键时期，也是作为青年胡耀邦的世界观的形成和成熟的时期。1989 年1 月，胡耀邦在湖南长沙的一次谈话中向人介绍 12 岁听到毛泽东的演讲，并深情地说："我一生对毛主席最崇敬，感情最深。"所以，胡耀邦属于典型的由毛泽东培养和接受毛泽东思想的孕育而成长成熟起来的那一代共产党人。

　　因为胡耀邦一生完全生活在体制内，所以，他又是一个简单、单纯的人。但是，因为特别热爱读书，善于思考，胡耀邦又是中国共产党内很少有的既具有共产党的理想，而又善于思考、思索与思想的人。必须指出，胡耀邦接受的是马克思主义理论和毛泽东思想的教育，他的思想与思索就都只可能是在马克思主义指导下发生的。胡耀邦是文化大革命以后首先反思中国共产党体制的人，所以能够最早提出平反"冤假错案"。一般的人只是就事论事地评价这个问题。实际上，因为胡耀邦提出的不是一个个案，也不是一次运动中的冤案，而是历次运动是"两个不管"即凡是冤假错案，"不管是在什么时候，在什么情况下搞的，也不管是什么人批的，都要实事求是地改正过来"。这是对中国共产党整个历史的反思。所以，胡耀邦才是体制内反省体制弊端的第一人。正式这样一位具有自觉反思反省意识的政治家在党和国家最高领导岗位上执政了多年，才有了对传统体制的改革。由于历史的原因，多年来我们对这一问题缺乏认识，实际上，胡耀邦从 1980 年担任中央书记处总书记到 1986 年从中共中央总书记位置上黯然下台，其间执政的实践，点点真金，字字珠玑，其实都是中国共产党的宝贵财富。

譬如，上个世纪 80 年代中期，胡耀邦几次提出研究时代问题。由于历史的原因，人们并没有理解胡耀邦这一个意见的巨大意义，所以也没有重视它。时代问题，无论对于一个政党，一个国家，一个民族，当然都相当重要。胡耀邦为什么要提出这个问题？因为资料的限制，我没有研究它。但是，我一直认为这是胡耀邦经过深思熟虑后才提出来的。在此前后，社会主义初级阶段的概念已经在被提出到形成的过程中，但我觉得它并不能使胡耀邦满意。从那时阅读到胡耀邦的讲话开始，笔者就一直注意研究和思考这个问题。最近几年终于有了相对宽松的时间，系统阅读马克思和列宁的有关时代与革命的理论，阅读俄国十月革命和苏联社会主义的历史，思索与思考戈尔巴乔夫的改革和苏联解体的历史事件，感觉到一切发展都那么自然和必然、合情与合理。

中国共产党接受的是斯大林在联共（布）党史教程中的所谓历史唯物主义，将人类归结为原始社会、奴隶社会、封建社会、资本主义社会和社会主义（共产主义）五大形态，认为人类目前已经发展到资本主义向社会主义过渡的历史阶段。按列宁的话说，是无产阶级革命和无产阶级专政的时代。列宁逝世以后，斯大林甚至提出俄国一国可以建设成为社会主义。这就是说，单独一个国家就能够从落后的农业经济直接跳跃进入到共产主义（社会主义）。这都不是马克思的论述，甚至也不符合列宁。

马克思和列宁有一个共同的思想，那就是社会主义不是在一个国家，而是在一切文明国家至少是在英国、美国、法国、德国等等先进的工业国家同时发生的。马克思没有做过上述 5 个社会形态的论述，但有一个以资本主义现时代为基点，将人类社会划分为前资本主义、资本主义和后资本主义三大形态的历史学说。马克思还在包括

《资本论》在内的许多著作和手稿里都反复讲到的一个观点，即共产主义是建立在资本主义"社会财富这一基础上的"，是"资产阶级社会内部，产生出的一些交往关系和生产关系"，"第二阶段（资本主义）为第三阶段（共产主义）创造条件"。按照这样的思想，资本主义就不只是一个意识形态上的概念，它不仅是人类社会发展的一个很长的历史阶段，取代它的社会主义（共产主义）不仅不是人们有意识地强行建立的，而且是在高度发展的资本主义基础上自行产生的。按照这样的理论，共产主义根本不可能出现在落后的前资本主义的生产基础上。在一个还很少有资本主义的落后俄国所进行的革命，即使一个革命政党在其伟大领袖的领导下有条件夺取并且掌握了国家政权，其顺应历史发展所做的一切无论其主观愿意如何，它所做的一切都只能是发展资本主义。如果谁一味地要和历史时代过意不去，逆历史的潮流，客观规律就要发生作用。苏联的解体，以及苏联解体后的前苏联国家，包括现在的俄罗斯，不过是顺应了历史时代的发展。我们必须从这样的历史过程中借鉴历史经验，未雨绸缪，反思自己，而不是简单地将苏东剧变归结为以美国为首的西方资本主义的"和平演变"。相比于诸多的发展中国家来说，美国等西方发达国家都有了较高程度的发展，经济能力也都比较强。但是，所有国家的政府和人民，都有自己的生活，都有自己的困难，也都有自己的利益，他们都要做他们自己的事情。如同一个普通人一样，看见邻居红红火火地成长和发展，也许有的时候会生长出一丝的妒意（更多情况可能还是看到生活不如自己而向友好邻居伸出友谊之手），但他必须把所有的精力放在自己的生活上。那些以破坏邻居生活为人生目的的人，甚至于偶尔破坏邻居生命财产的人，则都不可能是身心健康健全的人。如果将上个世纪全世界人民经过奋斗在40年代结束了第二次世界大战以后建立的世界秩序，特别是将苏联解体以后已经结束了世界冷战格局以后的国际关系，都理解成一群疯子、身心不健康的人们之间的关系，显然是对国际形势和国际关系进一步走势的误判。如果仅仅是一群没落文人的胡言乱语，那倒罢了。谁如果要把它用来指导国务活动，那一定会犯大错。在一个正常的国际大环境中，正如马克思所揭示的那样，因为同时在一个世界市场，有的时候会发生利益冲突（更多的是利益一致）。但是，每一个国家都在那里过自己的日子，老是以为别人要"演变"你，别人演变你干什么？就拿前苏联来说，那是一个几亿人口的大国，力量又都那么强大，别人说演变就演变得了？几亿的人口和那么强大的苏联共产党干嘛去了？还有，现在的普京又那么强硬和精明，怎么就没有听说他们把苏联的解体归结为美国的"和平演变"？如果苏联社会主义制度确实比现在的俄罗斯资本主义光明，人民当然还都会一心向往。那么，俄罗斯人民为何不都投共产党的票，要求共产党再度执政，领导他们再回到前苏联的那个制度中去？或者，普京的粉丝们怎么不要求普京"报复"美国，让苏联社会主义制度重返俄罗斯？特别需要说明的是，这些国家都已经不同于前苏联时期禁止结党结社，限制人们的言论自由。这些国家的人民已经有了组党结社和发表言论的自由权，如果是那样，一定会公开表达他们的政治诉求的。我们经常说，尊重人民的选择。前苏联的各国人民、俄罗斯的人民，现在都没有主张要再回到前苏联的国家制度，而是愿意生活在现在的资本主义社会里，充分说明了一个相当浅显的道理，那就是现在比过去进步了。人民选择了现在，那也就是抛弃了前苏联的所谓社会主义。苏联社会主义联盟共和国的解体和这些国家集体转向自由资本主义，表明人类目前仍然处在资本主义时代。这些都是社会规律自然发展的结果。"和平演变说"休矣。一个曾经有强大思想武器和生命力旺盛的革命党，一个用马克思主义武装起来的革命党，其政治研究机构（用现在的话语说是"国家智库"）和理论宣传队伍却堕落到如此的地步，用如此软弱的观点去诠释如此具有重大历史意义和时代厚重感的社会问题，实在是党的悲哀。

还有，上个世纪 80 年代，随着我国不断开放和走向世界，经济社会有了较快的发展。特别是因为经济社会日益多元化，建立在单一的计划经济基础上的政治设施已经不适应新形势下的社会生活。基层干部和政府工作与群众的矛盾增加，群众上访的案件也越来越多。1982 年 1 月 7 日，当上述现象还属初露端倪之际，胡耀邦在一个批件上说：

> 我们信访部门，我们做信访工作的同志，不能来人谈谈，来信看看，问题照转，落实不落实一概不管。现在有些上访人不信任上访部门，想方设法向中央领导同志写信，这对我们来说并不是很光彩的，应该引起注意，切实改进。

我在那篇博客里已经指出，胡耀邦对信访部门的批评并不完全正确。信访部门一开始是在党务系统设立的，它是各级党组织的负责同志与群众联系的一个窗口，本来就不是国家权力机关，不可能依靠它解决群众反映的问题。甚至在设立这样的机构的初期，有关方面也没有想到要依靠它解决问题，而是要求党和政府的负责人通过这一途径了解情况后亲自处理。我不知道胡耀邦写下这段批示的时候是否已经意识到了以下两个问题，一是人民来信来访反应或者提出的诉求的绝大部分都是针对基层的干部、党组织或者政府部门，属于人民与党组织、与政府之间的纠纷。二是西方民主国家里，国民之间，以及国民与政府之间的纠纷，都是通过法律来解决问题的，大量的矛盾都是在基层法院得到解决了。在那些国家里，国民依靠法律维护自己的权益，而不会发生人民向国家领导人写信反映问题。这是国家是否发展与成熟的表现。联系目前各级党委政府对人民来信来访的公开抵制和强行反对，再看胡耀邦早在 30 多年前就将这一向来被看作是党密切联系群众的好形式当作是政府的"不光彩"，表明其具有多么敏锐的认识。

除了以上两个事例外，我们还可以再列举出许许多多，比如，带头穿西装，提倡吃面包，等等，都表明胡耀邦具有接受西方文化和容纳世界的胸怀，有虚心学习资本主义先进经验的思想理念。一位置身于快步前进的群体之中的落伍者，他如果真的希望自己也能迎头赶上，其唯一的诀窍就是能与先行者友好相处，虚心学习，才有可能获得先行者得以先进的方法。一个落后国家的领导人，一个由传统的农业向工业现代化过渡的国家，也只有具备了这样的先进理念，虚心向西方学习，才可以带领他的国家走向世界。胡耀邦就是具备了这一思想的党的领导人。中国共产党一直寻求在体制内实行改革的办法，自从胡耀邦走到中央书记处总书记和中央总书记的职位上以后，也就一直在探索体制内的改革。胡耀邦是中国共产党忠诚的党员，他将自己的一生都贡献给了党。但是，我以为胡耀邦奉献给党的最为珍贵而沉重的财产，还是他在先进理念支配下的长达 7 年的执政实践，其间的胡耀邦所作所为，无论成功与失败，都是留给他的党的优秀遗产。认真研究胡耀邦执政的实践经验，思考他的执政所思所虑，才真正是那些整天担忧亡党亡国的忧患之士该去关注的重大问题。相反，漠视、拒绝以至抵制 80 年代的政治遗产，那不只是一般的数典忘祖，其实是真有亡党之祸啊！

　　胡耀邦是中国共产党的优秀党员。共产党人常把自己比喻成中国人民的儿子。胡耀邦有一颗平民之心，所以，胡耀邦与计划生育的核心问题就是他对群众问题的关心和关注。胡耀邦在 80 年代对计划生育工作的基本要求就是一要坚持国策，二要群众拥护。这是一个仍然未能摆脱体制约束的国家领导人所能达到的最高位置了。我觉得，这不仅是一位政治家所具有的对民心民意的关切与关注，应该说它本来就是出自于那与生俱来而且宦海一生都未曾泯灭的平民之心。胡耀邦来自于民，且难能可贵之处在于他将自己完全奉献给了人民。特别是他的死都是贡献给人民的一份厚礼。胡耀邦的逝世为中国人民提供了一个认识中国的特殊的视角。也正是从这一天开始，中国才成熟了。胡耀邦的逝世结束了中国的一个时代，并标示着另外的一个时代的开始。

　　胡耀邦之后，再无胡耀邦。

梁中堂于 2015 年 4 月 14 日
胡耀邦逝世 26 周年前夕

（二）目录

"马寅初事件"的真相

按语

这篇文章是应北京某大报的约请而作的。数年来，已不给报刊撰写文章。上个月的某一天，北京某大报的编辑发过一篇署有我的名字的稿件，说要我修改后在该报"著者独白"发表。该编还告我，她是依据我的《马寅初考》一书的序言拟就这篇稿子的。一是感念编辑的苦心，二是它本来就来自于我的文章，三是该文要以"著者独白"的方式发表，那就无可推脱了。因为大报大编拟就的初稿，我只是将其顺了一下，连同题目也都是人家的。不想，该报老总还是将其毙掉了。既然达不到党报刊发的水准，那就张贴在这里吧。

——2015 年 5 月 21 日

确切地说，《马寅初考》这本书名该叫《批判马寅初事件考》，因为我写这本书的目的并不是研究马寅初本人的历史，而是考证所谓马寅初由于写了《新人口论》而遭受批判这个事件真相的。

一、"马寅初事件"是怎么来的

所谓"批判马寅初的人口论事件"，产生于 1979 年年中到 1982 年 5 月马寅初逝世这一段时间。这一个时期有大量文章说，早在上世纪 50 年代党和政府还没有提出控制人口以前，马寅初就已经深入地研究了社会主义人口规律，提出控制人口和实行计划生育的主张了。毛泽东曾把马寅初接到了中南海，畅谈人口问题，并接受他的建议，开始实行计划生育。但是，毛泽东 1958 年要实行大跃进，提出了人多力量大的观点，又开始反悔批判马寅初。马寅初曾面对康生、陈伯达的迫害，表现出铮铮铁骨，不畏强暴，发出誓言：自当单枪匹马，孤军奋战，直到战死为止，决不投降。由于政府放弃了计划生育，中国人口从 6 亿猛增到 9 亿多，付出了沉重的代价。"错批一人，误增三亿"。20 年后，实践宣布了公允的裁判：真理在马寅初一边。1979 年 9 月，中共中央不仅批准同意北京大学党委为马寅初平反的报告，而且在 1982 年马寅初逝世后新华社所发的新闻通稿里还高调评价他是"我党真挚诤友"。

按此说法，计划生育这一基本国策不是来源于党的领袖的理念，而是来自于一位民主人士对社会主义本质更为深刻的研究。更有甚者，30 多年来，海内外不少的人还从"马寅初事件"出发，引申出了许多"反思"共和国政治与文化的历史经验。但是，根据我的研究，以上说法却都建立在一个虚幻的神话上面。

马寅初是留学西方的经济学家，和绝大多数旧知识分子一样，曾经把人口过多当作国家贫穷的原因。所以，他在解放前是主张节制生育的。但是，正如他自己声明所说，从 1939 年以后"无时无刻不和共产党在一起"，因此也就放弃了把人口当作贫穷落后根源的马尔萨斯主义。特别是毛泽东在建国前夕义正词严地批判了美国政府《白皮书》预言共产党将来也解决不了中国人口众多带来的社会问题以后，新中国主流的意识形态甚至在《人民日报》上也宣传说落后国家实行节制生育乃是"美帝国主义杀人"。为此，至少在上世纪 50 年代初期之前的一段时间里，马寅初和其他在旧中国曾经主张节制生育的知识分子，也都不再宣传这些观点了。

1953 年以后，党和政府主张节制生育意向逐渐明朗。马寅初和邵力子都属于中央政府里的上层人士，比较早地了解到这个动向，遂也在一些内部会议上旧话重提。1957 年 2 月 27 日，毛泽东在最高国务会议上作"如何处理人民内部矛盾"的演讲时，第一次公开向社会提出要实行计划生育。3 月 1 日，会议组织了 16 位民主人士在大会上作聆听毛泽东讲话后的感言，其中马寅初的发言回应了毛泽东有关计划生育的内容。这就是所谓马寅初的中南海建言。马寅初的发言当然不是建议毛泽东实行计划生育，而是迎合毛泽东的主张。如果读者翻阅《马寅初全集》，就不难发现，马寅初有关人口的一些文章，包括答记者问和演讲，以及他的《新人口论》，都是听了毛泽东演讲以后才产生的。

我国计划生育工作从上个世纪 50 年中期开展以来，有时候抓得很紧，有时则会放松。但是，从来就没有停止过。所以，半个多世纪以来，我国的计划生育工作一直是在不断由浅入深地得到持续发展的，从未发生过党和政府因反悔而批判了马寅初。

二、马寅初遭遇的两次批判是怎么回事，是谁批判了马寅初

如同绝大多数从旧社会过来的知识分子都受到过批判和冲击一样，马寅初也确曾有两次被批判。

先说第一次。1958 年大跃进之前，毛泽东曾经部署了一个"反保守、反浪费"的群众运动，算是战前的大动员。"双反运动"的主要形式是"四大"，即大鸣、大放、大字报、大辩论。一个时期，几乎人人都写大字报。大字报成了一种风靡全国的时尚。2 月 22 日，北京大学党委书记陆平动员后，不几天，校园内就张贴了 20 多万张大字报。3 月 10 日，中央正式下发文件，北京大学誓师大会后短短几个小时，燕园就新张贴出 9 万多张大字报。马寅初身兼北京大学校长，向来都听党的话，当然要以身作则。当时，北大学生和教师给马寅初贴大字报，批评他有"大北大主义"和为民族资本家辩护等资产阶级思想。马寅初也给学生和教师张贴大字报，为自己作解释和辩护，结果导致给他张贴的大字报越来越多。一开始，《光明日报》以"选自北京大学的大字报"的方式选登了几张批判马寅初的大字报，马寅初很快就写出了两篇长文刊登在《光明日报》上。马寅初的回应和反驳的文章都很长，分开几天连载在报纸上，比批判他的文章都还

有气势，从而又引发了报刊上对他的围剿。

马寅初第二次被批判，发生在 1959 年年底到 1960 年年初大约 20 多天的时间里。本来，1958 年无论北京大学还是《光明日报》等报刊针对马寅初的批判，都随着他的外出视察离开北京而消失了。但是，马寅初自己放不下。一年后，他在 1959 年《新建设》杂志第 11 月号上发表的论文中，专门写了一段题为《接受光明日报的挑战》的文字，"我虽年近八十，明知寡不敌众"，也要与《光明日报》决一死战。《光明日报》遂转身再次组织文章，由此开始了第二轮的批判。《光明日报》自 1949 年创办以来，一直以文化、教育和科学技术等领域里的知识分子为对象，是在我国社会生活中很有影响的一份报纸。但是，它只是在文化大革命以后才收归中国共产党主办。在此之前，《光明日报》和《新建设》杂志都是由民主党派主管和主办。所以，《光明日报》和《新建设》杂志带头批判马寅初，算是民主党派的报刊批判"具有资产阶级学术思想的"民主人士马寅初。马寅初发出誓言，"直至战死为止"，"决不投降"，也是对着民主党派所办的《光明日报》。

马寅初两次遭受批判，也不是因为"人口论"。1958 年 1 月，马寅初在一般的知识分子发表一篇文章都很困难的情况下，出版了一部名为《我的经济理论哲学思想和政治立场》的著作，一方面是要用他的经济观点论证社会主义经济改造的合理性，另一方面显示学习马克思主义唯物史观的成绩，向党和人民表白自己坚定的政治立场。但是，在"双反运动"的前夕出版，却正好为群众提供了一个批判他的靶子。在这本书中，《新人口论》仅只是其中的 4 篇附录之一，并不是重点。更何况，那时的人们都知道计划生育是毛泽东提出来的，党和政府也正在实行计划生育。所以，即使选择批判马寅初的《新人口论》，能把马寅初的主张和党的政策区分开来，也都是那时批判者的一种技巧和智慧。

三、马寅初何以能享有反批判的"特权"

一般的读者仅知道马寅初是北京大学的校长，岂不知那并不是他的主要职务。实际上，马寅初曾经是共和国里有着很高职务的大官。新中国刚成立的时候，马寅初是毛泽东为主席的中央人民政府委员会委员之一。1949 年 10 月 1 日，毛泽东在天安门城楼上宣读 63 位中央政府委员的名单时，马寅初就站在毛泽东的右侧。1954 年宪法归定全国人大是共和国的最高权力机关，马寅初随即又担任了第一、二届的全国人大常委。

正因为马寅初具有很高的社会地位，他才表现了和别的知识分子不一样。大部分人被批判时，一般只有接受批判和写检查的份，可马寅初却不是这样。马寅初一写就是几万字的反批判文章，不仅可以刊登在《光明日报》《新建设》和《北京大学学报》上，而且要登在哪一期、哪一天，似乎都是由他说了说。分析马寅初所遭受到的这两次批判，前一次随着他外出视察离开北京不再与对手纠缠而逐渐停止，后一次也随着他入住医院而销声匿迹。主动权似乎总是握在他的手里，要进则进、要退则退。看一看共和国中的批判史，包括共产党队伍中那些被批判的人，哪一个被批判时不是一定要将其打翻在地，再踏上一只脚，批倒批臭了才算罢休？马寅初能在被批判时如此神气，还不是一方面自恃有党和毛泽东的信任，另一方面对手也不过是民主党派！

还有一个说法，马寅初受到迫害，被罢免了人大常委职务。实际情况是，1960 年，已 78 岁的马寅初辞去了北大校长，但第二届全国人大常委照当。1965 年的两会上，已经 83 岁且下肢瘫痪的马寅初不再担任第三届全国人大常委了，但又改为全国政协常委。特别是以至到马寅初百年逝世时为止，党和政府在 50 年代马寅初担任中央人民政府委员时配置的住房、吉姆轿车，以及秘书、司机、厨师、公务员，连同国家行政三级（毛泽东为行政二级）的医疗和工资待遇，一点都没有变。在共和国的历史上，有过这样被党和政府批判过的人吗？

四、为什么说康生陈伯达没有批判马寅初

在 1979 年所谓马寅初平反事件中，有一个很盛行的说法，即康生陈伯达组织批判了马寅初。但是，在我十多年寻找所谓批判马寅初事件的过程中，却始终未发现过两人的身影。

首先，康生、陈伯达的历史中都没有批判马寅初的记录。其二，马寅初本人也从未有过康生陈伯达批判过自己的说法。其三，按照康生、陈伯达批判马寅初的说法，北京大学是其组织批判的主要场所。但是，当时北京大学党委班子的诸多成员，包括第一书记陆平和当时的党委成员、文革以后担任党委书记的王学珍，都没有回应过曾经接受指示批判了马寅初。相反，陆平看了电视剧《马寅初》以后，"感觉特别地冤"。王学珍在 2000 年以后主编有数百万字的《北京大学纪事》，一点也没有康生陈伯达指示北京大学批判马寅初的文字。其四，《光明日报》和《新建设》都曾带头批判过马寅初，穆欣曾是当年《光明日报》执行总编，吉伟青是《新建设》的主编。特别重要的是，这两位都分别写了大量的回忆文章，也交代过他们如何批判马寅初，却都没有康生陈伯达。其五，孙冶方、许涤新等都算是当年的理论界人士，文革后写有回忆学术界批判马寅初的文章，也没有写康生、陈伯达。

相反，笔者翻检了可以寻找得到的 1958 年至 1960 年期间，中共中央机关理论期刊《红旗》杂志和西藏自治区以外的其他 27 个省、市、自治区党委的理论刊物，共计 1053 期 11753 篇，竟没有一篇批判马寅初的文章。显然，像马寅初这样高级别的统战对象，没有毛泽东的态度，党内誰敢擅自批判他？

五、怎样认识"错批一人，误增三亿"

1980 年前后，社会上还产生了一个与马寅初问题相关的说法，即"错批一人，误增三亿"。似乎中国人口从 1958 年的 6 亿多，增

加到上世纪 70 年代末的 9 亿，都是源于对马寅初的批判。

这是不懂人口规律，以为人们都是盲目生育的。其实，人口也有它自己的规律性，人口变动过程也是不以包括政府的政策在内的人们的主观意志为转移的。中国作为发展中国家，与半个多世纪以来的工业现代化发展相适应，人口也处在由传统时代的高出生、高死亡、低增长，向现代国家的低出生、低死亡、低增长的阶段转化。期间，因为死亡率的下降相对要早一些、快一些，生育率下降过程相对慢一点，期间的人口增长就高一点、多一点。世界上所有国家，莫不是如此。以我国最近 30 多年的情况来说，即使我国实行了极为严厉的"一胎化"政策，人口还是增长了 4 亿多。所以，在一定时期内的人口是否得到了增长，与历史上是不是批判了马寅初没有关系。

（刊发于 2015 年 5 月 21 日）

关于康生批判马寅初问题的认识与检讨

谨以此文献给穆光宗教授和马大成先生，完全是由于他们的缘故，让我有了再次检视马寅初事件的机会。

——作者

6月8日下午，北京大学穆光宗教授给我发来由马寅初侄孙马大成先生转发的两个影印件，一个是1959年12月15日，北京大学党委书记陆平常委会传达康生关于批判马寅初指示记录的复印件，一个是同月24日于光远转给陆平的康生23日写给于光远、范若愚、杨述、陆平、穆欣等人信件的打印稿复印件。从这两个影印件分析，康生确曾插手批判过马寅初。两个文件的具体内容，过去在包括新华社记者杨建业、光明日报总编穆欣等许多人的文章和书里，都看到过。但因资料来源和出处都未能交代，我都予以否认了。这个影印件出自于浙江人民出版社《马寅初》画册，也未注释出处。因为两份资料都与陆平有关，初步推断它们都来自于北京大学。所以，我当天下午就委托北京大学李建新教授试查阅北京大学档案。为什么要说"试查阅"？因为许多年前我曾委托北京大学陆杰华教授、李建新教授和在读博士刘玉博到北京大学档案馆查阅过，不是回答说党委会议记录不开放（6月19日下午4点，李建新教授从广西防城港市给我的电话中说，16日下午，北京大学档案馆根据领导研究的决定，又不许可他查阅有关党委会议的历史记录了），就是那里没有康生批判马寅初的档案。所以，这次还是只能让北京大学的内部人再试一试。

昨天（6月15日）下午，李建新手持系里的介绍信和《马寅初》画册，到档案馆要求查找。工作人员接待说，解放后的党委档案不对外开放，但既然这两张页码已经出版了，不妨查对一下。昨天晚上，李建新电话通知我，他已经看到这两份文件的原始档案。表明康生确曾参与批判了马寅初。昨天晚上，我已经将情况通报给中国发展出版社，并致歉意。今天写这篇文章，一方面是根据新的资料对马寅初的问题做一个新的认识，另一方面公开发表声明，再向读者表示歉意和检讨。

一、遗漏《马寅初》画册是一个非常低级的错误

所谓低级错误，是就其性质来说是一个无条件的、绝对的错误。

这两份文件复印件来源于嵊州市人民政府编辑的《马寅初》。它是一本画册，由浙江人民出版社 1999 年出版发行。这是公开出版的一本书，自己在此以前却没有看到过。自己研究马寅初事件花费那么大功夫，拥有那么多资料，甚至于占有相当多的马寅初问题外围的资料，却没有看到过刊登在公开出版物上的核心资料，无论怎么说，都是一件无法向读者、向自己交代的错误。

说来都令人难以置信，此前自己并不是不知道有一本浙江人民出版社的有关马寅初的画册。知道有这本书为什么不买来研究？所以说低级错误，就是指这个。我在研究马寅初问题的过程中，逐渐确定了一些原则，其中就有一个"权威性原则"。马寅初问题发生在中央层面，所以注意中央层面的资料来源。包括浙江省的地方出版物在内都曾经搜集过一些，因为没有可用的资料，所以将其放过了。但是，这本画册中提供几帧有关马寅初被批判和平反的照片，还真是对自己研究很有的资。而且应该公正地评价说，它是目前自己所看到的唯一的一本提供了康生插手批判马寅初资料证据的公开出版物。

进一步检讨，把错误推脱在自己确定的那个权威性原则方面，其实也不是理由。权威性原则，是说来源的权威性，而不是出版者和提供者。做研究搜集资料，应该越广泛越好，包括地方的资料，都应在搜索的范围。资料分析整理是，才该取权威性原则。这本书是在没有见到的情况下，几次三番地在自己面前浮现过却都被武断地当作没

有价值的出版物而忽略了。这该属于作风不严谨、不认真，无须寻找别理由。如果早先看到这个材料，奉献给读者的研究成果多少总有所不同了。所以，首先要给读者致以歉意！其次，穆光宗教授和马大成先生给我提供了这份资料，以及因为给北京天则研究所演讲马寅初问题，才有了纠正我的这一低级错误的机遇，也应向他们一并致以谢意！

二、如果没有北大档案馆的证实，我仍不会采信这两份资料

虽然 15 日我收到穆教授的邮件后第一时间就像他感谢并道歉，但在没有进一步对应找到历史档案以前，自己对它的真实性还是有保留的。

首先，康生、陆平都是党的高级干部。马寅初是全国人大常委会委员、北京大学校长，也是国家高级干部。陆平怎么能在 1959 年 12 月 15 日常委会议上第一句话就说"马寅初最近很猖狂"，"搞右派进攻"？根据陆平女儿的叙述，"1998 年，在父亲 84 岁高龄时，一部在某电视台播出的电视剧违背事实，把父亲说成与康生沆瀣一气，加害马寅初先生，这对父亲的沉默是一次极大的打击。因为是康生 1966 年 5 月派妻子曹轶欧率调查组……将父亲定为走资本主义道路当权派……这本应是众所周知、无可更改的事实，但是，如今父亲还活着，事实已经黑白颠倒了。""……自 84 岁经历了电视剧违背事实的事情后，父亲连连住院，身体明显地一年不如一年。"陆平的女儿的这篇文章最早发表在《纵横》杂志 2003 年第 3 期，2007 年又收录在北京大学为纪念陆平出版的《陆平纪念文集》里。按照这个叙述，陆平不仅不认可自己遵照康生指示批判了马寅初，而且因为根本不能承受这一说法而生命受到打击最终离世。

我在上文说的权威性，实际也包括出版社与出版物的内容发布的权利与权威性。浙江人民出版社出版嵊州市人民政府的编辑物，其

中发布关于事涉中央层面和北京大学的档案资料，却不具体注明资料的来源与出处，更没有拥有资料的相关单位或者个人方面的授权，其权威性当然要打许多的折扣。北京大学出版社出版有北京大学党委书记和校长共同署名作序、由北京大学官方组织的《陆平纪念文集》编委会编辑的出版物，其价值和权威性应该不言而喻。

其次，根据这两份文件所涉事的 5 人，其中于光远 1959 年任中宣部科学处处长，范若愚为周恩来秘书，杨述为北京市委常委、宣传部部长兼北京市高校党委第二书记，陆平为北京大学党委第一书记，穆欣为光明日报党组书记、副总编辑，主持报社编务工作。这 5 人在文化大革命中处境都很不好，粉碎"四人帮"以后，于光远任中国社科院副院长，范若愚任中央党校教育长、副校长，杨述为中国社科院顾问，陆平为七机部副部长，穆欣为国家外文局副局长，兼任中国画报社社长、总编。应该说，打倒"四人帮"，他们都是受益者，应该站在党中央一边。特别是 1979 年党中央为马寅初平反的时候，也正是中央纪律检查委员会根据中央的决定审查康生问题，这些高级干部当然有责任也有义务揭发和揭露康生的错误活动。也正是在这个时期，中央高调宣传马寅初因为《新人口论》受到康生的迫害。但是，他们中没有一个人回应这个问题，更不曾有人承认康生给他们写信批判马寅初。即使到了 90 年代中期，马寅初神话已经风行神州大地的时候，上述接受康生信件的穆欣在他的回忆光明日报的日子里，也仅以第三人称的身份叙述康生如何批判马寅初，一点都没有自己的亲身经历。特别耐人寻味的是，穆欣在回忆里提到了"12 月 23 日，康生个人署名给理论界和有关报刊负责人写了一封信"，却没有承认自己就是康生信件点名的接收人之一。

在这里有必要在叙述一下陆平的资料。这个可以看到的康生写给于光远等 5 人的信件，是由于光远转交给陆平的打印件（康生手写的原始信件应该在中宣部的档案里面）。根据陆平女儿的文章，陆平是在 1998 年看到电视剧说陆平伙同康生批判马寅初而受到了刺激，并且由此结束了 36 年的沉默，开始说话即先是口述录音，然后修改根据记录整理的文字，最终形成了一个《岁月钩沉——会议资料汇集》，发表在北京大学为纪念陆平而出版的《陆平纪念文集》，有关1957 年 10 月进入北京大学担任党委第一书记至 1966 年 6 月 6 日被北京市委撤销职务，期间 9 年的回忆被冠在《七、北京大学几个历史问题的回顾》的题目里，其中包括"反右派与整风""关于《北京大学五年大跃进规划》问题""《高校六十条》与北大""关于《人大、北大人民公社调研组》问题""关于反右倾批判'党内专家'问题""关于北大的社教运动和'第一张大字报'是怎样出笼的问题，是北大历史上的重大事件"等 6 个问题，并没有马寅初问题。当然，对此可以有不同的解释，其中一个是陆平无法否认他曾伙同康生批判了马寅初，另一个是陆平否认曾经与康生批判马寅初。我在这里取一个中间的认识，即从陆平相关的资料里无法证实有关康生的这两份文献是真实的。

再其次，在当年批判马寅初的活动中，《新建设》甚至比《光明日报》过犹不及。陆平 1959 年 12 月 15 日常委会传达康生当天布置批判马寅初的指示，"马寅初最近很猖狂，给新建设写了一个'重申我的请求'"，说明是《新建设》将马寅初的稿件呈报给康生的。而且，从马寅初的《重申我的请求》中写有光明日报 12 月 14 日文章的话语分析，马寅初的稿件也是 15 日送到《新建设》编辑部，编辑部马上就送达到康生的手上。康生把马寅初当作右派和敌人予以批判，《新建设》该是深度参与的。但是，当时《新建设》的总编辑吉伟青在后来的回忆中，还特别介绍了当年杂志给了马寅初和批判马寅初的平等辩论的权利，很是以没有跟着康生走而为荣耀。

更重要的材料是北京大学。陆平 1959 年 12 月 15 日常委会传达康生指示，说马寅初"很猖狂""搞右派进攻"。1979 年中央批示北京大学为马寅初平反，以及北京大学的平反报告都明确说康生插手批判马寅初。但是，经原北京大学党委书记王学珍、副书记王效挺等主编的《北京大学纪事》，1998 年第一版，2008 年第二版，其中详细技术了 1958 年至 1960 年校园各次批判马寅初，以及中共中央批示北京大学为马寅初平反，以及北京大学为马寅初平反的各次活动，至少接近 20 条，根本没有康生曾经插手批判马寅初的文字。要知道，王学珍、王效挺，可都是发生批判马寅初和为马寅初平反时期的北京大学党委会常委，而中央定性康生插手北京大学党委批判了马寅初，北京大学的历史中如果确曾发生过康生指示批判马寅初的事件，北大党委领导下两度编撰出版的校史却不采信，信谁？

但是，昨天（6 月 15 日）李建新教授在北京大学档案馆亲眼见证了这两份文献的原始档案，证明以上的材料都是不真实的。康生插手批判马寅初是历史事实，别人的材料如何错误，以及为什么错误，对我来说都已经不重要。重要的是，我必须使用新的材料检视我的相关研究。

三、康生批判马寅初在我的有关马寅初研究中的地位

虽然在最近 10 多年里，马寅初曾经是花费我的精力最多的一个课题。但是，我经常提醒自己，马寅初研究不是我的主业和目的。我是为研究中国计划生育历史，而不得不涉及马寅初。特别是完成马寅初的研究以后，弄明白了计划生育的历史和逻辑关系，清楚地了解到，马寅初在中国计划生育的发展过程中是没有地位的，在历史上是不重要的。如果要写一部中国计划生育史，根本就不应该有马寅初的名字。但是，它在我的《中国计划生育政策史论》中，却占有很大篇幅。其实，如果理解了我的编排逻辑，就会明白，马寅初的两篇篇幅很长的文章，仅只相当于毛泽东人口思想的一个脚注。因为向读者交代清楚了毛泽东人口思想以后，需要回答一个被人们搅浑了的问题，所以把这两篇考证性的文章作为对毛泽东的一个注释放置在那里的。

我现在向读者说这些话，是为了说明为什么不先来分析刚发现的康生资料，却要先来审视康生的资料在我的马寅初研究中的地位？因为我研究的是一个有关马寅初的事件，而不是研究马寅初的

历史。如果是后者，我现在就要将新材料插入到原来的研究中，补充和纠正原来的认识。如果是前者，就需要检视新材料在我的研究中可能占据的位置，然后再使用新材料对我过去的研究做相应的纠正、补充和修正。

现行的计划生育制度是从共和国的计划经济基本制度引发出来，从避孕和节育一点点发展起来。所以，从本质上来说，它是党和政府从自身的实际需要出发提出来的。早在 1953 年，党和政府就有意支持城市青年的避孕和节育的要求。1954 年，中央已经在内部通报"党是赞成节育的"。1955 年，中共中央为此还向全党批发了文件，声明"节制生育是关系广大人民生活的一项重大政策性的问题"。1956 年，周恩来在党的八大会议的报告中两次提出要提倡节制生育，该报告还刊登在 9 月 19 日的人民日报上。1957 年 2 月 27 日，毛泽东在包括民主党派和社会各界民主人士广泛参加的最高国务扩大会议上，第一次公开提出与计划经济相适应的计划生育的概念，引起包括各民主党派和民主人士在内的社会各个阶层积极回应。1962 年 12 月，党中央国务院发出的《认真提倡计划生育的指示》，将计划生育确定为社会主义的一项"既定政策"。1982 年，党的十二大会议上，又将计划生育提高到"基本国策"的高度，要求全党做好。

总之，计划生育是党和政府提出并逐渐发展成为国家的一项基本制度。这本来就是一段清晰的历史。但是，上个世纪 70 年代末，当我刚踏入人口与计划生育领域的时候，主流的宣传却不是这样。那时的新华社新闻稿和人民日报、光明日报等主流媒体宣传说，是民主人士马寅初最早研究了社会主义人口规律，向党和政府提出了必须控制人口，实行计划生育的建议。毛泽东曾经将马寅初接到中南海畅谈人口，接受了马寅初的意见，后来又反悔停止了计划生育，并且指使康生和陈伯达批判了马寅初。"错批一人，误增三亿"。中国由马寅初建议实行计划生育时的 6 亿人口，猛然增长到 9 亿，付出了惨痛的代价。特别是 1982 年马寅初去世的时候，新华社高调宣传马寅初为"我党真挚诤友"，等于说马寅初曾经和毛泽东发生过一场公开的辩论。马寅初面折廷争，不畏权势，"实践证明真理在他一边"。这些宣传，我都是接受了的。但是，在此后的研究中，逐步发现了一些问题，特别是从上个世纪90年代系统反思我国计划生育制度和历史以后，发现了许多个问题。

首先，从发达国家开始，世界各个民族随着生产方式由传统向现代转变的同时，几乎都明显有一段人口迅速增长的时期。在人口学理论中，这叫做人口转变。由于传统时代的生产力低下，人口变动呈现高出生率、高死亡率和低增长率的态势。当自然经济完成了向资本主义生产的转化，人口再生产适应市场经济的需要，则呈现低出生率、低死亡率和低增长率的态势。在过渡时期，当社会发展比较快地降低了人口死亡率，但生育率却还未能及时转变的情况下，就会有一个或短或长的人口较快增长的阶段。这就是说，共和国时期的人口较高增长是必然的。

其次，我国计划生育工作从上个世纪50年代初期党和政府提出赞成节制生育开始，到70年代末迅速建立起来的现行计划生育制度，其从无到有，不同时期存在过时紧时松，全国各地也有不平衡发展。但是，从未有被否定或者反悔不再实行计划生育了。即使在文化大革命中，不仅没有停止过，实际上还是我国计划生育发展的黄金时期。我讲这个话也许读者不相信，如果用数字说就不同了。1966-1976年的文化大革命时期，我国城乡妇女生育率由6.3下降到3.2，10年下降了3个孩子，这是人类史上都未曾有过的生育率下降过程。所以，我试图将计划生育同党和政府的其他一些工作做一些比较研究，结果令人诧异地发现，其他大多数工作都因为认识上的甚至是指导思想上的原因，存在过被左的或者右的思想所否定，以至出现左右摇摆甚至于停顿或者反复，但计划生育可说是一个奇迹，它从50年代初期开始不断地被一个台阶推向一个更高的台阶，从未反复过。

直至现在还有人引用"人多议论多，热气高，干劲大"，说是毛泽东鼓励人口，反悔不搞计划生育了。这是不正确的。毛泽东的那段话是作为善于搞群众运动的领袖为发动群众，准备在全国掀起大跃进高潮而说的带有宣传鼓动性质的话，与要不要搞计划生育没有直接的关系。不错，1958 年之后的三年，即 1959-1961 年，各级党委抓计划生育少了。这是事实，但是，它是与当时的经济社会形势有关。1957 年，我国人口出生率是 34.03‰，死亡率为 10.80‰，自然增长率为 23.23‰。1958-1861 年，人口出生率分别为 29.99、24.78、20.86、18.13；死亡率分别为 11.98、14.59、25.43、14.33；自然增长率分别为 17.24、10.19、-4.57、3.80。事实上，党和政府从一开始就是出于对人口增长的恐惧而提出节育和计划生育的，三年困难时期政府面对急速下降的生育率和很高的死亡率，即使傻瓜当政也不会不识相地再喊避孕和节制生育了。所以，这个期只是说得少了，但不是否定不搞了。譬如 1960 年，该是经济最困难的时期，该年我国人口死亡率大于出生率，这是共和国历史上唯一的一年人口负增长，全国人大通过的《一九五六年到一九六七年全国农业发展纲要》中还明确说：

除少数民族的地区以外，在一切人口稠密的地方，宣传和推广节制生育，提倡有计划地生育子女，使家庭避免过重的生活负担，使子女受到较好的教育，并且得到充分受就业的机会。

要知道，如果追溯渊源的话，这段话是 1957 年 10 月党的中央政治局通过的这份文件时就有的，它曾经以"草案"的形式发表在 1957 年 10 月 26 日人民日报第一版。我对照了一下，1960 年通过的"发展纲要"上的这一段文字，与 1957 年第一次见报的话，一个字都没有变化。说明党和政府在 1957 年以前提出并实行节育和计划生育以后，1958 年和三年困难时期并没有反悔和反复过。

还有，上个世纪 60、70 年代，当发达国家极力鼓吹的"人口爆炸理论"十分流行的时候，仅只有中国的人口出生率出现了下降的迹象。所以，那个时候的人们有理由认为是政府的政策导致了人口增长率放缓和下降。但是，20 世纪末至 21 世纪初以后，越来越多的发展中国家的人口生育率都明显地下降了，其中有些国家比中国人口下降的速度还要快。如果加上早在此以前的发达国家，世界上几乎所有国家的人口都经历了或者正在实现人口转变。既然其他所有国家都是在政府没有直接干预就可以自然发生的事情，我们何以就必须要坚持强制性的计划生育制度？为此，我认为有必要研究计划生育思想的起源。计划生育是党和政府的一项大政策，是共和国的一项基本制度，它不能不涉及奠定共和国基本制度的人民领袖毛泽东；然而自己最初接受的是马寅初最早研究社会主义人口规律并得出必须控制人口的结论，以及是他建议毛泽东实行计划生育的，所以在研究制度起源和发展的历史过程中，就不能不注意马寅初。这该说是研究马寅初问题的初衷。

但是，通过多年曲折的研究发现，历史中的马寅初与自己所接受的马寅初完全不同。

第一，计划生育这一理念首先是由毛泽东提出来的，它与计划经济相联系，是对人的生育行为的一种规范。毛泽东的这一设想，是在早几年党和政府实行的节育实践的基础上，继而从计划经济制度引申并于 1956 年至 1957 年前后提出来的。马寅初虽然与绝大多数留学归来的知识分子一样，都把生育繁多当作贫穷的根源，所以在解放前就主张节制生育。但那还不是计划生育。马寅初开始使用控制人口和计划生育这两个重要概念接受记者访谈、发表演说，以及进而写出《新人口论》，都是 1957 年 2 月 27 日聆听了毛泽东有关计划生育的讲话以后才产生的。

马寅初也不是解放后谈论节制生育最早的民主人士。根据马寅初自己所说，他第一次是在 1955 年 7 月的全国人大会议上提出这个话题的。而在此之前，1954 年 9 月第一届全国人民代表大会第一次会议上，邵力子就有了避孕和堕胎问题的发言。邵力子的讲话内容，刊登在 1954 年 9 月 18 日的人民日报上，曾引起相当大的轰动。根据《周恩来年谱》，这个问题还可以追溯得更远一些，早在 1954 年 2 月 25 日的政务院会议上，已经讨论过了。周恩来在 1956 年党的八届二中全会上有一段话说："昨天我在政治局会议上说了，要提倡节育。这个问题的发明权本来是邓小平同志的，后来邵力子先生在人民代表大会上讲了。"邵力子能够较早谈论这个问题，当然也是与他的一贯主张有关。早在上个世纪 20 年代，他就在他主办的报纸上呼吁节育。50 年代初期，刘王立明主办的中华妇女节制会从上海迁往北京，邵力子的夫人傅学文就是北京分会的负责人。但是，邵力子 50 年代初期比较早地在一些高层的场合谈避孕与节育问题，也是与他解放后的政治地位相关的。邵力子是 1949 年国民党派出的国共和谈的代表，和谈破裂后留在北平参加了第一届中国人民政治协商会议，建国后担任以周恩来为总理的中央政府政务委员会委员。当年宣传马寅初时之说他是民主人士，其实是比邵力子还大的官。马寅初也参加了第一届中国人民政治协商会议，建国后担任以毛泽东为主席的中央人民政府委员会委员。

周恩来的这段话澄清了党内外的关系。邵力子和马寅初都是中央政府的大官，经常与中国共产党的领导人参加国事活动，所以知道党和政府领导人的思想变化。1949 年 9 月 16 日，毛泽东发表《六评白皮书》中驳斥美国政府认为中国人口众多，共产党也解决不了中国社会问题以后，人们即把节制生育也都当作马尔萨斯主义了。虽然不少的人在旧中国也都主张节育，但毛泽东的文章发表的时候，恰值第一届中国人民政治协商会议开幕的前夕，大批知识分子和民主人士云聚北平，正如饥似渴学习中国共产党的文献。此时若有哪位党外人士再整天呼吁避孕与节育，岂不是如美国政府一样重弹马尔萨斯主义的老调，讽喻新执政的共产党也解决不了老百姓的吃饭问题？所以，50 年代初期，几乎所有的上层人士都闭口不谈节制生育。邵力子和马寅初都是中央政府的大官，经常和党的领导人一起参加会议，所以率先知道党和政府的变化，较早在一些场合发声。其实，民主党派所言都是中国共产党之所言与要其言。这是共和国自诞生之日始延续至今的中国政治。邵力子和马寅初都不是如民盟等早期与共产党共同反对国民党，凭借党派势力参加政府的，而是中国共产党的特别安排。受人优待，看人脸色行事，既是中国文化，也算人之常情。

我们不说一般读者，稍微严肃点的学者如果阅读点历史就该知道，早在马寅初《新人口论》发表以前，党和政府已经鼓励社会学家吴景超、陈达等分别发表了长篇人口学论文。1957 年 3 月 5 日，人民日报为配合经刘少奇和邓小平亲自修改的当天社论《应适当地节制生育》，在"学术动态"专栏还以《人口问题的新研究》为题，介绍了吴景超的《中国人口问题新论》，它比马寅初的《新人口论》早了 4 个多月。

再说党内关系。周恩来虽说是邓小平最先提出这个问题，但细分析起来它也不可能是邓小平可以决定的。我们没有发现周恩来所说的邓小平最早在什么场合提出这个问题。邓小平是在 1952 年 7 月底奉命由大西南抵京任政务院党组干事会第二副书记、副总理。我查阅了一下，1952 年 8 月至 1953 年 8 月大约一年里面，不包括期间毛泽东和邓小平各自离京外出，邓小平与毛泽东在一起的场合有 54 次之多，其中多数是晚间列席由毛泽东召集的中央书记处会议。节制生育既是一个涉及马克思主义唯物史观和中国共产党指导思想的理论问题，又是党和政府执政方针的一个大变化。熟悉中国共产党历史和性质的读者该明白，这个问题上没有毛泽东的意见，按照邓小平当时的地位，是不敢私自做出决定并且指示中央政府卫生部改变政策的。所以，也许邓小平在与毛泽东等领导人会前会后的接触中，谈及避孕和节育问题，大家共同感觉应该鼓励和支持青年少生孩子，在节制生育问题上有了共识。有了毛泽东的意见，邓小平才敢公开去做。我做这些分析，也并非没有依据。国家计划生育委员会在 90 年代的一本书就说，邓小平 1954 年曾经给中央卫生部党组书记贺诚、副书记徐运北传达过毛泽东支持节制生育的指示。只是这条信息没有来源，也不知依据是什么。我曾经致信徐运北求证，也许年事已大没有回复我。将来档案开放，卫生部该有这条记录。

毛泽东为什么发生态度上的变化？要知道，邵力子、马寅初，以及我们这些知识分子们做研究谈论节育和计划生育，都具有清谈议政的性质。党和政府可不是，他们身上有沉重的担子。中国共产党不是以西方资本主义为模本，而是以苏联为楷模，再加上毛泽东受蒋介石"不给饭吃"的刺激，要建立一个由政府包养所有人的所谓计划经济制度，从人们的工作、学习到日常生活都要管。这样，政府的负担就很沉重。那时城镇人口的粮食都只能从农民手里收购，仅以当时中央政府直辖的 14 个城市统计来说，假设 1950 年 14 个城市的粮食销售为 100，1951 年增长到 147，1952 年为 228。当然，压力还不只吃饭一个方面，因为进城青年多了婴幼儿托儿所幼儿园赶不上，上学、就业问题在这期间都出来了。因为基本体制是排斥非政府的其他社会渠道，政府的负担就越来越沉重，执政者不得不改变认识。事实上，党和政府早期的节制生育就只是在各大城市展开的。随着计划经济制度的建立和发展，政府管制的范围越来越宽泛，政府以外渠道被批判为资本主义而受到的限制、排斥和取缔，变得越来越狭窄。政府能力愈是不及，包袱愈是沉重，要求老百姓减少生育的愿望也就愈为强烈，节育和计划生育政策也就更为必要。

总之，不是毛泽东接受了马寅初的建议之后才提出控制人口和实行计划生育，而是毛泽东从政府管理的实际需要提出节育要求和计划生育的设想，马寅初这才旧话重提并写出了《新人口论》。

第二，马寅初确曾受到过批判。不过，并不是毛泽东反悔而批判了马寅初。马寅初受批判，与共和国的基本制度有关。用毛泽东的话来说，那是从旧社会过来的知识分子、各民主党派和各类资产阶级爱国人士，都必须经过的"社会主义改造的那一关"。公平地说，由于马寅初具有特别的社会地位，他所经受的磨难无论就时间的长久还是受伤害的程度，都要比一般知识分子轻微得多。

马寅初被批判，是由北京大学 1958 年"双反"运动引起的。从 1958 年春节前后开始席卷全国的"双反"运动，是党中央和毛泽东在全党全国开展的一场以"反浪费、反保守"为内容的政治运动。它相当于毛泽东在该年发动的全民大跃进的一次战前动员。就北京大学的运动来说，春节后不几天校园内就出现了 20 多万张大字报。中央文件发布以后，党委书记陆平的一次再动员，仅几个小时就张贴出

9 万张大字报。这次运动并不是针对马寅初的。事实上，包括党委第一书记陆平在内，校领导都收到了大字报。同那些整天与青年师生接触的老教授们比较，马寅初和其他校领导所收获的大字报并不算多，譬如给傅鹰教授的大字报贴满了整个化学楼。

但是，与傅鹰教授等经受过多次政治运动的普通知识分子所不同的是，一向担任领导的马寅初没有对付群众运动的经验。师生给他贴大字报，他也给师生回复作解释。比如北京大学经济系二年级学生朱正直等 13 位学生给马寅初张贴了《马老教导我们三大主义》的大字报，他就回写了《我对经济系二年级谈话的内容》作辩解，这就引来了学生再次张贴的口气更严厉的《马老应正视错误》的长篇大字报。樊弘教授给他张贴了《在工商业社会主义改造问题上马寅初校长的立场是什么？》的大字报，马寅初立即回应《我对樊弘教授提出些意见》。樊弘再贴大字报，马寅初又回应《我向樊弘教授追究责任》。樊弘再回应，马寅初再张贴《樊弘教授这样的科学研究不是我们所需要的》。如此这般，不断升级，越来越热闹。

光明日报等社会上对他的批判也是如此。光明日报刊登批判他的平衡理论和"团团转"的哲学思想，他就写《再论我的平衡论和"团团转"理论》《再谈平衡论和团团转》，比批判他的文章还要长，譬如后一篇曾分别用 4 天几乎每天半版的篇幅刊登在光明日报上。现在来看，共和国的群众运动有什么理性、有什么道理可辩？马寅初的辩解只能招致越来越多的批判。不过，随着 1958 年 8 月 1 日至 1959 年元旦前马寅初的视察离开北京，无论北京大学还是光明日报都逐渐停止了对他的批判。但是，马寅初自己不愿意就此终止。他在 1959 年 11 月《新建设》杂志上发表《我的哲学思想和政治立场》中设立一个题目"接受《光明日报》的挑战"，追究该报前一年对他的围剿和批判，说你们说我的书是资产阶级的，那你们拿出一篇无产阶级的文章让我看一看！从而开启了第二轮对他的批判。12 月 14 日（或者 15 日），马寅初不满意光明日报 11 月 30 日和 12 月 7 日、14 日和《新建设》12 月号上刊登的批判他的文章，又写出《重申我的请求》

要求在《新建设》杂志 1960 年 1 月号上公开发表，这就又发生了《新建设》将批判的火把送回了北京大学，引发了致他以死地的批判。

研究这一阶段批判马寅初的文章，出现频率最高的几个关键词是有关马寅初的经济理论、哲学思想和政治立场。其实，它是马寅初的一本著作的书名。1958 年 2 月，马寅初出版了《我的经济理论哲学思想和政治立场》。此年，是北京大学 60 年校庆。前一年，北京大学还成立了以马寅初校长为主任委员的校庆委员会。马寅初用楷书工整地在该书上题词：“敬以此书作为给北京大学六十周年纪念的献礼”。在已经很难出版个人著作的共和国，这也是曾在旧中国著作等身的马寅初的第一本和最后一本专著。在这本仅只有 16.5 万字的著作中，以附录的形式收录了《联系中国实际来谈谈综合平衡理论和按比例发展规律》《联系中国实际来再谈谈综合平衡理论和按比例发展规律》《新人口论》《我国资本主义工业的社会主义改造》等 4 篇论文，占据全书页码的 60%。这 4 篇文章中，前 3 篇都曾分别发表在人民日报上，最后一篇也曾在《北京大学学报》上发表过。

党和政府给了马寅初很高的待遇。马寅初也十分感激共产党，衷心拥护党和政府，并且努力为共和国服务。马寅初的这本书，可说是自己听党话跟党走的证明。因为按照中共中央统战部的号召，各民主党派和无党派民主人士在参加国家政治生活的同时，积极学习马列主义理论和国家大政方针，进行思想改造，培养和提高拥护社会主义的自觉性。马寅初几年来的所作所为以及他的这本书，可以说都是围绕着中央统战部的这个要求去做的。根据马寅初的说法，到了北京大学以后，学了俄文，读了《联共（布）党史简明教程》《政治经济学》《辩证唯物论》和列宁的《唯物论与经验批判论》、斯大林的《苏联社呼呼主义经济问题》等，以及毛泽东的《矛盾论》《实践论》。按照马寅初的本意，这本书是用自己的经济理论为党的各项方针政策作解释，同时介绍自己通过学习掌握了唯物辩证法和马克思主义世界观，并且表达自己坚决走社会主义的政治立场。按说，以为 70 多岁的老人，新学俄语，学习马列主义，应该表扬和鼓励才是。但是，那是一个特别的时代，是知识分子经受磨难的时代。马寅初新出版的这本书，正好为北京大学"双反"运动中的师生和光明日报带领社会上批判他的人，提供了靶子。

说马寅初为批判他的人们提供了靶子，那才是真正的靶子。在马寅初自己看来，自从 1939 年被软禁以后就脱离了国民党，即使不算加入共产党，也"无时无刻不与共产党在一起"，当然已经如共产党一样革命了。但是，在其他人来看，他是无党派民主人士，是旧中国培养出来的知识分子，按照周恩来的说法，"从旧社会过来的知识分子，在过去不是受着封建思想上的束缚，就是受着帝国主义奴化思想的侵蚀"，就都是资产阶级知识分子。所以，马寅初从经济理论、哲学思想和政治立场展示自己已经完成革命转变的著作，正好成为提示别人批判他的内容、方向和目标。拙著《马寅初考》出版以后，我曾整理当年批判的线索，指出从 1958 年 4 月号《计划经济》发表马纪孔、钟契夫《就综合平衡理论与马寅初叙述商榷》开始，至 1960 年 1 月 11 日北京大学最后一个批判马寅初的批判会"马寅初经济理论哲学思想政治立场讨论会"，以及笔者所发现的人民日报经济组 1960 年 3 月内部印刷、《新建设》杂志编辑部编辑的《马寅初批判》"编辑说明"，一概都说是批判马寅初的经济理论、哲学思想和政治立场的，而不是人口论（拙著：《主流无史学——写在〈马寅初考〉出版之际》[1]。

当然，马寅初的《新人口论》作为附录被收录在这本书中，所以也是被批判的重要内容之一。不过，那时的人们都知道党和政府主张节制生育，所以，凡是批判马寅初的人口论也都只是从中寻找所谓的资产阶级思想和反动的政治立场，却没有人反对节制生育和计划生育。比如"北京大学经济系批判马寅初经济思想小组"发表在光明日报 1958 年 11 月 29 日的《批判马寅初的""新人口论"》中一段话说：

马寅初先生对党的节育政策，也做了不可容忍的歪曲。党的节育

1　参见 http://liangzhongtang.blog.163.com/blog/static/10942650820152114413419/

政策是在肯定了人多时好事并以关怀母婴的健康和幸福、改善人们的工作和学习条件出发的。但马寅初先生却和我们迥然不同，他在谈论节育政策时，却是从"人多不得了"出发，把多子女当作是危害社会的罪恶行为。所以他认为必须要用行政手段来控制生育，并且公然主张，"三个孩子要征税，四个孩子要征重税"。这难道是我们的节育政策的本意吗？！

至于"北京大学经济系批判马寅初经济思想小组"所解构的党的节育政策是否正确、全面和准确，党和政府究竟出于什么目的制订和实行节育政策，那都是另外一个问题。重要的是，这篇批判马寅初的人口论的文章说明，当时确实存在一个党和政府的节育政策，批判马寅初人口论的人们并不是出于反对节育和计划生育。事实上，那时的人就是要从鸡蛋里挑骨头，要从包括马寅初《新人口论》在内的著作《我的经济理论哲学思想和政治立场》中寻找马寅初的资产阶级货色和政治立场。比如，北京大学哲学系青年教师张恩慈在 1959 年 12 月 7 日光明日报上的《批判马寅初的"新人口论"》说：

马寅初的"新人口论"的反动性，最集中的表现在，它根本否定党的领导和社会主义制度对实现总路线、迅速发展社会生产力的决定意义。

经济学说史大家李宗正和林森木发表在《新建设》杂志 1959 年 11 月号上的文章《评马寅初的人口理论》说：

马寅初的人口理论又是和新马尔萨斯主义者如出一辙的，胡说什么"我国的人口数量与质量之两不相称"，"要提高人的质量，控制人的数量"。马寅初的这些言论都是帝国主义历来污蔑中国人民的滥调，马寅初身为中国人，生活在新中国，亲眼看到我国劳动人民在社会主义建设中所创造出来的惊天动地的奇迹，但却跟着帝国主义反动派随声唱和，宣传我国人口质量低，提倡通过节育来改造人种的谬论，这怎能不令人诧异！

且不说那些批判马寅初人口论的人的文章是否正确、符合逻辑。

但是，有一点却是不可怀疑的，即人们都知道党和政府正在实行节育政策，毛泽东在 1957 年又进一步提出了计划生育，批判马寅初人口论的时候不是小心翼翼地避开节育和计划生育，就是有高超的技巧把党的主张和马寅初区分开来。

按照通常的历史研究，在马寅初受批判的历史事件中，有 3 个重要问题即"谁批判了马寅初、为什么批判、批判了什么？"都需要搞清楚。而且，3 个问题的重要性是按照逻辑次序自然展开的，至少也是并列的。但是，因为按照当时接受的宣传，即马寅初因为主张计划生育而受到了毛泽东的批判，我的研究也就变成了寻找这方面的证据和线索，这 3 个问题就有了层次的划分，其次序倒过来即最后一个问题"批判了什么"变成了核心。虽然我们同情甚至应该咒诅马寅初与其他许多知识分子改造的年代，但那毕竟不是我们这次研究的目的。我们要研究的中心问题是马寅初是不是因为主张计划生育而遭受了批判？只要搞清楚了马寅初并不是因为主张计划生育而受到了批判，至于当年是谁批判了马寅初，以及批判了他什么，那就都与我们的研究无关了。更何况，如果读者愿意继续跟着我走，很快就会发现，由穆光宗教授和马大成先生新提供的有关康生批判马寅初的材料，进一步证明了我的关于马寅初神话的命题是正确的。

第三，马寅初神话是在 1979 年至 1982 年期间特殊条件下形成的。首先，那是距文化大革命还不太远的时期。中国的计划经济制度在文化大革命中走到了尽头，经济发展缓慢，历史累积的各类问题成堆，社会矛盾尖锐、突出。新的领导集团一方面希望通过尽快发展生产摆脱落后状态以证明其执政的合法性，另一方面又因为作为毛泽东的正统继承人而无力反省和反思计划经济体制的弊端。所以，中国人口众多这一古老的问题又被赋予了特别的含义。领导集团愈是希望加快四个现代化的步伐，就愈是感觉中国人口增长率高，妇女生孩子太多，极希望管制老百姓的生育。共和国在经济实践方面离开计划轨道的同时，在国民的生育领域却要建立起一个人类历史上从未曾有过的计划制度。现行的计划生育制度建设的实践呼唤新的理论。

其次，中国共产党以制订《关于建国以来若干历史问题的决议》为契机，领导全党和全国人民历时两年左右的时间总结建国以来的历史经验，对建国以来的一些重大历史问题特别是"文化大革命"、毛泽东的功过是非和毛泽东思想等历史事件和人物予以总结、评价与反思。这一重大活动是与党的十一届三中全会以后的社会发展形势相适应的，但是，由于中央求稳怕乱，又把人们的认识和总结框定在一个狭小的范围里，不许可辩论与争论。再加上受到中国当时经济社会发展水平的制约，人们还无法把大量历史现象上升到理性的高度来认识，更不能充分理解个人迷信和思想崇拜的社会历史根源，对毛泽东的反思大多还只是停留在感情与情绪的层面，以个人的好恶为标准评判毛泽东的是非。所以，人们还未真正认识迷信与个人崇拜，社会也没有告别宗教时代，当党内一部分重新攫取权力的人在把毛泽东从神坛上拉下来的同时，就还需要新的神填补空缺出来的位置。短时间内人们还无法获得像毛泽东那样久坐神坛的具有全方位的至尊至善的一元神，那就分别用许多个神来替代。马寅初就是人口和计划生育领域里替代毛泽东的神。

再其次，就马寅初个人情况来说，那也是一个很特别的时期。马寅初出生于 1882 年，1979 年当包括其家属在内的社会制造马寅初神话的时候，已经年近百岁。马寅初从 1962 年开始下肢行动不便，接着又发展到下肢瘫痪。70 年代初，又连续两次做过直肠癌手术。可以想象得到，这个时期的马寅初老人不一定具有一个健康人应该具有的完全的意志能力。所以，社会如何塑造马寅初，已经与马寅初本人没有多大的关系，是社会塑造了一个与现实中不同的马寅初。

其实，马寅初是一个相当传统的老人。1948 年，共产党保护马寅初从上海到香港，再经烟台到北平。1949 年 2 月底，马寅初刚住进酒店，共产党就委派董必武通知其作为中国代表团副团长出席在捷克召开的世界和平大会。上海解放不久，即宣布马寅初为华东军政委员会副主席、浙江大学校长。全国政协会议上，马寅初是主席团成员。中华人民共和国诞生，马寅初是毛泽东担任主席的中央人民政府委员会委员。如前所述，马寅初不同于民主党派的领导人，那些人在新中国有一定的地位，是凭借着党派的势力。马寅初自从 1940 年被蒋介石软禁释放以后，就脱离了国民党，成了无党无派的知识分子。一介文人受到如此礼遇，马寅初从心底里感激。早在地下党接他北上参政时就说过："我不能无功受禄啊！"所以，马寅初自 1949 年投奔到共产党的旗帜下，就一直兢兢业业地为党、为政府工作。我们翻阅《马寅初全集》，可以看到马寅初在 50 年代有关党和政府的方针、政策方面的文章将近 100 篇，其中有一半属于正式发表的经济学论文，比一个现在体制内的高校青年教师的成果都多。所以，从马寅初本意上来说，想都没有想过要与党的意见有分歧。

作为一位很有阅历的老人，马寅初实际也非常世故与圆滑，甚至常常还很乖巧。

1949 年 10 月，马寅初被任命为中央人民政府政务院财政经济委员会副主任。同期任命的还有主任陈云，副主任薄一波。因为全国还未解放，战争仍在进行，这个机构实际上是为战争筹措经费而早就设置的。它连同当时的中央人民政府军事委员会一样，从名义上虽都有党外人士任职，但那都是共产党独自掌握的极为秘密和敏感的机构。马寅初心领神会，相当识趣。根据后来在其中任计划局长的钱昌照所述，马寅初一次都未到任。

1949 年 2 月底，马寅初刚到达北平，旋即被告知将作为中国人民代表团副团长出席世界拥护和平大会。代表团的团长为郭沫若，另一位副团长刘宁一。刘宁一，出生于 1907 年，比马寅初小 25 岁。马寅初当然知道代表团的实际负责人是谁，所以向人夸刘宁一说，别看刘先生年轻，那可是共产党里的老革命。

1951 年 6 月 1 日，北京大学师生在民主广场集会，欢迎马寅初校长就职。那时的校长就职，当然要谈建校方略。马寅初说：

诸位同学或许要听取我的建校方针，这点不免使诸位同学失望。我以为建校方针是中央所定，一个大学校长只有工作的任务，没有建校方针，一个校长应该以执行中央的政策、推动中央的方针为任务……

马寅初完全知道在党政并行的高校里，一位民主党派的校长应该是个什么角色。曾经的北大人回忆说，江隆基担任党委书记、副校长时，每次大会布置工作，总要将其请过来讲个话，然后起立鼓掌和师生们欢送马老"到中央办公或开会"。马寅初临行前也总要走到麦克风前对学生们说："兄弟刚才讲的，无关紧要，大家要好好听江副校长的，这才是正题。"有的时候，马寅初讲话"难免有不着边际、荒腔走板之处"。他讲完之后，江副校长不急不躁地出来解释理顺一番，"马校长的讲话很重要，是这么这么个意思……大家要深刻领会。""每到这时候，大家都感到有一点滑稽"。

1957 年 4 月 30 日，毛泽东就全党整风问题邀请党外人士，在天安门城楼上召开最高国务会议第十二次会议。关于这个问题，自出现反右以后，就有不同的认识。其中著名的观点是认为整风运动本来就是一个阴谋，不外乎要引蛇出洞，准备将来一网打尽。我倒不这样认为。1956 年欧洲出现波兰和匈牙利事件，工人罢工，学生游行，一直闹到苏联出兵才将其镇压和平息下去。在我们国家，工人罢工和学生闹事的事情，也有所发生。在毛泽东看来，社会主义是人类历史上最优越的社会制度，并且不久后从社会主义出发人类还将进入到共产主义，工人学生为什么会反对？除了其他许多的具体原因以外，还在于执政的共产党没有处理好人民之间的矛盾。正确处理人民内部矛盾，这是毛泽东认为自己根据国际共产主义运动的正反历史经验，总结的一条马克思主义重要原理，是对社会主义理论和国际共产主义运动的重大贡献。毛泽东的这个观点首先得到了党内领导集体的认同。1957 年 1 月，毛泽东已经在全国省市委书记会议上提出。1957 年 2 月 27 日，毛泽东在中南海怀仁堂对着从全国召集的党和国家高级干部、各民主党派领导人和社会各界代表等 1800 多人做题为"如何处理人民内部矛盾？"的报告时，刘少奇已经出发到全国各地作为期长达两个月的有关人民内部矛盾问题的调查研究。至于后来发生反右斗争，毛泽东发生了转变，那应该再做具体的研究。总之 1957 年的春天，毛泽东的确是有过一段真心改善党的领导的开明时期。

在这样的背景下，毛泽东的确是想听一听人们的心里话。毛泽东就共产党和民主党派、民主人士的关系讲话说："过去是共产党员有职有权有责，民主人士只有职而无权无责。现在应是大家有职有权有责。现在党内外应该改变成平等关系，不是形式上的而是真正的有职有权。以后无论哪个地方，谁当长的就归他管。"讲到这里，毛泽东问北大校长马寅初：

"你那里怎么样？"

马寅初说：

"是不够。"

毛泽东又问：

"他们要不要你管？"

马寅初说：

"矛盾是有的。"

这个回答无法令毛泽东满意。毛又说：

"你讲话不彻底，矛盾存在，敷衍过去不能解决。"

显然，毛泽东希望从马寅初那里了解到一些民主人士无法做到有职有权的情况。但是，即使面对毛泽东的启发，也休想让马寅初说出点对党有意见的话。

所以，说马寅初那段铮铮铁骨和决一死战的话，是对党和政府里的人来说的，是不正确的。马寅初的这段话，是放在"接受《光明日报》的挑战"的小标题下面所说的，当然是对着民主党派的报纸光明日报所说的，是说光明日报的。

1957 年 11 月 11 日，马寅初参加了光明日报新任社长和总编辑等人就职的仪式，等于是马寅初和其他民主党派领导人送杨明轩、陈此生等人上任的。如同现在中组部带着新上任的省委书记去地方宣布任命一样，陪同中组部领导的干部至少都是高于任命干部级别的领导干部。马寅初参加了送杨明轩、陈此生上任，当然拥有比他们都高的社会地位。未过几个月，就发生了光明日报批判和围攻马寅初的事件。马寅初心里如何能够平静？

另外，马寅初自己心里明白，虽然经过 1958 年光明日报大约半年多的批判，可 1959 年 1 月 1 日刚回到北京，16 日就以中苏友好协会副会长的身份参加了由周恩来出席的苏联驻中国大使尤金举行的招待会。我检索了一下，1959 年几乎每个月都有马寅初参加的中央一级的重大活动刊登在人民日报上。4 月 27 日，马寅初继续当选全国人大常委会委员。9 月 15 日，马寅初又参加了毛泽东邀请的各民主党派和民主人士的座谈会。9 月 28 日，马寅初在我国建国 10 周年庆祝大会上与毛泽东、刘少奇等党和国家领导人一起在主席台就坐，等等。特别是 9 月 15 日民主党派负责人会议上，马寅初亲自听毛泽东讲，要分批给右派分子摘掉帽子和特赦国民党战犯，表扬中国知识分子大有进步，民主党派大有进步，工商界也大有进步。毛泽东说，虽然不是什么问题都解决了，比如世界观的问题，洗脑子不容易一下子都洗的那么干净，得慢慢来。毛泽东向他们宣布，在党外人士中现在不搞运动。这是什么意思？那还不是说，中国共产党不再整治党外人士！马寅初是位政治老人，能体察到政治环境和自己的资本，所以有底气要向光明日报挑战。

可见，1979 年至 1982 年，是包括马寅初的家庭和主流媒体在内的社会将以为年近百岁已经没有正常行为能力的老人的历史和性格扭曲，把曾经被人们批判《我的经济理论哲学思想和政治立场》的事件说成是毛泽东反悔实行计划生育而批判马寅初的《新人口论》，把马寅初对着《光明日报》所发出的一段铮铮誓言说成是为坚持真理而对康生陈伯达及其背后的毛泽东所作的呐喊。一个马寅初神话就是这样造出来的。

穆光宗教授和马大成先生提供的有关康生批判马寅初的资料，进一步证明了我的马寅初神话的研究是正确的。因为从这两个影印件发生的日期来分析，康生出现的已经很晚，不能设想马寅初知道康生以后会出场所以早早针对康生说了那段铿锵有力的誓言。读者可以排列一下时间的先后顺序，马寅初上述"接受《光明日报》的挑战"中的那段铁骨铮铮的话，刊登在 1959 年 11 月号的《新建设》杂志上。陆平传达康生要求批判马寅初的指示，是 1959 年 12 月 15 日。所以，没有理由认为一个多月前，马寅初就要对康生决一死战。相反，过去笔者根据那时掌握的资料分析，马寅初是因为 1960 年 1 月11 日"马寅初经济理论哲学思想和政治立场讨论会"上经过校办秘书的致命一击，才退出了战斗。现在有了康生的插手，不排除马寅初已经觉察到这次北京大学的批判活动有了党委参与的身影。为此，马寅初以住进医院的方式，结束了战斗。再说啦，我们已经证明了，历史上并没有发生过党和政府因为反悔实行计划生育而批判马寅初的事情，至于马寅初为什么被批判，以及是不是康生批判，其实都与我们已经研究清楚了的问题无关了。

这一个问题到此本来可以结束，但是，笔者还想狗尾续貂，进一步分析文化大革命结束以后何以又开始了神话时代？

幼稚与蒙昧是神话的温床。共和国初期建立的计划经济制度至文化大革命时期已经走到了尽头。但是，以毛泽东正统继承人自居的党和国家领导集体不愿意甚至也不懂得反省共和国的基本制度，甚至还在强调计划体制是社会主义国家的本质特征。所以，他们把国家发展缓慢，经济社会问题成堆的原因归结到文化大革命的破坏和人口的增长。既然文化大革命结束了，那就该在坚持计划经济的同时花大力气解决人口的过快增长的问题。"我国人口增长与经济发展很不适应，物质生产和控制人口必须一起抓"。中国妇女生育率已经从1969-1970 年平均生育 5.8 个孩子下降到 70 年代末 3 个孩子以下了，政府还要批评老百姓的"盲目生育"。一个与计划经济相仿佛的管制老百姓生育行为的计划生育制度呼之欲出。但是，它毕竟是一种经不起推敲的甚至是建立在虚幻的基础上的一项制度，——在现代国家中，有哪个国家的经济社会发生了问题不从政府自身寻找原因却把板子打在妇女的生育行为上，从老百姓生孩子方面寻求国家制度上的漏洞与缺陷？——实际工作无法从虚幻的关系中得到清晰而科学的解释，那就只有转求偶像崇拜。

1979 年，由共产党高级干部掀起的一股反思文化大革命和毛泽东的思潮刚刚兴起。毛泽东发动的文化大革命，自上而下地冲击了中国共产党的干部队伍。一直到 70 年代末，仍有相当多的干部未被平反和纠正。文化大革命虽然已经结束好几年了，但是，那些仍未恢复领导职务的干部还需要在承认和认可毛泽东的前提下寻求中央解决他们的问题。党的十一届三中全会以后，形势发生了很大的变化。陈云在 1978 年中央工作会议上提出的几个历史大案，以及自后不久包括刘少奇在内都予以平反，特别是邓小平和陈云进入中央领导层以后推动的公开对"两个凡是"的批判，掀掉了一直蒙罩在这一大批高级干部心理上的重负。人们可以反思毛泽东了。但是，这批在体制内蒙受冤屈和委屈的高级干部只可能有限地反思，笼统的承认毛泽东个人的错误。他们不仅没有勇气否定在毛泽东领导下自己也亲自参与建立起来的包括计划经济在内的基本制度，甚至往往还需反复声明在充分肯定基本制度的前提下批评毛泽东。除了文化大革命以外，毛泽东应该还在某个局部性的问题上犯有错误，共和国正在建立的具有强制性的计划生育制度需要吸取毛泽东的教训并借助一位神灵。马寅初犹如众星拱月般被簇拥而冉冉升起。

马寅初神话特别符合广大知识分子的胃口。曾经受到共和国伤害的知识分子从毛泽东批判马寅初的错误中得到了抚慰，被共和国制度严重束缚却又无力并且也不敢批判斗争的知识分子阶层在一个比毛泽东高明而伟大的马寅初形象里面寻找到了集体的意淫与快感。所以，马寅初神话在很大程度上还是由于广大知识分子的参与制造，才得以精致与完美。本来是共和国的一个大官，被打扮成普通的无党派民主人士；本就是几次即兴发言和讲话，变成了对社会主义人口规律的潜心研究；在他那个位置上一定会参加的一次聆听毛泽东的讲话，演绎为受毛泽东盛邀在中南海畅谈人口问题；当年马寅初的《我的经济理论哲学思想和政治立场》是不是站在资产阶级立场贩卖资产阶级货色以实现其反党反社会主义政治目的的口水仗，被描述成了一次有关要不要控制人口和是否应该实行计划生育的理性斗争；分明是一次针对比他的政治地位还低的光明日报主持者的叫板，嫁接成了敢于同康生陈伯达的斗争，甚至成了向毛泽东"直谏"且与其面折廷争的孤胆侠士和举世英雄。人类历史上有不少的英雄并不真的因为他做了多大的事业，而是熬到了应该的年龄。马寅初长命百岁，盖棺定论，得到中国共产党分封的"我党真挚诤友"。——这可是包括那些有希望给毛泽东署理机会的中央人民政府委员会政府副主席宋庆龄、李济深、张澜，以及同样希望有机会为周恩来署理的中央人民政府政务院副总理郭沫若、黄炎培，以及顶着右派帽子死掉了的章伯钧、罗隆基、储安平、章乃器等等诸多人物都无法得到的。如果再扩而广之，就连中国共产党 60 多年来确定"长期共存、荣辱与共、肝胆相照、互相监督"方针而要求与其相处的所有民主党派领导人，都未敢企及的高度评价。

神话产生于还未曾有科学并且社会还不具备科学生活条件的时代。神话不是当传说而被当作历史流转，是因为还有人信奉神话。30多年来，马寅初这座神庙香火不断，在很大程度上仍然是包括那些对现行体制不满却又不愿意深入研究而仅只是对其予以简单否定的人们在内的各阶层知识分子共同供奉的结果。

四、从新发现的两份资料出发所做的分析

现在我们再来审视新发现的康生批判马寅初的材料。

与这两份资料文字相仿佛的文字，在过去几十年里被那些主张康生批判马寅初的作者们反复援引过。但是，相信绝大多数作者都未曾看见过这两份资料的原件（复印件）。因为北京大学档案馆继续不开放，笔者既未看到原件，也未拿到复印件。

1. 关于陆平的常委会传达记录

资料来源：《马寅初》画册，第 93 页。

记录者用钢笔书写在印有固定格式的"会议记录"本上，抬头第一行右上角有 3 号黑体字"会议记录" 4 个字。记录者在此前书写有"常委会议" 4 个字，表明召开的是北京大学党委常委会议。第二行在"会议记录"下方注有"时至" 2 个字，为 4 号宋体，要求将会议的起止时间填写出来。第三行"时间"，为 4 号宋体。被记录者手写：1959 年 12 月 15 日下午 17.00。因为 17.00 在"时至"的前面，该是会议从下午 5 点开始。没有会议的终止时间。第四行左端"地点"，为 5 号宋体。被记录者手写体填写"临湖轩"。同一行右面"主持人"，5 号宋体，被记录者手写体填写"陆平"。

下面是有关会议的具体内容：

关于批判马寅初问题

陆平同志：

马寅初最近很猖狂，给新建设写了一个"重申我的请求"，猖狂进攻。康生同志今天指示，他已经不是学术问题，而是藉学术为名搞右派进攻。不许他视察，贴大字报，为了不要（他）逃跑。把大字报一直贴到马寅初门上去。我们不发动，可群众有人贴他是右派也可以。另外，要写几篇文章，决定专门组织几位同志，北大出三位脱产，住到饭店去专门写文章，胡绳同志指导。学校里，集体搞，"海龙王"先不出来，就用学生擢（戳）他。有些大文章，人民日报要登。他的校长是不能作了。根据康生同志指示，怎么搞法，抽那（哪）几个人？今后讨论下要有个方案，报市委。

记录稿和另一份于光远给陆平的信函影印的交汇处，即陆平传达记录稿的左下角空白处有"已阅"两个字，不知道属于哪份文件。如果是这张传达记录稿上的，该是会议后经过陆平审阅记录后的签字。

先说几个有关技术层面的问题。

首先，会议明确下午 5 点开始。1959 年 12 月 15 日为星期二，那时的学校作息时间是下午 6 点下班。5 点召开常委会议传达康生当天有关批判马寅初的指示，表明陆平是从上级机关听完传达回校以后，立即召开的会议。

其次，记录上没有写会议开到几点结束。

再其次，未注明这次会议就开到这里，有没有讨论，后面是否还有记录的第 2 页、第 3 页，以及许多页？据李建新教授第一次查阅时，看见后面还有讨论记录，但第二天就不允许他再看这份档案了。

下面再分析会议内容。

首先，记录者用手写体写下"关于批判马寅初问题"，作为会议内容的名称。虽然从会议内容来分析，这次会议主要传达康生当天有关批判马寅初的指示，但是，会议标题不是"传达康生指示"而是现在的这一个，有理由相信此前的党委会还讨论过批判马寅初的问题。

其次，陆平传达的第一句话即是"马寅初最近很猖狂"，可以理解为他自己的开场白，也可以理解为康生的话。由于马寅初是北京大学的校长，作为党委第一书记的陆平第一句话竟这样说，可以认为马寅初作为党委确定的、达成共识的批判对象，不是从这一天开始。另外，如果这句话是康生的，陆平一开始一定要把"康生同志今天指示"放在最前面，否则，党委一班人会很突然。

再其次，从这个常委会议记录可以判定，康生和北京大学党委常委会把马寅初当作右派向党和人民猖狂进攻，所以要予以还击和批判。

再其次，这份材料发生在 1959 年 12 月 15 日，而马寅初第一次被批判发生在 1958 年，第二次被批判发生在《新建设》1959 年 11 月号上发表马寅初的文章《我的哲学思想和经济理论》，以及《光明日报》1959 年 11 月 30 日开始的几篇文章。如本次会议题目和陆平第一句话所显示的，很有可能在此以前，北京大学党委甚至康生已有批判马寅初的活动。当然，这都需要档案材料的证明。

最后，康生把马寅初要求《新建设》发表《重申我的要求》，当作"右派进攻"。

2．关于于光远转达康生的信件

资料来源：《马寅初》画册，第 93 页。

全页码分两个部分，上方用两条横线划分出约四分之一的位置是于光远给陆平的信函。第二道横线下方约四分之三的位置是康生写给于光远等 5 人的信件。

除了于光远给陆平的信函抬头"陆平" 2 字以外，于光远和康生的信件都用中文打字机打后的油印件。

于光远给陆平的信函：

陆平同志：

这是康生同志寄给我们的信，因我们分在各处，××不便，特打印送上。

于光远

十二月二十四日

文中有两个字迹无法辨认，用"××"替代。估计意应传阅不便，打印分送各位。另，在于光远的于字左下方用手写批注"59"，意为 1959 年。但不知是什么人，什么时候的批注。

于光远下方被人用毛笔画一道粗杠。

康生信件：

于光远、范若愚、并杨述、陆平、穆欣同志：

我们在反驳马寅初的反动的"人口论"时，要去读读毛主席在 1949 年 9 月 16 日所写的"六评白皮书"一文。该文在反驳了艾奇逊所说的中国人口太多了，饭太少了的反动的"人口论"之后，说：

"中国人口多是一件极大的好事。再增加多少倍人口也完全有办法，这办法就是生产。西方资产阶级经济学家像马尔萨斯者流所谓食物增加赶不上人口增加的一套谬论，不但被马克思主义者早已从理论上驳斥得干干净净，而且已被革命后的苏联和中国解放区的事实所完全驳倒。"

"世间一切事物中，人是第一个可宝贵的。在共产党领导下，只要有了人，什么人间奇迹也可以创造出来。我们是艾奇逊反革命理论的驳斥者，我们相信革命能改变一切，一个人口众多、物产丰盛、生活优裕、文化昌盛的新中国，不要很久就可以到来，一切悲观论调是完全没有根据的。"

这里只摘引两段，在此以前，关于人口问题还讲了许多，可以把全文从旧报上找出来看看。

康　生
十二月二十三日

信件中"在共产党领导下，只要有了人"一句中打印稿将其中"要有"两个字打成了"有要"，有人用钢笔书写调换符号改正了过来。

另外，"我们在反驳马寅初的反动的'人口论'时，要去读读毛主席""六评白皮书""已从理论上驳斥得干干净净，而且已被革命后的苏联和中国解放区的事实所完全驳倒"下面，分别被人用软笔划有3道粗杠。

该信函与陆平传达记录稿影印件的交汇处，即陆平传达记录稿的左下角空白处有"已阅"两个字，不知道属于那份文件。如果是这份信函复印件上的字，该是当时经陆平审阅后的签字。

从于光远给陆平的信函分析，康生12月23日写给于光远等5人的信件原稿，或康生亲笔信件，或经康生口述秘书书写康生签名的原件，应该保留在中宣部档案馆里。

为什么康生要给于光远等人提供毛泽东的这两段话？那时，《毛泽东选集》第四卷还未出版，这篇后来被冠以《唯心历史观的破产》的文章还没有后来那么大的知名度。再加上毛泽东的这篇文章是以新华社述评的形式《六评白皮书》发表的，除了新华社广播以外，刊登在1949年9月17日人民日报上。康生之所以提起这篇文章，是因为中共中央正在抓紧编辑《毛泽东选集》第四卷的工作，康生是负责人之一。《毛泽东选集》第四卷是 1960 年 9 月出版的。根据《毛泽东年谱》，1959 年 1 月，毛泽东已经开始审读该卷的文稿。被冠以《唯心历史观的破产》的"六评白皮书"，是第四卷最后一篇文章。1959 年 12 月 23 日，即康生给于光远等人写信的时间，也正是他审读这篇文章的前后。

五、康生批判马寅初的两份材料证明我的马寅初研究是正确的

首先，新发现的康生批判马寅初的材料，至少在有关批判马寅初的内容和时间两个关键性问题上，证明我关于马寅初神话的命题是正确的。

关于批判马寅初的内容。在我们的马寅初研究中，关键性的问题不在于马寅初是不是曾经受到过批判，以及受到过谁的批判，而在于是不是因为马寅初主张计划生育而政府当时为了反对计划生育，或者是因为听从马寅初的建议实行过计划生育后又反悔向马寅初算账批判了他。笔者已经反复说过，所有批判马寅初的文章都不是因此批判马寅初。1959 年 12 月 15 日，陆平传达的康生指示批判马寅初，是因为马寅初要求发表《重申我的请求》引起的，用康生的话来说是"右派进攻"。马寅初在这里是说"重申我的请求"。那么，他最初的"请求"是什么？马寅初在《我的哲学思想和经济理论》中说：

> 不过我有一个要求，过去的批判文章都是"破"的性质，没有一篇是"立"的性质；徒破而不立，不能成大事。如我国的革命，只破而不立，决不能有今天。……据《光明日报》的意见，我的学术思想是资产阶级的，那么应该写几篇富有无产阶级学术思想的文章来示一个范，使我们也可经常学习。

马寅初的这篇文章发表在《新建设》1959 年 11 月号上。马寅初是说，你们都批判说我的文章是资产阶级的，那你们拿出一个无产阶

级的东西来！马寅初的这段话前面曾冠有"接受《光明日报》的挑战"的小标题，那等于是向光明日报叫板。所以，这篇文章发表以后，又引出了光明日报 1959 年 11 月 30 日、12 月 7 日、14 日和《新建设》12 月号上共计 5 篇批判文章。马寅初针对这几篇文章又说，这都还是批判性的即属于"破"的性质，你们该拿出"立"的文章来！这就是"重申请求"，实际是向批判者较劲。所以，康生说是"右派猖狂进攻"，它与主张或者反对节育无关。

康生 12 月 23 日的信件涉及到人口问题。如同毛泽东写了这篇《六评白皮书》，既不影响中国政府 1953 年开始倡导节育，也不影响毛泽东 1957 年提出计划生育一样，康生给批判马寅初的人们提供毛泽东批判艾奇逊的范文，并不表明康生批判马寅初就是否定党和政府的节育政策。正如前面我们引述的北京大学经济系批判马寅初经济理论小组的文章已经证明，人们批判马寅初的时候，党和政府正在推行节育的政策。

第二个关键性问题，是这两份文件发生的时间。马寅初神话的一个重要内容，是描写马寅初面对康生陈伯达的批判所表现的铮铮铁骨。神话的制造者们把马寅初向光明日报叫板的话，嫁接到了康生身上，甚至于影射康生背后的毛泽东。但是，马寅初的那段话是在 1959 年 11 月份说的，新发现的这两份康生的材料一个是 1959 年 12 月 15 日，一个是 12 月 23 日。也就是说，马寅初说他要"直到战死为止"时，康生还未出场呢。所以，描写马寅初不屈服康生淫威的情节是不符合历史事实的，是假的。

其次，新发现的康生批判马寅初的两份资料证明，马寅初神话确实是人为地制造出来的。1959 年 12 月 15 日陆平传达康生批判马寅初的指示的常委会记录和 12 月 24 日于光远转发给陆平的 23 日康生的信件的两个复印件，都是在 1999 年浙江人民出版社出版的《马寅初》画册上第一次刊发的。从同一本书所发表的北京大学党委 1979 年 7 月上旬给教育部和中央组织部《关于为马寅初先生平反的请示报告》分析，这两份文件都是随着北大党委的这份文件第一次出现的。不过，尽管这时的党中央已经确定了马寅初问题的性质和范围，即马寅初历史上因为计划生育问题被批判，但是，北京大学的报告还是对两个十分关键的问题有所保留："前一次，看来还比较着重于学术范围内谈的，批判他的'人口论'、'综合平衡'和'团团转'等问题的思想、观点"，"这后一次批判主要是根据康生的两次'指示'（一九五九年十二月十五日陆平同志传达的记录和同年十二月二十三日康的信）搞的"。另外，包括这个文件在内的北京大学党委的历史档案，一直到现在都是保密的，连同北京大学的教授也不许查阅。但是，有关马寅初的"高大上"的故事在 1979 年至 1982 年已经形成了，至少在 1999 年浙江人民出版社《马寅初》画册出版问世以前，关于马寅初问题的文章和著作，都是在没有看到过真实的档案资料的情况下，利用似是而非的材料创作的。

六、北京大学党委贯彻康生指示批判马寅初的主要活动

按说，从陆平常委会传达讲话的第一句就是"马寅初最近很猖狂"，说明此前北京大学党委就是把马寅初当作资产阶级右派对待的。那么，1959 年 12 月 15 日接到康生有关批判马寅初的指示后，应该立即行动批判马寅初才是。但是，考证北京大学这一拨批判马寅初的活动，似乎不是这样。我们先将目前可以查找到的批判活动，按照时间顺序罗列出来。

1. 1959 年 12 月 24 日，北京大学人口问题研究会举行学术讲演会，马列主义教研室青年讲师张俊彦在会上作"批判马寅初人口论"的报告，参加会议的有全校师生 8000 多人。据 1959 年 12 月 25 日《北京大学校刊》刊登的报道说：

张俊彦同志在报告中指出马寅初先生在《我的经济理论哲学思想和政治立场》中重申他一贯坚持并加以散布的反动人口论观点，和我们有着根本的分歧，这是两条道路的分歧，因此必须加以彻底批判。

占用了该期校刊第一版一个版面的报道，分别用了"马寅初人口论的反动本质""马寅初人口论是反对社会主义革命的""马寅初人口论是污蔑社会主义建设的""马寅初一贯地利用人口论为反动阶级服务""马寅初的言论已经超出了学术范围"等 5 个小标题。

2. 12 月 25 日，《北京大学校刊》刊发马寅初《重申我的请求》和《新建设》杂志编辑部 1959 年 12 月 19 日给北京大学党委会的公函。《北京大学校刊》编辑部在刊发马寅初文章的"编者按"中说：

我校校长马寅初先生继《我的经济理论哲学思想和政治立场》一书及其他许多同类文章以后，在今年《新建设》第十一期又发表了《我的哲学思想和经济理论》一文。最近《新建设》和光明日报陆续发表了批判的文章，许多作者均指出：马寅初是在坚持他的反动资产阶级立场，假学术讨论之名，对社会主义、社会主义建设总路线、马克思主义进行政治上的进攻。现在马寅初先生又写了《重申我的请求》一文，进一步表明了他的政治立场。现将马寅初先生《重申我的请求》一文全文登载，并附《新建设》编辑部给党委会的一封信。希望全校师生讨论。

这个编者按语实际上是发动全校师生批判马寅初的一个动员令。《新建设》杂志编辑部的公函说：

北京大学党委会：

本刊应贵校校长马寅初先生的要求，在十一月号上发表了他写的"我的哲学思想和经济理论"一文，供大家讨论。接着本刊十二月号和最近光明日报上发表了几篇批判马先生的文章。马先生看了这些文章以后，又交来题为"重申我的请求"一文，要求在明年一月号上发表。我们已准备发表。惟文中马先生提到他在一九三九年以前，是不与共产党一起的，还作过文章批评马克思。他又说，在那年他以实际行动否定了他自己的阶级。文中还提到自那年起，直到现在，他无时无刻不与共产党在一起。这一段历史情况我们不清楚，这样发表出来是否恰当？现将马先生的这篇文章的清样送上，请提意见。据马先生称：他拟于一月份外出视察，望尽快见告。

3．12月28日，北京大学毛泽东经济思想学习研究会举行报告会，经济系胡代光教授作《批判马寅初团团转综合平衡论》的报告。该报告的情况报道刊登在1959年12月31日的《北京大学校刊》上。

4．12月31日，新出版的《北京大学学报》1959年第5期刊登马寅初《我的哲学思想和经济理论》和马群等《马寅初人口论的反动本质》《论马寅初"团团转综合平衡论"的反动本质》《剖析马寅初就农业"八字宪法"所作的"小型的团团转的综合性平衡论"》《马寅初先生用他的"团团转"冒充辩证法》《马寅初的"圆圈"的演化》》5篇批判马寅初的文章。同一天的校刊上也刊登了两篇批判马寅初的文章。

5．1960年1月6日，北京大学毛泽东哲学思想学习研究会举行报告会，哲学系赵光武向全校师生作《批判马寅初"团团转"谬论》的报告。同日，北京大学毛泽东哲学思想研究会、毛泽东经济思想学习研究会和人口问题研究会的负责人访问马寅初，并应马寅初的要求，商定11日举行小型座谈报告会，以便马寅初参加展开辩论。

6．1月11日，北京大学毛泽东哲学思想学习研究会等3个学会联合举行"马寅初先生经济理论哲学思想和政治立场讨论会"，3个学会以及历史系、中文系、法律系等共计200多师生参加。

7．1月13日，《北京大学校刊》继续用3个版面刊登批判马寅初的文章。

首先提醒作者注意，以上活动说明，当年人们批判马寅初的确不是因为人口论。

我们继续分析北京大学党委如何落实康生1959年12月15日批判马寅初的指示，第一，北京大学公开批评马寅初的活动从12月24日开始，到1960年1月13日基本结束，历时20天。

第二，虽然陆平一开口就说"马寅初最紧很猖狂"，但北京大学的批判活动直到康生指示以后第 10 天才见行动。2015 年 6 月 15 日，李建新教授以为档案已经开放，随后可以复印或者抄写，当时没有仔细阅读陆平 12 月 15 日常委会议传达会议的讨论记录，所以不知道党委会具体如何讨论贯彻的。根据新华社记者杨建业 1979 年 6 月 21 日《国内动态清样》上的文章说，北大党委 12 月 17 日给北京市委大学部报送了批判马寅初的计划和报告。[1]也许从 12 月 24 日开始的批判活动，是北京市委批准的批判计划。

　　第三，《新建设》杂志 12 月 19 日给北京大学党委会的公函，应该是北京大学和有关方面商议好的一个计谋。因为只有《新建设》给北京大学党委会发函，北京大学才可以以此为由头，开始公开批判马寅初。否则，北京大学如何知道马寅初谢了《重申我的请求》并要求发表，从而如何开展批判活动？分析《新建设》方面的情况，12 月 15 日康生的指示本来就因为《新建设》杂志汇报给康生而引发的，或许，《新建设》杂志比北京大学党委会还较早知道了康生定性马寅初为"资产阶级右派进攻"。所以，《新建设》编辑部本来就无需向北京大学党委会询问马寅初是否与共产党在一起。何况《新建设》是否发表马寅初的文章，应该是杂志社和康生决定的事情，而无需征求北京大学党委会的意见。所以，这封函件完全是为北京大学公开批判马寅初所设的一个由头。

　　第四，虽然马寅初问题的性质是按照"资产阶级右派进攻"的口径进行的，但是，具体做法上差异却很大。一是北京大学党委会没有直接出面，而是让 3 个学会出面。二是没有召开批判会、斗争会，而是以"演讲会""报告会""讨论会"的方式。三是无论报告会还是发表文章，口气都还很温和，仍然称呼"马寅初校长""马寅初先生"。检索批判过程，也未发现康生所说的把大字报贴到马寅初的门上。关于大字报，笔者认为除了后面我们还将研究到的政策考虑以外，还与当时的经济形势有关。据北京大学和人民大学组织的两校人民公社联合调查组赴河北省农业先进县藁城县调查组反映，1958 年下半年的县委食堂生活已呈现困难。1959 年春节刚过，县委食堂连玉米面窝窝头都吃不上了，只能吃褐黑色的高粱杂粮面饼。农村食堂情况更糟糕。调查组组员下队的农村食堂吃的是用棉籽榨油以后的渣子磨成粉做成的饼子，不仅难以下咽，更要命的是吃下肚以后大便干结，只有用手指才能将它挖出来。1959 年年底，国家经济已经相当困难，一方面，可能已经无法供给那么多的纸张让人们去写大字报。另一方面，城市粮食供应已经很困难了，写大字报连打浆糊也不可能了。所以，只好召开报告会、讲演会。

从 1957 年以来，历经 1957 年反右斗争、1958 年反右"补漏"和 1959 年反右整风即反右倾机会主义斗争，各个单位的党组织对待右派分子已经有了一套处理的程序：第一步是揭发批判。第二步是个人写检查、交代。第三步召开群众大会批判、斗争。以上两个环节，要视运动的时间安排，往往会反复多次，持续较长时间。第四步组织结论和处理，绝大多数下放农村劳动改造，有些会以"严重现行"逮捕判刑，如张贤亮等那样刑满后留监狱劳改农场"就业"。但是，北京大学贯彻康生的指示批判马寅初，却明显没有按照原来已经确定的"资产阶级右派进攻"那样批判马寅初？这需要从当时的具体历史背景去理解。

一方面，从 1957 年反右斗争开始，党中央和毛泽东越来越强调阶级斗争问题，特别是毛泽东错误地把民主党派和知识分子、工商业者等工农以外的成分都当作资产阶级异己分子和敌对力量，严重影响了全社会对党外人士的认识。毛泽东说：

资产阶级右派就是前面说的反共反人民反社会主义的资产阶级反动派，这是科学的合乎实际情况的说明。这是一小撮人，民主党派、知识分子、资本家、青年学生里都有，共产党、青年团里面也有，在这次大风浪中表现出来了。他们人数极少，在民主党派中，特别在某几个民主党派中却有力量，不可轻视。

民盟在百家争鸣过程和整风过程中所起的作用特别恶劣。有组织、有计划、有纲领、有路线，都是自外于人民的，是反共反社会主义的。还有农工民主党，一模一样。这两个党在这次惊涛骇浪中特别突出。风浪就是章罗同盟造起来的。别的党派也在造，有些人也很恶劣。

毛泽东的这个论断，实际上是将各民主党派、民主人士和知识分子的政治态度和政治立场都推到了与共和国对立的方面。中共中央统战部根据毛泽东的指示和部署，1958 年 2 月发出《关于资产阶级分子、资产阶级知识分子和民主党派成员的自我改造问题的通知》，以及形成《改造资产阶级知识分子改造纲要》和《改造民主党派改造纲要》，强调民主党派、知识分子和工商业者要实现由资本主义立场到社会主义立场的根本改造。康生、陆平和北京大学党委常委会，以及社会上以极左的认识将马寅初等党外人士看作是"资产阶级右派"，应该来源于此。

其次，1959 年 8 月，庐山会议反对右倾机会主义的斗争，进一步强化了党内外阶级斗争意识。会议以后，中共中央布置在党内开展反右整风运动，阶级斗争的弦绷得更紧了。

除了以上大的背景以外，北京大学特别是陆平当时的极左表现，还有更为具体的原因。1958 年人民公社化是党内一件大事。北京大学和人民大学两校党委认为需要对这一伟大新生事物进行研究，遂于 1958 年后半年至 1959 年上半年组成两校"人民公社化调查研究工作组"，由人大党委副书记、副校长邹鲁风带队，到河南省和河北省农村搞大型调查。但是，当调查组 1958 年后半年下去的时候，农村问题已经很严重。1959 年 5 月，调查组将部分情况写了内部资料《问题汇编》。9、10 月份，正当全党贯彻庐山会议精神反右整风过程中，新华社根据《问题汇编》写了一篇《人大北大部分师生诋毁人民公社》的内参。北京市委在 17 级以上干部会议上传达庐山会议精神时，点名批评人大北大调查组反对人民公社。10 月 26 日，已经调任北京大学党委第一副书记、副校长邹鲁风经党委批判后自杀。以陆平为首的北京大学党委为推脱责任和洗刷清白，不仅将邹鲁风定性为"自杀叛党"，开除党籍，而且把调查组说成是"背着两校党委搞的反党活动"，是"反对三面红旗""反党反社会主义"的"一次极其严重的政治事件"。康生布置批判马寅初距离邹鲁风自杀后仅只有一个多月，陆平和北京大学党委的"极左"思想和表现，还该是正浓厚的时期。

但是，另一方面的一个重要因素却极大地改变了事情的结局。庐山会议以后，毛泽东在对待资产阶级分子和民主党派的关系上，则提出要一张一弛，强调把紧张的关系弛下来。在知识分子工作上，提出要端正方向，争取一切可能争取的教授、讲师、助教、研究人员，为无产阶级的教育事业和文化科学事业服务。9月15日，毛泽东召开党派会议，就有关中华人民共和国成立十周年期间对确已改恶从善的各种罪犯实行特赦，以及对确实表现改好了的右派分子摘掉右派帽子的问题，进行了座谈。9月16日，中共中央、国务院发布《关于确实表现改好了的右派分子的处理问题的决定》，宣布"凡是已经改恶从善，并且在言论和行动上表现出确实是改好了的右派分子，对于这些人，今后不再当作资产阶级右派分子看待，即摘掉他们的右派的帽子"。9月16日，中共中央国务院做出《关于确实表现改好了的右派分子的处理问题的决定》。9月17日，中共中央还向全党发出了《关于摘掉确实悔改的右派分子的帽子的指示》。9月18日，人民日报同时刊登中国共产党中央委员会向全国人民代表大会常务委员会建议、全国人大常委会决定和中华人民共和国主席刘少奇的特赦令，在庆祝伟大的中华人民共和国成立十周年的时候，特赦一批确实已经改恶从善的战争罪犯、反革命罪犯和普通刑事罪犯，刊登中共中央国务院为"改好了"的右派分子摘帽的决定。

11月13日，中共中央统战部根据毛泽东9月15日在各民主党派团体负责人座谈会上提出的对党外不搞运动的指示，提出在各民主党派、资产阶级分子和从旧社会来的知识分子中间不采取大鸣、大放、大字报、大辩论等群众性的斗争，不进行反右派运动，不进行重点批判，不搞交心运动。该文件还提出，党外人士学习庐山会议文件时，要贯彻自我教育的精神，着重正面教育。11月21日，中央在批转统战部的文件中指出：

中央批准中央统战部《关于在民主党派、资产阶级分子和资产阶级知识分子中不进行反右倾斗争的整风运动的意见》，现在发给你们。

这次反右整风运动，不要在民主人士中进行，即不要在各民主党派、工商界和老的高级知识分子中进行。此事，毛泽东同志在中央9月15日召开的党派会议上已经宣布过，望各地遵照执行（现在已经开始进行的单位，应该采取适当的方式加以结束）。

根据人民日报刊登的新华社的报道，9月15日，毛泽东召开的党派座谈会，马寅初是作为北京大学校长参加的，陆平是作为副校长参加的。中共中央批转统战部关于不在民主党派和老的高级知识分子中开展反右斗争的文件是11月21日发出去的，康生关于批判马寅初的指示距离该文件下达才20多天，所以，中共中央的这份文件该是康生和以陆平为首的北京大学党委虽然把马寅初当作资产阶级右派，但实际上却没有按照批斗右派分子的方式批斗马寅初的根本原因。

七、对康生两份资料所涉及的当事人一致保持沉默的认识与理解

因为档案没有解密，康生指示批判马寅初活动的全貌还无法具体还原。但是，从北京大学执行康生指示的情况来说，因为有了毛泽东1959年9月15日党派会议上的讲话和中共中央11月21日批转中央统战部文件精神，使得问题复杂起来，不可简单用"康生批判了马寅初"或者"康生没有批判马寅初"来概括。

从现有的材料分析，康生于1959年12月15日指示北京大学党委和理论界，要把马寅初当作资产阶级右派进行批判。但是，无论北京大学还是理论界，实际上对马寅初的批判还是不同于资产阶级右

派。第一，对资产阶级右派的批判是单位的党组织和行政领导公开出面组织的政治运动，对马寅初的批判却都是由几个学会性质的群众团体出面进行的。如我前次的研究中已经指出，党组织实际上参与了。但直接组织领导和背后指挥，还是有差别的。至少直接造成的压力是不同的。马寅初对社会上的批判和对北京大学师生给他的批判、党委的批判，实际态度方面也是不同的。马寅初对北京大学的师生们的批判，比较客气。这次被批判后，马寅初很可能发现党委插手，立即以住院的方式果断退出。第二，对资产阶级右派的批判属于斗争性质，是批判斗争、检查过关，对马寅初的这次批判还都是以报告会介绍的方式，即使召开的演讲会、报告会，并没有要求马寅初到场，更没有要求马寅初写检查。有些会议马寅初参加了，那是马寅初自己要求面对面的讨论，而不是安排的大会检查。第三，对资产阶级右派的批判，都会有组织结论、行政处分，以及下放劳动改造等具体的发落。马寅初的这次被批判，实际上是不了了之。另外，北京大学既没有发现"把大字报一直贴到马寅初门上去"，理论界方面也没有出现如康生说"胡绳同志指导"的刊登在人民日报上的"大文章"。所以，如果仅以这两份材料为据说康生批判了马寅初，未免失之以简单化，至少是不全面、不确切的。

既然如此，执行康生指示的相关当事人对康生批判马寅初的问题就有了不同的解读。

1. 陆平

这两份有关康生批判马寅初的材料，都涉及到了陆平。陆平，1914 年至 2002 年。阅读有关陆平的材料，不难发现，陆平是一个极有人格魅力的人。家人、同事，上级、下级，都有好评。陆平从 1957 年 10 月任北京大学党委第一书记、副校长，至 1966 年 6 月 6 日被北京市委免职，主政北京大学 9 年。因为陆平进校后就实际上主持了学校党务和行政工作（1957 年 10 月任北京大学党委第一书记、第二副校长，原北京大学党委第一书记江隆基任第二书记、第一副校长。江隆基 1958 年 9 月调任兰州大学校长，陆平即是第一副校长）。1960 年 3 月，国务院免职马寅初同时任命陆平担任校长。如果翻查《北京大学校刊》，不难发现，1957 年陆平进校以后，虽然也是党委书记、副校长，但学校的党务政务都是陆平在做了。所以，陆平该是北京大学 100 多年历史中时间最长的主政者。

根据新华社记者杨建业的文章，1959 年 12 月 15 日，康生把陆平叫到中宣部，布置批判马寅初。按此之说，康生直接向陆平发号施令。但是根据穆欣书的回忆，是于光远传达康生的指示。笔者倾向于穆欣的说法，在整个批判马寅初活动期间，陆平应该都是与北京市委分管的领导和中宣部于光远发生关系的。康生的有关指示，一般都是经过于光远转达。但是，不管怎么说，至少马寅初第二次受到北京大学师生的批判，陆平是具体的组织者、领导者。对于陆平自己来说，参与并组织领导了北京大学第二次批判马寅初的活动，本该是清楚、明白的。笔者前次在《马寅初事件始末》中，因为未曾发现康生插手的材料，是从中国高校党委领导下的校长负责制出发，认为马寅初与陆平在工作上产生"龌龊和芥蒂"，以至陆平借《新建设》杂志的公函将马寅初抛出，这才导致了 1959 年年末至 1960 年年初大约 10 多天里北京大学对马寅初的批判。但是，从这次发现的 1959 年 12 月 15 日陆平常委会传达记录分析，北京大学第二次批判马寅初，直接起因于康生。如果进一步从传达的记录分析，陆平第一句话就说"马寅初最近很猖狂"，至少不完全是康生的话，而是包括陆平自己的认识。甚至还可以认为，陆平在党委常委会上以敌对态度对待马寅初，表明这样"关于批判马寅初问题"的会议已经不是第一次，马寅初是资产阶级右派可说是党委会的共识。

有趣的是，完全是康生的原因，1966 年毛泽东支持了聂元梓攻击陆平的大字报，使得陆平在文化大革命一开始就被打倒，历尽磨难。所以，陆平也将自己的遭遇算在康生的身上。1979 年至 1982 年，社会高调评价马寅初的时候，特别是 1980 年中央曾部署揭批"四人帮"和康生问题，陆平已经担任七机部党组副书记、副部长，当年明明因为康生的指示自己组织北京大学的 3 个学会批判马寅初了，不仅没有在马寅初的问题上揭发康生和有所歉意，反而对别人的指责感到"特别的冤"！

为什么？因为在此时的陆平看来，北京大学党委不仅没有贯彻康生的指示，反而是执行了毛泽东和中央有关不在民主党派和老知识分子中进行反右整风的精神，事实上保护了马寅初。

2. 北京大学常委会

按照李建新教授 6 月 16 日见到的北京大学 1959 年 12 月 15 日的常委会会议记录，陆平传达康生指示后，常委们有讨论记录。李建新以为隔天可以复印或者抄录，没有仔细阅读。但是，第二天再去时，就不允许他翻看这些所谓党委记录了。根据我的分析，党委里面有所分工的领导，一定会援引中共中央 1959 年 11 月 21 日《批转中央统战部〈关于在民主党派、资产阶级分子和资产阶级知识分子中不进行反右倾斗争的整风运动的意见〉》。所以，即使北京大学党委会也如康生一样把马寅初当作"资产阶级右派进攻"，但在具体做法上改变为后来以 3 个学会召开报告会的形式进行批判。尽管各个学会都分别有党委常委参加，也都是在党委会的领导下，但在北京大学党委会看来，他们并没有按照康生指示批判马寅初。这可能也是原北京大学党委书记王学珍等领导主编《北京大学纪事》未曾录入康生批判马寅初活动的主要原因。

3. 于光远

于光远是这两份文件的直接参与者。于光远，1915 年至 2013 年。陆平 1959 年 12 月 25 日常委会传达记录里没有于光远。但是，穆欣的回忆说是于光远传达的。康生批判马寅初，于光远是一个重要环节。后面在分析《新建设》杂志总编辑吉伟青时读者将会看到，1959 年 12 月 15 日康生关于批判马寅初的指示，很有可能是于光远和吉伟青把马寅初的《重申我的请求》当作"敌情"向康生请示而发生的。

按照党内一般工作规则，《新建设》杂志总编辑吉伟青不可能直接将马寅初的文章送达康生。相反，按照周扬"大事找于光远"的交代，吉伟青收到马寅初的文章后，先去报告于光远，然后由于光远面呈康生，这才引发了这两份材料。进一步分析当时的意境，可能早在康生看到马寅初的文章之前，吉伟青和于光远已经有了"马寅初最近很猖狂""资产阶级右派进攻"的意识了。十一届三中全会以后，于光远思想解放，写了不少的回忆不同历史时期的文章，对于执行康生批判马寅初，却只字未提。为什么？笔者判断，北京大学报送北京市委和中宣部批判马寅初的方案，都应该经过于光远。所以，于光远也如同陆平和北京大学党委会的认识，即北京大学党委会何理论界执行了中共中央《批转中央统战部〈关于在民主党派、资产阶级分子和资产阶级知识分子中不进行反右倾斗争的整风运动的意见〉》，没有按照康生的指示批判马寅初。

4. 范若愚

范若愚，1912 年至 1985 年。康生信件之所以要署名范若愚，就是要将此事知告国务院。所以，范若愚对康生组织理论界批判马寅初，该是了解的。1980 年前后，范若愚在中央党校工作。因为康生长期主管中央党校工作，文化大革命以后，中央党校是揭批康生的主要单位，却未见到范若愚揭发这个问题。该是与于光远持相同的认识。

5. 杨述

杨述是当年仅次于陆平，而比于光远还重要的当事人。杨述，1913 年至 1980 年。杨述在 1959 年任北京市委常委、宣传部部长。因为按照中共中央文教小组的体制，教育部门在党委序列划归宣传部管理，杨述又是北京市委高校党委第二书记。北京大学实行中央和北京市地方双重管理。所以，北京大学的重大情况往往报请北京市委。北京大学党委会必须执行康生的指示，又必须符合中共中央批转中央统战部文件的精神，具体方案该如何制订，需要报请北京市委。所以，杨述是了解当年情况的一个关键人物，应该对当年批判马寅初情况了解得比较具体、透彻。但是，揭批康生的时候，杨述没有相关的揭发材料。一个情况是可视其为处在病患中，没有参加运动。另一个原因是，杨述了解底细，也不认可北京大学执行康生指示批判了马寅初。

6. 穆欣

穆欣该是马寅初两次受批判的核心人物，光明日报批判马寅初的具体领导者、组织者和执行者。穆欣，1920 年至 2010 年。穆欣从 1957 年 11 月光明日报社改组后，任党组书记、副总编辑，实际负责报纸的编务工作。马寅初两次受批判，光明日报都是主角。康生如果组织批判马寅初，穆欣该是了解底细的人。按照光明日报编辑部在 1979 年的说法，康生早在 1958 年 4 月 19 日以前，就曾经指示光明日报批判马寅初。但是，穆欣没有承认这个说法，而把光明日报发表批判马寅初的文章是起因于贯彻"百家争鸣"的方针。在后一轮批判活动中，1959 年 12 月 15 日经于光远传达和 12 月 23 日的信件，穆欣都该是当事人。却一点也没有以自己亲历的方式告知读者康生插手批判了马寅初，更没有作为光明日报负责人，检讨自己执行康生的指示批判了马寅初，向马寅初道歉。相反，他的两次回忆都是以正确贯彻执行百家争鸣方针的背景下，介绍光明日报如何给了马寅初平等地位的。至于他也花大量篇幅介绍康生插手批判马寅初，却完全都是别人的事，一点都没有自己和光明日报如何跟着康生走。显然，在穆欣看来，光明日报没有执行康生批判马寅初的指示。

7. 吉伟青

吉伟青也是了解康生批判马寅初问题的一位关键人物。吉伟青，1919 年至 2009 年。《新建设》杂志原是民盟主办的一份刊物，50 年代属光明日报管理。1958 年主办该刊的民盟中央委员费青去世，才将杂志划归中国科学院哲学社会科学部主办。中宣部委派吉伟青担任总编辑。据吉伟青回忆，在他接替筹办期间，中宣部常务副部长周扬曾向他交代过，毛泽东讲学术界有这个刊物好，开个口子，让党内外的专家学者有一个发表意见的地方，以了解思想动向。周扬特别强调，《新建设》是在马列主义和毛泽东思想指导下的意识形态的刊物，要贯彻"百花齐放，百家争鸣"的方针，要开展学术讨论，要把它办成高层次的学术刊物。《新建设》行政上归哲学社会科学部管，编辑业务除了接受学部党组领导外，还要同中宣部科学处联系，大事找于光远，具体业务工作找林涧青。为了方便工作，决定吉伟青列席中宣部部务会议和哲学社会科学部的党组会议。

笔者之所以说吉伟青是一位关键性人物，还不只是因为两次批判马寅初，《新建设》几乎与光明日报一样重要，而且还在于 1959 年 12 月 15 日康生插手批判马寅初的事件，应该直接起因于吉伟青。我最初否定杨建业文章中说 1959 年 12 月 15 日康生把北大党委书记叫到中宣部布置批判马寅初，就是从时间上推算不可能发生这样的事。马寅初要求《新建设》杂志发表《重申我的请求》一文，最早也是在 12 月 15 日凌晨写出来，15 日上午送达《新建设》杂志编辑部的。从穆欣回忆说，15 日中宣部召开理论界和有关报刊及单位负责人会议，于光远传达康生的指示，以及陆平常委会议传达记录所注明的 17.00 即下午 5 点向北京大学党委会议传达，吉伟青应该是 15 日上午收阅了马寅初的文章后，立即将文章送达于光远，于光远在送达康生，然后发生康生的反应和传达康生指示等一系列活动。如果当年的历史确实是这样发生的，那么，吉伟青就是一个关键性人物。

按照笔者的分析，"右派进攻"的话现在是从康生口里说出来的。而根据当年用阶级斗争学说武装起来的中国共产党，不排除从吉伟青收到马寅初的稿件开始，就都把这个问题当作"阶级斗争新动向"了。正是在这一背景下，才发生了这一天的极为紧凑的一连串事情：马寅初连夜写出接近 5000 字的文章《重申我的请求》和给编辑部的信函，15 日上午派人送达《新建设》杂志社，吉伟青马上阅读，再径直送中宣部于光远处，于光远阅读后立即送达康生，康生阅读后发出组织批判马寅初的指示，于光远召开理论界和有关单位、报刊负责人会议传达康生指示，（下午 5 点）陆平回到北京大学召开常委会传达并讨论落实康生的指示……

但是，奇怪的是，吉伟青发表在 2003 年第 6 期《百年潮》上的文章《我所了解的〈新建设〉》，把当年《新建设》批判马寅初当作是贯彻党的"双百"方针的一次比较成功的案例，"对争论双方采取平等的态度，有批评，也有反批评，没有压制一方或另一方的弊端"，即认为自己还给了马寅初公平待遇，并特别自豪《新建设》没有跟着康生陈伯达"随波逐流"。为什么？吉伟青与穆欣持同样的认识。

然后我们再来分析最重要的两位当事人。

康生曾经参加了毛泽东 1959 年 9 月 15 日召开党派负责人座谈会。当北京大学按照中共中央批转中央统战部的文件精神拟订的批判方案报送中宣部以后，康生不仅同意，而且还会理解为北京大学是在落实他的 12 月 15 日关于批判马寅初的指示。所以，在康生方面来说，北京大学的批判活动是执行了他的指示。也是因为如此，这才有康生 12 月 23 日说"我们在反驳马寅初的反动的'人口论'时，要去读读毛主席……"请读者注意两份材料所反映出来的火药味和紧张气氛的程度，是有所不同的，12 月 15 日杀气腾腾，"马寅初最近很猖狂""右派进攻""把大字报一直贴到马寅初的门上去"……。12 月 23 日则相当缓和，其中的一个细微差别，"我们在反驳马寅初"，是说"反驳"，而不是批判、斗争。

马寅初是直接的受害人。对于马寅初来说，且不说已经开始的光明日报和《新建设》杂志带动的学术界的批判，因为康生的插手，第二次被北京大学的批判，该是"飞来的横祸"。一方面，马寅初当然直接感受到北京大学"几个学会"突然发生的所谓报告会、讲演会，都是直接对着他来的，那当然是一场货真价实的被批判。另一方面，马寅初也相当清楚当对待自己的态度和政策，毕竟不同于资产阶级右派，所以要求他们召开小型讨论会，以使自己可以与那些批判者对话。另外，虽然没有直接的证据表明马寅初了解到背后有康生插手，但他一定感受到了北京大学党委这只无形的手。惟其如此，马寅初才违背自己"我虽年近八十，明知寡不敌众，自当单身匹马，出来应战，直到战死为止，决不向专以力压服不以力说服的那种批判者们投降"的誓言，偃旗息鼓，住进了医院。

八、结束语

（一）康生批判马寅初，是 1979 年至 1982 年制造马寅初神话的过程中首先被提出来的问题。在马寅初神话故事里面，核心的问题并不是康生而是毛泽东。马寅初神话是说马寅初早于党和政府提出节制生育，毛泽东先是接受马寅初的建议后来又反悔并批判了马寅初。那个时代里，还不允许公开批评毛泽东，人们就以康生影射和隐含政府与毛泽东。所以，在这项研究中，第一位重要的是党和政府是否放弃过节育和计划生育工作。正如我们已经看到的那样，1958 年至 1960 年批判马寅初的时候，党和政府还在推行节制生育的政策，这就证明马寅初受批判与国家是否实行计划生育制度无关。马寅初不是因为主张节育和计划生育受到了批判，至于是不是康生甚至于毛泽东批判过马寅初，就都不重要了。因为从中国共产党的历史出发来考察，每一位职业革命家，一直都是生活在批判和被批判、斗争和被斗争的运动中。特别是对于通过斗争成长为党的领袖毛泽东来说，一生中究竟批判过多少人，和多少人有其历史纠结与恩怨，那都不是研究计划生育必须关注的问题了。

（二）对于康生或者马寅初的历史研究来说，康生是不是批判过马寅初以及怎样批判马寅初，那当然都是至关重要的，需要搞清楚的。但是，在我们所研究的马寅初神话故事里，康生本来是被用来影射和替代毛泽东的。既然党和政府从来就没有放弃过计划生育，那么，康生究竟是否批判过马寅初，至少，对于我们所研究的问题来说，已经不重要了。

（三）其实，研究计划生育历史也不是我们的目的。计划生育是一面镜子。通过计划生育的研究，加深对我国经济社会性质的了解和理解。为此，尽管康生批判马寅初的问题对于我们的马寅初研究并不重要，但还是有必要将新发现的两份材料所反映的信息深入分析清楚。

首先，新发现的康生批判马寅初的材料，从时间因素方面直接否定了马寅初神话，表明神话的制造者们将马寅初受批判的原因归结为康生是错误的。马寅初曾经两次被批判，第一次发生在 1958 年，第二次发生在 1959 年年底至 1960 年年初。新发现的康生的材料与前一次无关，至少可以说 1958 年被批判与康生无关。康生指示批判马寅初发生在 1959 年 12 月 15 日，光明日报和《新建设》杂志已经刊登出批判文章了。马寅初就是因为不满意第二次的批判文章，才写了《重申我的请求》要求《新建设》予以发表。所以，马寅初第二次被批判也不是由康生引起的。所以，笼统地将批判马寅初的事件打上康生的印记，甚至归结为康生组织批判了马寅初，都是不符合历史事实的。

其次，新发现的两份康生批判马寅初的材料，也从内容上否定了马寅初神话。神话的制造者们所说，马寅初是因为主张计划生育才遭到批判的。陆平 1959 年 12 月 15 日常委会传达记录表明，康生是把马寅初要求《新建设》杂志发表《重申我的请求》当作"资产阶级右派进攻"。这不仅与当年全党越来越注重"阶级斗争"的历史相吻合，而且也符合当年人们将马寅初《我的经济理论哲学思想和政治立场》作为主要批判对象的历史事实。两份材料中固然有康生引述毛泽东有关人口方面的两段话，但是，如同毛泽东在《六评白皮书》中批判马尔萨斯主义并不影响从 1953 年主张节制生育一样，人们引用毛泽东批判艾奇逊的话则不等于否定节制生育。特别重要的是，如果读者了解到 1959 年党和政府正在推行节育政策的实际情况，就足以了解包括康生在内的所有批判者都不可能在支持节育的同时又去批判马寅初主张节育的观点。当年马寅初被批判，与党和政府是否实行节制生育的政策无关。

（四）康生在党内外广有阴险与嗜好整人的名声，特别是因为长期得到毛泽东的信任而身居高位，所以提出康生批判马寅初，是以康生烘托马寅初，为塑造马寅初"高大上"的形象服务。马寅初神话说，面对康生的批判，马寅初铮铮铁骨，发出誓言："我虽年近八十，明知寡不敌众，自当单身匹马，出来迎战，直到战死为止，决不向专以力压服不以理说服的那种批判者们投降。"但是，马寅初这段话是发表在《新建设》杂志 1959 年 11 月号的期刊上，而两份新材料却表明康生是 1959 年 12 月 15 日以后才出场的。新材料表明，为了制造马寅初神话，当年的人们不择手段已经达到了何等荒谬的程度！

（五）当年把马寅初塑造成"我党真挚诤友"，意马寅初敢于同毛泽东争论，纠正党和政府的错误。读者已经了解到，党和政府从 1953 年开始一直在推进节育和计划生育工作，不可能发生马寅初与毛泽东之间的争论。另外，新发现的康生材料进一步向我们透露了这样的信息，即因为康生的出现导致了北京大学党委组织的批判活动，马寅初感觉到自己已经站到了北京大学党委会的对立面以后，立即默认现实，退出了战斗。说明马寅初也是一位听党的话，绝不与党对抗的民主人士。

（六）历史的魅力常常在于一个事件往往是这样又不是这样。如果仅从表面看，新发现的两份资料表明，康生指示北京大学和理论界批判马寅初，北京大学党委会召开常委会议传达贯彻，于光远也给理论界作了传达，从因果关系来说，至少自后北京大学的师生批判马寅初的活动是由此引发的。所以，说康生批判了马寅初是成立的。

但是，问题还有另外一个方面。康生的指示是要把马寅初当作资产阶级右派进攻来批判，那该是召开批判会、斗争会，"大字报贴到门上"，等等对敌斗争的方式。当年的北京大学党委因为执行了中共中央《批转中央统战部〈关于在民主党派、资产阶级分子和资产阶级知识分子中不进行反右倾斗争的整风运动的意见〉》，没有按照批斗右派分子的方式对待马寅初，而是通过 3 个学会召开"报告会""演讲会"和"讨论会"的方式。我之所以将 3 种会议形式都用引号加注，是因为在当时的形势下，会议很难有词义应有的平和氛围。即使如此，它们毕竟不是采取批判资产阶级右派分子的形式，甚至也都不是一般知识分子改造的形式。因为历次运动中一般的知识分子被批判，往往也不会有马寅初那样高的待遇。所以，到 1979 年至 1980 年中央纪律检查委员会和中共中央审查、揭批康生的时候，陆平和北京大学党委会也完全有理由认为他们没有贯彻康生的指示。正是基于这样的认识，陆平看到电视剧上说他和康生沆瀣一气，才"感到特别地冤"。不仅陆平及其北京大学党委常委会，而且于光远、范若愚、杨述、穆欣、吉伟青等等当事人，全都以沉默的否认自己当年跟随康生批判了马寅初。

阅读马寅初 1958 年和 1959 年两个阶段上的遭遇，无论在北京大学或者光明日报与《新建设》杂志等期刊对待马寅初，无疑是不公平的，老先生是受到极大委屈的。所以，我也一直用被批判的词语来概括。但是，必须在这里向读者讲清楚的是，切莫以为在共和国体制下一般的知识分子也都是那样被批判的。如果是这样，那无疑是用罗曼蒂克式的笔法将知识分子生活作浪漫化处理了。马寅初一生百年，曾有两个小段处在逆境当中，一个是 1940 年到 1942 年大约一年零八个月被蒋介石软禁，另一个是 1958 年至 1960 年两次大约一年的时间被学术界围攻。出于需要，当年神话马寅初的过程中，将马寅初的两次逆境都做了严重的失真描述。固然，对于马寅初来说，这两段时期都是他人生中不顺的关口。但是，因为马寅初具有的社会地位，他的逆境也绝非是我们想象的那样。前一次，马寅初曾被软禁在贵州息烽和江西上饶。因为这两个地方正好有关押共产党和新四军俘虏的集中营，主流的媒体就把马寅初与电影《红岩》里许云峰、江姐，《上饶集中营》里新四军战俘一样描写。哪里是这样啊！首先性质不同。1940 年，马寅初被宪兵带走，重庆大学校长给学生做工作说："马先生是国民党党员，蒋委员长是国民党总裁，这次事件是国民党的内部问题。"[1]其次对待不同。关于一年多的"牢狱"生活，马寅初后来对人说：

> ……最早是在贵州息烽，住了 8 个月，以后到江西上饶去了一年，都是一个人住一套平房里，但看守警卫倒有一排人之多。吃饭是四菜一汤，一个人吃，也可以看些书，与家人通信只谈家事，不谈其他。生活还可以，只是与社会完全隔绝往来。

在新中国，马寅初具有更高的社会地位，特别重要的是从来没有提过不同意见，让党和政府不愉快。所以，即使所谓两次被批判，甚至最后康生也出了面，却根本不是我们所想象的那样。对于一般的知识分子来说，如傅鹰教授所说，"大会上大骂你一通，骂你三分混蛋，你承认五分混蛋"，这才过关。马寅初却不须这样。两次被批判，马寅初不仅答辩自如，而且写出来的文章比批判他的人还要长，洋洋洒洒，想发表在哪里果真就能在那里发表。以至穆欣和吉伟青 30 多年甚至 40 年后谈论起来，也不以为是自己批判了马寅初，还将此当作当年给了马寅初"平等"的论战地位和正确贯彻了党的"双百"方针而为荣耀。即使北京大学 1959 年 12 月 24 日至 1960 年 1 月 13 日的批判活动，当然是康生插手后才发生的，可正好遇到了毛泽东"一张一弛"的"弛"的关节点上，北京大学不仅要执行康生的指示，更要贯彻毛泽东和中共中央关于不在民主党派和老的知识分子中开展反右整风的指示精神，所以终究没有如康生指示的那样批判马寅初。所以，马寅初即使被康生点名定性为"资产阶级右派进攻"，却还可以和几个学会"共同"召开"马寅初经济理论哲学思想和政治立场讨论会"，倘若是其他普通的教授或者一般知识分子，还不轻则批判斗争后送农村劳动改造，重则抓捕坐牢？

（七）受红颜祸水式的传统史学方法的影响，包括像文化大革命那样的重大历史也都是用"领导者错误发动，被反革命集团利用"予以解释，将责任归之于毛泽东个人，特别归之于毛泽东被林彪、江青、康生、张春桥等坏人所利用。马寅初神话的制造者，也是套用这一史学方法。且不说康生在 1959 年 12 月 15 日出现以前，人们已经

在批判马寅初了。即使从认识上来说，康生说马寅初是资产阶级右派
看进攻，也仅只是代表了当时社会普遍的看法，说出了当时许多人都
已经说过的话。陆平常委会上第一句话"马寅初最近很猖狂"，说明
北京大学常委会早就认为马寅初是资产阶级右派。从 1958 年北京大
学的大字报，以及光明日报和《新建设》杂志等刊物上的批评文章，
也都是批判马寅初的资产阶级经济和哲学思想、政治立场的，实际是
把他当作资产阶级分子的。所以，康生的指示并不是从当时社会外部
所加的新东西。相反，两份新的材料说明，康生充其量也只是在已有
基础上进一步推动了批判马寅初的活动。

（八）在马寅初神话故事里，康生批判马寅初是被当作个人行
为，属于坏人办坏事，马寅初受到坏人的陷害和迫害。但是，新发现
的两份材料说明，马寅初被批判，既不是康生发动，也没有在整个事
件中起到重要作用。相反，有关材料还证明，康生批判马寅初的活动
都是合乎体制规则的职务行为。

康生，早在中国共产党六大、七大时期，连续当选为中央政治局
委员。1956 年党的第八次代表大会后，当选为中央政治局候补委员。
1958 年，任中央文教小组副组长。1962 年，任中央书记处书记。1966
年，任中央文革顾问。1969 年党的第九次代表大会后，任中央政治
局常委。1973 年党的第十次代表大会后，任中央政治局常委、副主
席。1975 年去世。1980 年，经中央纪律检查委员会审查期文化大革
命中的表现，开除出党。笔者之所以罗列康生的主要经历，在于说明
康生虽然死后受到了开除出党的处分，但其长期的党内生活和活动
却是得到党的承认的，他的作为是代表党和政府行使职务权力。

根据当年中央成立文教小组的决定，中央文教小组隶属于中央
政治局和书记处，全面领导文教工作，文教组组长为中宣部部长陆定
一。所谓"全面领导文教工作"，是指包括文化教育方面譬如高校的
领导班子建设和干部的配备，也都属于文教小组负责。这种体制，曾
经断断续续维持到 80 年代。1982 年党的十二大前后，包括高校在内
的文教与宣传口上的干部配备，仍都是由宣传部负责的。1958 年 6

月 10 日，中央政治局同时决定成立还有中共中央政法小组，中央政法委书记彭真为组长。中共中央财经小组，中央财经委员会主任陈云为组长。中共中央科学小组，国家科学技术委员会主任聂荣臻为组长。中共中央外事小组，外交部部长陈毅为组长。各个中央小组却没有设置新的编制作为各个中央小组的办事机构，显然都是依托在以组长为领导的原有党的或者政府机构承办其事务性工作的。文教小组依托在中宣部，所以，康生作为文教小组副组长，两份新发现的材料说明，康生有关批判马寅初的指示是符合工作规范的。

先来分析 1959 年 12 月 15 日的材料。按照杨建业 1979 年 6 月 21 日的文章，"康生把当时北大的党委书记叫到中宣部"。按照穆欣 2006 年的回忆，12 月 15 日，"中央宣传部召集各报刊和有关单位负责人"的会议上，中宣部科学处处长于光远传达的。陆平传达的记录说"康生同志今天指示"，不一定就是康生直接向陆平的交代和布置，经于光远传达康生当天的指示，陆平也可以这样说。总之，无论康生把陆平叫到中宣部直接给其下达指示，还是通过于光远向陆平及有关方面召集会议传达其指示，都符合中央文教小组副组长康生的职务行为。

接着再分析 12 月 23 日的信。康生的信是给"于光远、范若愚，并杨述、陆平、穆欣同志"的，这一排列顺序和措词，都合乎党和国家的工作程序和规定。于光远是中宣部科学处处长，范若愚为国务院总理的秘书，分别是中央党、政机关领导全国文教工作的负责人。特别是于光远为中宣部科学处处长，既是中央文教小组领导工作的依托单位，也是分管高校和理论宣传工作的枢纽，所以排列在第一位，国务院第二位。北京大学属于中央和北京市委双重领导，所以将北京市委宣传部部长（这一职务应该是北京市委文教小组组长）和北京市高校党委第二书记双重职务的杨述放在"并"以后的第一位，陆平为北京大学校长马寅初所在单位的党委书记放第二位，穆欣作为光明日报负责人虽然是社会上批判马寅初的主战场，但毕竟是民主党派的报纸所以排列在最后。

（九）为满足马寅初问题研究的需要，笔者此前也只是将事件发生的背景放置在共和国的知识分子改造政策方面。新发现的两份康生批判马寅初的材料说明，这样的认识还是过于狭窄了。马寅初神话的制造者们囿于红颜祸水的传统史学观念之，更只是把问题的认识限制在马寅初是否受到康生等坏人的陷害。新的材料表明，即使康生参与了对马寅初的批判，但他的行为与认识也都是和陆平等北京大学党委，甚至与当时整个学术界的主流认识都是一致的。特别是康生材料所涉及的一些当事人，一直不以批判马寅初为过，一点歉意都没有，完全不是现代社会的有教养的人应该具有的素质与涵养，提示我们必须从共和国的基本政治制度的层面研究这个问题。

马寅初在反右斗争中并未被划为右派。所以，马寅初不是右派。马寅初写了《重申我的请求》并要求《新建设》杂志予以发表，康生就将其视之为"资产阶级右派进攻"，要求对其进行批判。我们且先不说马寅初的请求正当、合理，即使从现代国家的基本理念出发，一个人写作并发表文章，那都是公民（包括资产阶级右派）的基本权利。但是，在康生、陆平和北大党委会，以及所有批判马寅初的那些人来看，就成了"右派进攻"，要予以批判斗争。因为恰好有毛泽东9月15日党派座谈会不在民主党派和老知识分子中搞反右整风的指示精神，北京大学才没有按照"右派"批判斗争马寅初。仔细追究起来，马寅初作为在共和国有特权的人物来说，有幸于党和国家领袖对政治形势的偶然性认识的庇护，而不是因为制度的保障获得了现代国家素所有公民应该享有的基本权利和法律的保护。

说到国家法，共和国也不是没有法律。即使所有的人都评价我国不是具有法制传统的国家，那也不是因为国家没有颁布应有的法律。事实上，作为一个现代国家应该有的基本法律，共和国也都有。特别是1949年中国人民政治协商会议通过的《共同纲领》和1954年第一次全国人民代表大会通过的"宪法"，都有保障人民言论和出版自由的规定。但是，马寅初还是负责国家立法的全国人大常委，主张自己的权利却招致群众性的批判。令我们深思的是，类似马寅初事件中公民权得不到尊重和保护，却是包括马寅初本人在内的共和国所有公民的共识。我说包括马寅初在内的共识，不只是因为马寅初在遭遇到批判的时候并没有用宪法赋予的基本权利为自己辩护，而且还因为此前历次运动中他参与批判别人的时候也从未有过保护别人基本权利的意识。要知道，马寅初可是直接参与制订了《共同纲领》和"五四宪法"的。如果推而广之，陆平也仅只是怨恨自己在文化大革命中被康生陷害和遭受"造反派"的非人道待遇，却未曾同感身受地设想一下包括反右斗争和反右"补漏"在内的历次运动中被斗争的对象，是否也和他们在文化大革命中一样受到了侵犯和伤害？如果再推而广之，这也是北京大学党委常委会一班人和于光远、穆欣、吉伟等相关当事人都不曾把马寅初遭受批判当作问题对待的根本所在。共和国的基本制度，即无产阶级专政本来就是一个不受任何法律约束的政治形式。

无产阶级专政是列宁总结的马克思的一个基本理论。它是指介于人类历史上资本主义和共产主义（第一阶段即初级阶段又称之为社会主义）之间的一个过渡阶段，是人类社会由阶级状态转变为无阶级的过渡时期的一种国家政治形式，——虽然我这里还在用国家这个词语，但列宁说它"已经不是原来意义上的国家"，是"正在消亡的国家在它消亡的一定阶段，可以叫做非政治国家"，"已经不成其为国家了……它已经打碎了资产阶级的国家机器；居民已经自己上台来代替实行镇压的特殊力量"。列宁总结俄国苏维埃即工农代表直接管理国家政权，是无产阶级专政的一种具体形式。中国共产党将 1949 年 10 月 1 日建立的共和国先称之为人民民主专政，即在中国共产党领导下的以工农联盟为基础的国家政权。毛泽东说："对人民内部的民主方面和对反动派的专政方面，互相结合起来，就是人民民主专政。"那是中国无产阶级专政的早期形式，群众直接参加国家政权的管理。"不受任何法律约束"，是无产阶级专政的本质特征。列宁则说：

无产阶级的革命专政是由无产阶级对资产阶级采用暴力手段来获得和维持的政权，是不受任何法律约束的政权。

如果用通俗的话来总结，无产阶级专政的主要形式就是群众运动。中国无产阶级专政的最高形式，就是文化大革命时期的群众、革命干部和军代表"三结合"。文化大革命"不受任何法律约束"达到了顶点，以至于连中华人民共和国最高权力机关与立法机构全国人大及其常委会都一度瘫痪不能工作，中华人民共和国主席刘少奇可以不经任何法律程序予以打倒。所以，在无产阶级专政的政治制度下，群众运动不断，一个运动接着一个运动，则是其常生态。而在每次运动中，谁是革命者即"人民"从而可以享有民主权利，谁是"反动派"应该被专政，又都由该次运动中的群众说了算。所有人都生活在这样一种基本制度里面，除了这一特殊政权的对立面即专政的对象，以及每次运动中伤及的人对它有所体验以外，绝大多数人在运动中往往都会收获一份快感，当然对被伤害是没有感觉的。这就是新发现的两份康生批判马寅初的资料相关的一些当事人，陆平及其北京大学党委常委会、于光远、穆欣、吉伟青等不承认尾随康生批判马寅初的根本原因。从共和国的基本制度出发，人们并没有像对待资产阶级右派那样批判过马寅初，所以并不认同康生批判马寅初这一命题。

分析至此，笔者认为有必要指出马寅初的感受。当年制造马寅初神话的时候，马寅初年已近百岁，该是没有健康人正常行为能力的老人了。是家庭、社会和政府共同簇拥着，给一位没有正常行为能力的百岁老人戴上了一顶过于辉煌的桂冠。但是，马寅初虽然是民主人士，却也深知自己是体制内的人，一直受到制度的特殊保护，即使在其健康的前几十年里，也从未讲过自己曾经受到过党和政府的批判，更不知道康生参与过批判自己的活动。在那个无产阶级专政的时代里，如果不是制度的呵护，倘若真的是"资产阶级右派"，或者一般知识分子，既然经过康生的点名，谁能逃脱经群众反复批斗后再发送农村劳动改造或逮捕判刑的命运？马寅初历经了共和国的各次运动，当然了解真正受到运动批判和整治是怎么回事，所以想也未想过党和政府曾经那样对待过自己。相反，尽管说马寅初正直、淳朴，没有坏心，总是与人为善，也从未整过别人，可作为一个体制内的上层人士，则难免要站在体制一边，历次运动中对那些整治对象也是冷漠视之，甚至还曾顺手投石。1951 年知识分子改造运动中，中国近代物理学奠基人、北京大学物理系主任饶毓泰自尊心受到极大伤害，神经失常，"眼直视无睹，不能认人"，自感"校中自马寅初、汤锡予起直至学生，无一寄予同情"。[11]1957 年 6 月 8 日，人民日报发表《这是为什么？》的社论，资产阶级右派已经呼之欲出了，马寅初 15日在人民日报还发表《我对储安平、葛佩琦等的言论发表些意见》。马寅初当然不会不知道，人民日报上整理发表的所谓储安平、葛佩琦等人的言论，与本人实际所讲出来的话可能相去甚远。但是，这不影响他按此口径写批评文章。1957 年，北京大学经济系教授陈振汉因与学人合写《我们对于当前经济科学工作的一些意见》被打右派。1958 年出版《我的经济理论哲学思想和政治立场》，马寅初批评凯恩斯还不忘捎带敲打敲打陈振汉。[12]马寅初虽然在这两次被批判的时期受到了冲击，但是，他毕竟属于这个体制的上层，受到体制的保护，并且一直享受着这个体制。即使经过康生的插手（我们且先按照这一认识分析），北大校长不当了，可全国人大常委照当，吉姆轿车、宽敞住房，以及司机、厨师、秘书所有待遇都无变化。所以，如果要马寅初自己来述说，如同不愿将自己的软禁生活与集中营里的囚犯等量齐观一样，一定也不会将自己归结到共和国体制对立的那一面去与一般的知识分子和资产阶级右派为伍，承认党和政府批判过他。

　　总结以上分析，如果在接近批评的意义上来理解批判的含义，马寅初的确在 1958 年和 1959 年年底至 1960 年年初两度受到过批判。如果仅从新发现的两份材料和自后北京大学 3 个学会的批判活动来看，也可说是康生批判了马寅初。但是，由于受到毛泽东 1959 年 9月 15 日讲话和中央相关文件精神的呵护，北京大学并没有按照康生所说像"资产阶级右派"那样批判过马寅初。特别是从新发现的两份材料来看，因为康生批判马寅初是 1959 年 12 月 15 日才出现，并且因为有毛泽东党派座谈会上讲话精神的贯彻，所以，康生在马寅初受批判的活动中并没有起到多大的作用。马寅初在共和国历史上两小段时间受到的批判和冲击，必须从共和国制度层面出发才会有基本的认识。当年用马寅初《新人口论》解释这一具有深刻意义的事件，把马寅初受到的不公正的批评和批判归结到康生的头上，不只是缺乏历史常识，而且是有意歪曲。

——2015 年 6 月 16 日至 7 月 27 日初稿

（2015 年 4 月 29 日至 8 月 24 日分 10 次刊发）

"公开信"的历史地位和作用

——答澎湃新闻记者赵孟

按语

今天是《中共中央关于控制我国人口增长问题致全体共产党员共青团员的公开信》发表 35 周年。自从 2010 年写了那本《论"公开信"》的小册子以后，就不准备再写这方面的专题文章了。但在 22 号接受了澎湃新闻社记者赵孟的采访，没想到记者很快拿出稿件还很有深度，把许多年来人口学家们普遍都弄不清的一些问题都叙述得相当清晰。所以，将今天早上接到的稿件粘贴在下面，也算是对"公开信"35 周年的一份意外的纪念吧。

——2015 年 9 月 25 日

澎湃新闻：几十年来，几乎每年的 9 月 25 日计生部门都会纪念《公开信》，把它当做一个全面推进计划生育政策标志事件来解读，的你如何看待官方的这些纪念活动？

梁中堂：《公开信》其实是胡耀邦为了制止当时如火如荼的"一孩化"政策，提出要搞的公开信，结果在当时特定的社会环境和语境下，有关部门借着《公开信》把"一孩化"搞得更升级了，也许是胡耀邦和赵紫阳始料不及的。但《公开信》确实没有一些人认为的，就是中央发布生育政策的载体那么重要。首先《公开信》并不是"红头文件"，其次，没见到当时的党中央和国务院的主要领导人在什么场合提到过。

如果方便你检索整个 80 年代的《人民日报》，都不提《公开信》。

10 年以后，当邓小平、胡耀邦和赵紫阳都已经走到台下了，才出现了一个纪念《公开信》的热潮。30 年后，《公开信》又被某些人描述为党中央制定"一孩化"政策的载体，但所有这些都跟当时的领导人已经没有什么关系了。

澎湃新闻：也就是说，在 1980 年之前"一孩化"就已经在推行了？

梁中堂：上个世纪 50 年代初期到 70 年代初，党中央、国务院有关计划生育的文件主要的下发给各级党委和政府，内容也都是要求他们做好计划生育宣传和服务的，到了 70 年代中期，情况有了变化。1974 年 12 月 31 日，中共中央批转上海市革命委员会《关于上海开展计划生育和提倡晚婚工作的情况报告》中有了"晚、稀、少"。1978 年 10 月 26 日，中共中央批转《关于国务院计划生育领导小组第一次会议的报告》中有了"提倡一对夫妇生育子女数最好一个最多两个，生育间隔在三年以上"。

事情发生根本性的变化，是在 1979 年 1 月由国务院计划生育领导小组召开的全国计划生育办公室主任会议以后。在这次会议上，国务院副总理、国务院计划生育领导小组组长陈慕华讲话提到"鼓励生一胎"，这实际上是"提倡一对夫妇只生一个孩子"的最初提法。这次会议上国务院计划生育领导小组拿出了一份《计划生育工作条例》供大家讨论，实际上也是为全国制订计划生育政策提供的范本。

这些"提倡"在很多地方已经变成了强制。原国家计划生育委员会主任王伟在一次会议上批评说，有的地方出现过用野蛮的办法，抄家、砸锅、扒房子、牵走牲畜，甚至围村突击，拉人游街、变相监禁群众、有的地方甚至组织"夜袭队"，晚上去抓计划生育"超生户"或结扎对象。

澎湃新闻：既然当时的国家领导人要纠正当时过激的"一孩化"，为何不出台红头文件或政策法规，而要以下发公开信的形式？

梁中堂：这一方面要从当时领导人的思想认识方面来理解，那时的党和国家领导人都认为是中国人口太多拖了发展的后腿，急于把人口减下来。人们对"一胎化"的危害并没有太多的认识，本意并不是要纠正错误，而只是对如此决绝的政策有所疑虑和担心。另一方面需要从当时的政治背景方面来理解。1980年是邓小平解决华国锋问题的关键时刻，决定80年代的我们国家命运的"邓小平-胡耀邦赵紫阳"领导组合还未形成，刚刚走到中央领导岗位的胡耀邦当然需要服从着这个大局。相反，1981年6月27日至29日，党的十一届六中全会标志华国锋问题得到最终解决，2个月后，胡耀邦联手赵紫阳就提出了新的人口政策，并以中共中央国务院联名这一我们国家最高级别的红头文件形式发至全党全国。

《公开信》是政策转向的标志

澎湃新闻：《公开信》发表之后，政策的走向如何？

梁中堂：从现在可以得到的资料来看，中共中央在《公开信》发表后不到一年的时间里，就已经着手制订新的政策。与此同时，有关部门充分利用《公开信》的发表，把"一胎化"工作推向一个前所未有的阶段。在这样的背景下，国务院计划生育领导小组又顺势转变成为国家权力机关，设置了国家计划生育委员会。

1981年9月10日，中共中央书记处召开第122次会议，这次会议明确提出可供选择的两种放宽农村计划生育政策的方案。一种方案是，提倡每对夫妇只生一胎，允许生两胎，杜绝三胎。第二种方案是，一般提倡每对夫妇只生一胎，第一胎生育女孩的，还可以再生一胎。

根据国家计划生育委员会党组给中央的报告，当时全国29个省、自治区中有26个上报了具体意见。其中同意书记处第一方案允许农民生育二胎的6个；同意第二方案允许农民家庭有了一个女孩的可以再生一胎的有15个；其余5个省市则主张不改变《公开信》的政策口径，在具体掌握上可以松一些。

因此，中央也暂时放弃了所提第一个方案，采纳了第二个方案。1982 年 2 月 9 日，中共中央、国务院按照当时最高规格的文件形式，正式颁发了《关于进一步做好计划生育工作的指示》，文件关于生育政策的具体规定："国家干部和职工、城镇居民，除特殊情况经批准者外，一对夫妇只生育一个孩子。农村普遍提倡一对夫妇只生育一个孩子，某些群众确有困难要求生二胎的，经过审批可以有计划地安排。"其中"某些群众确有困难"是根据国家计划生育委员会党组的建议，对"女儿户"的一个特别表述。

但是文件下发后，有关部门一直在"某些群众确有困难"上做文章，分次制订允许生育二胎的条件，在整个 80 年代都没有完全将"女儿户"落实，具体放宽政策和允许生育二胎的比例，也一直没有突破占据当年出生人口 10%的尺度。

所以，30 年以后，我们把"公开信"放在已经实行的"一胎化"到以"女儿户"为核心的现行的计划生育政策转变的过程中来认识，不难发现它仅只是刚刚走到中央书记处领导岗位的胡耀邦的一个权宜之计或者临时安排，是计划生育政策从"一胎化"到"女儿户"的一个过渡、一个拐点，或者转向路标。

澎湃新闻：那么，你怎么看待《公开信》发表前后计划生育政策的变化？

梁中堂：1984 年，中央在给国家计划生育委员会党组的一个通知中，正式将新制定的计划生育政策称为"现行生育政策"。比较以"女儿户"为核心的现行生育政策与此前已经推行 3 年的"一孩化"，一方面，现行生育政策是对"一孩化"的肯定和延续。现行生育政策没有直接否定"一胎化"，除了当时占据总人口不足 5%的少数民族以外，无论对于城镇或者农村，现行生育政策仍然强调和坚持"提倡一对夫妇只生育一个孩子"。另一方面，现行生育政策又是对"一孩化"的一定程度的纠正和遏制。

首先，现行生育政策把城镇和农村区别开来，纠正了原来不分城乡地在全国实行"一刀切"的极端做法。其次，按照政策规定，实行"女儿户"以后就可以解放农村中接近50%的农民。那时候的情况是10亿人口，8亿农民，稳定农村中一半左右的人口，对于稳定全社会举足轻重。所以，《公开信》是从"一孩化"通往"现行生育政策"的一个拐点和转向标。

生育行为是个人权利

澎湃新闻：为什么上世纪90年代以后，纪念《公开信》的高潮开始出现，近些年许多学者也对它给予了很高评价？

梁中堂："一胎化"生育政策是在我国一个特殊的历史环境下产生的，它有着深厚的社会背景。所以，从"一胎化"到"女儿户"走得非常艰难。当赵紫阳和胡耀邦都走到台下的时候，整个80年代一直抵制"女儿户"政策的那些人企图再回到"一胎化"政策来，却又拿不出有关"一胎化"的正式文件，所以将"公开信"当作党中央颁布"一胎化"的载体。这样，《公开信》这一特殊历史背景下出现的文献，就享有了比现行生育政策更高规格的待遇。

澎湃新闻：《公开信》提到，"到三十年以后，目前特别紧张的人口增长问题就可以缓和，也就可以采取不同的人口政策了"。如今35年已到，你认为人口政策为何还没有根本调整？

梁中堂：政府说话当然应该要算数，但很多时候是不算数的。有消息说最近可能会全面放开二孩了，这自然是大势所趋。但上世纪90年代以后，我从更广泛的视角来研究人口问题，发现我们提到了很多社会问题，生活水平也好就业问题也好，其实并不是由人口因素引起的，它是一个经济问题、制度问题，或者公共政策问题。

人口的发展有它自身的规律。我们正在历经从传统的自然经济向现代工业化时代过渡，西方发达国家在这个历史阶段走到了前列，从人口较快地增长到老化，他们都历经过。我们不过是在重复前人已经走过的历史，发达国家没有经过政府强制而解决的问题，我们也可以做到。所以，放弃强制性的计划生育政策，归还国民的自由生育权，应该是自然的事情。

——2015 年 9 月 25 日

（刊发于 22015 年 9 月 25 日）

也说"亲历者的回忆也未必可靠"

这本来是朱正先生发表在《南方周末》上的一篇文章的题目，刚读到它的时候就有共鸣，因为最近在网上阅读过两位哲学家的一篇题为《批判马寅初怎么成了"神话"？》的文章[1]。也许读者知道，笔者在 30 多年前开始研究人口和计划生育问题的时候，所接受的就是一个比党和毛泽东还早地提出计划生育思想的"高大上"的马寅初形象。但是，经过最近 10 多年的艰苦研究，发现这都是 1979 年为了推行以"一胎化"为核心的计划生育政策而编造的神话。但是，2 位哲学家却以当年北京大学学生身份"亲历"过一次批判马寅初的活动，就要否认这个命题。他们是这样说的：

读到前不久的一篇文章《"马寅初神话"的真相：党和政府从来就没有批判过他》感到十分惊讶。之所以惊讶，首先是因为，这篇自称为"书摘"的文章用了这样一个不顾历史事实的惊人的标题，然而我和朱老两人却都是批判马寅初的亲历者。

1960 年初，我俩在北京大学哲学系上学，我们都参加了对马寅初的批判会。那次批判会的地点是在哲学楼的阶梯教室，哲学系和经济系的高年级学生都被组织安排参加。会上哲学系总支书记王庆淑亲自登台作批判发言，还有几位青年教师和学生发言，批判的内容从"人口论"到"团团转"的经济均衡理论。马寅初的秘书也登台揭发马寅初在杭州视察的时候，如何喝了鸡汤说鸡太老要求退餐等生活琐事，以说明马寅初人品不佳，近乎人身攻击。王庆淑的发言还说马寅初在抗战时期反对蒋介石其实也是"小骂大帮忙"（事实是马寅初被蒋介石逮捕，后经周恩来出面才被营救出狱）。

1　见澎湃新闻：http://www.thepaper.cn/

而马寅初在听完批判之后的表态，至今还令人难以忘怀。他站起身徒步于台上，神闲气定，从容地对发言批判他的学生和青年教师说："你们还年轻，有许多事你们不了解，我是人大常委，我看到的材料你们看不到，你们将来会明白的，我不怪你们。"他还说："我最好的朋友，也是对我有救命之恩的朋友（指周恩来）劝告我，你只要认个错，就没事了。我以前一直很听他的话，但这次我想了很久，还是决定不能认错，因为没有错。我是慎重研究得出的看法，有事实根据的，追求的是真理，是为国家好。我年事已高（当时已经八十岁了），很多事都已经无所谓了，但是，我得给青年人树一个榜样，坚持真理的榜样，独立思考的榜样。"此情此境都历历在目，当时朱贻庭还做了速写。

在会议之前，组织上就让一些教师学生写批判马寅初的文章，我们同班的就有批判"团团转"的文章发表在《光明日报》上（此时的《光明日报》已经是官方报刊了）。会后，学生还被授意去燕南园马寅初办公的地方贴大字报，要求罢免他的校长职务。不久马寅初就被免去校长职务，由时任党委书记的陆平继任。没过多久马寅初的人大常委的职务也被免去，保留了一个政协常委。

作者为了加强亲历者真实性，还又加强说：

这些都是我们亲身经历的事实。尽管，我和朱老现已年届八旬，但仍记忆犹新。况且我们还有许多见证这次批判会的同学健在，他们都可以作证。这是抹不去的历史事实。

堂堂北京大学校长（当时校长是由国务院总理任命的），一位年届八旬的老人，被拉到台上，不得不在台上接受了一个晚上的批判，这难道还不算是批判吗？

两位哲学家似乎在以亲历者的身份叙述历史，但明显犯有以下许多错误。

第一，哲学家偷换了概念。笔者是把社会制造的一个比党和毛泽东还早地提出计划生育思想的马寅初却受到了党和政府的批判，称之为"马寅初神话"，而哲学家却是说"摘引者"将历史上马寅初曾经受到过批判说成了"神话"。

第二，历史上马寅初确曾受到过批评，两位哲学家作为学生也还亲自参加过一次批判马寅初的会议。但是，马寅初在历史上曾经被批判，却不等于是党和毛泽东批判了马寅初，不等于党和毛泽东曾经接受过马寅初的建议，也不等于马寅初因为主张计划生育而受到了批判。事实上，在新中国的那样一种所谓"无产阶级专政"即崇尚群众运动而毁灭法制的制度下，上至党和国家领导人刘少奇，下至一般的知识分子，有几个在社会上有头有脸的人没有受到过批判？但是，显然不能说每个基层单位召开过的批判会都是受到了毛泽东，以及党和政府的批判。

第三，两位哲学家把他们所"亲历"的那次活动描述成仅只是在哲学系党总支书记带领下仅有青年教师和学生的一次批判会，这是不准确的。发生在哲学系阶梯教室的批判会，应该是 1960 年 1 月 11 日由北京大学毛泽东哲学思想学习会、毛泽东经济思想学习会和人口问题研究会等 3 个学会应马寅初的要求召开的"马寅初经济理论哲学思想政治立场讨论会"。因为此前 3 个学会各次所召开"报告会"，由一位报告人主讲马寅初的思想错误，全校师生参加。马寅初提出这样的效果不好，不能讨论、答辩和辩论，要求举行小型会，"认为这样便于讨论，本人亦将出席"。这是一次大约有 200 人规模的批判会。参加会议的除了哲学系和经济系师生中的 3 个学会的会员以外，还有历史系、中文系和法律系的部分教授。仅从那次会议报道中所列举的发言人看，还有哲学系主任郑昕教授，经济系主任陈岱孙教授，以及马列主义教研室的老师，说明参加会议的人不仅仅是青年师生。

第四，哲学家说"事实是马寅初被蒋介石逮捕，后经周恩来出面才被营救出狱"。实际上并不是这样。1940 年，马寅初被宪兵带走，重庆大学校长给学生做工作说：

马先生是国民党党员，蒋委员长是国民党总裁，这次事件是国民党的内部问题。

所以，马寅初并不是被国民党政府逮捕坐牢。1979年制造马寅初神话的时候，流传为哲学家现在所说的马寅初坐过国民党政府的牢房和集中营。马寅初曾经对人说过他的"牢狱"生活：

……最早是在贵州息烽，住了8个月，以后到江西上饶去了一年，都是一个人住一套平房里，但看守警卫倒有一排人之多。吃饭是四菜一汤，一个人吃，也可以看些书，与家人通信只谈家事，不谈其他。生活还可以，只是与社会完全隔绝往来。

另外，马寅初也不是周恩来营救而被蒋介石释放的。事实上，根据许涤新的叙述，在此之前，马寅初与共产党还真没有任何联系。想一想蒋介石将国民党自己的党员软禁起来要其反省和检查其不利于"党国"的言行，共产党的领导人周恩来四处奔走营救，是什么意思？会带来什么效果？

第五，两位哲学家说马寅初在批判后的那段讲话，都是1979年制造马寅初神话的过程中编排出来的，放在这里显然不符合那次批判会的语境和氛围，不是马寅初那个时候能讲出来的话。首先，那不是年轻人组织和主持的一次会议，那是北京大学哲学学会、经济学学会和人口学学会共同组织的一次活动，参加的人员不只有年轻人，特别发言批判他的人都是几位老教授，他不可能用那个对年轻人才可以说的口气说话。其次，那是一次针对他的著作《我的经济理论哲学思想和政治立场》组织的批判会，现在看批判者和被批判者所争论的内容都不过是一场口水仗，但当时大家却都是在认真讨论政治和学术中的大问题的，哲学家让马寅初去讲几句与批判问题无关的话，实在是让马寅初丢份的。另外，马寅初其实是很圆滑的人，特别是解放后在中央人民政府委员会里工作，担任大学校长，在体制内学得很快，完全懂得官场的关系学，也能预料到在那样的场合搬出周恩来会产生怎样的效果。所以，马寅初不会讲出那样一席话来。

第六，哲学家说"此时的《光明日报》已经是官方报刊了"，实际上，《光明日报》是在文化大革命以后因为各民主党派都当作反党性质的党派停止了活动，主管的报纸也才划归到中宣部直接管理的。尽管我们知道，共和国一直有着极为严格的新闻管理制度，所有的报纸杂志都是按照政府的要求运作的，但至少从形式上来说，截止文化大革命以前，光明日报一直是民主党派主管和主办的一张报纸。

第七，哲学家说"会后，学生还被授意去燕南园马寅初办公的地方贴大字报"，事实上，一方面因为这次会后马寅初血压升高住进医院，北京大学的批判活动也就结束了。另一方面，1959 年后半年的国民经济已经相当的困难，城乡人民首先都不得温饱，政府和学校早已经供应不了人们写大字报的纸墨和浆糊所用的白面了。

第八，哲学家说"没过多久马寅初的人大常委的职务也被免去，保留了一个政协常委"，事实上马寅初的二届人大常委一直当到 1965 年 1 月 3 日第三届全国人民代表大会选举出三届人大常委之前。因为人大代表和人大常委都是由选举担任的具有一定任期的职务，马寅初的二届人大常委担任到了该届期满，所以并没有人罢免了他的全国人大常委会委员的职务。另外，常有因为这样那样的原因，换届的时候将原来担任人大的职务调整为政协，或者将政协的职务调整为人大的职务。因为马寅初并没有在 1959 年至 1965 年期间既担任第二届全国人大常委会委员同时又兼任第三届全国政协常委职务，所以在不担任第三届全国人大常委的同时被调整为第四届全国政协常委，不叫"保留"而是新任。在共和国党和政府的干部政策中，干部免职及其职务调整，都不是处分。如果没有特别的决定和说明，职务或级别提升并不是奖励，有的时候的甚至连职务降级使用也不是受处分。

第九，哲学家说"一位年届八旬的老人，被拉到台上，不得不在台上接受了一个晚上的批判"，马寅初参加这次批判会，不是被拉到台上，而是早在大约一周前 3 个学会负责人应马寅初的约请拜访马寅初一块约定召开的一次有马寅初参加的"讨论会"。那次会议不是在晚上，而是在 1960 年 1 月 11 日下午召开的。

可见，即使是名校的两位大哲学家的所谓亲自经历的回忆，也未必都可靠。

但是，朱正先生文章所要否定的事情，我却持相反的观点。这是一段有关邓小平在 1956 年苏联共产党处理波匈事件中的故事。根据师哲的回忆，刘少奇率领的由邓小平、王稼祥和胡乔木等组成的中国共产党代表团到达莫斯科后，赫鲁晓夫如丧考妣般地急于得到中方的支持。朱正先生引用师哲的话说：

到了招待处，他们既不让我们洗一把脸，也不让我们喝一口水，赫鲁晓夫就把代表团成员拉到桌子周围坐下，他把在车上对刘少奇说的话重复了一遍。完全是一副六神无主的样子。当他说到在匈牙利的全部苏军家属和部分苏军已经撤出布达佩斯，撤向边境时，似乎是一种"安慰"我们的口气。

邓小平未等赫鲁晓夫把话说完，就斩钉截铁地说："不能撤退！撤走了帝国主义就进来了。要站稳脚跟，坚守岗位！红军这么大的力量，还对付不了那么几个反动派？！"他的具体意见是：第一，苏军不能撤出匈牙利，不应把革命阵地拱手送给敌人；第二，全力扶持匈牙利共产党内坚定可靠的党员，协助他们掌握住政权，把党员、革命力量、积极分子团结在自己的周围，形成坚强的堡垒；第三，掌握住军队和警察的力量，让他们守住阵地，保护政权、维持秩序，坚决保卫党和政府机关不受破坏！在这方面，苏联军队应该起模范作用，这才是真正的国际主义。……

赫鲁晓夫一听，摸着了中国的态度，腰杆子一下就硬起来了，而且马上就要离开，想回去向他们正在开着会的政治局报告好消息。

朱正先生从苏联共产党在中国共产党代表团到达的那个白天已经决定出兵匈牙利和《刘少奇传》、吴冷西《十年论战：1956-1966 中苏关系回忆录》的有关章节，提出否定师哲这段回忆的真实性。我以为是不恰当的。因为在对待苏联出兵匈牙利的问题，苏中两党都曾有过多次的和反复不同的意见，朱正先生列举《刘少奇传》和吴冷西回忆中的材料，都是 26 号以后的情况，说明不了 10 月 23 日刘少奇、邓小平等人到达莫斯科后的那个晚上都和赫鲁晓夫说了些什么。

我以为师哲回忆邓小平对赫鲁晓夫所说的那些话，是可信的。首先，师哲作为代表团的翻译人员，对刚到达莫斯科的活动印象深刻。其次，代表团的团长是刘少奇，但从机场的路上到代表团的住处，刘少奇始终没有表示明确的意见，邓小平快人快语、直截了当的表态即使几十年过去了也会令人记忆犹新。还有，也是特别重要的一点，这几句话的内容极其符合邓小平的一贯思想。

另外，我的观点还是对照师哲的许多个版本的回忆录得出的结论。不算重印与加印，师哲主要有 7 个版本的回忆录，其中标记为"师哲回忆、师秋朗整理或笔录"的书 2 本，即 1992 年红旗出版社《峰与谷——师哲回忆录》和 2001 年人民出版社《我的一生——师哲自述》。标记为"师哲回忆、李海文整理"的书计有 5 种，其中包括 1991 年中央文献出版社《在历史巨人身边——师哲回忆录》，以及 1995 年《在历史巨人身边——师哲回忆录》（修订本）；1998 年中央党校出版社《在历史巨人身边——师哲回忆录》（增订本）；2005 年当代出版社《师哲口述：中苏关系见证录》；2015 年九州出版社《在历史巨人身边——师哲回忆录》（最新增订本）。师哲在 1992 年《峰与谷》的序言里说："时至今日，仍有部分史实上不宜公开，只好等待未来吧。"其时，《在历史巨人身边》已经在 1991 年经中央文献出版社出版。对照师秋朗和李海文的几本书的主要内容，师哲的女儿师秋朗记录或整理的 2 本书里都记录了邓小平的这短话。先后任职中央文献研究室和中央党史研究室的李海文整理的几本书，主要差别就在于中央文献研究室出版的 2 个版本中没有收入"波匈事件与刘少奇访苏"，而 1998 年以后的 3 个版本则增加了这个部分，表明师哲所说的"时至今日，仍有部分史实上不宜公开"至少包括这个部分。但是，阅读李海文整理的这一个章节，并没有敏感的内容值得审查机关扣押不予出版。不过，如果对照师秋朗的记录和整理文稿的同一个时点的故事，增加李海文缺少的代表团到达莫斯科的当天晚上邓小平对赫鲁晓夫所说的那段话，放在 1991 年前后让有关部门审查因为距离刚刚过去的那次政治风波时间还不太远就成了极为敏感的内容了。时至今日，虽然一般常人认为它已经不属敏感问题了，可作为一直属于体制内的李海文来说仍需要保持高度的自制率要将其继续当作"不宜公开"的内容。

基于以上的原因，我还是认知师哲这段话的。

当然，不只是朱正先生，事实上国内研究中苏关系和 1956 年波匈问题的史学家们，大多数也都不采信师哲的这段回忆。譬如沈志华2013 年出版的《处在十字路口的选择（1956-1757 年的中国）》也是不理睬师秋朗的"记录"而使用 1997 年以后李海文"整理"增补的文章。去年一次饭局上，我当面与韩刚先生交谈，他也极力否定师哲这段回忆的可靠性。我以为国内的史学家们大都犯了一个错误，即用中苏关系破裂和中国日益强大后的思维分析这个特定时段的具体问题，加重了中国共产党在这个问题上的份量。其实，如果把问题放在特定的环境中去研究，因为苏联和东欧社会主义国家才是华沙条约的缔约者，波匈国境内驻扎着苏联红军，在那次波匈事件中，匈牙利人民要比波兰走得更远，不仅提出扩大社会主义民主、实行多党制和自由选举，而且还要求苏军撤出匈牙利和脱离华沙条约。这样，要不要用苏联红军镇压波匈人民，那显然都是苏联共产党的事情，赫鲁晓夫等苏共中央才是唯一的决定者。即使苏联党邀请中国共产党代表团赴莫斯科协商，那也是寻求中国党对他们的理解和支持，而不是如后来的研究者所定位的苏联党束手无策需要中国共产党帮他们拿主意和做决策。即使当时的毛泽东和刘少奇等中国党在当时或多或少也有这方面的认识，那都不过是误解和误会。但苏共中央作为决策者，是没有任何动摇和怀疑的。关于这一点，赫鲁晓夫在其后来的回忆录里就说的很明白：

不管我们采取哪一步骤，我们都不是为了民族主义的目的，而是为了无产阶级的兄弟团记的国际主义目的。为了使所有国家在这一点上都能正确地理解我们，我们决定同其他社会主义国家进行协商——首先是同兄弟的中国共产党协商。

所以，苏联党邀请中国共产党代表团是为了"正确理解我们"，而不是让他们来帮助决策和指挥的。苏联红军在波匈究竟该了什么，那是苏联党的实情，其实与中国共产党没有多大的关系。也就是说，根据苏联解体后首任俄罗斯档案馆馆长皮霍亚的《苏联政权史》，1956 年 11 月 4 日苏联红军 12 个师入侵匈牙利，造成匈牙利人死亡2502 人伤 19226 人，苏联方面死亡和失踪 720 人，伤 1540 人，以及20 多万匈牙利人逃离国家，概与中国共产党无关，当然也与邓小平是否讲了师哲所回忆的这段话无关。

但是，我还是同意朱正先生从师哲回忆录里提炼出的这个命题，因为师哲确曾犯了一般会议者常常会犯的一个错误，致使回忆中确实存在一些不可靠的内容。亲历者的回忆贵在符合亲历者当时身份的亲历回忆。记得上个世纪 90 年代中期，那个曾经任职中央保健局的医生李志绥曾写过一本回忆录，不仅当时轰动海外，至今还有做研究的人不时采用其中的文字。这本书出版后不久，我的朋友曾从国外带回来一本送我，但我没有读完就将它扔到一边去了。李志绥能长期在中央保健局工作，那一定有较高的医疗保健水平，能得到中央领导的信赖。如果他站在医生的角度，从医生和病人这个关系上回忆毛泽东，揭示政治领袖人物以外的毛泽东，是很有价值的。但是，他竟然写了不少涉及毛泽东和其他领导人之间关系的事情，写了中国共产党譬如"八大"以及其他重要会议方面的许多大事件。现在的中国共产党有时还讲党内民主和公开、透明，但那个时代的特征是保密，有着极为严明的纪律，有关党和党的领导人的所有问题都是党和国家的最大机密，不该自己知道的事情不打听，不该看的文件不看，不该说的话不对任何人说。所以，即使是在中央秘书局工作的干部，也仅只是做首长交办的具体事情，自己所完成的工作以外的事情都很少有了解的。李志绥在他的书里写了很多医生以外的毛泽东的私生活和国家政治大事，他如何能知道？那还不是重复海外已有的道听途说。作者用这样的态度写作，所以连他所说的一些可能真实的事情也令人不敢相信了。

师哲的这个回忆也有不少不可靠的内容，这都发生在他偏离了当时"亲历"的身份。师哲是一位俄语翻译，属于中央代表团的工作人员。所以，即使代表团要持有一个什么样的"态度"（人民出版社 2001 年的版本是"脉搏"），他不可能知道。更何况，刘少奇、邓小平、王稼祥和胡乔木这个代表团是应苏联共产党的邀请来莫斯科协商的。即使这一个历史事件已经过去了半个多世纪，现在认识它仍很复杂和艰难，在当时究竟应如何认识就更不是一件容易的事情。事实上，苏联和中共两党在这一个时期的认识反反复复有过许多次的变化。所以，中共代表团在去莫斯科以前并没有一个成熟的意见。另外，尽管毛泽东在这个时机向苏共公开了斯大林时期所收到的一些委屈，但中苏两党两国的关系还是蜜月时期，甚至是比斯大林时期还要密切得一段时间。师哲回忆录中已经用中苏分歧和决裂的基调描述这一阶段的历史，譬如他回忆第二天刘少奇参加苏共政治局会议，说刘少奇在会议上"讲了几个小时，主要是批评他们的沙文主义、对兄弟党的不正确态度和恶劣作风"。师哲回忆起他的翻译："我也没有逐句翻译，而是按他的意思，丢开讲稿，站立起来，加上手势，就像我自己发表演说一样。"前一天晚上即 23 日 23 时，苏共已经命令驻扎在匈牙利、罗马尼亚和喀尔巴阡军区的 5 个步兵师拉响了战斗警报，两个歼击航空师和 2 个轰炸航空师进入战斗准备状态。24 日凌晨，一个特种步兵军已经进入布达佩斯，苏军开始和起义者发生冲突，苏共政治局竟会耐心用几个小时的时间听取刘少奇控诉和批评！另外，中国共产党最高领导人的工作人员，竟敢在外交场合趾高气扬、忘乎所以，那都是绝对不可能的事情。师哲在向一个年轻女孩子回忆、倾述的时候，忘记了当时在刘少奇和邓小平等中央领导面前应该保持的严肃、认真与拘谨，无意间增加了不少夸张和渲染的成分，以至不真实了。

再论及我们的两位哲学家。如果他们仅仅以当时北京大学哲学系学生所参加的一次批判马寅初的会议的亲历者身份，回忆出那次会议的情况，那不仅可靠，而且对于人们正确认识 1959 年和 1960 年的那个时代的中国社会背景也都是有价值的。但是，他们要用经过新中国不断的政治运动培养起来的哲学家的素养和 1979 年以后那几年所接受的马寅初神话故事的情节改造记忆，不仅使得"亲历者的回忆也未必可靠"，甚至都有可能成为哲学家李志绥了。

——2015 年 10 月 12 日

（刊发于 2015 年 10 月 12 日）

"卫计委专家委员梁中堂"缘何遭唾骂?

——普遍放开二胎意味着什么？

　　按照原来的计划，不再就放开二胎的问题写文章。之所以有这个想法，是基于两个理由。首先，还是我说过的那句话，"人口学是我踏进来就想要离开的一门学科"。人口学是被中国的计划生育忽悠起来的一门学科，其实没有深刻的内涵，除了牵强附会地将统计学、经济学、社会学、地理学等等许多涉及到人的学科中的一些有关人口问题的知识拼凑过来以外，剩下的就都是玩弄移花接木、借花献佛，甚至是指鹿为马的把戏。生育政策明明就是政府限制和管制人民自由生育权的问题，人口学竟然虚张声势、故弄玄虚地将其做成了一个越来越大的学科体系，以至于将一个影响人民群众正常生活的现实性很强问题抛到了半空中，指鹿为马地变成了资源、环境和一系列其他的经济社会问题，以至搞得所有人都感觉虚无缥缈，越来越不着边际，谁都不去涉及现实中每天都大量发生的人民群众的正常生活与政府工作的实际矛盾与冲突了。科学本来是最客观、最实在的东西，结果令还处在幼年成长阶段的人口学就堕落成一门伪科学了。在这样的情况下，如果以务实的态度论述这次政策调整，仍只可能说一些常识性的话。几年来反反复复地讲这几句话，都变成祥林嫂了。

　　另一个原因，这个时间点上发布普遍放开二胎的消息，本是预料中的事情。因为它解决不了根本问题，在这个时节点上说一些评价不高甚至反对的话，岂不是讨嫌？不过，我说已经预料到这个时间点上发布放开二胎的信息，可不是故做聪明。

　　自从强制性的计划生育产生以来，它就不断与广大人民群众的实际生活发生矛盾和冲突。但是，在新世纪以前比较封闭的状态里，所发生的问题都被基层政府分别消化处理掉了，现实中实际存在的严重社会问题和冲突都被掩盖着。随着新世纪我国进一步开放而走向世界，特别是互联网的普及，这方面的矛盾和问题也越来越多地被暴露出来了。我不愿意用双刃剑来比喻，但经济社会的发展确实是多方面地甚至是全面地改变历史。一方面，发展表现在几乎所有人都能直接看到和感受到了的物质上的一系列进步。另一方面，它也唤起了人们一系列沉睡的意识，过去麻木而没有感觉的部分神经也都逐渐被唤醒而有了疼痛的感觉。人们对计划生育的认识就属于后者。在计划经济体制下，计划生育对人们的限制比现在严重多了。但那时的疼痛感却没有现在那么强烈。神经系统的反应能力逐渐恢复了以后，计划生育慢慢变得不可容忍了。新世纪以来，人民群众对计划生育的强烈不满已经汇集成一股强大的反对潮流。这其中有一部分来自于包括国家公务员在内的体制内的人们，他们相对有活力，也有能量，在网络以及媒体上不仅相对发声多，呼喊的劲头也高涨。30 多年前制造的"独生子女"政策时，决策者主要倾听的就是这个阶层。近些年逐步放开二胎的决策，也主要是听到了这部分人的声音。其实，与计划生育严重对立的还是体制外的广大人民群众，只不过他们距离决策层更远一些，特别缺少充分诉求的渠道。现在网络可以反映出一部分群众的诉求，因为仇恨和敌视的情绪而言辞往往激烈些，政府往往又将其错误地当作个别极端分子而忽略他们的存在。

许多年来，除了在网络和其他媒体感受到的公务人员的呼声以外，我还通过个人的邮件、手机和电话等渠道直接交往了一些人。一般来说，这都是些基层的小公务员，胆小怕事，谨小慎微，舍不得手上端的这碗饭，却又强烈向往再生育一个孩子。你从他们的表现和文字中可以感受到长期以来所经受的折磨，有些人的神经可能都已经达到了即将崩溃的边缘。他们不敢在网络上公开表达，甚至都不敢在我的博客上留言，个别人在与我私通邮件时甚至还藏匿着姓名，生怕暴露后会影响自己的前途，既令人怜悯，又觉其可怜。他们实在是没有别的办法，所以才找我探听是否有近期放宽政策的可能。随着"双独""单独"的实行，一部分人如愿以偿退出了与我联系的名单，但却明显感受到另一部分人越发倍受煎熬。

今年 4、5 月份以来，事情逐渐有了转机。我根据国家卫计委回应媒体的一些表现，推测即将普遍放开二胎。譬如，7 月 29 日，我回答一位急切等待的朋友时说："先生，明年应该如愿了。祝好运。"这些人真是度日如年啊。10 月 6 日，一位听我回答过明年可以生育二胎的朋友又忍耐不住了。他给我写信说：

前段时间各媒体纷纷报道关于"二孩全面放开"的信息，让我看到了希望。但近来好像又"沉默"了。我有种不妙的感觉，明年是否能全面放开？

因为此时还没有何时召开五中全会的消息，所以我回答说：

先生，国家的事情总是这样，即使确定的事情要办，它也是在按部就班地进行，不可能像我们一个人的事情那么单一。我想这是在等年底的中央全会吧。

如同 2013 年 11 月 15 日颁布"单独生二"时一样，这一政策调整只是暂时吸引一下人们的眼球，热闹上一阵子，并不解决什么实质性的问题，原想也就不再说什么了。

但是，昨天（10 月 31 日）晚上应杨支柱先生的要求，将他撰写的一篇文章粘贴在我的博客，这才发现几天来一些朋友给我留言，说网络上对我的谩骂"铺天盖地"，要求我澄清某报一篇文章中有关我的情况。为回应这部分朋友的要求，不得不再写这篇文章。

我决定不就放开二胎的问题不再说什么，但不等于不接受媒体的采访。进入新世纪以来，我已经不主动联系出版社出我的书，也不再寻找报刊及其他各种媒体刊发我的文章。自踏入人口与计划生育领域，我成了非主流的研究者。书不能正常出版，文章得不到及时发表，早就习以为常。现在年纪大了，时日不多，更不愿把精力耗费在出版与发表时必定会产生的一些无谓的争执与磨合中。但是，找上门的媒体却是从不拒绝的。

　　既然接受采访，那么无论对谁，我都实话实说。一方面，我是一名研究者，应该有科学家实事求是的品格。另一方面，一个人难得有独到的认识，如果不将其叙述出来，那等同于不存在。这不是一个历史唯物主义者的人生观。还有，我对媒体持一种容忍与宽容的态度。之所以这样，首先，我必须清楚自己是谁？我不是官员，更不是党和国家领导人。像我这样的人究竟有什么思想观点，至少在目前的社会环境中是不重要的。其次，还必须知道，媒体对自己并不是如党和国家的领导人那样有重要的社会地位而特意量身打造的专访，找上门来的媒体都是根据他们自己的情况从特殊视角出发为自己设计的题目，我的出现是为他们的节目服务的。所以，我的所谈所论，都要根据他们的需要取舍。这样，除非自卖清高拒绝采访。否则，你没有权利要求人家媒体为你做什么。但是，面对采访，我也从不考虑他们需要什么，而是必须说出我对这个问题的认识，完整表达出我的观点和立场。

　　另外，因为我国文化传媒产业实际上还未曾真正起步和发展，大家对传媒载体的性质和作用也存有一些误解。现代社会讲究文责自负，所有文章仅只属于它的版权所有者。记者所写的文章反映和代表了记者的认识，对文章负法律责任。在通常情况下，只要未经过你的授权，即使涉及到你，也无需对此负任何法律责任。它并不代表真实的你。所以，我只看重由我署名的文章，只有它们才与我具有法律关系。新闻媒体有涉及面广泛、传播快捷的一些特点，但也由此决定记者笔下常是一些急就的文章，很难准确表达某个深刻的思想。如果一个专门研究者要求记者准确表达他的观点，那也是强人所难。事实上，全面与深刻了解一个专业并不是一件容易的事情。我经常感觉出，我的学生接受我所讲内容常都是浮皮潦草的。我在 1979 年已经写了质疑与反对"一胎化"政策的文章了，而几乎现在所有的所谓中国人口学家和中央层面的计划生育官员，却一开口都是说 1980 年的"公开信"才提出一对夫妇只生一个孩子的政策。当然，像田雪原等少数人是从卑劣的个人私利出发而有意要这样说。但是，对于其他大多数吃这一碗饭的人，也是长期满足于一知半解。在这方面，我也不能一味地苛责别人，自己有时也会这样。在与易富贤和杨支柱两位先生的交往中，我常发现我们相互之间也并非是各个方面都能透彻了解。刚才又翻阅了杨支柱先生的《我和梁中堂先生是怎么成为叛徒的》，他就似乎只知道我在 80 年代中期给中央上书主张普遍二孩，却不知道它的源头还要早得多。

1978 年 10 月 26 日，中共中央批转的国务院计划生育领导小组的报告中提出，"提倡一对夫妇生育子女数最好一个，最多两个"。这是中央文件中第一次对人民群众的生育提出明确的、具体的数量限制。1979 年 4 月中央工作会议上，李先念代表党中央国务院讲话中已经有了"鼓励一对夫妇最好只生一个孩子"。会议之后，国务院计划生育领导小组就在各地广泛开展了"提倡一对夫妇只生一个孩子"的活动。此后几个月，这一活动在全国不断升级，而"提倡一对夫妇只生一个孩子"作为一个政策掌握的口径也在实际工作中被不断收紧。6 月 27 日，陈慕华给中央党校领导干部讲课正式提出"一胎化"，要求把计划生育工作的重点转移到只生一个上来。至此，各个省市竞相召开计划生育表彰大会，省委书记纷纷在大会上讲话，表彰自愿只生育一个孩子的先进集体和个人。譬如，山西省革委会 9 月4 日至 6 日在省城太原召开全省计划生育先进代表会议，提出"今后全省计划生育工作的重点一定要放在一对夫妇最好只生一个孩子上来"。吉林省 9 月 20 日召开计划生育工作会议，省委书记于林在会议讲话中说，全省已经有一万多对夫妇自愿只生一个孩子，要求"把计划生育工作的重点放到一对夫妇只生一个孩子的工作上来。"读者应该都熟悉党和政府的工作规律，山西省和吉林省召开了要将计划生育重点转移到只生一个上来的会议，其他各个省、市、自治区也一定都这样做了。一个省的省委省政府召开了这样规模的会议，地市和县一级的党委政府一定会迅速召开相同形式的会议传达贯彻。根据计划生育部门的统计，这一年，全国现有一个子女的夫妇 1535.4万，其中已经领取独生子女证的夫妇 610.1 万，领证率达到 39.7%。

所以，早在 1979 年，"一胎化"政策已经在全国红红火火地实行起来了。

我就是在这样的背景下，完成我的第一篇有关人口政策的论文的。12 月 7 日至 13 日，第二次全国人口理论科学讨论会在成都召开。那个时代的会议不像现在多元化，几个小单位只要有钱就可以联合召开会议。那时的会议都是由党和政府批准召开的。第二次全国人口理论讨论会，是由国务院计划生育领导小组在后面推动召集的一次全国会议。我在提交会议的论文中，质疑和反对"一胎化"，同时提出了普遍二孩的主张。用我当时的话说，"建议在每对夫妇只生两个孩的基础上，将两胎的间隔控制在 8-10 年"，后来才表述为"晚婚晚育加间隔"。在那个年代里，政策制订出来是要人们无条件执行的，不许可怀疑、研究或者讨论。所以，我的这个大会发言，可说是石破天惊。我理所当然地被主管部门当作是"反对计划生育"，一直到 1984 年春节前后，才又绕过计划生育部门给胡耀邦上书。再下来，就有了翼城县的试点。但是，翼城县的实验从一开始就如同"偷来的锣鼓——敲不得"，不准宣传，在极为封闭的状态下运行了 20 多年。2006 年以后，鉴于国家开放的大形势，我有意带领或者安排中外的一些媒体到翼城县实地考察和采访，它逐渐才浮出水面。所以，包括杨支柱先生在内的世人也仅知道翼城县试点以后的这一段历史。

在理解专业问题上，学生、人口学家与政府官员、自己和朋友，尚且如此，遑论要面对社会各个领域的新闻记者？几年来，除非真的属于那种有心人，希望专门做我的采访，我才要求这一类记者必须事前认真做好"功课"，阅读一些相关的文章，提前拟订出采访提纲。如果偶尔发现有的记者确实提出了与众不同的、较为深刻的问题，同时在访谈中果然也激发起我的深入思考，令我的认识前进了一步，我才会要求对方给我一份整理出来的采访记录。因为熟悉现在媒体出版和发表的限制，在一般的情况下，我从不审阅他们的东西。有的时候，即使记者们主动要求审阅，我也会委婉拒绝。——记者文章中的内容，常常都不是记者本人所能决定的，我何苦再去耗费那个精力？

我只做自己能够做主的事情。

　　根据平时的接触，我很赞赏境外媒体的职业精神。先不说别的，它们往往都是在第一时间就出现了。几乎与前年 11 月 15 日晚间新闻联播发布"单独生二"的消息一样，10 月 29 日晚间 19 点整，电话就打进来了。那天晚上前后有香港大公报、英国泰晤士报、美国广播公司等境外 8 家，第一财经和新京报等国内 3 家，总计 11 家媒体的采访。因为都是由公告"全面实施一对夫妇可生育两个孩子政策"所引起，所以主题都是相同的，我的回答也不外乎这样一些方面：按照现代国家理念来说，计划生育是限制和侵犯了人民群众的自由生育权；随着最近 30 多年我国经济社会的巨大发展，人民群众与现行的计划生育制度的矛盾越来越尖锐了，从 2013 年提出"单独生二"开始到现在"普遍放开二胎"，都是政府试图解决这一社会矛盾和冲突而产生的；因为人民群众与现行的计划生育制度的矛盾并不仅是由限制一胎、二胎造成的，所以，"单独二孩"没有，现在普遍放开二胎也不能解决这一问题；为此，我反对实行放开二胎的举措，强烈要求废止和取消现行的计划生育制度，尽早归还人民群众的自由生育权。

　　除了以上内容以外，几乎在每一个访谈中，我都提到了习近平最近在联大会议上的发言以及与美国总统奥巴马 9 月 25 日共同会见记者。习近平指出，民主和人权是人类共同追求。这是中国党和国家最高领导人第一次向全世界人民公开表明，中国政府是承认人权的，是承诺保护人权的。自从联合国成立以来，和平、发展和人权，逐渐构成现代国家的共同目标和理念。这是我国最近 30 多年走向世界后获得的一个巨大进步。但是，生育权是基本人权，这是联合国和许多国际组织的共识，是一系列国际公约的明确规定。同时，它也是现代国家构建法律体系的基础。政府限制国民的生育权就是限制和侵犯人权，这是极为简单的道理。政府限制和管制本该由人民群众自己决定的事情，也就搞乱了一些基本的社会关系，人为地制造出许多矛盾和冲突。所以，仅只是在"坚持计划生育基本国策"的前提下作一些政策调整，而不是放弃计划生育，那就意味着还没有认识到生育权与基本人权的关系，是一种缺少现代理念的表现。总之，普遍放开二胎意味着什么？这是那天晚上，我对每个采访者所谈的主题和主旨。反对放开二胎，要求取消计划生育，归还人民群众自由生育权，是我所阐述这一主题和主旨的时候使用的几个关键词。

因为差不多每一位记者都是以极兴奋的心情采访我的，几乎所有的记者对我的回答都感觉意外。向境外的媒体记者解释比较容易，我只反问他们一个问题，即你们媒体所在的国家或地区有没有计划生育制度？他们就一下子明白了。对国内媒体记者则需要多说几句，但只要是听了关于习近平主席有关人权的讲话和计划生育的关系的阐述以后，也都能理解并赞同我的观点。

当然，除了以上共同的访谈内容以外，每位记者也还会提一些具有个性的问题。新京报和纽约时报的记者就都提出过放开二胎以后，计划生育部门是否还会继续征收社会抚养费、放开二胎与提倡生育一个是否矛盾、放开二胎的政策什么时候会进入到实施的阶段，等等。我回答说，公告的第一句话是"坚持计划生育的基本国策"，就是说，放开二胎仍是在现行的计划生育制度的框架中所作的政策调整，仍然是实行计划生育。计划生育是对人民自由生育权的剥夺，必然和人民群众发生冲突。政府要实行与人民普遍冲突的工作，就必须有强制的手段。所以，放开二胎也还是计划生育，征收罚款就是必然的。关于二胎和奖励一胎的关系，我回答说，因为生育是个人私权领域的行为，国家公权就不具有介入的依据。计划生育就其本质上来说是缺乏法理支持的，是最没有法理支持的行为。但是，就提倡一胎与普遍放开二胎的关系来说，它们却是符合逻辑关系的，不矛盾的。其实，普遍放开二胎并没有什么创新的成分，也没有多大的突破，过去的政策中本来就包含着这一层关系。事实上，从1979年提出"一胎化"以后，因为实践中的巨大反差，30多年里不断在开放允许生二胎的口子。所以，80年代以来的政策就是"鼓励一胎和允许二胎"两个方面，现在只不过将过去允许二胎的范围进一步扩大到包括国家公务员在内的普遍化程度罢了。

这大约就是我在 29 日晚间回答各个媒体采访的基本情况。但就是这次采访，引起网络一场大战。30 号上午一开机，杨子实先生的两条信息就进来了："梁老您好，新浪财经记者对您的观点断章取义，您看到了吗？""又看了一下，是新浪财经转新京报文章。"从此开始，这一天向我转达这一方面情况的短信、电话和邮件就不断。因为我是通过凤凰网阅读新闻的，大约中午时分，我才阅读了新京报的文章《二孩政策落地需多长时间，"抢生者"怎么办？》。果然不出预料，我所讲的有关废止计划生育制度和归还民众自由生育权的内容一概都没有，而只是反映了我回答他们放开二胎所带来的一些具体法规和法理问题，譬如"一票否决"、征收抚养费和"独生子女"奖励等等政策是否会受到影响以至是否还要执行的问题。如果从一般读者的视角看，无论文章的内容及布局、结构，还是文风，都可算是一篇不错的新闻稿。在网络上得以高频转载起到轰动的效果就是证明。

但是，如果分析对我的采访部分，则因为违反了新闻真实性、准确性、及时性 3 原则中真实、准确的原则，就是一篇不合格的新闻稿。首先，记者对我身份的描述不确切、不真实。在这篇文章里，记者让我带上了"国家计划生育委员会专家委员"的头衔。一方面，我是在 1988 年至 2008 年担任国家计划生育委员会的专家委员，那是过去许多年的事情了，现在的身份已经没有这一色彩了。另一方面，国家计划生育委员会已经不存在了，它所具有的管理计划生育工作的职能已经被国家卫计委所取代。但是，在涉及计划生育的事情时，人们往往还会以计生委指代卫计委。如果记者在这篇文章中再用一个"原"字，就是准确的，而现在的处理实际误导读者把我当作现任有关部门的专家委员。而实际上，"原"和现任的身份所承载的信息不仅在量的方面，而且在质上都是有巨大差别的。

其次，文章没有准确反映我的观点，甚至将我在所谈论问题方面的立场完全搞反了。既然是对我的采访，那就必须准确反映我的观点和立场，这是判断新闻记者和新闻稿是否合格的主要甚至于唯一标准。譬如关于是否还会征收社会抚养费的问题，我回答说，公告的第一句话是"坚持计划生育基本国策"，普遍放开二胎只是计划生育制度内的政策调整。计划生育是与人民群众的实际生活矛盾与冲突的，政府坚持计划生育就避免不了强制，其中罚款或者征收社会抚养费就是维持这一制度的基本条件。所以，继续征收社会抚养费就是必然的。但是，记者把我说的"不会"取消抚养费改变为"仍不适宜"取消。关于独生子女奖励问题，关于"一票否决制"问题，关于修改计划生育法的问题，虽不如前一个问题改变得那么明显，但都是稍稍改变几个词语就把一个旗帜鲜明地反对计划生育的人变成了拥护和维护这一制度、并且是极力为它辩护的人了。更令人啼笑皆非的是，可能是记者询问生育二胎政策的实施时间和程序一类的问题，我回答说这个最没有法理依据的政策竟然从"单独生二"开始讲究法律运作的程序了，现在中央公告后，还要等全国人大通过的程序，然后是各个省、市、自治区人大通过，这才可以进入实质性的实施阶段。不想记者莫名其妙地让我说，政策作了现在这样的调整以后，国家应该再修改计划生育法，在国家法上加进"普遍二孩"的内容。新世纪以来，我一直是呼吁要立即废止计划生育的。我早在 2007 年写的《"一胎化"生育政策产生的时代背景研究》中就指出：把计划生育法从现代国家法的体系中剔除出去，是它被通过的那一天起就已经注定了的事情。去年下半年，我又集中精力连续写了 3 篇文章，从法理、人权和违背宪法等方面较为充分地论证了计划生育法的荒谬性，将其视之为"一部恶法"。对于这样一部恶法，是尽快予以废止的问题，我怎么还会建议进一步修改继续执行呢！

我接受新京报记者的采访已经是 20 日晚间 8 点 16 分，即新闻联播公告放开二胎以后一个多小时了。因为与以前几个记者不同地是还提出了如上放开二胎以后必然带来的几个具体问题，记得我还夸了她几句。在与其交谈中感觉，他们此前还是比较了解我的。就算以前不很了解，但我照例在采访中反复声明是反对计划生育、反对这次政策调整的。在那天万众欢腾的气氛中，我这样的态度即使不说绝无仅有，那也不会很多，如何能搞错呢？

即使如此，在读过稿件后，我觉得记者所整理的我的几个问题还是说清楚了，所以，我也只是准备在适当的时候声明我已经不是国家计生委专家委员了。至于记者歪曲我的观点和立场，倒不准备要怎样。

一直到下午，阅读了朋友转来的另一个网站上的文章《卫计委专家委员梁中堂：社会抚养费应继续征收》[1]，该文还从文章中抽出一段话并套框放置在标题下面。

梁中堂认为，目前仍不适宜取消社会抚养费，"计划生育还是基本国策，实施'普遍二胎'并不等同于普遍放开，所以生育权仍旧受到限制。在这样的背景下，对于超生行为必须有强制性处罚措施，以维护国策的严肃性"。

老实说，读过这篇文章后，我才明白了何以事情会闹得如此沸沸扬扬。按说，该网站的也只是原文转引新京报的文章，不应该有那么大作用。但是，该网站在转引中仅做了一些编辑处理，效果却大不相同了。可能这就是网络的力量。首先，编辑将我在凤凰网上所阅读的一篇中性标题《二孩政策落地需多长时间，"抢生者"怎么办？》改为《卫计委专家委员梁中堂：社会抚养费应继续征收》，一下子把我突出出来，加强了卫计委专家解读政策的权威性。

新京报文章里面说"国家计划生育委员会专家委员梁中堂"，仔细追究也不能说空穴来风，毕竟我曾经是计生委的专家委员。但是，这个网站的文章把它变成"卫计委专家委员梁中堂"，无论国家主管部门还是专家委员本人，都将其过去时变成了现在时，现实感就完全不一样了。特别是对于广大读者来说，一定不会知道这种专家委员是一个虚拟的职务，很多人还以为他们也是卫计委的官员，具有解

1　参见 http://money.163.com/15/1030/07/B75KCVSS00252G50.html#from=news

读政策的权威性。

　　第三，方框中的这段话，特别加强了国家卫计委的背景，所以引起网上竞相转载与热评。我想，这是新京报远没有达到的社会效果。公正地说，这也是新京报始料不及的。

　　但是，我仍旧没有把它放在心上。倒是有不少的朋友愤愤不平。29 日晚，我是在 20 点 16 分至 26 分接受新京报的电话采访的，我的学生王永华博士正在给我电脑加载软件。他第二天给我发来邮件说：

　　梁老师，您好，昨天在您那里听到新京报采访，今天看到他们报道：

　　梁中堂认为，目前仍不适宜取消社会抚养费，"计划生育还是基本国策，实施'普遍二胎'并不等同于普遍放开，所以生育权仍旧受到限制。在这样的背景下，对于超生行为必须有强制性处罚措施，以维护国策的严肃性"。我印象里您并不是这样的观点，应该说这是政府的观点。您可以看一下原文，看是否有出入。

　　31 日，杨子实先生再给我发来信息："梁老，我已要求新京报编辑重新核对采访您的录音。"还有人告诉我，易富贤先生已经发出微博，严重抗议记者歪曲我的观点。还有几位媒体的记者和编辑联系我，提出要将我的本意在他们的媒体做另外的反映。更多的朋友，甚至包括海外的几位朋友都打来电话，鼓动我抗议和控告新京报记者。从他们的话语中了解到，这篇文章将我推到风口浪尖，招致了不少的谩骂。因为我没有微博账号，也没有去看网上的评论，不知道究竟有多严重。不过，我倒是反过来劝他们不必那么在心。现在的记者都是年轻人，做这份职业很不容易。如果我们向该报提出抗议和诉讼，且不说结果如何，首先是单位领导会认为记者给他们增添了麻烦，同事们也知道当事人惹了事，这会给年轻人造成很大的思想负担和压力。再说啦，我自己其实是没有损失的。了解我的人一看那些报道，就都知道是误解和歪曲了我的思想。朋友们愤愤不平，就是因为知道那不是我的观点。易富贤博士和许多人根本没有和我通话，就立即抗议、纠正和反驳，都是证明。另一方面，对于不了解我的人来说，之所以阅读后大骂不已，那是把我当作御用专家委员，他们所谩骂的是"卫计委专家委员梁中堂"，民众仇恨与谩骂的是现行的计划生育制度，而不是我。相反，这一现象充分证明了我的一个基本的判断，即人民群众与计划生育制度的矛盾是不可能通过放开二孩而解决的。

原以为短信、邮件和电话接触的人我都一一解释过，致意并感谢过了，所以直到杨支柱先生给我发来文章并建议我将其粘贴在我的博客上以前，仍然没有准备写文章。昨晚（31 日晚上）处理好杨支柱先生文章后，翻阅博客上前一篇文章中的留言，这才发现几天来一些朋友通过这个渠道向我表达他们的意见与态度。为回应这部分朋友，写了以上这么长的话。

同时，也借此机会向几天来认识的和不认识的许多关心、关怀和关注我的朋友们致以谢意，真的不该耽误大家那么多宝贵时间，这件事真的不那么复杂、也不那么重要。其实，就是新京报记者的一个小错误，然后被网络"标题党"放大，造成了较大的轰动，让那么多的网友大动肝火，对"卫计委专家委员梁中堂"大加讨伐，谩骂有加。如果冷静一点来分析，那才是"大水淹了龙王庙——一家不识一家人"。围绕《卫计委专家委员梁中堂：社会抚养费应继续征收》一文相互攻讦开战的两个方面，无论反对和谩骂"卫计委专家委员梁中堂"的一方还是维护梁中堂的一方，都是反对计划生育制度的朋友和战友。所不同的是，唾骂"卫计委专家委员梁中堂"的一方原来并不熟悉梁中堂，不知道他的真实观点和立场。明白了放开二胎后仍然实行计划生育制度继续征收社会抚养费和执行"一票否决制"，莫名怒火一股脑撒在了这位"卫计委专家委员"的身上，其根源盖出于对计划生育制度的反感、厌恶与仇恨。这部分朋友所唾骂的其实是现行的计划生育制度，而不是梁中堂，即使"卫计委专家委员梁中堂"也不过是代人受过，也无需心生委屈。另一方都是熟悉梁中堂的人，他们知道文章歪曲了梁中堂的观点和立场，看到有人谩骂和中伤，知道梁中堂本不该被人侮辱，出于正义，急于保护他。而我能够坦然面对，是因为它证实了我的基本判断：网上"铺天盖地"唾骂"卫计委专家委员梁中堂"，充分说明普遍放开二胎解决不了人民群众与计划生育制度的冲突和矛盾。

另外，就事论事，这一场风波都是由新京报记者和某网站编辑的不严密、不严谨造，甚至是不严肃成的，从他们的职业要求来说，无疑是有问题的，错误的，但还不能由此就判定人家是"不良记者"。因为整个事情经过并没有发现卫计委的身影，也就不能说是卫计委要"抹黑"梁中堂。所以，这件事就到此为止，各位朋友都该回归正常了。

——2015 年 11 月 1 日

（刊发于 2015 年 11 月 6 日）

"普遍二孩"解决不了计划生育与人民群众的矛盾

在黑夜和普遍纷扰的时代里，人类所受到的最坏的诱惑是放弃道德的理性。永远不应当放弃理性。伦理学的作用是低微的，但也是高尚的。因为即使在一个不幸的世界的极度苦难中，只要还有人道的些许光明，它就会担负起不变的伦理原则与使命。

——雅克·马里旦

12 月 3 日，北京大学中国社会与发展研究中心和光华管理学院、财新智库等单位联合举办"人口与未来研讨会"，我在会上以此为题做了发言。下面是按照 PPT 整理的文字稿。

一、计划生育问题的含义

避孕和节制生育是工业资本主义发展以来创造的一种符合人性的新的生活方式，所以，200 多年来，随着传统的农业社会向工业化的转变，自愿选择推迟婚龄即晚婚和节制生育的人越来越多。但是，计划生育这个词语却不那么简单，它是毛泽东创造的一个词汇。按照毛泽东当时的设想，它是指与国家的经济计划相适应的生育计划。从目前所接触的材料来看，毛泽东这一认识，仅只是与人们谈话或者交谈，有时还包括会议讲话中提出来的一个设想，并不是深思熟虑的结果。特别是 1957 年 2 月 27 日和 3 月日最高国务会议期间，毛泽东做过两次讲话，其中有两大段关于实行计划生育的内容，并且明确提出政府要设立一个宣传与管理生育计划的机构。但是，在几个月后，经过整理以《关于正确处理人民内部矛盾的问题》为题公开发表时，一句有关计划生育的话语都没有了。毛泽东从最初提出这一个概念到他去世，期间长达 20 年，既不允许公开发表他的多次有关的言论，也没有设立正式的政府机构（1964 年 1 月和 1973 年 7 月，国务院两度分别设立过计划生育委员会和领导小组办公室，但那都属于临时性的机构）。如果仔细阅读毛泽东发表《关于正确处理人民内部矛盾的问题》以后的一些有关谈话，他都是在节制生育的含义上来说的。还有很重要的一个问题是，毛泽东在世的时候，至少中央这一个层面是反对和不允许强制推行计划生育的。所以，我认为毛泽东至少已经怀疑与政府经济计划相关的所谓计划生育是有问题的。

但是，1956 年下半年至 1957 年年初，当毛泽东提出这个概念的时候，因为正是毛泽东威望和威信越来越高，迷信和崇拜风气越来越严重的时刻，我们国家特别是党和政府内部的确有一股力量一直按照他设想的原意推动国民的生育向政府管制的方向发展。我曾检索过人民日报，此前还没有计划生育这个词语，毛泽东在最高国务会议讲话结束以后，从 1957 年 3 月上旬开始，计划生育就成了一个响彻华夏大地的时髦词汇。50 年代后期至 60 年代初，包括中央文件和人民日报在内，计划生育与节制生育两个词汇在报纸和文件，以及宣传材料上并用。但是，1963 年 4 月中央批转卫生部党组《关于一九六三年卫生厅局长会议的报告》以后，至少政府不再使用节制生育这一个词汇了。

1953 年至 1955 年，党中央就已经把节制生育当作一项重要工作，要求各级党委应当重视。60 年代和 70 年代初期，国务院还两度设立了临时性的办事机构主管计划生育工作。但是，应该说在此之前，计划生育还主要是做一些宣传与服务性的工作。1976 年 9 月毛泽东去世以后，计划生育部门开始在毛泽东有关与政府生产计划相联系的生育计划的意义上推行计划生育工作。1979 年，邓小平要求制定政策和法律控制人口增长。特别是国务院计划生育领导小组通过在全国推行"一胎化"政策，以及督促各个省、市、自治区政府颁布"计划生育暂行条例"，迅速建立起已经延续至今的以政府强制手段为特征的计划生育制度。

所以，按照我国的历史与现实，计划生育有两层含义，即在 1979

年以前的将近 30 年里，计划生育尽管也是由政府宣传和推动的一项活动，但是，因为毕竟没有大规模的强制性，所以，它仅只是在避孕与节制生育的含义上来说的。1979 年以后的 30 多年里，计划生育已经是我国的一项基本制度，或者政府所说的"基本国策"，特指由政府颁布的旨在管制和限制人民群众生育行为的生育制度。按照这一制度的要求，国民的生育不再是由个人和家庭自由决定的私事，而是转化成为国家的公共事务，必须经过政府的审批，从而由政府决定每个人终身可以生几个孩子，以及何时生、何时不可以生，以及由此引发的一系列法律和国家制度、政府管理方式方法上的变革。

二、自由生育是人类文明的一项基本原则

恩格斯认为，人类特别是男性的性宽容是人类能够区分于野兽而实现进化的重要条件。他认为，性嫉妒是人类有了一定发展特别是出现私有制和一夫一妻制家庭之后才产生并加强的。所谓性宽容，实际就是男性取得繁衍的机会和妇女获得生育的自由，这是与别的哺乳动物或者雄性首领禁止其他雄性与雌性性交而垄断所有繁衍的机会，或者通过咬死其他雄性的后代以保证自己的繁衍都绝然不同的。仔细考究起来，尊重妇女的生育自由，这是人类不同于其他动物而获得持续发展的根本条件，从而也是人类文明的基本原则。

按照恩格斯的说法，人类因为没有自带武器，缺少伶牙俐齿的自卫能力，就必须依靠群体的力量。我觉得这些都是人类已经进化并有了一定发展之后所具有的一些特点，从进化论的角度分析人之所以是这样，也完全是自然淘汰的结果。作为已经依靠群体的力量而强大的动物，不需要像野兽那样依靠自身的进攻与防卫条件，才不需要伶牙俐齿与凶残。那么，人类如何可以在最初发展起来？那就是对幼小生命的爱护。这是一种自发的天性。由最初喜爱出生的婴儿开始，有了对可以孕育和生产、养育幼小生命的女性的神奇、崇拜和尊重，然后才逐渐产生并形成了对整个人类的以爱为核心的伦理观念。这是

人类诞生以前作为动物的人所具有的一种天性，在这个阶段上，人甚至连朦胧的意识都还谈不上，我宁可说它纯粹是作为人的这一种动物的一种本能。从中世纪神学家到现代自然法学家往往都把自然法理解为人的所具有的"相同本性或相同气味产生的模糊不明的、缺乏系统的和必要的知识"。已经步入文明的神学家和法学家所说的"相同本能和相同气味"都已经具有了社会文明的含义，当然不是指生物学意义上的本能和物理学意义的气味，而是用之涵盖一定发展阶段的作为社会的人的秉性与人性。但在人之所以成为人的最初的这个起点上，起到重要作用的恰恰就是作为动物的人类对自己生物学意义上的"相同本性"和物理学意义上的"相同气味"偏好，没有像经过你死我活的争斗占领地盘后的雄性非洲豹闻到了在原占领地的雌豹所带的幼崽身上散发的别的雄豹气味而一定将其咬死，相反作为动物的人闻到了人类的气味而发自内心深处的"良知"对婴儿的爱护和呵护，才导致了人类与其它动物得以最终的分离与分野。由对幼小生命以及连带对可以孕育幼小生命的女性热爱为核心的人类大爱意识与情感开始，在人类长期的进化过程中先是成长为原始人类的伦理观念（这是调整原始人群基本关系的几乎是唯一的社会原则），以至在原始时代偶尔发生不同群类之间因为争夺资源发生的战争与残杀，战胜方往往都会将战场上敌对类群的成年男子赶跑或者杀死，但将俘获的妇女和儿童却通常都以接收入族的方式予以接纳。我觉得那样的处理方式是原始人的一种惯例，因为它是改善种群遗传条件，提高种群自身健康体格从而保证人类沿着健康的方向发展的重要举措。在最初的数万年、几十万年甚至是上百万年的原始社会里，人类就是在对幼小生命和女性的喜爱与热爱的这一天性支配下自发组成、团结与建构成为群体，并且是依靠这样的天性逐渐形成一系列原始社会的伦理观念。在那个低级的社会阶段里，人类就是依靠这个简单的伦理调节与维系才逐渐延续与发展起来。想一想这其中的道理都很简单，没有喜爱与爱护幼小生命的天性，有如人这种动物，其幼小生命不是如马牛羊之类一旦生下来就可以站立，或者如其他绝大多数禽兽在几个月或者稍长点的时间内就可以投入到自然的怀抱，依靠自身的条件得以生存。相反，人是繁殖能力极低的动物。一般情况下，一胎一孩，而且"十月怀胎，一朝分娩"。在妇女哺乳期间，还要减小受孕的几率。特别是人类的幼小生命在长达许多年内都不是依靠自己的能力生存的，死亡率极高。如果不是成年人发自内心的爱护与自发的呵护，在需要长达 10 多年的成长才可以自立的幼弱生命就根本成长不起来，人类这一物种也就得不到延续与发展。所以，以爱护幼小生命为核心的原始人的伦理观念，是维系并推动人类这一动物类群向人类社会方向演进与进化的永恒不变的人性或人类的天性，也是人之所谓为人、人类之所以为人类的基本准则。

在原始时代，在人类社会的初期阶段，人们对幼小生命的爱，还不同与文明时代里主要表现在对自己的亲生子女的爱。最初的人类并不懂得生育的原理，除了母亲以外至少男性无法确认亲生子女，而且那时的人类也没有确认亲生子女的意识。这是人类所具有的大爱。这种大爱所产生的是对所有女性生育行为的热爱，以及全社会对妇女生育行为的热爱与尊重，也就形成了延至今日的人类亦然存在的对妇女生育行为的无条件的拥戴和接受。人类社会的这一基本原则，从生育的角度考察，就是妇女的生育自由。

生产力发展以后，社会出现私有财产，人类进入更高一级的国家文明阶段。按照马克思的国家学说，国家是经济上占统治地位的那个阶级的统治工具。但是，毫无疑问，原始时代的以爱护和尊重幼小生命为核心的伦理观念在国家制度的形成与发展中也曾起到了至关重要的作用。因为以爱为核心的伦理道德即西方法学家所说的自然法乃是以公平正义为核心的实在法即国家文明主要构件的法律制度的原则和基础，所以，无论哪个国家，其基本的职能都是保护共同体成员的生命和财产为职责的。而且，如果追究起来，保护财产的目的仍然是保护生命。虽然国家文明时代已经历经了数千年，但是，原始人的以对幼小生命和妇女儿童的爱和尊重的伦理仍是高级阶段全社会的基本道德伦理底线。而且，我在阅读自然法学家的著作的时候常常思索，虽然按照他们的理解，自然法是有关人性的法律，是通过"倾向"展开的；实在法是自然法或者人性及人的良知延伸到越来越不能依靠"倾向"来决定的客观领域。自然法学家反对把自然法等同于实在法。但是，我却觉得热爱幼弱生命和保护妇女儿童，特别是保护产妇即尊重自由生育明显是自人类自原始时代甚至是人类尚处在动物阶段直至现代文明共同遵守的一项基本准则，所以也是贯通自然法与现代文明法的极为少见的共同原则。残酷的战争，交战的胜利者往往都会报复敌人，但即时发生屠城那样残酷与残忍的事件，战败方的妇女和儿童往往都能得到幸免。中国专制时代一直有诛灭九族的极刑，但通常都是将成年男性处死，其家族的妇女和儿童往往也就是充为官奴。其中如有年轻貌美，又有教养的女子，则是直入教坊即古代官家所办的文工团。保护生育和幼弱生命可说是人类通则。1966 年联合国大会通过的《公民权利和政治权利国际公约》禁止对孕妇执行死刑，禁止对 18 岁以下的人所犯之罪处以死刑，都该来自于这一准则。无论中外的人类历史上，如果偶然遇到有人敢于狠下毒手残害产妇和婴儿者，莫不有受到众口一声地以为"人性眠灭"的道德谴责。所以，以爱护幼小生命为核心的伦理观念，以及由此成长的以保护生育、保护生命为核心的法律制度与国家文明，从来都是以妇女生育自由为前提的。生育自由是人类文明的基本准则。

三、计划生育侵犯了现代国家公民的自由生育权

在自然经济条件下，人类的自由生育是自然发生的。随着经济社会的发展，特别是如马克思所揭示的物化在商品中的人的劳动的同一性进一步呼唤了人类灵魂本性中早就隐藏的自由、平等意识，发展到资本主义阶段的国家上层建筑则将经济的平等交换关系上升为法律上的人的自由平等权。这样，自然经济状态下的自由生育行为，在现代法制国家里就转化为自由生育权。因为自由生育权所具有的与生俱来的、神圣的和不可剥夺的本性，一般国际公约即国际法又将其

归结为基本人权。

国家实行计划生育管制和限制人民群众的生育行为，当然就是侵犯和剥夺了作为人民群众基本人权范畴的自由生育权。

从表面上看，计划生育制度似乎只是对生育人群甚至只是对要求生育的人们的管理，但它实际上是对所有公民生育权的限制与侵犯。全体人群在这一制度面前仅只是按照自然生理条件而被区分为过去时、现在时与将来时。也就是说，已经度过生育年龄的人群只是不再生育了，从而是不再行使自己的自由生育权了，并不是计划生育制度没有侵犯与剥夺他们的权利。还未成长到生育年龄的人群还未成长到生育的年龄，从而是还没有行使自己的自由生育权，并不是计划生育制度没有侵犯和剥夺他们的权利。选择放弃生育或者低于政府限制生育数量的人群只是放弃了自己的生育权，并不是计划生育制度没有侵犯与剥夺他们的权利。符合与按照政府的规定生育的人群只是遵守了政府的规定，并不是计划生育制度没有侵犯与剥夺他们的权利。这个道理很简单，犹如一个没有言论自由和出版自由的国家，绝大多数人不写文章更没有写书出书的愿望，但它并不意味着国家的管制仅是剥夺与侵犯了一小部分教授和相关知识分子的权利。

恩格斯说：

在现代国家中，法不仅必须适应于总的经济状况，不仅必须是它的体现，而且还必须是不因内在矛盾而自相抵触的自己的一种内部和谐一致的表现。

内部和谐一致是现代国家法律体系的一个基本原则。人类社会就是在尊重和保护人民自由生育行为与权利的基础上建立与发展的，所以，国家法律与政治制度，风俗习惯与思想伦理观念本来都是与自由生育权相适应的。国家推行计划生育，必然与法律政治制度和民俗民风、道德伦理等等社会领域引发一系列社会矛盾与冲突。政府强制推行，就不得不绑架经济社会文化许多组织和机构，这又带来与国家根本制度相抵牾，进而引发诸多领域的法律制度问题。

四、政府紧密调整生育政策的原因

从 2013 年 11 月 15 日宣布实行"单独生二"到 2015 年 10 月 29 日宣布"普遍二孩"，政府不到两年的时间里两次宣布调整已经持续执行了 20 多年的以"女儿户"为核心的"现行的计划生育政策"，概因为以下几方面的原因。

首先，改革开放以来我国经济社会的发展，特别是市场化的经济改革呼唤起人们本能的自由与平等、民主与权利意识。在这样的情况下，即使是实行了几十年的政策，现在也变得不可忍受了。计划生育制度，就是人们权利意识提高以后所认识到的一个极不合理的制度，反对之声不断高涨。

其次，经济社会的发展，特别是互联网等现代媒体的发展，尽管计划生育领域中一些事件偶尔得到披露，但往往因其不符合社会伦理有时甚至是令人发指，深刻揭露了计划生育的本质，反复教育了人民，提高了人们的认识。

再其次，我们正在走向世界，政府也在一定程度认识到现代国家国民应该享有的一些民主权利，有限地放宽了社会管制，使得人民群众对计划生育不满的情绪与诉求可以得到一定程度的宣泄，政府也确实感受到了民众对计划生育的不满。

如果分析反对以"女儿户"为核心的现行的计划生育制度的基本群众，主要包括以下 4 组人群。

第一组是直接受到计划生育制度伤害的群众，这往往是社会底层的群众例如体制外的农民、农民工，普通市民，甚至部分小公务员和小职员（还特别应该包括他们的家属）。他们除了直接向各级政府反映、请愿以外，在网上往往会以谩骂的方式发泄情绪。这是反对计划生育并促使政府改变态度连续两次调整政策的主要动因。

第二组是一些有现代思想与理念的体制外中产阶级，他们往往从理论上数据上阐明计划生育的荒谬，以及对国家的危害。这部分人群提高了反对计划生育活动的质量。

第三组是体制内小部分迫切希望生育二孩的人群，他们往往都是小职员或者小公务员，有体制内较为优裕的收入，经受不了放弃"金饭碗"和生育二胎的折磨。这部分人群数量不多，但有能量、有激情，也很活跃，是误导政府连续两次将有限目标当作彻底解决问题方案的主因。

第四组是体制内的所谓"国家智库"，主要通过官方渠道向决策层反映情况。但是，体制内的"智库们"都是在计划生育框架下做文章，往往只是提出放宽政策却并不批评计划生育，"单独二孩"和"普遍二孩"都曾是他们的主张。随着"普遍二孩"的实现，这部分人群也就变成维护新的计划生育制度的保守力量了。

五、"普遍二孩"解决不了计划生育与人民群众的矛盾

这个道理很简单。一方面，因为实行"普遍二孩"仅只是计划生育制度基础上的政策调整，限制人民自由生育权的基本制度仍然存在，计划生育与人民群众的矛盾和冲突依然存在，生育审批和超生罚款制度、"一票否决制"、对育龄妇女节育行为的管理、对未经批准的孕情的处理，以及体制内超生者不得提薪提职甚至开除公职等方面的处分，都还要继续实行。这样，社会矛盾与摩擦仍然存在。

另一方面，随着经济社会的发展，公民的民主与人权的意识会越来越强烈，抵制与反对计划生育的活动会越来越多。所以，虽然政策宽松了，但计划生育与人民群众的矛盾不是消失了，甚至都不是削弱了。随着我国经济社会的发展，人们维权意识的提高，反对计划生育的力量必将是不断增长了，越来越强大了。

六、结束语

"普遍生育二孩"仅只是一种新的计划生育政策，它是传统计划生育体制内的一种政策调整，而不是矛盾的解决。惟要彻底解决问题，只有废止计划生育制度。

（刊发于 2015 年 12 月 8 日）

计划生育法，修还是废？

12 月 4 日，应邀继续在北京大学参加一个所谓闭门召开的有关修改计划生育法的讨论会。因为想着参加会议的可能主要是法学界的专家大佬们，所以牺牲了早餐，完成了一个题为《修法还是废法？——有关计划生育法》的 PPT。不想赶到会场后，发现几乎没有法学家参加，就连比较熟悉的几位坚决反对计划生育的同好们，也在那里热情高涨地发言讨论如何修改计划生育法。一方面是因为会议的背景与语境的原因，自己再发这个言不只是显得唐突而且另类，重要的是于事无补。另一方面，坐下来倾听类似修辞学的发言除了对训练与提高自己的忍耐力有所帮助以外，别无其他的益处。所以，将我所带的 10 多本自印本《一部恶法——论计划生育法》留给会场后就不辞而别，打信息约朋友喝茶聊天去了。下面的文字就是根据那个未曾发言的 PPT 整理的文字。

绪　论

修法与废法之争的实质在于继续维护与推行计划生育制度，还是要求立即终止的问题？

法学是一个充满争议的领域，就连为解决争讼而产生的司法审判也并不因为法官的判决而减少纷争。事实上，每次法槌的降落似乎是解决了问题，但毫无疑问地又是平添了许多的争议。修法还是废法？它是一个类似于需要法官决定的判断题。但是，我知道法学界就法官的法律判断究竟属于价值判断还是事实判断也充满了争议，所以，我仅只是按照我国法治建设的开拓者彭真早年的一段著名的话为依据讨论这个问题。1956 年，彭真在全国第三次司法工作会议上提出，"以事实为根据，以法律为准绳"。下面，我就多罗列事实，少用充满争议的价值判断。

事实判断之一：计划生育侵犯了人们的自由生育权。

自古以来，生育都是由当事人自己决定的。进入文明时代以后，该不该生，生几个，什么时候生，都是由各个家庭自主决定的。但是，现在不行了，一切都需要经过政府审批，人民丧失了自由决定权。

事实判断之二：计划生育的过程是政府与人民的摩擦。

1979 年以后，生育行为转变成政府的管理工作。人们生孩子不仅需要符合政府制定的政策，而且需要它的审批并发放指标后才可以怀孕并生育。如果计划外怀孕，干部会三番五次登门动员计划外怀孕的妇女实行流产。所以，按照政策生育率和我国这 30 多年实际生育的至少 3 亿多多出生的孩子，都是农民经过多次流产后才侥幸出生的。超生后，干部还会三番五次地登门收缴罚款，以及农民需要三番五次求告干部才可以让超生的孩子上了户口。城市市民特别是体制内的干部与职员如果违反生育政策，除了株连单位，个人也会受到罚款、不得晋升与提薪、甚至是降薪降职，以及开除公职的处分。

事实判断之三：计划生育导致了不平等的公民权利。

现代国家的一个基本的原则是公民在法律面前一律平等，但是我国计划生育对于城镇和农村、不同的民族、不同的地区，以及不同职业、不同的社会经历、不同的家庭出身等等的个人条件，都有不同的生育政策从而让公民具有不同的生育权利。

事实判断之四：农村计划生育是靠经济处罚维持的。

这个问题无需置言了。

事实判断之五：城镇计划生育是靠实行连坐制度维持的。

"连坐"是奴隶制与封建社会产生的一种基本制度。一人犯法，株连乡里与九族。计划生育"一票否决制"也是这样的株连制度。各级党委和政府与下级所签订的"计划生育合同书"要求，合同期的生育计划未能达标，其他各项工作做得再好，党政主要负责人也不得提薪、晋升。城市里各个单位的计划生育也是依靠这个制度维持的。一个单位有一个违反生育政策的案例，其他方面的工作再好也不能评为"社会主义精神文明单位"，单位的领导不得晋升，全体人员不能领取年终奖金。所以，计划生育"一票否决制"实际是通过绑架相关群众的经济利益，绑架党政主要负责人的政治前途。在一个如马克思所说人类平等和民主权利概念尚未成为国民的牢固成见的时候，违反计划生育政策的人已经不是不合理制度的受害者而是伤害领导干部与群众利益的肇事者。计划生育制度的不合理性，事实上是制造一种社会利益关系并调动起生育人以外的所有人的积极性去制约当事人。

事实判断之六：计划生育工作是靠行政命令维持的。

计划生育并不是一项自下而上由人民群众的需要产生，从而政府从人民的实际需要为其服务的公共事务。相反，计划生育是一项自上而下的，由中央提出并不时地予以推动的重要工作。所以，从 70 年代末开始，中央常常强调各级党委一把手要亲自抓、负总责，依靠行政命令将其压置在各级党委政府身上的一项重要工作。

事实判断之七：计划生育是靠违法乱纪维持的。

暴力流产、引产，非法拘禁，私设牢房，抢夺财产，破坏生产，已经是见怪不怪、屡见不鲜。30 多年来，我很少批评基层干部的违法违纪行为。相反，我还认为，大凡基层政府违反政策强制执行计划生育政策，往往都是认真工作的干部。因为没有基层干部违法违纪的暴力手段，计划生育工作就无法开展。

引一段30多年前国家计划生育委员会主任王伟在全国计划生育工作会议上讲的话：

> 有的地方出现过用野蛮的办法，抄家、封门、砸锅、扒房子、毁坏庄稼、牵走牲畜，破坏群众的基本生产资料和生活资料，甚至围村突击、拉人游街、变相监禁群众、株连亲属、乡邻等。

在中央党校的一次讲课中，王伟甚至说，有的地方甚至组织"夜袭队"，晚上去抓计划生育"超生户"或结扎对象。同期，联系计划生育工作的中央书记处候补书记郝建秀在一次讲话中说：

> 最近看到一份材料，有一个乡去年十月份扒掉一家计划外怀孕户的房子时，还召开了现场会。……可是这个乡在召开了扒房现场会之后不久，又出现了三十八名计划外怀孕妇女。这不是越闹越僵持了吗？这个地方的干群关系搞得非常紧张，有人骂计划生育干部断子绝孙，有人装疯卖傻打干部，有人放火烧干部家里的东西，有人砸干部家的玻璃窗。中央领导同志接到这样的群众来信不少，也有不少人为此上访。有些地方矛盾激化，出了人命。

几天前，凤凰网记者采访我时与我交谈，早些年报道的山东临沂地区的计划生育暴力执法的事情，现在依然存在。农民外出打工，一年需要分别在 1 月、5 月、10 月总计 3 次回家透视节育环，如果不想回来就需要用钱买通主管的人作假，否则会将家属拉去"办班"。四川省一位农民给他们打电话，告诉其正在坐月子的妻子连同出生不久的婴儿一起被人抓走，已经连续许多天不知去向。记者与当地计划生育部门的干部联系，被告知不知道这样的事情，但不久失踪的母子就都被送回来了。

事实判断之八：生育法有悖于现代国家法律体系。

虽然自 1978 年宪法和 1982 年宪法都有实行计划生育的规定，但是，"一切权力归人民"才是宪法的根本。按照现代法学理论，主权在民，它才是一个国家的绝对的和永恒的权力。人民为了自身的权利与福祉委托政府代理公共事务，国家权力是从人民的民主权利派生的。这是一种委托而不是赠与的关系。赠与是永久永恒的让渡，其行为一旦结束与完成，就不再有什么条件。而委托则是暂时的、有条件的让渡与托付。人民给与政府（包括立法者、司法者）的权力是为了更好地维护自己的权利，政府是在人民托付的时期内（每经过法定的几年通过人民投票选举即选择一次政府）以及明确的一些范围（譬如仅限于公共事务与决断民间纠纷）与有限职权（譬如未经法律正当程序的审判不得剥夺公民自由权、生命权或财产权）内代表人民执行公务，但主权还属于人民。就是说，只有人民才具有无限制的权利，才是现代国家包括宪法在内的所有法律的源泉与根本。人民具有至高无上的权力。所谓至高无上，就是在权力、责任和期限上，都不受限制。社会上，从而一个国家的范围内，没有，也不可能有对人民生命与财产的完全专断的权力。一切国家法都是人民的意志。因为政府的权利是暂时的、有限的，也就谈不上有独立的意志。人民永远不会设定法律自己限制自己的权利，这才是一切宪法的亘古不变的准则。就这一根本性的意义来说，人民本来就享有不受宪法限制的天然的豁免权。人民制定宪法和其他的法律，并不是为了限制自己，相反，它们往往都是出于限制政府权力的本意，明确规定组成政府的形式和政府应有的权限，超越了宪法的规定就属于违宪。也是在这个意义上，我将宪法理解为限制政府权力的根本大法，将宪政理解为限制政府的政治制度。所以，代议制的立法者在任何时候都不得制订限制人民权利即违反主权的法律，否则，即使写进宪法也属违宪，迟早都会被剔除出去。毫无疑问，至于制订的与这一根本原则有冲突的任何具体法律，一定也会被废除。

我曾经界别两种含义的计划生育。一种是避孕与节制生育的含义，它是工业革命创造的一种符合人性的新的生活方式。一种是目前我们国家正在实行的生育制度，它是限制与管制人民生育行为的一种基本制度。因为避孕与节制生育符合人性，人类的绝大多数在从传统的农业社会跨入现代生活的时候，都已经自觉不自觉地采用推迟婚姻年龄，推迟生育行为，以及减少生孩子的数量等等的方式选择了它。因为符合人性，即使政府依靠禁止人们实行。在这样的情况下，如果把避孕与节制生育意义上的计划生育写进宪法，因为绝大多数人事实上都已经过上了这样的生活，如同制订"人应该吃饭"的法律一样虽属于多余，但尚不为错。但是，如果将本属于人们自由选择的一种生活方式格式化，将丰富多彩的社会生活中仅只适合某些人的生育行为当作全社会唯一的模式，将它上升到法律的高度，甚至写进宪法，却因为它是对人民自由的一种限制和侵犯，不仅是违宪的，而且是无法实现的。

30 多年来，为强制推行这一不合理的制度，不仅生育政策是违反公民基本权利的，而且各级政府强行绑架的婚姻登记制度、户籍登记制度、人口流动制度等等都是违反国家婚姻法、户籍管理法等等相关法律的。计划生育罚款也是违背我国按劳分配的相关法律的。我国计划生育法有悖于现代国家的法律体系，表现得与人类文明的发展趋势格格不入。

事实判断之九：我国正在走向世界。

这一问题其实也无需置言。党和国家领导人频繁的外交事务，表明我国在国际事务中发挥越来越重要的作用，以及我国进出口贸易量不断的增长与攀升，出国旅游和国外来华旅游人数的巨大增长，出国留学与来华留学的数量的增长，等等，都是证明。

我们常说的"走向世界"的含义是要越来越多地向世界文明看齐，我们常说的"与世界接轨"是要建立与世界通行的文明制度。在座的大多是法学家，各位明显地可以觉察到上个世纪 80 年代以来的法制建设的迅速发展。在 30 多年来的新的立法过程中，我们大量借鉴了发达国家的相关法律，有的法律基本上是照搬。这很大程度要归功于自 80 年代中后期开始的为加入世贸组织的谈判。我们要在世界上与人家做生意，就必须遵守世界贸易的通行规则，我们连知识版权的保护法律都没有，别人如何敢于和您打交道？所以，包括加入世界贸易组织在内的一系列走向世界的具体步骤促进了我国的法制建设。我们融入世界的过程，就经济方面来说也就是越来越成为世界市场的一部分。我们越是与世界市场联系密切，国际市场化程度越高，国际关系越是和谐，经济社会发展就越稳定，而这都要求有一个与现代发达国家接近的国家法律体系。

事实判断之十：国际公约明确生育权是基本人权。

法学家当然应该知道，国际公约就是国际法。许多国际公约而且有不少是产生在 1979 年我国强制实行计划生育以前，表明计划生育违反人权既不是国际社会有意与我国政府过意不去，也不是国际反华势力害怕我国发展而反对我国计划生育才制造了计划生育违反人权的言论。事实上不是国际社会干涉我国内政，而是国际社会迫于我国强大的气场对我国政府长期不执行国际公约实行睁一只眼闭一只眼的实用主义态度。顺便指出一个重要的原则问题是，我国实行限制国民生育行为的计划生育制度是伤害了人民，妨害了我国的进步，而无损于其他的国家和民族。

因为这方面的资料读者较少见到，我引述的较为多一点。

1966 年 12 月 17 日，联合国大会通过的第 2211（XXi）号决议：

……各国在行使制定和推行它们自己的人口政策的主权时［应当］充分考虑到家庭的大小应该由每个家庭自由地决定这一原则。

1968 年 5 月 13 日，在德黑兰召开的世界人权会议通过的《德黑兰宣言》第 16 条：

父母有自由负责地决定子女人数及其出生时距的基本人权。

1969 年 12 月 11 日联合国大会通过的《世界进步和发展宣言》：

父母有自由而负责地决定其子女的数目和出生间隔的专有权。

1974 年 8 月 19-30 日在布加勒斯特召开的联合国世界人口大会

通过的《世界人口行动计划》第 14（f）段：

> 所有夫妻和个人都有自由而负责地决定其子女人数和生育间隔以及获得这种决定所需的信息、教育和方法的基本权利……

1979 年 12 月 18 日联合国大会 34/180 号决议通过、1981 年 9 月 3 日生效的《消除对妇女一切形式歧视公约》第 16（1）、（e）条：

> 缔约国……应保障妇女在男女平等的基础上有相同的权利和自由负责地决定子女人数和生育间隔，并有机会获得行使这种权力的知识、教育和方法。

1994 年 6 月联合国召开的国际人口与发展大会通过的《关于国际与人口发展行动纲领》：

> 这些权利的基础在于承认所有夫妇和个人均享有自由、负责地决定生育次数、生育间隔
>
> 和时间、并获得这样做的信息和方法的基本权利，以及实现性和生殖健康方面最高标准的权利。

联合国人口基金《2005 世界人口状况：保障平等——性别平等，生殖健康与千年目标》：

> 生殖权利是人权，尤其是妇女人权的核心。生殖权利源自承认所有个人和夫妇的基本人权，即不受歧视、强迫或暴力做出关于生育的决定。这些包括最高标准的健康权利和决定孩子个数、生育时间和间隔的权利。它们还包括安全生育的权利，以及所有的人有保护自己不受艾滋病毒和其它性传播疾病感染的权利。
>
> 国际人权体系不断强调生殖权利的中心地位。生殖权利被认为不仅本身具有价值，而且对能否享有其他基本权利起到关键的作用。

事实判断之十一：全世界其他国家都未实行计划生育。

因为避孕与节制生育作为一种符合人性的新生活，所以，它们在发达国家早就发生了。随着越来越多的发展中国家向现代转化，发展

中国家接受节制生育新生活的人们也越来越多。但是，如我国政府目前推行的管制和限制民众自由生育的计划生育，在全世界 200 多个国家和地区中，仅只有我们一家。

事实判断之十二：其他国家的政府没有计划生育部。

我过去写过一篇文章，题目是《公共政策中没有计划生育的位置》，就是说，现代国家的政府工作中没有计划生育这一项工作。所以，全世界 200 多个国家和地区的政府中就都没有一个管理与管制民众生育行为的政府机构。

事实判断之十三：其他国家都没有计划生育法。

恩格斯说过，现代国家法律体系有一个显著的特点，那就是内部和谐的一致性，各个法律不能也不允许发生矛盾与抵牾。我在《"普遍二孩"解决不了计划生育与人民群众的矛盾》一文中指出，对新出生婴儿的喜爱是人的本性或者人类的一种天性，是人类朦胧的情感意识以至形成终于区别于其他动物得以实现进化的群体意识和人的朦胧的伦理道德的最为主要的原因。以对婴幼儿热爱为核心的人类伦理观念和自由生育是自原始人类开始至国家文明以来的一个基本准则，现代国家法律和制度都是建立在这一准则基础之上的。它是国家法律公平与正义的体现。所以，全世界 200 多个国家和地区的社会共同体都没有计划生育法。

结 论

2012 年陕西安康妇女冯建梅大月份引产事件发生后，我们曾经在这个地方召开过一次关于修改计划生育法的讨论会，我曾提出计划生育法不是修改而是废止的问题。同时，我还讲了一个过去的观点，即"计划生育法"是中国法学的耻辱。因为从法理上来说，国家公权插手国民生活最私密的生育领域，是与一切现代国家法律都直接矛盾与冲突的，法学家们应该懂得这一点。可是，中国在最为声称要追求法制和要求实行法治的 30 多年里，限制与管制国民生育却变成了我国的一项基本制度。特别具有讽刺意味的是，限制与管制国民自由生育权的基本制度不是如许多落后国家的许多落后的领域中表现的落后大都是以不成文法实现的，而是堂而皇之地都是以打着"依法治国"旗号通过立法部门的程序审议颁布法律法规实现的，——不仅各个省、市、自治区的人大常委会通过了地方的"计划生育条例"，而且在新世纪经过全国人大常委会的审议通过了一部《中华人民共和国人口与计划生育法》。这是古今中外绝无仅有的一部限制与管制人民自由生育权的国家法。30 多年来，中国法学队伍有了巨大的扩张，其中包括大批从海外留学归来的法学精英们，当然清楚地知道这部法典是创举还是闹剧。但是，诺大的法学队伍却对这一发生在自己身边的违反法理的现实法律问题采取集体噤声的态度，岂不是耻辱？

从以上若干事实判断与法理逻辑推断，说明我国计划生育实践早已经不该再延续实行了。2007 年，我曾在《"一胎化"生育政策产生的时代背景研究》一文中指出：

从现代国家法的体系中把生育法剔除出去以保持"自己的内部和谐一致"，是它被通过的那天起就已经注定了的事情。

——2015 年 12 月 8 日

（刊发于 2015 年 12 月 21 日）

普遍放开二胎意味着什么？

实践只是例外，理论才是通则。

——马克思：《论犹太人问题》

按语

本文原来是《"卫计委专家委员梁中堂"缘何遭唾骂？》[1]的后半部分，因为篇幅的原因，决定分两次粘贴。即使如此，这个后半部分似乎仍显得有点长，所以决定先将事实分析部分张贴出来，理论部分待过了元旦再与大家见面。

——2015 年 12 月 30 日

阅读莎士比亚的人常有一句话，100 个人眼里有 100 个哈姆莱特。甚至还有一种说法，100 个人眼里有 101 个哈姆莱特。今年 10 月 29 日晚上，公告五中全会决定普遍放开二胎，马上就有朋友打来电话，向我表示祝贺。其中第一财经高级记者王羚是在朋友圈里最早一个电话祝贺的，因为香港大公报的记者几乎是 7 点新闻联播刚开始就打电话，他的电话刚挂断，王羚的电话就进来了。王羚是近几年报道生育政策相当活跃的媒体人之一，从电话的语气能感受到她当时很高兴，很兴奋，对我说这也是我多年的努力与期望。不想我对她讲，我是反对现在放开二胎的，因为它解决不了什么问题。正确的选择应该是废止计划生育，而不是继续在计划生育制度的框架内再做

---

1 参见 http://liangzhongtang.blog.163.com/blog/static/10942650820151066123488/

政策的调整。记得她的似乎也感到意外，并且说要把我的观点写进她的报道里。

自后几天，向我祝贺的电话更多，从学生到我的同学，特别是我年轻时候的一位领导，如今都接近 90 岁的高龄了，还从老家打来电话，也都以为这是我几十年奋争的一件事，现在终于有了结果，该有我的一份功劳。在他们的眼里，政府的调整至少都该与我有点关系。但是，我却极力否认它与我有什么联系。我回答说，那是人家政府的事情。政府决策与运作有其自身的规律，与我们这些身处决策圈子以外的人们来说，是没有关系的。我甚至还说，我几十年前的那个主张晚婚晚育和普遍二孩的主张，是年轻时的书生气，不懂事。如果是现在，我就不会干那样的傻事了。

其实，早在 2013 年 11 月 15 日晚间新闻联播后不久，2010 年采访过我的南方周末实习记者梅岭就打电话，向我表示祝贺，说是刚才播发的三中全会决议宣布实行"单独生二"，该都是您多年努力的结果。我回答说，它与我的努力没有关系，何况我早已经不主张在一胎、二胎问题上做文章，而是强烈要求放弃计划生育了。记得那次同样以兴奋的语气向我祝贺的，还有上海电视台的朋友。尽管我不仅从未主张过"单独生二"，甚至都很少使用过这个极为荒唐的词语，但是，在不少的朋友的眼光里还是认为我是争取改善政策的，既然有了成效，该有我的一份功劳，我也会收获一份兴奋与欢乐。

以上情况说明，不同的人对这次政策调整有着不同的认识与理解。我觉着，这其实都不很重要，重要的是自 2013 年十八大三中全会到 2015 年五中全会不到两年的时间，为什么政府对已经持续实行 20 多年的以"女儿户"为核心的"现行计划生育政策"频繁地实施两次调整？这样的调整意味着什么？

我的基本认识是，30 多年来我国经济社会的持续发展，唤醒了人们心灵里的自由与平等意识，特别是市场经济的发展增强与提高了一般民众的权利意识，过去的一些制度就变得不可忍受了。这一社会现象在包括发达国家在内的所有国家从传统向现代转变的初中期阶段，都曾经集中地发生过，譬如英国 19 世纪 30 至 40 年代的宪章运动，美国 20 世纪 50 至 60 年代的黑人反对种族歧视的斗争，都分别是英美两个发达国家因为经济社会的快速发展所导致的民众权利意识的觉醒与发展而产生的著名事件。实际上，因为经济社会的发展而造成民主权利意识觉醒所导致的社会矛盾与问题，在现在的发达国家里还不断发生着。产生于我国特殊时代背景下的计划生育，是一种旨在限制与管制人民生育行为的制度。我这里所说的"特殊时代背景"，其实就是改革开放以来我国经济社会飞速发展之前的社会状态，当然是我国相对落后时期，不仅政府可以制订而且人民也还能够接受那样的政策。但是，经过了社会飞速的发展，一方面是因为生育行为属于自人类社会以来人们从来就都能够充分享有的自由，另一方面，因为它的极不合理，自其产生以来的几十年来完全是依靠捆绑着婚姻、户籍、收入分配，以及教育等诸多领域的国家基本制度才得以实行的，与人民群众的矛盾尤为突出，所以也就首当其冲地受到了新觉醒的民权意识的冲击。

当然还需要提及的是以下几点：首先，随着经济社会的发展，特别是因为互联网的广泛与普及，人民群众在网络上能够比较自由地表达诉求。其次是包括互联网在内的形式多样化的媒体不断曝光计划生育极端不合理的管理方式方法，以及有时甚至是令人发指的事件，不断强化了人民对计划生育的认识。另外，当然也该算作是社会进步的表现，那就是随着我们不断地走向世界，政府也了解到现代国家民众对政府的批评，以及用请愿、游行等和平方式向政府和社会表达他们的诉求，是民主社会里国民应有的基本权利。虽然目前做得还很勉强，但政府已经在一定程度上允许民众运用这一类方式。这几点集合起来，就是人民群众对计划生育的强烈不满不仅适当表达与表现出来了，而且政府也接收到了。2013 年的"单独二胎"和 2015 年的"普遍二孩"，就是政府接收人民群众普遍反对计划生育这一信息后所做出的反应。

但是必须看到，政府的这一举措却是不正确的。

首先，计划生育是在计划经济基础上产生的，因为经济实行计划所以提出人口增长也要有计划。30多年来，特别是自上个世纪80年代后期以来，我们连计划经济都不再提了，可包括政府和人口学家在内的许多人却还都以为我国人口是按照计划发展的，我们的政策是如何确定的，老百姓就是如何生育的。所以，先是"一胎化""女儿户"，然后是"单独生二"与"普遍二孩"。但是，客观事物的发展并不是这样的。有个基本数据完全可以说明这个问题。按照1979年以来的政策生育率，期间35年总计应该出生3亿多一点的人口，但实际出生了7亿多。这样的政策除了将客观出生的孩子按照政策划分标识为"合法"与"非法"以外，究竟有多少"调节作用"？我国经济改革已经取得很大的成就。如果大家真的理解了人类对经济过程还不能实行有计划地调节，那么，就该知道希望对人的生产实行调节乃不过是一种幻想罢了。

按照马克思的观点，人们无法自行选择社会生活，单个人的生活总是受到经济社会条件的限制。生育作为人的实际生活，是由每个家庭的具体条件决定的，是当事人所处的各种自然和社会条件综合作用的结果。每个人的实际生活条件不同，婚姻状况不同，生育数量、时间都会有差别。这才是丰富多彩的社会生活。政府实行统一的生育政策，其实是将某一类人的生活方式格式化，绝大多数人的生活条件却是无法照搬照抄、模拟和模仿的。

"单独生二"政策的实施结果，已经清楚地证明了我的以上观点。2013年年底，中央刚颁布这一政策时，主管部门反复告诫社会要做好应对生育高潮的准备预案。因为害怕受到生育高峰的冲击，卫计委甚至还十分"科学""严谨"地界定"单独生二"和"单独二孩"的区别，明确有"单独家庭"第一胎生育双胞胎以上，就不允许生育第二胎。根据医学经验，生育双胞胎的几率也仅只有万分之一的左右，如果考虑到"单独家庭"，社会上真的有多少可以搭上新政策的顺风车？一个大国的中央主管部门与民众在这个小问题上斤斤计较，可见那个时候害怕"单独生二"政策可能导致人口生育高峰的恐怖程度。2014 年 8 月 29 日，人民日报在一篇题为《全面放开单独两孩政策会带来不利因素》的文章中说：

为什么不全面放开两孩政策？大量研究表明，如果现阶段就实施普遍两孩政策，短期内将引起出生人口大幅增长。据专家预测，届时全国出生人口每年将增加 1000 万，加上现有的每年出生人口 1600 万左右，出生总人口接近新中国成立以来最高水平，这将给教育、医疗等公共服务带来很大压力。同时从长期看，总人口持续增长，人口峰值推迟到来，会影响人口发展远景规划目标的实现，给我国经济社会发展带来不利因素。

2 个多月后，即 2014 年 11 月 5 日，国家卫生计生委官员还在例行新闻发布会上说：

实施单独两孩政策以后，……提出申请的是 70 多万，这确实和预期有一些差距，原因是今年开始实施单独两孩政策以后，各地最早实施的时间是在今年年初，晚的在今年六七月份，从生育时间来说，十月怀胎一朝生育，所以不可能生在今年。

另外，因为单独两孩涉及的人口对象，很大一部分比例是城市人口，他们的生育观念已经有了一个很大的转变，尤其在政策允许以后，很多年轻夫妇因为生育和养育成本问题，或者工作和其他事业发展方面的原因，不急于要孩子。有些夫妇有了政策以后，也不急于生了，这也是一个方面。从生育来说，政策有一个滞后性，最少到第二年、第三年才能看到整个生育水平是否有一个大的变化。各地批准实施单独两孩政策的时间也不一样，所以今年不会生那么多。

另外，对于记者提出的普遍放开二胎的问题，现在确实没有一个时间表。

……目前，实行的单独两孩政策有一个总体评价，"开局良好，运行平稳"。由于政策实施的时间比较短，……对于生育水平的影响还需要一段时间来观察和评估。

但是，不到一年，中央已经颁布了实施"普遍二孩"的政策。毋庸置言，短时间内政策的频仍变动，根本的原因还是大家所熟知的政策遇冷。

不过，我觉得政府主管部门还是没有体悟到"政策遇冷"的实质。为什么实施"单独生二"后预计的生育高潮没有出现？就是因为老百姓并不是按照政策生育的，该生的即使政策不允许她还是生了，不愿生的即使符合政策也不会去生。这就是客观规律。计划经济思维下的生育政策起不到调节生育率的作用。

其次，与前一个问题相关的是把"普遍二孩"当作应对人口老龄化和所谓实现"人口均衡化"的举措。这样的认识仍然是计划经济思维，以为生育政策具有改变以至调节人口过程的功能。不用多说，人口均衡就是计划经济的思维，它是以人为地对人们的生育行为的干预为前提的。其实，如果要用均衡这一个概念，让人口变动"自然"发生，"自然"变动，其结果就是人口均衡。我在上和实际 90 年代和新世纪两度比较中国与印度的人口变动，并将自 1950 年以后的人口出生和增长的数据绘制成曲线，印度的曲线平滑自然，真的给人以美的享受。我国的曲线残缺破损毫无规则，令人惨不忍睹。究其根本原因，前者在市场经济体制下人口变动确实是"自然"发生的，我国则因计划经济政府经济和人口政策直接、间接的作用，人口变动不断地出现人为的干预，客观过程反复地处在"破坏——反弹——恢复"的过程中，人口自然变动所记录的实际成了一部受政府干预的人口史。

企图通过生育政策应对老龄化的认识也是错误的。许多年来，人们对于人口老龄化的认识是有问题的。其实，人口老化过程是一种社会进步的表现。其道理很简单，即只有经济社会的巨大进步，人们才有可能大幅度地延长寿命。这难道不是人类自古以来梦寐以求的结果吗？即使人口老化将会带来劳动力供应等方面的一些社会困难，那不过是这个阶段社会应该解决的问题。即使再过几万年，那时的人们也还是有需要他们解决的社会问题。但是，人口老龄化所产生的问题却不是通过生育政策解决的。

应该说，我最早指出 2020 年我国将达到人口老化较为严重阶段。

上个世纪 70 年代末，不要说所有的人都不会预见到我国人口会出现老化，就连人口老化这个词语都很少见到。我是通过阅读《参考消息》上刊登的新华社派驻欧洲记者所撰写的反映资本主义国家腐朽没落的社会现象的文章，才接触到人口老化这一人口学概念的。应该说，法国、德国、英国等发达国家的人口老化，在 50 年前就很引人注目了。但是，50 年来，一方面是这些国家的老龄化指数比过去有了很大的提高，另一方面，它们的经济社会发展也都有很大程度的提高，其中包含着这些国家对人口老龄化问题的比较圆满的解决。如果谁真地要研究发达国家应对老龄化的经验，可以肯定的一点是他们都没有实行过计划生育。另外，现在几乎所有的发展中国家也和我们一样正在走向人口老龄化，除了我国以外，也没有任何国家试图通过计划生育解决面临的问题。

两年来的我国人口统计数据也表明，用生育政策调节人口出生以解决老龄化的思路是错误的。"提倡一对夫妇只生一个孩子"是自 1979 年以来持续至今的一项基本政策，但是，30 多年，主管这项工作的计划生育部门却一直拿不出一个比较可靠的"独生子女政策家庭"的统计数据，以至于近年来人们需要把国家统计局 2005 年 1%人口抽样调查中所设计的 30 岁以下的人回答"没有兄弟姐妹"的人当作独生子女数。奇怪地是，2013 年实施"单独二孩"后，卫计委可以发布出一个远比"独生子女"更难以统计的并且还将持续增加的"符合单独两孩政策条件的夫妇"1100 多万对。按照卫计委的预计，实施单独二孩后将出现生育高峰。但是，根据最近卫计委发布的信息：

到 2015 年 9 月底，即单独两孩政策在全国落地一年的时间，全国一共有 176 万对单独夫妇提出再生育的申请。2014 年，全国出生人口比上年增长了 47 万，人口出生率提高了 0.29 个千分点，出生人口中二孩的比例从 31%上升到了 34%，二孩出生人口增加了 14%。从目前来看，全国单独两孩申请量平均每个月在 8 万对左右，保持了一个非常平稳的态势。

这段文字解构的内容完全不正确。

第一"符合单独生二政策的 1100 万家庭"仅只有 176 万提出申请要求生育二孩，仅占总数的 16%，84%符合生育二孩的条件却选择放弃生育，这还可以称之为"符合预期"？原来的预期是这个吗？

第二，2014 年全国出生人口比上年增长 47 万，出生率提高了 0.29 个千分点，究竟与单独二孩有什么关系？在我们这么大的一个国家里，每年出生的人口少者如目前 1600 多万，多者如 1963 年将近 3000 万，与上年比较增加了 47 万，增长 0.29 个千分点根本就算不了什么。事实上，虽然我国自 1970 年前后以来的 40 多年里如同大多数发展中国家一样，人口生育率一直处在由传统的高出生率（我国最高的年份自然出生率高达 40‰多，个别特殊的年份如 1963 年高达 45‰）下降的大势中，即使如此，也有不少年份反转有一些明显地回升，挑拣几个例子，譬如 1985 年比 1984 年增加了 1.14 个千分点，1986 年比 1985 年增加了 1.39 个千分点，1987 年比 1986 年增加了 0.9 个千分点，2005 年比 2004 年增加了 0.11 个千分点，期间的变化都与生育政策的变化没有关系。

另外，如果多分析几年的数据，有理由认为 2014 年较高的出生率增长数据中，可能隐含着应该统计在 2013 年的份额中的一些人口。因为从 2011 年开始，我国人口出生率就显示出稍稍回调的迹象，其中 2011 年比 2010 年出生率高 0.03 个千分点，2012 年比 2011 年高 0.17 个千分点。按照 2011 年到 2014 年的出生率趋势看，2013 年应该再比 2012 年高出一个相应的数值，但是，统计报表上反而低了 0.02 个千分点。这样，2014 年就显著高了 0.29 个千分点。如果排除统计误差，2014 年不会有这么高的出生率。

第三，2014 年卫计委在解释为什么不能放开普遍生育二孩的原因时，不是一直将新的生育高峰即将来临吗？仅增加的几十万人口为什么不可能是 80 年代初中期开始的"第三次生育高峰"经过 20 年周期后又一次来临呢？如果是这样，它与生育政策又有什么关系！

第四，即使按照所解读的"出生人口中二孩的比例从 31%上升到了 34%，二孩出生人口增加了 14%"，但是，二孩比例的增加不等于是"单独二孩"比例的增加，人们需要了解的是其中符合单独二孩政策的部分究竟增加了多少？

第五，每个月平均有 8 万个单独家庭申请二胎，并不等于政策放宽增加的人口数。我们知道，被审查批准的数量一定小于申请的数量。另外，我们也不知道实施单独二孩以前，平均每年、每个月有多少单独家庭不顾政策的限制生育了二胎。因为无法得到确切的统计数据，那就有条件地假设一些情况对比研究一下。根据上面引用的统计，2013 年应该生育 1650 万，如果按照所给出的 31%属于二孩，大约是 511.5 万。我们假设二孩中有 70%左右属于父母来自于二孩和二孩以上的多子女家庭，双独和单独家庭生育的则是 153.5 万。如果其中 70%为双独家庭，30%为单独家庭，该年则有 46 万属于单独家庭生育，平均每个月接近 4 万个单独家庭生育了 2 孩。考虑到生育年龄人口在今后几年不断增长的因素，以及申请人口 8 万而批准人口要小于这个数，实际能够生育的人数要小于批准允许生育的人数，因为政策放宽而新增加的人数实在是很有限。

再列举一个假设的案例。1982 年计划生育统计有 648 万领取独生子女的家庭，[6]仍按照 70%为双独家庭，则其中有 194.4 万单独家庭。如果仍按照卫计委的调查其中 16%愿意生育二胎，则有 31 万；如果独生子女中选择独生子女和非独子女各占 50%，则有 324 万单独家庭，仍以 16%希望生育二胎，则有 51.8 万；如果有 30%选择独生子女，70%选择非独生子女结婚，非独家庭为 453.6，仍按照 16%希望生育二孩，则有 72.6 万。

从我们列举的两个假设的案例来分析，都不能证明放开政策后会明显低导致人口增长。实际上，放宽不放宽政策，其差别仅只是将生育的孩子标识为合法与非法。

还有一个原因导致政府继续在计划生育体制下调整生育政策，

那就是许多年来有关人口增长导致资源短缺和环境污染的"人口与资源环境问题"。这是自上个世纪 40 年代末开始，由发达国家的学者逐渐制造的"人口爆炸"理论。这一理论由发达国家诸多领域的学者领衔宣传，到 70 年代初期罗马俱乐部的科学家精心编制出的第一份以《增长的极限》为题的报告，达到了极致。该报告从人需要消费粮食、能源和其他资源的简单关系，以及人类消费制造污染的简单关系出发，编制出随着人口的增长地球即将崩溃的模型，极富有科学的外表与欺骗性。

但是，一些极为简单的事实就可以驳斥这一理论所附有的为科学性。一个基本的事实是，发达国家与发展中国家的人们的消费水平是极不相同的，一个美国人或者日本人所消费的能与要比几十个甚至数百个落后地区的人。第二个基本的事实是，发达国家也曾经过环境污染的阶段，现在几乎都已经解决了它们的环境问题。第三个事实是，发达国家治理环境问题的基本经验不是通过对国民自由生育权的限制与侵犯，而是通过极为严格的法治消除污染源等社会公共政策。列举几个事例。早年国内婴儿奶粉问题被揭露后，人们发现三鹿奶粉的问题其实是国内奶制品普遍存在的。更是令人诧异的是，同一个大企业的产品在大陆是常常都是有问题的，而香港市场一次检测的某一个企业的几十个产品却都是符合香港的质量标准的。另一个是雾霾问题。柴汽油的标号过低和汽车排放限制标准过低是导致京上广等大城市空气污染的主要元凶，已经是业内人们的共识。但是，决定柴汽油和汽车排放标准的是政府的所属"两桶油"和汽车制造业的主管，国家垄断企业的利益绑架政府，环境和食品安全之类的问题如何能解决？所以，及时解决一定发展阶段中的人口与资源环境问题，也不是依靠继续推行计划生育，而是政府的监督与监管的问题，对于我国现阶段来说，乃是一个坚定地推进改革，将包括国有大型企业在内的政府掌管的经济资源尽快地推向市场、切实实现市场化的问题。

俗话说，一把钥匙开一把锁。政府在实践上已经放弃计划经济并且大踏步地走向世界的大背景下，却在居民生育的领域内坚持用计划经济的思维，继续沿着计划生育的道路寻求我国经济社会离开计划经济面向市场发展后造成的计划经济旧制度与人民群众的尖锐矛盾的新出路，是因为对计划经济基础上产生的计划生育旧制度的本质认识不清楚。计划生育作为一种限制与管制国民自由生育的基本制度，其要害在于侵犯了正在走向现代的我国民众的基本人权。实行"普遍二孩"政策，说明政府的理念远远落后于我国经济社会的快步发展。

（刊发于 2015 年 12 月 30 日）

《马克思的人权理论》一文的按语

　　本文本来仅只是《普遍二胎意味着什么？》中的一个小节，但是，在写作的过程中改变了主意。因为按照原来所得出的结论，政府已经看见了计划生育制度与人民群众实际生活之间所存在的巨大矛盾，但是，所采取的实际步骤不是像当年结束文化大革命那样果断结束计划生育而是在计划生育制度的框架下相继调整"单独二胎"和"普遍二胎"，表明政府还未认识到我国计划生育与人民群众的矛盾的性质是侵犯人民群众的自由生育权，以及国际社会早就明确的生育权属于基本人权的道理。人权是一个在我国曾经非常敏感的问题。现在虽然不很敏感了，却也不是可以畅所欲言的话题。就我来说，许多年来已经不在人口的意义上讨论人口与计划生育问题，而是直接把计划生育制度归结为人权问题。我之所以理直气壮地讲人权，是因为阅读过马克思和恩格斯许多有关人权问题的论述，改变了过去所接受的"马克思否认自由、平等和人权"的传统认识，知道他们对现代国家中的人权问题是予以充分的肯定的。可能更为重要的是，如果我们努力挣脱了斯大林和斯大林的苏联马克思主义所施加给我们的影响的话，就不难发现马克思不仅有人权理论，而且这个理论在马克思的有关现代国家学说及其唯物历史观中还占据有相当重要的位置。所以，我早在 2007 年完成的《论改变和改革计划生育制度》一文中就已经提出了"人权观念是马克思主义理论宝库的重要内容"的命题。这 8 年多以来，我常常重复说马克思和恩格斯有关人权理论是至今最为科学和严谨的人权学说，却一直没有进一步地阐述。这是长期拖欠读者的一笔文债，现在应该偿还了。

　　我也多次说过，写不出语言生动活泼、文字流畅的短文，是我的一个很大的短处。另外，因为马克思主义在我国的特殊地位与作用，以及我是在述说一个在正统的马克思主义者看来简直是天方夜谭中的神话故事，这就决定了我的这篇文章的逻辑推理不仅要细致缜密，而且还改变了在博客上粘贴的文章往往不加注释的做法，将所引据的一个一个典籍来源都标注得相当详细（因为博客所限量的文字篇幅的原因，我将其放置在此前的一篇题为《"马克思的人权理论"一文的注释》的博客里），以供有心的读者可以仔细推敲我的这个似乎离经叛道的话题。

————2016 年 1 月 15 日

（刊发于 2016 年 1 月 15 日）

也给姚杰同志送行

早上起来，收到冯才山同志从翼城寄来的小米，打电话向其致谢，得知他正在参加姚杰同志的葬礼。去年3月，冯才山同志来上海女儿家长住，告诉我姚杰近年身体常常闹病，我说过再去翼城一定去看他。不想，他这么快就走了。

姚杰是我1985年7月翼城县试点启动之前认识的。那时翼城县计划生育委员会主任安斗生手下有几位得力的助手和干将，副主任陈学业、李兴志，大干事姚杰，小干事杨中华。姚杰主要负责统计工作。那时候的计划生育之所以搞得那么紧张，就是因为计划经济的观念还很强，特别是把上级下达的计划目标看得很神圣。常年性的计划生育工作，就是围绕着这个目标转动的。所以，虽然省委书记和分管副省长都批示同意在翼城县试行"晚婚晚育加间隔"的计划生育试点，但实行新的政策会不会突破指标，还是要做一番测算的。试点铺开之前，我请在山西经济管理学院代统计学课程的马培生到翼城，是姚杰和马培生一起做这项工作的。经过测算，实行"晚婚晚育加间隔"普遍允许农民生两个孩子，2000年仍可以将人口控制在30万左右，不会突破省里下达给翼城县的人口计划，试点才得以启动。

1988年，国家计划生育委员会主任彭珮云希望来翼城考察试点工作。那时的计划生育比现在还要敏感。彭主任顾虑她到生二胎的试点考察会引起人们的误解，说国家计生委主任考察生二胎的实验，全国政策是不是即将改变？所以，她究竟以什么名义到翼城来，就颇费思量。经过几次磋商，她向我提出，最好由我出面在翼城县召开一个试点工作的理论研讨会，邀请她来参加。翼城试点以后，不少的学者都曾表示希望有机会去考察。所以，我也乐意借此机会请各种观点的专家学者一起实地考察和指导。如果这样，就不能仅仅给会议提供平时的计划生育工作报表。所以，7 月上旬，我又请马培生和姚杰做了一个翼城县 1%人口的抽样调查。这次调查的生育数据与试点后几年的工作报表差别很大，证明试点以来的计划生育报表同样有很多的水分，这对我正确认识试点工作有很大的帮助。

姚杰同志比较内向，不苟言笑，但工作踏实、认真。也许与试点工作开展不久有关系，邓永武同志算得上是试点以后 30 年里先后在翼城县任职的 10 多位县委书记中，最重视计划生育工作的一位。1990年年初，邓永武离任前研究最后一批干部，姚杰赶上"末班车"，被提拔为副主任。从姚杰的能力、资历、工作表现和贡献来说，这都该是名至实归。从试点开始后到 90 年代，姚杰同志为做了许多脚踏实地的工作。

记得姚杰仅比大我 8 岁，也只是 70 多岁的人。在目前的条件下，这个年龄并不算大，走得早了点。所以，听到这个消息，还是让人心痛。按照翼城县的习俗，中午是出殡的时刻，谨以此短文向姚杰同志告别、送行。

2016 年 1 月 31 日中午 12 点于上海

（刊发于 2016 年 1 月 31 日）

重刊《新中国六十年的计划生育：

两种含义，两个三十年》所加的按语

　　这几天，中国计划生育协会正在北京召开工作会议。中国计划生育协会是 1980 年 5 月 29 日成立的，它不只是改革开放的产物，而且还可以说是改革开放的排头兵。新中国成立以后，一方面是冷战的国际大环境，另一方面也是我们自身体制的原因，一个运动接着一个运动，思想意识形态越来越左，与外界的隔绝导致国际交往与联系也越来越少，以至于文化大革命中张扬民族志气，光耀于"既无外债又无内债"的豪迈状态，连唐山地震后国际上许多一流的救援队伍急切在第一时间赶往现场实施救助，都一概拒绝。至于其他的国际援助，那当然就都免谈啦。联合国人口活动基金，是这个方面第一位叩开中国大门的客人。当然，他们也不是第一次叩门就成功了。中国政府从 50 年代初期开始就致力于控制人口的工作，到 70 年代已经很有成效，几乎是发展中国家里面唯一的生育率不断下降的国家。您想一想，在那个时候，发展中国家人口膨胀的态势还在扩大，人口爆炸论在国际社会上喊声震天，而世界第一人口大国一枝独秀，妇女生育率一年一年持续在下降。联合国人口活动基金成立于 20 世纪 60 年代的后期，其宗旨就是致力于发展中国家的人口控制工作。所以，联合国人口基金会早就要为中国提供技术资助，无奈中国政府拒绝一切外援，以帮助节育名义的美元名声就更不好接受了。70 年代末，一方面是意识形态已经把中国人口多当作严重影响发展的社会因素，急于把人口增长的幅度进一步压制下去。另一方，政府急于要把经济搞上去，但苦于家底太薄。1978 年我国进出口总额才 355 亿美元，其中出口 162 亿，进口 187 亿，进出严重不平衡，而当年的外汇储备仅只有 15.6 亿美元，显然无法应对。这时联合国基金再次与中国政府接触，而且第一批项目就可以给 5000 万美金。政府就痛快地答应了。

但是，联合国基金为中国提供援助存在一个技术上的障碍，那就是这笔主要从发达国家筹措的钱，不能直接送给受援国的政府。但中国的节制生育与计划生育从来都是政府在做，中国人做什么根本无需假手于非政府的手段。那该怎么办？中国人与洋人打交道的时间久了，就总结出经验了。"糊弄洋鬼子"可不是一句开玩笑的话。重视程序合法的洋人看重的是形式。为了让空中的美元落地，由中国社会科学院和教育部出面，让中国社科院先名义上设一个中国人口研究中心，教育部也召集有关高校挂出一批人口研究室（所）的牌子，特别以国务院计划生育办公室为依托成立了中国计划生育协会。其实，所有这些还不都是政府的？更何况，它们大多还是空壳。但洋人不管这些。铁路警察，各管一段。洋人这个时候主要急于要把钱送进来了，自己的机构也就跟着落地了。30 多年来，联合国人口基金与我国合作了不少的项目，大多是由中国计划生育协会承接下来的。人口基金的钱虽然大都花在了政府的工作上，但却丝毫没有改变中国政府主导计划生育的体制。但是，公平地说，他们多少还是改变了我们的一些认识，以人为本，知情选择，以及前些年一些地方实行取消生育间隔年限的政策，都是他们的基本理念。这些进步当然很微弱，甚至仅只停留在口头与文字上，不过那也是进步。另外，80 年代至 90 年代，中国政府里除了从事外交和外经贸的官员，可能就算是计划生育干部出国的多了。许多人不明白，计划生育官员如何有钱出国？其实大都是人口基金的项目。走出去了，即使是旅游，但看到了国外的进步和发展，对于改变我们僵化的头脑总归有好处。

做了几十年的人口与计划生育研究，对自己做点点评，就是廓清了两个词语的含义，算是对学科的贡献吧。一个是节制生育，它属于外来语，是一种由资本主义工业革命创造的符合人性的新的生活方式。一个是计划生育，属于我们的创造。不过，人们常常是在两种含义上使用这个词汇的，就节制生育的意义来说，它与世界上所有的国家没有任何不同，是一种新的生活方式。一个国家只要接受了资本主义工业生产，那里的人民就不可能不过上节制生育的生活。但是，计划生育是毛泽东发明的词汇，就它的本义来说，是指与政府经济计划相联系的生育计划，是计划经济的范畴，也是政府的管理制度。所以，尽管计划生育是从 1957 年以来人们常用的词语，但它的实际含义却是不一样的。1979 年实行"一胎化"政策以前，虽然从中央到地方也都说的是毛泽东的计划生育，但毛泽东不让政府强制，甚至也可以说还没有政府对老百姓生育的全面管制，所以，那时的计划生育其实还是节制生育。自 1979 年以后，人们再也没有自由生育了，经典的计划生育才得以产生。

去年 10 月，政府开始实行普遍二孩的政策，我国计划生育又走到了一个十字口上。现行的计划生育制度是建立在"一胎化"的基础上的。在 70 年代末，中国妇女生育率接近 3，"一胎化"政策是需要对绝大多数人实行限制与强制的工作，所以政府建制也越来越加强。现在连农村中愿意生 2 个孩子的家庭都越来越少了，普遍二孩意味着需要管理管制的对象少了，那么政府已经设置的强大机构干什么？另外，过去的超生二孩是否还继续处罚？如果超生的二孩不处罚了，超生的多胎还如何罚？对今后极为个别的多胎如何限制，是否强制？即使我们不说人权问题，但普遍二孩政策的颁布本身对于现行的计划生育制度就是一项挑战。如果继续过去严格的制度，那经典的计划生育就仍在延续；如果对上述许多棘手的难题采取不作为的态度，计划生育实质上也就结束了，社会也就逐渐回归到了居民自觉实行节制生育的状态了。如同虽然没有像否定文化大革命那样召开会议通过决议或者发表声明否定农业合作化和人民公社制度，但经过所谓联产承包责任制和包产到户，事实上已经冲垮了那种集体所有制一样，当我国人民也能如世界其他国家那样获得了自由生育权以后，计划生育实际上也就被取消了。总之，普遍二孩究竟将导致哪一种结果，我们还有待观察。

在网上看到中国计划生育协会开会的消息，而自己最近又忙着研究列宁与斯大林的问题，没有新的人口与计划生育方面的文章，拿出这篇旧作，以为回应。本文也像笔者的其他多数文章一样，2009 年完成后曾有自印本在学界传播（自印本还附有几篇包括新华社《内参》在内的反映计划生育与民众对立、政府执法过程中严重违法等反面的几篇文章），接着发表在《兰州商学院学报》2009 年第 6 期上，2014 年中国发展出版社出版我的《中国计划生育政策史论》，又将其作为绪论放在卷首。

——2016 年 5 月 20 日

（刊发于 2016 年 5 月 20 日）

王伟和 80 年代的计划生育

上午 11 点，陈剑先生给我发信息说："王伟主任今天凌晨 4.28 去世"。我托付北京的朋友替我送个花圈，缅怀这位厚道的长者。

王伟文革前在团中央工作，是文革中团中央有名的"三胡一王"（胡耀邦、胡克实、胡启立、王伟）中的一员，文革后担任卫生部副部长。1982 年 2 月 9 日，中共中央国务院联合发文，颁发中发 11 号文件，改变了原来的"一胎化"政策。4 月，陈慕华即不再兼任国家计划生育委员会主任职务，原卫生部部长钱信忠接替陈慕华，王伟也从卫生部调国家计划生育委员会任副主任。钱信忠的确有魄力也有能力，可以游说总书记胡耀邦和国务院总理赵紫阳，答应暂不执行 11 号文件，又让中央颁发了一份中办[1882]37 号文件，要求"各地已有的规定，在能够完成国家人口规划和本地区人口规划的前提下，要稳定下来，一般不要再作变动"。这其实就是说，1982 年 11 号文件所规定的"女儿户"可以不执行了。

但是，钱信忠即使自己争取了一个红头文件，他却也不按照这个文件去指导工作。早在文化大革命以前，钱信忠就在上海蹲点搞计划生育，曾经总结出"一胎上环、二胎结扎"的经验，即妇女生过第一胎后，一律上环；生过两个孩子后，则一律结扎。任何人都不难理解，结扎后当然不能再生孩子了。而妇女上环取环，都必须经过医生或者专门训练过的医务人员操作。因为"一胎化"，既然已经生育过一个孩子了，你还要求取环干什么？所以，"一胎上环、二胎结扎"的办法，很得计划生育干部的人心。1983 年，钱信忠在全国雷厉风行地推行这个经验，特别是"大结扎"成了计划生育的中心工作。过去，我国每年的结扎和人工流产数据都是保密的，现在可以在卫生统计年鉴里看到了。1983 年，女性结扎 1640 万例，男性结扎 426 万例，人工流产 1437 万例。如果画曲线，1983 年的这 3 个指标绝对是一个珠峰，其他任何年份都与它不可比肩。如果没有特别的素养和训练，一般的人对于人口数据可能没有很具体的感觉。假使我们把实行人工流产和被结扎的妇女主要限制在 20 岁至 39 岁的人群里，那就是说，在 1983 年这一年里，全国总共 1.4 亿的适龄妇女里，有 3000 万或者被结扎，或者被施行了人工流产。1979 年实行"一胎化"以后，农村干群关系本来就很紧张，这一年的大结扎更害得老百姓不得安生。中央多次向钱信忠打招呼，政治局委员、国务院常务副总理万里直接给钱信忠批示，要注意作风，赶快纠正一下，钱信忠"根本不重视，当做耳旁风，连个回信都没有"。1983 年年底，中央免去钱信忠的职务，王伟"临危受命"，担任了国家计划生育委员会主任。

王伟为人忠厚，作风正派，对党忠诚，忠实执行党的政策。这放在一般的岗位上，一定是好干部，但处在 80 年代初中期主管计划生育工作的职位上，就注定要落一个里外不讨好的结果。首先，他要按照中央的要求，纠正计划生育部门的"工作作风"，不允许再"强制"了。自从实行"一胎化"以来，计划生育拆房、扒房，强制计生对象结扎、流产，甚至致人死命，都不是少数。说是"纠正作风"，这就已经决定问题的性质了。所以，从上到下，大家都没有动真格的。即使这样，计划生育系统的干部也认为受到了打击。其次，作为钱信忠原来的班底，王伟所认可的党的政策不是"中发"11 号文件，而是"中办"37 号。这个文件是不承认"一胎化"了，却没有比"一胎化"有明显的放宽。过去的"一胎化"虽不失简单、粗暴，却因为所有人都"平等"，而好实行。现在不让强制了，还是不让生育二胎，又如何执行？因为基层的党组织和政府无所适从，都有了怨言。

从现在的眼光来看，最要命的是他上任时所得到的 1984 年 7 号文件。该文件从胡耀邦的理想主义出发，提出"要把计划生育政策建立在合情合理、群众拥护、干部好做工作的基础上"。那时候的人们还认识不到计划生育是件很荒唐的事情，这种要求其实是在追求一种方的圆。所以，那时的人们都很赞同胡耀邦的这一观点。王伟则要求全国各地实行试点，探索符合胡耀邦这一要求的计划生育政策。但是，在计划生育制度下，政策的核心问题是允许人们生几个。王伟在 7 号文件里规定，每年允许生二胎的比例不许突破当年规划第一胎的 10%。当时，全国上下都在做实验，其中国家计划生育委员会的试点单位就有 40 多个。但是，所有的实验，生育二胎的幅度却都必须限制在 10% 的范围以内。计划生育本身就是在计划经济的体制下所设想的一种生育管制，过去"一胎化"再不合理，当然也从未曾实现过，但它因为有统一的政策而符合计划制度，能被人们接受，能被制度容纳。7 号文件以后的大多数实验尽管都被框在 10% 以内，从数量上来说与"一胎化"本来也没有多大的变化，但形式上却是五花八门，给人一种没有了政策和乱套了的感觉。所以，7 号文件反而遭遇社会普遍的非议。当然，人们并不认为 7 号文件不好，而是王伟把经念歪了。

要说王伟受到的最大攻击，还是在他刚退下来以后。

人们说文化大革命是极左思潮的结果，其实"一胎化"的计划生育运动才是中国极左思潮的顶峰。胡耀邦赵紫阳走到国家党政一线的位置上以后，希望稍许偏离开一点点，却遇到很大的反对力量。中央 11 号文件所提出的"女儿户"政策，就是在胡耀邦的支持下由赵紫阳提出来的。几乎整个 80 年代，11 号文件都没有被贯彻执行，但批评声音却没有中断过。搞技术的宋健于 1980 年初春出山，开始与国务院计划生育办公室合作。1980 年 9 月中央有了一个"公开信"，宋健一帮人就以为，"一胎化"是他们的功劳。学而优则仕。1984 年，宋健当上了国家科委主任。1986 年，宋健又以国务委员的身份兼任国家科委主任。所以，批评计划生育政策偏离"一胎化"的人，就都云集在国家科委的周围。那还是不可"妄议"中央的历史时代。所以，从 1985 年前后开始，人们就借着生育率的回升，批评国家计划生育委员会。1988 年 3 月，王伟已经卸任国家计划生育委员会主任职务，光明日报"议事堂"栏目发表题为《长官意志的干扰是出生率回升重要原因》，说计划生育工作不执行"一胎化"基本国策，造成了"人口失控"。3 月下旬开始的全国的两会上，科委的"人口研究小组"给人大代表和政协委员投递材料，借批评王伟宣传计划生育离开"一胎化"的政策以后，造成中国的人口失控。

1988 年 3 月 31 日，两会还在进行，总书记赵紫阳主持召开中央政治局第 18 次常委扩大会议，研究计划生育工作。国务委员宋健、国家计划生育委员会主任彭珮云，以及王伟列席了会议。赵紫阳和政治局常委都讲了话。赵紫阳说："要明确地说清楚，现行的政策是中央的决策，不是国家计生委的决策，不是王伟的决策……"也就是在这个会议上，新一任的国家计划生育委员会主任听明白了，总书记力推"女儿户"政策。1988 年，国家计划生育委员会借助贯彻中央政治局第 18 次常委扩大会议精神，在全国推动实行"女儿户"。从此，虽然中国的人口变动仍然是沿着自己的轨道在发展，其实质与王伟时代也没有多大的差别，但因为全国有了一个非常明晰的统一政策，就基本上消弭了争论，从而也没有人非议了。

如果用人口普查和国家计生委的几次大型的生育节育调查数据来分析，王伟主持计划生育工作期间的生育率，不过是自 70 年代初期开始的生育率持续下降过程中的一个必然阶段。不可否认，在王伟主政期间，生育率变动过程有一个从 1985 年开始的回升。但是，如果再放开眼界，1979 年到 1989 年期间 10 年里，曾有两次波动，其中一次以 1980 年为谷底的低谷，1981 年至 1982 年回升；另一次以 1985 年为谷底的第二次低谷，1986 年至 1988 年回升。稍微了解这段历史的人就都知道，那是 1979 年激烈的"一胎化"和 1983 年的"大结扎"造成的。因为这两次政府推动的运动，属于人为因素所导致的生育率的下降，所以很快就出现反弹性质的回升。如果仔细分析，两次政府干预的方式不同，导致生育率变动的因素不同，生育率低谷与回升的程度和表现也都有所不同。1979 年实行强制性的"一胎化"，对于全国绝大多数地方来说，强制性尚属于刚开始，虽然也有人工流产，但主要的方式还是要求晚婚，推迟婚龄。所以，仅过去两三年，晚婚的年限到达政府所规定的年龄了，该结婚的还是要结汇，补偿性生育和人口回升很快就出现了。第二次干预是 1983 年的"大结扎"和人工流产，一是"十月怀胎一朝分娩"，1983 年的不少人工流产是减少了 1984 年的生育。二是人工流产是对育龄妇女身体的一种伤害，它和晚婚带来的推迟生育的性质有所不同，需要妇女体质的恢复。三是虽然大结扎带来了 1983 和 1984 等近几年的地生育，但随着低年龄妇女的成长，由经济社会等原因造成的较高的生育率还是要出现的。所以，比较两次波动，前一次来得快，来得猛，结束得也快，也迅速；后面的一次要比前一次规模还要大，手段更深入，波动所表现的时间要更长，更持续。但不管怎样，人口的实际变动显示出它是一种不以人们意志为转移的客观过程。除非真的被结扎后绝育了，其他的如被推迟婚姻或者被强制实行了流产，仅只是推迟了生育，该生的还是生育了。我们说王伟"临危受命"，是因为他必须纠正政府的过火行为，客观过程在那里发生自然的作用，弥合人为的灾难，却在人们的背后顽强地都表现了出来。虽然把王伟和他的前后任加以比较，王伟时期的人口没有"失控"，而他的前后任其实也从来就没有"控"住过。但在当时具体的思潮和社会背景下，统计报表上出现的回升，却可以让人解释出"王伟的政策"导致人口失控。当官一任，王伟和别人"落的"却不相同。为什么？其实道理很简单。别的主任无论好政策坏政策，总有一个允许生几个的明确政策，从而显得整个计划生育系统是统一的，作为计划制度的自身是完备的，甚至是完美的，各级政府的自我评价也都能充满成就感。对比之下，不要说"女儿户"比王伟允许 10%生二胎的政策宽松多了，即使"一胎化"民声怨道，却因为简单化，一刀切，可以不做思想工作，省事，至少得到了计划生育系统干部的拥护。而王伟被放在那个时代下的具体职位上，尽管自己并没有任何错误，但他相信政策应该由中央来决定，自己不仅没有向前走却还必须"纠正作风"，这就必然地招致不少的非议。

我用正派、厚道，忠诚、忠实这几个词语评价王伟，还有几个细微的事例。一个是几年前在北京一次与他的大秘书刘玉良聊天，当年王伟说，"生两个也是计划"。这说明他心目中也是赞同普遍生育二胎的，但他还是无条件地执行中央的政策。另一个是不拉帮结派，不施恩惠。即使不算担任副职的时间，从 1983 年年底到 1988 年 1 月卸任，王伟担任国家计划生育委员会主任、党组书记，计生委的机关还是一个 30 多人的小机关，在别的部委里完全可以设置司局的岗位，这里都是处长。王伟没有像后来极为普遍的通过安排身边小猫小狗的伎俩延伸和扩大自己的利益，维持自己的权威。但我却发现，王伟时代的机关干部都很敬重他。我觉着，人们服他。再一个小事例。1987 年 9 月，王伟主持在翼城县召开全国 11 个生育二胎的试点的现场会。王伟轻车简从，坐火车到侯马下车，所带随员除了秘书朱宝贵，再就是政策法规处副处长彭志良和赵延培。除了彭志良以外，其他两人都还年轻。且不说会议情况，每天晚饭 7 点以前结束后，王伟就进入到县委招待所编号为 201 的一个由 2 个标准间组成的套房，到第二天早上 7.30 才下楼吃早饭。在翼城县住了 4 个晚上，天天如此。王伟不麻烦他的随员，连招待所的服务员也不事打扰。

我与王伟交往的一些年里，经历了一个逐渐被接纳的过程。不瞒各位读者，我当时有一种极天真的实用主义的想法，现在看，当然也是政治上的不成熟。我那时候认为，王伟和胡耀邦曾经在团中央一起搭班，说不定通过他能够影响胡耀邦在全国推行普遍的二胎政策。应该说，在最初的时候，这一功利观念还是很强的。1985 年 10 月，翼城县试点以后，在石家庄召开的第四次全国人口科学讨论会上，我通过李宏规向王伟转达，希望能抽时间接见我一次。尽管那次大会上，我曾借着回答有人指责我反对计划生育的机会，说明我不是反对计划生育，而是反对"一胎化"。我觉着，他还是惧怕我自 1979 年以来的"反对计划生育"的名声。现在分析，可能当时还不止于此，读者可以从我与他的几次交往中，譬如他在我 1985 年 12 月 15 日给他的信（拙著《中国生育政策研究》第 205-212 页）的批示里感觉得出来，他甚至对我有很大的成见。如果有的读者手里有早年我的《人口论疏》，可以发现在我给王伟的许多封信里，我对王伟的态度则表现出执着顽强而又不失一种自持，其中包括我对他的批评，以及所坚持的与他的定位。我曾在信里向他坦承：他是党和国家有关部门的负责人，我是一位党员、一个公民，我有权要讲出我心里话，他即使不喜欢我，但有义务有责任必须聆听我的诉求。之所以这样，因为在这个时期，我对王伟的基本看法是，因为他不愿意向前走，就必然如恩格斯论述的"不可知论者"受到唯物主义和唯心主义左右两方面的攻击一样，要承受主张"一胎化"和要求放开二胎两个方面的批评。我那时主张在自觉实行"晚婚晚育"的基础上普遍放开二胎，所以，我应该批评他，推动他。

大约是 1986 年 10 月中央书记处 307 次会议以后，王伟才对我改变了看法。根据后来我所见到的胡启立给王文老的回信，应该是王伟看到了我提交给在湖北宜昌召开的中国人口战略研讨会上的两篇论文，一个是《关于我国人口发展战略及其有关问题》，其中对国家科委"人口研究小组"把当时人口出生率回升的原因归结到人口政策的观点所给予的批驳，在分析当时的 3 种人口政策主张时指出现行的政策必然会受到来自两个方向的批评和批判。另一篇文章《评宋健于景元的人口测算》里，则对宋健的人口学观点与方法予以了批判。当我从宜昌回到北京，电话里向李宏规说希望见王伟主任的时候，他马上接了我的电话，并且约我第二天上午就去他的办公室。

但我觉得他从内心接受我，我也可以随意与他交往，是 1986 年12 月 2 日全国计划生育工作会议上，国务院总理赵紫阳讲了一大段保护翼城县"晚婚晚育加间隔"生育试点的话以后。山西省计生委主任肖玉英参加了这次会议。他从北京回来时，带给我一封由王伟的秘书王国强写的信。王国强在信里说，王主任要他转告我，今后再给中央写报告的时候，最好也寄给他一份。这就是说，王伟愿意读我的文章了。从此以后，我可以随意去见他了。记得 1987 年夏天，山西省委书记李立功在北京养病。因为他们都是文革前的青年团干部，我在他那里说起。王伟即要我带他去北京景山西街的山西驻京办事处，看望了当年的老部下。记得最后一次见他，该是 90 年代后期的国家计生委的一次会议之后。因为从 1989 年以后，我知道普遍二胎已经很遥远与渺茫了，所以逐渐淡出人口研究和计划生育领域，较少参加这一类的活动了。那一次，他则属于机关老干部被邀请参加的。虽然属于久未见面，也就站着说了几句话。再后来，前几年吧，遇着国家计生委的老人，说他常年住院，失去知觉，属植物人了。

　　随着钱信忠、陈慕华，以及王伟的去世，一个时代正在结束。

——2017 年 2 月 17 日

（刊发于 2017 年 2 月 18 日）

如何实现由强制到自由生育状态的复归？

按语

5 月 22 日，北京大学经济研究所召开"人口形势与经济发展研讨会"。我在会上作了题为《生育行为不属于国家计划范畴》的发言。这篇文章是根据发言时的 PPT 整理的。

——2017 年 6 月 3 日

一、一个仅只发生在中国的问题

我国由政府设置生育指标，对国民的生育行为实行控制与管理的计划生育制度，是上个世纪 70 年代末最终形成的。那是结束文化大革命以后不久，国民经济极端困难，标志着我国计划经济制度已经走到尽头。那是我国经济社会发展历史上的一个转折时期，党和政府正在寻求改革，是一个伟大时代的结束与一个光辉时代的开端。2006 年，我在《"一胎化"产生的时代背景研究》中曾经引用狄更斯："那是最好的年月，那是最坏的年月；那是智慧的时代，那是愚蠢的时代；那是信仰的新纪元，那是怀疑的新纪元；那是光明的季节，那是黑暗的季节；那是希望的春天，那是绝望的冬天；我们将拥有一切，我们将一无所有；我们直接上天堂，我们直接下地狱……"它竟然如此之特别、特殊，以至当我们在物资生产方面告别计划的时候，却在国民的生育领域里阴差阳错地实行了远比经济计划更为严格与严厉的"生育计划"。

按照马克思所阐述的现时代，人类正处在由自然经济向以商品生产为特征的市场经济形态过渡。我国的现实也印证了马克思的论断。晚清洋务运动以来，中华民族的志士仁人，睁眼看世界，发现以自然经济和个体农业为特征的传统中国与西方先进民族之间所存在的巨大差距，所以积极促成并带领中国走工业现代化的道路。中国为什么落后，怎样才能从一个落后的农业国家迅速发展成为现代工业强国？这都是人们经常思考的问题。其中中国人口多，阻碍经济发展，以及必须实行严格的计划生育制度，就是在这样的认识基础上产生的。

但是，这个观点是不正确的。一个基本的事实是，在全世界 200 多个国家和地区中，就人口密度来说，有比我们国家小的，也有不少密度远远高于我国的；就资源禀赋来说，只有少数国家比我们国家优厚，而绝大多数国家和地区都比不上我们地大物博，资源丰富；就经济发展水平来说，比我国先进的国家很多，特别是发达国家都优先于我国的发展，不过，可能更多的发展中国家还是比不上我们国家。但是，除了中国以外，世界各国具有一个共同点，那就是政府都不把老百姓的生育行为当作影响社会发展的因素而实行政府强制的计划生育。为什么？

二、人口是一种既与的社会因素

对于一个现代国家来说，生育行为完全是各个家庭的私事。国家必须对国民的自由生育权予以保护，而不能、也不允许任何人对其干涉，更别说来自于政府的干预了。这是现代社会的公理，又是其基本制度。而且，它犹如上帝的存在对于国王一样重要且无需讨论。笔者是在 90 年代才发现，国外把自由生育当作基本人权。许多年来，自己都以为这是现代国家特意制订的一项基本制度。大约两年前才有了更明晰的认识，生育权是基本人权并不是现代社会的发明，而是基于人类的本性。人类本来就是具有这一特性的一种动物。正式由于人类普遍对生育行为的尊重与敬畏，这才有了人类发展的选择，以及由此发生与其他的动物的分离而最终脱离动物界而标志着人类社会的诞生，以及人类的文明。所以，如果我们追寻人类历史的轨迹，就不难发现"自由生育是人类文明的一项基本原则"（详细论述请阅读我的文章《"普遍二孩"解决不了计划生育与人民群众的矛盾》[1]。从这个视角观察生育权属于基本人权，并不是现代社会的独自具有的。相反，毋宁说它是人类文明的基本原则发展到现阶段所采取的具体形式或具体实现。惟其如此，国外的单亲家庭，以及未婚生育、无婚生育，都得到了社会的尊重。目前一些北欧国家里，每年非婚姻状态生育的儿童占到当年新出生人口的 40%以上。读者当然知道，欧洲是一个经历过很长时期教会统治的地区，各民族都有过极为虔诚的宗教信仰，甚至在辞役钱，还有过奴隶制时代，那都是在世俗生活方面极为重视男子传宗接代，并且国家法律和世俗的伦理都适应要保障生育男家长自己孩子的社会。但是，很多年以来，这些极为保守的欧洲国家从近现代以来遇到非婚生育，无论政府还是市民社会都对其保持了极大的敬重与高度的宽容，应该是人类自始以来就存在的自由生育本性发展到现阶段的自然展现。——人类一直就是这样按照人性选择不断地调整自己的方向，从而推动社会的进步与发展的。

因为自由生育是人类一直以来的原则或者基础、前提，所以，人们反而不常作深入的思考。以人为本，是近现代以来的一个哲学和社会学的基本命题。从这里出发，也就可以理解生育自由为何会被人类当作是天经地义般地行为。马克思也曾经论述过，人类是通过生儿育女的循环运动得以存在，期间人始终是运动过程的主体。（马克思：《1844 年经济学哲学手稿》，《马克思恩格斯全集》第 42 卷，人民出版社，1979 年，第 130 页）革命时期的毛泽东对于人的本质以及人的自身运动规律有着相当深刻的理解。所以，当美国国务卿艾奇逊把美国政府的对华政策的失败和中国革命胜利的原因，归结到人口太多，成为社会负担的时候，他才能写出足以换发出每一位中国人的自

1　参见 http://liangzhongtang.blog.163.com/blog/static/109426508201511804625288/

豪感与志气、惊天地与动鬼神般的文字来。毛泽东说：

世间一切事物中，人是第一可宝贵的。在共产党领导下，只要有了人，什么人间奇迹也可以创造出来。我们是艾奇逊反革命理论的驳斥者，我们相信革命能改变一切，一个人口众多、物产丰盛、生活优裕、文化昌盛的新中国，不要很久就可以到来，一切悲观论调是完全没有根据的。

正是基于人的本质和人口过程的这种性质，马克思才把人的一定规模即一定量的人口当作一切生产力的条件和前提。（马克思：《1857-1858 年经济学手稿》，《马克思恩格斯全集》第 46 卷下册，人民出版社，1980 年，第 285 页）马克思还说："人，作为人类历史的经常前提，也是人类历史的经常前提和结果，而人只有作为自己本身的产物和结果才成为前提。"（马克思：《剩余价值理论》，《马克思恩格斯全集》第 25 卷第三册，人民出版社，1975 年，第 545 页）这就是说，人，从而一定量的人口，乃是一种既与的社会因素，是一个社会的基础和前提。但是，它是每一个社会都必须被动地接受的，而不能被"有意识地""积极地"予以创造的。

三、现代国家是一种委托治理结构

马克思不主张人们笼统地、抽象地谈论现代社会和现代国家，而是把现代社会看作是存在于一切文明国度中的资本主义社会，它或多或少地摆脱了中世纪的杂质，或多或少地由于每个国度的特殊历史发展而改变了形态，或多或少发展了。而不同的文明国度中各个不同的国家即我们通常所说的现代国家，则有一个共同的特点：它们都是建筑在资本主义多少已经发展了的现代资产阶级社会的基础之上。所以，它们具有某些极重要的共同的特征。（马克思：《哥达纲领批判》，《马克思恩格斯选集》第三卷，人民出版社，1972 年，第 20 页）马克思所说的一些共同特征，其中一个就是这些现代国家都是建立在成文的或者不成文的宪法基础上的，它们都是承认人民主权，即国家的权力来自于人民，人民委托政府治理国家。

所以，基于人民主权说，政府不能提出限制人民权利的法律或施政计划，就我们所讨论的自古以来的人类自由生育来说，现代国家的执政者必须被动地接受已经存在的一定量的或者既与的人口，即马克思所说的历史的经常前提、产物和结果。这也是为什么当今世界200 多个国家和地区都没有政府强制的计划生育的原因。因为对于一个现代国家来说，政府提出控制国民生育行为的政策，要求国民实行政府所制订的某种生育计划，犹如传统时代的财主或者官宦人家所雇佣的账房先生要求东家按照他的计划生孩子一样荒唐和荒谬。

四、我国特殊背景下的计划生育制度

我国现行的计划生育制度是在一个特殊的情况下产生的。20 世纪 50 年代，中国还是一个传统的农业社会，不用说人数众多的农民，就连刚进城当了工人的城市青年，也都普遍缺少生理卫生知识，不懂得生儿育女的科学知识。所以，政府在各大城市对一些人口稠密的人群宣传节制生育的道理，开辟卫生诊所为有节育愿望的人提供服务，是有其积极意义的。

但是，从党和政府提倡节制生育的初期开始，就有一些人认为，中国人口太多了，需要用节育的办法对其予以限制和控制。而且，由于传统时代没有法制观念，持有这一观点的人还不是少数。不过，那时还有一个底线，即不允许对群众实行强制。60 年代中期，周恩来总理就严厉批评邯郸纺织厂粗暴地对待职工晚婚和生育行为。1974年到 1975 年，华国锋在担任国务院计划生育领导小组组长期间，还在全国性的会议上批评东北某些地方不给新出生的孩子上户口的做法，要求计划生育干部多做群众的思想工作。所以，上个世纪 70 年代中期以前，政府的计划生育工作从总体上来说，还不具有强制性的特征。

1978 年前后，中央对我国经济形势所作的基本结论是"国民经济已经达到崩溃的边缘"。当时的人们还不懂得对经济社会体制进行反省，认为社会主义计划经济是优越的，那么中国发展缓慢的原因自然就是人口太多，自然期望用减少人口出生的办法来促进经济的发展。在从传统社会转向现代的阶段，如果曾经的个体农民占居社会的绝大多数，容易产生极左的思潮。各个地方的"土政策"相互攀比，一个比一个激进与偏激。当全国不分城乡地要求实行"一胎化"的人口政策的时候，现行的计划生育制度就很迅速地产生了。

五、由强制到自由生育的常态复归之路

我们只是从一般道理上论述了计划生育制度的非理性。其实，我国 40 年来的计划生育实践也证明了生育不适合国家计划。我们先列举一组简单的数据。1979 年，"一胎化"政策出台。至此以后，奖励一对夫妇只生一个孩的家庭，以及对计划外二胎和多胎实行处罚，成为计划生育部门的一个主要管理目标。按说，在这一时期的独生子女究竟有多少，计划生育部门该有个准确数据吧？遗憾的是，没有。为了取得这个数据，2005 年国家统计局进行全国 1%人口抽样调查时，特意设计了一项"有几个兄弟姐妹"调查，将"兄弟""姐妹"都填写为"0"的，当作独生子女数。我们且不评论这个设计的不合理，由于它并不是独生子女，而且照样会出现因惧怕处罚而隐瞒。我们只是说，"独生子女"是我国计划生育制度的一项重要政策，我们却不能把握它，说明它本来就不该是这样管理的，它不适合成为政府管理的对象。

另外，读者都知道，计划生育部门一直都有自己的工作统计。但是，计划生育部门的数据严重失真，以至他们自己都不用自己的数据。1990 年人口普查后，计划生育部门自我评价存在 30%的水分。问题的严重性还在于，不仅计划生育部门的数据不准确，事实上从 1990年普查以后，来自于统计部门的人口数据也不准确。我们无需太多的论证，只要指出这个事实就可以了。根据 2000 年人口普查的数据，

国家统计局计算出来的我国总和生育率是 1.22，2010 年的为 1.18。但是，政府部门自己都不认可它们。一个是我国政府给联合国和世界银行提供的这一个指标都比人口普查出来的要高出许多（为了提高权威性以及合法性，联合国和世界银行等国际机构的数据往往都来自于相关的主权国家的政府部门），另外计划生育部门和国家统计局直接提出的数据也都比这两个数据高出很多。2010 年以前，国家计划生育委员会认为我国的生育率在 1.8 以上，国家统计局则说是 1.6。2010 年以后，两个部门的说法是 1.5，1.6。（除了政府以外，我国学界也有不少的"聪明人"也有许多个生育率）我国政府的这两个部门的做法是有悖于统计学原理的。在统计学上，一个国家的政府所领导的普查，是该国家有关方面最具有权威的数据来源，普查数据纠正和调整其他所有渠道所得来的数据。现在倒过来了。国家统计局不使用自己领导全国普查所得来的数据，说明什么问题？第一，政府不使用人口普查的数据意味着政府不相信它，它不准确。第二，如果人口普查的数据不准确，任何人的数据就更不可信、不可靠。因为很简单的一个道理，有人关住门可以求得一个比普查还可靠的数据，政府就没有必要兴师动众搞普查了。世界各国都没有必要搞普查了。所以，仅从这个简单的道理入手，我一向很反对那些"聪明的学者"，他们不使用我国人口普查的数据，而是要人们相信他所计算的数据"更接近"中国真实的生育率。我毫不掩饰自己对这一类人的厌恶，以为他们如果不是无知，那一定就是骗子。第三，归结到我们的讨论主题，将近 40 年的现行的计划生育制度就是管理国民的生育行为的，一路走下来，如果我提出"独生子女"和总和生育率是有关这一制度的两个具有核心意义的指标，可能没有人反对吧？但是，遗憾的是，就这么 2 个在自由生育状态里随意调查都可以获得的数据，而在我们这个很强势的政府部门里竟然几十年都搞不清楚，充分证明了生育本来就不应该成为政府计划、控制与管理的范畴。

生育行为是绝大多数国民十分重要的实际的社会生活。2015 年中央调整生育政策，改"一胎化"为普遍二孩，顺应了相当一部分群众的民意和愿望。如果以此为契机，很快回归社会的自由生育状态，对于理顺政府和国民的基本关系，以及建设与发展我国法制制度，调动人民热爱祖国热爱生活，都十分重要。节制生育是适应工业现代化所出现的符合人性的一种新生活，我国的计划生育制度是政府强制实行的一种生育制度。后者就是在前者基础上产生的，而两者的区分就是政府的强制。我觉得吴有水律师提出一个很有价值的观点，即新法实施以后，相关的旧法就自动失去效力了。如果以"普遍二孩"为契机，各级政府不再考核生育指标了，不再因生育而处罚和处理国民了，社会也就慢慢恢复到自由生育的状态了。

（刊发于 2017 年 6 月 4 日）

为什么要废除"计划生育法"？

敬启读者

　　这篇文章晚粘贴了许多天，有违读者的等待。一方面是因为上海酷暑，工作效率不高。这当然是客观的原因。另外还有主观上的问题，那就是写这篇文章时遇到了自己难以逾越的障碍。许多年来，自己也将生育自由归结到基本人权上，并同意从自然法里寻找答案。自然法权是一个内容博大丰厚的思想宝库，不时徜徉其中，每每寻找理论渊源，因总有斩获，所以也颇感享受。直至写这篇文章，发现自由平等权与人权作为法律关系与具体的价值观理念，毕竟都分别属于第二轮或第三轮的社会层次与结构，无论怎么说也都是派生性的社会范畴，即使将其归结到自然法权，指认它们自古以来就存在着，那也是将现实中的问题转移到了古代，并没有解决问题。自由平等权与人权固然重要，但是，如果没有足以支撑其存在的物质基础，它们就不过是一个虚无缥缈的幽灵，一个虚幻的世界，所以多年来人们总将其当做意识形态问题，在那里打口水仗。

　　自然权利究竟有没有现实与客观的物质基础？从未有人提出过这样的问题。多年来，自己研究这个问题，也没有提这个问题。过去没有意识到存在这样一个重要问题，文章也就那么写下去了。但是，现在提出来了，即使属于自己心中的问题，不解决它，就再也写不下去了。所以，尽管这篇文章与读者见面晚了一些时候，但它终于解决了一个数百年来自然法学极力回避的一个问题。我用劳动关系将漂浮于空气中的自由平等与人权，拉回到地面上，发现它们其实就是马克思所揭示的现实中的人们之间的生产关系。这样一来，本文就不再像法学家、政治学家和哲学家们用自古以来的自然权利解释现实，而是以一贯之地用人类劳动解释自古以来的自然权利。

　　这篇文章是在 7 月 30 日参加北京大学法学院教育部人文社会科学重点研究基地、北京大学宪法与行政法研究中心举办的一个会议上的发言，以及会前为此准备的发言稿的基础上完成的。因为修改时间长，无法按时粘贴，曾有先给读者出个公告的想法，后又觉得那样难免有炒作之嫌，所以放弃了。无论怎么说，让读者长久等待，总归心有所愧，特致歉意。

——2017 年 8 月 28 日

　　感谢湛中乐教授鼓励与会者发扬北大自由的学术传统，畅所欲言地发表意见。早上我还对李建新教授说，北京大学越来越小家子气了。开放、进取，领社会自由风气之先，这都是北大的优良作风。自晚清开办以来，北京大学能在中国人民心目中拥有较高的威望，尽在于此。民国时期，北大之开放，可容社会青年自由进出，旁听课程。新时代以来，北大却一直在嬗变。若干年前，我们要进它的校区已不容易了。昨天入住博雅酒店，看见校墙外马路边众多人群，以为北京市的设施落后，还有那么多的市民在等公交车。听人解释后才明白，是暑期外地慕名来北大参观的家长陪伴孩子等待批准后，才可进校。介绍情况的人一边批评北大丢失博大情怀，一边高度赞扬清华的开放精神。晚饭后，我在附近散步，发现通往校内的各条道路都居中隔离，往来单行，多处设置关卡，防校外人如防贼寇。刚才从博雅酒店到凯原楼来开会，幸亏有李建新教授接我同行，保安验过他的北大证件我们才得以通过。如果会议再不得言其所言，那只可说昔日与国人同心之北大已荡然无存了。

　　就我所知，今天的会议是由吴有水律师代理浙江省的两件超生罚款的案子引起的。在中国，1990 年前后出台行政诉讼法，允许"民告官"乃是一次巨大的进步。现在个别法院愿意、也能够受理计划生育的一些案件，也算是进步。新世纪以来，笔者通过对计划生育历史的研究，终于明白了我国计划生育得以发生的历史根源。由于婚姻与生育都属于现代人权范畴中最为核心的部分，是构筑现代国家法律

410

和政治制度的基本前提和主要元素，所以，世界上其他国家的政府与公法都不敢触碰国民这一最为私密的生活空间。我们国家堂而皇之地干预人民的生育行为，反映出我国在从传统向现代发展的过程中还处在比较落后的阶段上，即使改革开放以来我们在生产力和经济能力方面越来越现代了，但社会上层建筑的诸多领域里譬如法与法律体系、政治与经济制度、意识形态与国民基本理念等等，距离现代都还很远很远。吴律师的这两件案子已经打到浙江省高等法院，引起澎湃等重要媒体的关注。按照我的理解，在这样的情况下，不管人们是否看得到，其背后都一定会有国家卫计委与最高法院的积极参与。所以，这两件案子无论结局如何，胜诉、败诉，或者庭外和解而撤诉，对于解读计划生育的命运与走向，甚至国家整体发展与进步的程度，都具有风向标的意义。

今天的会议标题是"社会抚养费制度改革研讨会"，这个题目是前天晚上的会议通知里才出现的。早在几个月以前，我与澎湃新闻的记者讨论，说我很欣赏吴律师提出的一个法律界自古以来所追循的原则，那就是执法从新的原则，新法实施以后不咎旧法。如果说的全面一些，准确一些，就是"法不溯及既往"。法学界解释这一条也不完全排除追溯，但强调如果追及以往，则要遵循有利于被告的原则，即"有利追溯"及"从旧兼从轻"。这是法律与法学所体现的人性的光辉。由于"普遍二孩"是比"一胎化"较为宽松的政策，所以，普遍二孩后，过去"一胎化"的政策应该被视为自动失效，即使是过去超生的二孩，也不再追究了。其实，执法从宽不仅是任何一个以民生民主为重的现代国家，而且也是古代中国主张仁政的朝代所惯常的做法。所以，我建议他们围绕"执法从新"开个有一定学术含量的研讨会。而我是主张尽快废除计划生育法的，当然兴趣不在新法旧法方面，2015 年 12 月北大的一次计划生育法的讨论会曾经诱发我写了一篇《计划生育法：修法还是废法？》的文章[1]，主要从现代国家的法

1　参见 http://liangzhongtang.blog.163.com/blog/#m=0&t=2&c=2015-12

理出发讨论计划生育法的荒谬性。所以，我准备的发言与这一问题是不尽一致的。因为计划生育和计划生育法都应该尽快废除，对于社会抚养费制度就不是要不要改革，以及怎样改革，而是应该立即废除废止的问题。为此，我不准备就这一问题发表意见了。好在湛教授刚才介绍说，主持召集这次会议的主办方是教育部人文社会科学重点研究基地、北京大学宪法与行政法研究中心，这样，我几天来为会议所准备的发言可能还是深切题意的。

关于计划生育法有违于现代国家法理的问题，我过去已写过几篇文章，这次会议以前又将旧作《一部恶法：论计划生育法》打印了若干本，现在分送有兴趣的与会者。这本小册子的文章都是从法学理念出发，论证计划生育制度与计划生育法不合理，甚至荒唐与荒谬的道理。其中最为重要的观点，概括起来大约是两条，一个是违背人民主权的原则，一个是恩格斯所发现的现代国家法律体系内部和谐一致的原则。他们都是从根子上回答了我们心存几十年的问题，即计划生育工作何以会跌跌撞撞，与人民生活、与各项国家法律及制度直接冲突，以至必须依靠各级党委"一把手"实行"一票否决"，完全用行政手段才可以维持的工作？我知道中国的法学家们是不屑于阐述这些基本道理的。但是，我们恰恰就在这些最基本的问题上出了问题。特别是现实中这方面的矛盾与问题如此之多、之广泛，之突出、之昭著，而法学却不愿作为，以至于我不得不说出"计划生育法是中国法学的耻辱"这样的话（有意思的是，这句话也是在 2012 年 6 月在北大法学院参加湛中乐教授的讨论会上说的[2]。

二战后以美国和苏联为首的两种截然对立的意识形态，将全世界划分为资本主义和社会主义两个阵营，其实是不符合马克思的唯物史观与现时代的。我们且先不论青年马克思是怎么说的，19 世纪 50 年代，马克思在大英博物馆对资产阶级政治经济学的系统批判完成以后，在写出了《1857-1858 年经济学手稿》和《政治经济学批判》

2　参见 http://liangzhongtang.blog.163.com/blog/static/10942650820125301016519998/

为标志的一系列文献以后，马克思的唯物史观曾清晰地把人类历史依次划分为自然经济、资本主义和共产主义这样三个阶段的。当然，马克思的提法要比我们的表述更为严谨。为不至于引起误解，他都不用资本主义和社会主义（共产主义）这样最常用的词语，而是以"最初的社会形态""第二大形态"或"第二个阶段""第三阶段"这样的词语表述依次衔接的 3 个历史阶段。因为在描述第二大形态时，马克思使用了"以物的依赖性为基础的人的独立性""商业""货币""交换价值"等在以《资本论》为代表的科学论著中剖析资本主义生产方式时才使用的特定概念，让我们了解了他所说的第二大形态就是资本主义。（《马克思恩格斯全集》第 46 卷上册，人民出版社 1979 年，第 104 页）所以，在科学理论已经成熟的马克思那里，资本主义已经不仅仅是一种国家制度，更不是意识形态，而是人类的一个阶段。而且，根据马克思的逻辑，人类社会目前正处在以资本主义命名的第二大形态的历史阶段里。以这一思想为核心的马克思关于资本主义现时代的理论，才是当代人类最应该从马克思那里吸收的丰富营养。

还不止于此。马克思进一步用极为简练的逻辑范畴概括了资本主义的历史，是依次按照"资本、土地所有制、雇佣劳动；国家、对外贸易，世界市场"展开的。（《马克思恩格斯选集》第二卷，人民出版社，1972 年，第 81 页）经过漫长时间的过滤和历史沉淀以后，如果我们再回过头来反省与检视大约 600 年的世界近代史，就能够清晰地描述马克思的上述逻辑：从 15 至 16 世纪开始，资本主义在西欧萌芽与出现，接着一个一个民族国家的产生；随着资本主义向全世界扩张，各个民族国家之间经济贸易的发生与发展，从而导致世界市场的形成和逐步完善。尤其是经过二战以后半个多世纪的世界经济，连那些思想并不特别敏锐的庸人都得以看清了世界市场的发展大势，"经济全球化""世界经济一体化"，以及"与世界对接""遵守世界贸易规则""法制建设"，等等，正是马克思一个半世纪以前所提出的"国家、对外贸易、世界市场"历史逻辑的浮现。资本主义作为人类社会的一个大形态，已是各个不同民族国家的不可抵挡的归宿。

资本主义在全世界扩张与发展的一个重要成果，那就是民族国家的形成。特别是经过 20 世纪前半期连续的两次世界性的战争，资本主义世界中势不两立的敌对国家所组成的两大集团把几乎所有的国家和民族都卷入到最现代化的战争中。战争普及了资本主义。世世代代以隔绝与孤立的状态生活于广阔的落后与发展中地区的各个民族，相继独立为不同的民族国家。民族国家是资本主义现时代的产物。资本主义是现代民族国家的共同特征。按照马克思的观点，现代社会是存在于一切文明国度中的资本主义社会，它或多或少地摆脱了中世纪的杂质，或多或少地由于每个国度的特殊历史发展而改变了形态，而不同的文明国度中的不同的国家，不管它们的形式如何纷繁，却都是建筑在资本主义多少已经发展了的现代资产阶级社会的基础上。（《马克思恩格斯选集》第三卷，1973 年，第 20 页）

资本主义时代中最早一批民族国家是在西欧出现的。但是，18 世纪后期美国的独立和 18 世纪末 19 世纪初法国大革命则赋予其十分显著的政治特性，那就是所有的民族国家都有一部成文的或者不成文的宪法，至少从形式上来说，所有的现代国家都是依据宪法治理和依法行政的。那么，什么叫宪法，怎样才算依法行政？今天在北京大学法学院、北大宪法和行政研究中心提出这个问题，似乎有点幼稚。但是，从上个世纪 70 年代末我国出现地方性的计划生育法规以来，特别是新世纪以后产生国家计划生育法以来，从未有法学家指出过计划生育法如何不符合法理，说明即使在法学家面前再次谈论宪法宪政的基本道理，也并非班门弄斧，而是很有必要。

法学家们往往把现代国家划分为成文宪法和不成文宪法两类国家，但是，事实上不成文宪法仅只有可以追溯宪法宪政起源的英国等极为少数的几个国家。法国大革命以后所建立的现代国家，几乎都有一部成文宪法。上个世纪 70 年代，有人编辑了一本《世界各国宪法汇编》，统计正在实施的国家宪法计有 157 部。如果考虑到许多国家历史上都是派别林立、政权更替频仍，实际出现过的宪法更多。

但是，如果分析历史上已经产生过的 200 部左右的宪法，它们却都有一个共同点，那就是人民主权。这是现代国家的一个根本性原则。人民主权，意即国家的一切权力来自于人民，属于人民。人民为了自己的利益组成政府，委托政府管理一些公共事务。政府的有限权利来自于人民的托付。这一原则还认为，人民仅只让渡了部分权利，但它始终保留着至高无上的权力。所以，从本质上来说，现代国家都是人民自己统治自己，自己管理自己的。人民权力至上。人民之上再无权利。——这就是人民主权。人民所以颁布宪法，就是要确定人民与政府的关系，声明人民仅将有限的权利托付给政府，政府不得越权统治，不得无授权而实行管理。这就是说，因为现阶段经济与社会发展的水平所决定，政府始终掌握着国家的最高与最大的权力，但是，除了明确的授权，它却没有更多的权利。作为已经发展到现代的民族国家，凡是自己可以掌握自己命运的人民，通过宪法这一特别的形式把这一原则向政府说清楚、讲明白。所以，宪法就其本质来说乃是限制政府权力的法，即限法；宪政即政府按宪法行政，实行权利有限的统治，即限政。因为人民主权是宪法的灵魂，它是资产阶级革命以后才发生的，属于现代的，所以，一部张扬人民主权的宪法，其实就是一张现代民族国家的出生证明书，一本穿行于世界各国与走向国际社会的护照。——惟其人民主权，国家才现代。

正是基于这一原则，现代国家就不可能出现限制人民自由的法律。生育自由，这是人类自古以来的自然权利，所以是现代法的基础。在计划生育的宣传下，把以往历史时代的生育状况概括为盲目生育，似乎有一定道理，但不全面。在大千世界中，自由与盲目、偶然与必然，都是辩证地联系在一起的。所谓自由是必然的认识，必然是通过一系列盲目的、偶发性的事件所表现的。人类世代以来的盲目而自由的生育行为，已经隐含了不可抗拒、不能改变的合理性。人类社会的发展与成长，现代国家制度与法律体系的形成，都是建立在包括所谓盲目其实该说是生育自由在内的人的自由权利的基础之上的。这也是联合国 200 多个成员国中，除了中国大陆以外，都没有制订限制与规范公民生育行为的计划生育法的原因。

　　那么，为什么中国会制定计划生育法呢？

　　当然从根本原因来说，还是由于我国太落后。最近一些年，社会兴起国学热，发掘我国悠久的历史文化。这当然好。中国是世界四大文明古国，曾经创造出灿烂的历史文明。但是，那都是建立在自然经济和农业文明基础之上的。现代社会是工业文明，它是建立在商品经济与工业革命基础上的资本主义文明。马克思和恩格斯曾经说："资产阶级在它的不到一百年的阶级统治中所创造的生产力，比过去一切世代创造的全部生产力还要多，还要大。"如果套用这句话，自文化大革命结束实行开放以后，中国 40 年所创造的生产力远比 5000 年文明古国的全部还要多，还要大。所以，研究并继承祖国优秀的文化传统是对的，如果希望用传统文化对抗现代文明则是错误的。

　　中国在历史时期的确先进过，但在资本主义文明面前则是落后的。资本主义从西欧少数国家起源以后，在资本增值与扩张的本能推动下，越过民族边界，发展对外贸易。如果从文明的传播与扩散的角度分析，资本主义几乎同时向两个方向发展，一个是沿欧亚大陆向东，一个是经大西洋越美洲大陆，再过太平洋向西。由于中国所处的地理位置，无论东部还是西部的扩散与传播，都是在其路线的末端才接触资本主义得。这是历史事实。中国在 19 世纪末期洋务运动才开始引进资本主义生产，比从维新时代算起的日本晚了 3、40 年甚至将近半个世纪，比在工业革命前已经在冶炼等重工业方面引进西欧生产和生活方式上一直效仿西方的沙皇俄国晚了一个多世纪。而且必须指出的是，无论日本天皇还是俄国沙皇，作为政府都是自觉引领国家和民族接受西方资本主义的，而晚清政府是抵制的。如果考察中国大规模地接触与学习资本主义的社会学思想和现代意识形态，则更要迟一些，大约到了 20 世纪初期辛亥革命，以及中国共产党成立前后。这些根本改变中国人思想观念的意识形态和社会学思想，几乎都是通过俄国和日本传译过来的。所以，中国属于接受现代文明即资本主义文明最迟的国家。

　　以上的论述可能过于笼统。如果要具体回答计划生育法何以产生，就必须讲到直到现在不少的人，甚至可以说我国的主流社会仍然不愿意承认的人权问题。从上个世纪80年代初期开始，包括笔者在内，以为人权是国际上一些反华势力为了反对中国的计划生育而杜撰的一个词汇。90年代中后期，由于接触到了联合国与国际社会的一系列文献，这才发现国际社会早在我国制定计划生育法和实行强制性计划生育制度以前很久，就已经提出了生育权属于基本人权的命题。在接着学习马克思和恩格斯的有关著作以后，我才进一步认识到人权并不是虚构，而是现代国家与国际社会都绕不过去的一个极为重要的现实。30多年来，中国取得了巨大的发展。究其根本的原因，那就是对外开放。因为中国走向世界，吸收先进的生产力，才有了有史以来所没有过的巨大发展。中国要进步，离不开国际社会与世界市场，而人权则是能把全世界不同民族国家和民族凝聚在一起的重要客观范畴共同的理想和理念。我以为，要说明这个道理，仅只需要指出这样一个事实就可以了，那就是第二次世界大战以后的国际局势的发展，包括联合国在内的一系列的国际社会组织与国际公约，都是在现代人权理念的基础上形成的。1945年第一次联合国大会，即旧金山会议所通过的《联合国宪章》，其一开始就申明：

我联合国人民同兹决心：欲免后世再遭今代人类两度身历惨不堪言之战祸，重申基本人权，人格尊严与价值，以及男女与大小各国平等权利之信念⋯⋯

尽管说联合国是基于现代人权理念成立的，但因为当时许多程序性的内容而冲淡了人权问题的主体。所以，1948年的联合国大会又特别通过《世界人权宣言》，仍在文章开始就说：

鉴于对人权的无视和侮蔑已发展为野蛮暴行，这些暴行玷污了人类的良心，而一个人人享有言论和信仰自由并免予恐惧和匮乏的世界的来临，已被宣布为普通人民的最高愿望⋯⋯

为此，该宣言第一条就说：

人人生而自由，在尊严和权利上一律平等。他们赋有理性和良心，并应以兄弟关系的精神相对待。

由于我们心里、眼里都没有人权概念，并不懂得它其实是推动二战以来世界经济与国际社会的发展的重要社会因素，特别是以联合国为主要形式的许多国际社会组织和机构的生存与发展的基石。即使联合国经常发生被大国操纵的事实，人们对它所处理的诸多事务并不满意，但是，它仍然是维持世界和平与发展的一个重要保障。如果没有联合国所提倡的现代人权理念，没有像联合国这样的国际组织，各个民族国家之间就不具有合作的基础。人类是在不同的起点上，在极不相同的条件下发展资本主义的，日益形成的世界市场与国际贸易及文化交流与交往，难免会产生矛盾、摩擦与纠纷。如果没有在人权理念基础上所建立起来的联合国这一类的国际机构，各民族国家之间连试图沟通的基础和场所、渠道都没有，那才是一个没有秩序的混乱世界呢。

70 多年来，联合国在推动世界和平与发展方面功不可没。在世界大潮面前，我们则落后了许多。譬如 60 年代以后，联合国曾先后产生了两份具有强制性的《公民权利和政治权利国际公约》和《经济、社会及文化权利国际公约》，要求各成员国都必须遵守与落实，中国在 1997 年及 1998 年才签署同意，是加入两份"公约"150 个左右的成员国大家庭中较晚的一个国家，至少反映了我们在人权问题上认识的迟钝与落后。

我国社会普遍轻视人权问题，在很大程度上是因为人们仅仅把它当作是一种价值观。即使那些认为人权具有"普世"性质的人，也都把它当作是一种意识形态。如果不说这是错误的，至少也是不完全、不全面的。因为人权是人的权利，一个作为人就具有的基本权利，究其内容来说，它之所以成为一种法权理念，能够构成一种法律关系，首先还在于它是一种社会关系，一种现实的生产关系或财产关系。作为现代人权，它首先是资本主义生产方式或经济关系，其次才是在这一社会现实基础上所产生的法律关系与作为意识形态的价值观念。

　　马克思把德国哲学当作是法国大革命的形式。（马克思：《法的历史学派的哲学宣言》，《马克思恩格斯全集》第 1 卷，人民出版社，1956 年，第 100-101 页）事实上，德国哲学早在法国革命之前的美国革命时期，当北美人刚开始提出人权概念的时候，康德和费希特就在努力解读这一重大社会课题了。特别是费希特以其独特的悟性，从自古以来的自然哲学入手来解读人权理论，将西方哲学、法学和政治学引导到一条正确的道路上。200 多年来，西方法学和政治学紧跟时代的步伐，挖掘赋有历史渊源的自然法学丰厚成果，极大地丰富了现代人权理论。但是，人们至今之所以普遍把人权当作漂浮于空中的虚假意识，还是因为它没有从实际生活中寻找到支撑其生长与发展的根基。而实际上，人权是有强大而坚实的社会基础的。

　　那么，究竟什么是人权？如果愿意，我们完全可以在自由平等的意义上来理解它，那是人人都有权享有的自由平等。按照恩格斯的话来说，它来自于人所具有的共同性，从人就他们是人而言的这种平等中，引申出这样的要求：一切人，或至少是一个国家的一切公民，或一个社会的一切成员，都应当有平等的政治地位和社会地位。（恩格斯：《反杜林论》，《马克思恩格斯选集》第三卷，人民出版社，1978 年，第 142-143 页）但是，恩格斯虽然提出从人的共同性得出平等要求的命题，但还是不够充分。因为人的共同性太多了，究竟是什么共同性决定人们的平等权利或人权呢？难道从人人都要吃饭这个共同性就可以要求一切成员"都应当有平等的政治地位和社会地位"吗？当然不是。

　　人权作为人就具有的自然、基本的权利，应该有一个最为初始的、正当的、自始至终都足以起到基础作用的因素，它应该从人之初、人何以为人开始就伴随着产生了，出现了。那是什么？是劳动，只有人才具有的功能，凡是人就都足以具备的技能。即使一位未成年的儿童，一位残疾、智障者都可以做的极为简单的劳动，而其他动物却永远无法企及的活动。所以，劳动创造财富。劳动是一切财富的源泉。劳动是整个人类生活的第一个基本条件，而且达到这样的程度，以致我们在某种意义上不得不说：劳动创造了人本身。（恩格斯：《劳动在从猿到人转变过程中的作用》，《马克思恩格斯选集》第三卷，第508 页）

人的劳动支撑并推动了人类社会的存在与发展，这一贯穿于人类所有历史阶段的社会活动构成了自然权利的客观基础，也是自然法长久以来得以保持其强大魅力的奥秘。一方面，劳动作为使用价值的创造者，作为有用劳动，是不以一切社会形式为转移的人类生存条件，是人和自然之间的物质变换即人类生活得以实现的永恒的自然必然性。另一方面，一切劳动都表现为等同的人类劳动，因而是同等意义的劳动，一切劳动由于而且只是由于都是一般人类劳动而具有的等同性和同等意义。（马克思：《资本论》第一卷，人民出版社，1975 年，第 56，第 74、75 页）总而言之，是每个人的具体劳动的特殊价值，以及它作为人的劳动的同质性，构成了人的自然权利的物质基础，并决定了人权问题的一些基本性质。

首先，人权是一种社会关系。不少人把它当作虚假意识，其实，因为劳动是人类社会存在与发展的基本因素，所以，建立在人类劳动同质基础上的人权首先就是一个客观存在。人类是一种社会动物，他们因共同的劳动而组成社会，劳动把人们自然连接成一体。人权之所以真实与客观，是因为每个人都只能通过劳动而存在，并且在劳动关系中，通过与别人的关系来表现自己。人与人在社会中所结成的关系，或者说生产关系、经济关系、社会关系，其实都是一个含义，最为本源的还是劳动关系。马克思在阐述资本主义时代的人权概念时就说："这种人权一部分是……只有同别人一起才能行使的权利。这种权利的内容就是参加这个共同体，而且是参加政治共同体，参加国家"。它"只有用政治国家和市民社会的关系，政治解放的本质来解释"，"无非是市民社会的成员的权利，即脱离了人的本质和共同体的利己主义的人的权利"。（马克思：《论犹太人问题》，《马克思恩格斯全集》第 1 卷，人民出版社，1956 年，第 436、437 页）都说明人权是一种社会关系。

其次，人权是不断成长与发展的。我在学习马克思的人权理论的时候，一开始也不理解，马克思为什么会同意鲍威尔的观点，承认人权是"被发现的"，是被 18 世纪的"北美人和法国人"发现的。（马克思：《论犹太人问题》，《马克思恩格斯全集》第 1 卷，第 436 页）其实，这就是马克思的唯物历史观。承认人权是被发现的，那就隐含着两个基本观点，第一，它是客观存在的。第二，它是发展的、成长的。人权作为人的自然权利，当然自人类社会的初期就已经产生了、存在了。只不过在原始共同体内，以血缘为纽带的氏族家庭，其所具有的自然血缘关系遮盖了共同体内无论形式上还是事实上的同质的劳动所决定的平等性质，以至感觉不到自然权利也是一个客观存在。

奴隶制是对原始氏族公社的直接否定。奴隶主把奴隶当作财产和工具，不是人，所以就不承认他具有人的权利。这似乎是对自然权利的一种否定。其实不然。这是一段黑暗时期。其所以黑暗，不是人的自然权利不存在，而是处在黑暗里。奴隶制不承认奴隶与奴隶主的平等权利，仅只是制度这一非本源性质的社会因素即黑暗的制度否定奴隶作为人而应该具有的人的权利，却不等于人类同质的劳动以及共同体内统一的和整体的劳动关系的客观性与存在。事实上，奴隶劳动构成奴隶制时代的基础，是奴隶制度得以存在的原因。还不止于此，它是推动历史得以发展的动力。一方面，奴隶作为人的劳动与社会其他劳动所结成的不以否定它的存在的奴隶主的意志为转移的一致性，反对否定奴隶劳动的黑暗制度，人类才得以在此基础上发展出中世纪的以封建等级为特征的社会。封建等级制度取代奴隶制，其实就是自然权利作为客观因素而默默地反对与否定奴隶制。但是，中世纪的存在着高低贵贱之分的封建等级制度，却是要把不平等提升为社会的共识，公然宣判自然权利是一种荒诞。所以，一种维护自然平等权利的思想和学说，倒是从荒诞的教会与神学中，从维护封建等级制度的法律中逐渐生长出来。

另一方面，作为决定历史发展最为本源的社会因素，自然权利正是在包括奴隶劳动在内的自然经济里生长出来的平等交换活动中，逐渐改变这一切。人类在漫长的物物交换过程中产生了等价物，它既是对人类劳动同质性的肯定，又是对不同人的具体劳动所隐含的一种同质劳动量的规定。当货币成为交换的中介以后，资本随之就出现了。资本的产生与出场，把人类的历史划分出一个新时代。资本产生以前的历史是人统治世界，人统治人，人却否定自然权利，否定自由平等。资本出现以后，资本统治世界，人受资本的统治，资本化的人却与自然权利直接沟通，反对封建特权，打破民族封锁，要求自由平等的交易条件与发展环境。自由、平等、博爱，成为发展资本主义的资产阶级的革命口号，而不分等级、不承认特权的人民主权成为国家的灵魂。

以上包括马克思所论述的情况，以及资本主义社会的历史逻辑，都是以西欧国家为对象的。资本主义在这些国家发生和发展，都具有自然发生的性质。按照新制度经济学的观点，资本主义在这些地区自然发生，是内生性制度。资本主义在欧美以外的地区的扩张与发展，是将其从外部嫁接到古老国家，属于从外部嵌入，两者在许多方面的表现是不一样的。列宁生前参加的最后一次党代会上，对此就有所醒悟。他说，谈到工人，常常以为指的就是工厂的无产阶级。根本不是那么一回事。难道我们目前的社会经济条件下，能说进工厂的是真正的无产阶级吗？这似乎符合马克思的说法，但是马克思说的不是俄国，而是 15 世纪以来的整个资本主义。对过去的 600 年，这是正确的，而对现在的俄国不适用。（列宁：《俄共（布）中央委员会政治报告》，《列宁全集》第 43 卷，人民出版社，1987 年，第 104 页）所以，对于绝大多数的发展中国家来说，其人权意识与社会发展状况并不总是与所谓的成文宪法同步的。关于资本主义平等问题，马克思有段十分深刻的话。他说：

……一切劳动由于而且只是由于都是一般人类劳动而具有的等同性和同等的意义，只有在人类平等概念已经成为国民的牢固的成见的时候，才能揭示出来。而这只有在这样的社会里才有可能，在那里，商品形式成为劳动产品的一般形式，从而人们彼此作为商品所有

者的关系成为占统治地位的社会关系。(《资本论》第一卷，第 75 页)

马克思在这里提出了形成现代平等观念的两个客观标准，一个是生产力水平或经济条件，一个是社会对其认识和理解的成。总之，一个国家对人权范畴的认识与理解，其实是一个发展程度、发展水平问题。叙述到这里，有必要纠正一个在知识界很有影响的观点，按照这个观点的说法，民国时代人权状况和民主化发展程度要高于新中国，后者在这方面是一种倒退。这显然是错误的。人权和民主作为现代国家社会发展的基本范畴，是需要生产力的支撑和以经济关系的发展为基础的，从晚清到新中国 100 多年，现代生产力或资本主义经济仅仅只经过了一个从无到有、从幼小到逐步发展的初级过程。如果从马克思所揭示的资本主义原始积累所要解决的突破封建制度对劳动力和土地约束条件的历史使命来分析，这两个资本要素至今在我国还没有形成自由市场，劳动力不能自由流动，土地不能自由买卖，表明我国经济还处在资本主义前的阶段上，"人们彼此作为商品所有者的关系"还没有达到"成为占统治地位的社会关系"。民国时期的民主和人权的客观条件就更为薄弱。所以，知识界常常用民国时期一些知识分子的所谓自由言论或独立个性来证明民主和人权处在一个较高的阶段，是有问题的。一方面是转来转去的典故或故事情节本来就有演绎的成分，另一方面晚清以降的中国社会格局一直处在军阀割据或战争分割的状态，历代民国政府都是软政府、弱政府，没有较强的能力实行统治。再加上过去的社会结构简单，底层的没有诉求权的人民比重相当大，而知识分子数量少，社会地位高，处在社会结构中较为有利的位置上，有发言权。事实上，那是一个还根本谈不上人权的时代。所以，只要有可能，政府敢搜捕苏联使馆中的亲俄派的大学教授，枪杀对其不敬的报人，派特务暗杀民主人士，等等。所以，我们可以列举无数事实说明，中国并没有拥有过一个社会民主化程度较高的民国时代。邓小平曾经说："斯大林严重破坏社会主义法法制，毛泽东同志就说过，这样的事件在英、法、美这样的西方国家不可能发生。"（邓小平：《党和国家领导制度的改革》，《邓小平文选》第二卷，人民出版社，1983 年，第 333 页）苏联已经发生的而西方国家不可能发生的原因是什么？邓小平没有直接回答，但他是在论述党和国家领导体制的问题，当然也就把问题归结到这一方面。几乎在同一时期，彭真也在反省这个问题。他说："没有社会主义法制就没有民主。这是林彪、'四人帮'给我们的教训所证明了的。在座的同志很多人是尝过这个滋味的。国家的主席，要抓就抓；党的副主席、总书记等，要整就整。什么副委员长、副总理、军委副主席、国家元帅，什么党员、团员，什么干部、群众、劳模，什么统战对象，要整就整。随便可以抄家，随便可以抓，随便刻意捕，随便可以关起来，随便可以诬陷，随便可以诽谤，随便可以非刑拷打，随便可以杀人……"（《彭真年谱》第五卷，中央文献出版社，2012 年，第 32 页）彭真将其归结到法制建设方面。都有道理，也很重要。但毕竟都属于次生性的问题，我觉得毛泽东还是说到点子上了，即斯大林严重违反人权的问题在英、法、美等西方国家不可能发生，根子就在生产方式方面，这些国家的经济发展已经达到甚至超过马克思所说的那种程度，"商品形式成为劳动产品的一般形式，从而人们彼此作为商品所有者的关系成为占统治地位的社会关系"。当然，毛泽东也是属于没有经过资本主义时代的人，对于这么深的道理是不明白的，但这个从未去过西方国家的天才却能悟出类似斯大林严重违反人权的事情是不会在西方国家发生的。而我国经济结构和生产力至今还没有完成从传统的农业社会向市场经济的转变。

当然，即使说因为我国经济社会发展落后，缺失产生与认识现代人权理念的客观条件，但那也不是产生计划生育法的直接原因。经济落后，还不够现代，那都可以说是产生计划生育法这一类荒唐事情的必要条件，如果缺失充分条件，照样不会出现这个法律。事实上，目前实行的计划生育制度，最早是由毛泽东在 1956 到 1957 年的一段时间里提出来的。但是，毛泽东时代的 20 多年里，党和政府基本上都是在节制生育的意义上提倡计划生育的，并没有实行大规模的强制。我的理解，因为生育自由属于人的自然权利，它自人类的早期发展以来向来如此，所以，毛泽东在提出由政府生产计划决定国民的生育观点以后，在深思熟虑地推敲之后，感觉到那样做是有问题的。所以，有趣的是，毛泽东在新中国时期有过许多次计划生育和节制生育的讲话与谈话，但他却从不允许公开出版或者发表它们。如果仔细研究毛泽东、刘少奇、周恩来那一代的开国领袖们，50 年代以后，他们虽然都主张节制生育，却又都反对强迫命令。50 年代到 60 年代，相比之下，周恩来公开讲节育和晚婚的次数最多，可他发现有强迫命令现象后对其批评的也最为严厉。60 年代前半期，刘少奇主持中央一线的工作。从 1962 年《中共中央国务院关于认真提倡计划生育的指示》到文化大革命前的几份有关计划生育的中央文件，应该说都是在刘少奇的主持下制订的，它们在如何引导人民群众响应号召方面，都有相当强的政策性。

即使 70 年代末至上世纪最后 20 多年里，我国人口问题被说得越来越严重，计划生育工作被抓得越来越紧，计划生育要立法的观点也似乎被所有的人都接受了，但计划生育部门提出的"计划生育法草案"一稿又一稿，却始终未能进入到全国人大的立法程序里。笔者作为从 70 年代末就从事人口与计划生育研究的学者，当时也听到过彭真不同意计划生育立法的说法。几年前，刘甘栗同志和我讨论一份文件时说，它就是被彭真"枪毙"的那个计划生育法草稿。刘甘栗自上世纪 70 年代后期调入国务院计划生育办公室，后来又在改制的国家计划生育委员会，做了一辈子计划生育工作。2010 年，70 年代末至80 年代初，与刘甘栗同期都在国务院计划生育办公室工作的萧振禹写文章说："在 1979 年 12 月初召开的'全国计划会议'上，(《计划生育法草案》)提交人大常委委员带回去征求意见。当时人大法治委员会彭真对制定计划生育法提出不同意见。"（萧振禹：《控制我国人口增长的科学决策》，《科学决策》2010 年第 9 期）可见，彭真当时不同意立法是一个事实。彭真在文化大革命中被打倒了 10 多年，1979年 6 月召开的人大会议上刚刚恢复工作，担任了全国人大常委会副委员长职务并分管人大法工委和后来的法律委员会的工作。我的判断，80 年代到 90 年代大约 20 年的时间里，包括彭真在内的全国人大法工委和法制委员会一批老的法律工作者，对计划生育部门提出的法律草案一直持消极态度，还在于他们对人的生育这一自然权利的认识。而且不止彭真。前面说过，毛泽东在世的时候不允许公开发表他的计划生育和节育方面的谈话，邓小平作为毛泽东的"大秘书"，可能也发现了这其中有大道理。所以，尽管从 50 年代以来，特别是新时期计划生育被提到"基本国策"高度，甚至在 80 年代到 90 年代初期我国计划生育受到美国国会等国际社会的攻击，作为外交战线上的斗争，邓小平接见外宾时就这一问题发表过许多次的谈话。但是，在经过作者亲自审定的几卷本《邓小平文选》里面，一概没有计划生育的内容。这其中的深刻含义，都值得我们进一步研究与深思。

那么，计划生育何以立法？这与我国立法制度的特点相关。

我国宪法规定：

中华人民共和国全国人民代表大会是最高国家权力机关。它的常设机关是全国人民代表大会常务委员会。

全国人民代表大会和全国人民代表大会常务委员会行使国家立法权。

但是，国家权力的实际运作和国家权力机关在国家立法过程中的实际作用，却与此并不一致。中国共产党是中华人民共和国的执政党，中华人民共和国是在中国共产党的领导下存在与发展的。党和国家的领导机关主要是党中央、国务院和全国人民代表大会及其常务委员会。我们且不评论它的是非优劣，只是需要指出这一国家体制并非是来自自己的发明，而是学习苏联的。十月革命后，列宁所建立的国家体制就是如此。1918 年 1 月初，由列宁起草的要在立宪会议上代表俄共（布）所提出的起宪法作用的《被剥削劳动人民权利宣言》里就提出："俄国宣布为工兵农代表苏维埃共和国。中央和地方全部政权均归苏维埃掌握。"苏维埃，是俄语的译音，相当于我们的代表大会制度。列宁提出国家权力归苏维埃，是他革命前就形成的思想。1917 年二月革命，沙皇倒台，形成资产阶级临时政府与工人苏维埃同时掌权的特殊局面。列宁总结出苏维埃是俄国产生的无产阶级专政的特殊形式，所以提出夺取政权的政治纲领，这也就是《四月提纲》的要领。1917 年 6 月 10 日，在苏维埃中占有多数席位的孟什维克组织彼得堡大游行，布尔什维克打出了"全部政权归苏维埃！"的巨幅标语。从此，这一口号成为俄国从两个首都到边疆省份的最时髦的口号。布尔什维克依靠这个口号，很快改变了原来在苏维埃中少数派的局面，成为彼得格勒以及各地苏维埃党团里的多数派，以致能在彼得堡发动武装起义，夺得政权。

革命后。列宁继续坚持这个口号，而且，根据我的研究，一直到 1924 年 1 月去世，他都相信一切权力都在苏维埃。但是，事实上是他在哪里权力就在那里。这也怪不得列宁，是由历史形成的。十月革命后，列宁在全俄苏维埃大会上首先宣布了以他为人民委员会主席的工农政府。几乎与此同时，列宁还设置了一个本称之为共产国际的机构。这样，在莫斯科同时还有两个很有权力的机构，而且从名义上说，列宁所领导的俄共（布）中央和工农政府都分别要接受共产国际和全俄苏维埃这两个机构的领导。因为一切权力归苏维埃，列宁任主席的工农政府由全俄苏维埃产生和任命，当然接受其领导。另外，根据马克思的观点，工人没有祖国，共产党和无产阶级都是国际的，包括俄国共产党在内的各个国家的共产党都不具有独立性，仅只是共产国际的一个支部，要执行共产国际的决议，服从其领导。所以，以列宁为首的俄国共产党也应该接受共产国际的领导。但是，布尔什维克本来就是由列宁从 1903 年俄国社会民主党第二次代表大会上分裂而产生的一个派别，列宁从来就是这一个派别的领袖与灵魂。那时的布尔什维克还没有设置政治局，实际起领导核心作用的 5 位中央委员是列宁、托洛茨基、季诺维也夫、加米涅夫和斯大林。其实，这几位的名字都是按照主动追寻列宁的时间先后顺序，以及长期跟随列宁，担任列宁的助手，事实上与列宁的相对亲疏关系排序的。对于后面 4 位俄共领导人来说，从来都是把列宁当作领袖与导师，而自己是列宁的忠实的学生。加米涅夫担任全俄苏维埃的执行主席职务，季诺维也夫任共产国际执行局的书记职务，其实都是列宁的委派。所以，这样的具体的人的构成而不是机构的构成决定了列宁在哪个职务上，国家最高权力也就在那里。后来的斯大林时代里，虽然国家机关的权力结构有所变化，但党中央、政府（部长会议）和全俄苏维埃这样的次序与格局，并没有大的改变。

1949 年建国前夕，在"一边倒"的方针指引下，我们的国家机关基本上也是按照这样的格局设置的。毛泽东就是中国的列宁。所以，毛泽东既是中国共产党的主席，又是新建立的中华人民共和国中央人民政府委员会主席。1954 年实行人民代表大会制度，取代了原来具有临时约法职能的全国人民政治协商会议，党和国家的中央机关和机构也有所调整，但总的格局没有多大的变化。这一制度设计的好处是国家以党的领导为核心，一切围绕政府工作，所以有效率。回到我们的立法工作问题上，这个体制决定了立法是由政府工作推动的，而且是受政府的相关部门影响，甚至被支配的。因为国家依靠政府在一线工作，包括立法等各项工作都围绕替他服务，似乎也有道理。但也明显有缺陷。如果做个比较可能就好理解点。西方国家也是国会负责立法。那里的立法从立法论证和调研，确立起草法案的班子到最终被投票通过，整个程序都是由国会独立完成的。另外，作为行政分支的政府事实上没有立法权，凡是政府执行的法律包括预算和财政预算以外的追加拨款都必须经过国会通过。苏联与我们国家的体制不是如此。全国人大是立法机构，但除了人大自己的有关法律以外，绝大多数法律都是由政府相关部门提出立法要求、成立起草班子、提交出法律草案，然后经人大通过颁布执行的。所以，全国人大通过的许多以全国人大及其全国人大常委会名义通过并颁布的法律，其实大都是由政府相关部门提出并负责起草的。除此以外，根据1982 年《中华人民共和国宪法》第八十九条（一），政府还有"根据宪法和法律，规定行政措施，制定行政法规，发布决定和命令"。实际就是具有人大以外的立法权。

当然，从原则上来说，党的利益、政府工作，都是与人民和国家长远发展方向一致的。但是，就具体和个别来说，也难免有不一致的方面。政府各个部门，地方和具体的工作人员，都存在局部和实际利益，这些因素都会影响立法工作。党中央国务院最近通报批评了甘肃省祁连山国家自然保护区破坏生态环境的问题，其中特别指出甘肃省在有关立法层面存在的问题。自 1997 年以来，甘肃省人大常委会通过的《甘肃祁连山国家级自然保护区管理条例》历经三次修正，部分规定始终与《中华人民共和国自然保护区条例》不一致。2013 年5 月修订的《甘肃省矿产资源勘查开采审批管理办法》，违法允许在国家级自然保护区实验区进行矿产开采。《甘肃省煤炭行业化解过剩产能实现脱困发展实施方案》，违规将保护区内 11 处煤矿予以保留。等等。这是立法工作中所暴露的典型的在地方利益、局部利益的驱使下有意危害国家和民族的整体与长远利益。这一类问题的根源在于人大机关虽然负责立法工作，但实际的立法主要还是由政府部门所推动的基本制度。在这样的制度面前，有一些不符合国家发展和人民利益的法律，禁不住政府部门在其实际利益的推动下，长期坚持和要求，致使一些不该立的法却被人大通过了。重庆市人大法律委员会主任俞荣根曾经深刻反省过我们的立法体制，他说在这样的制度下，是"立法容易，不立法难"。（俞荣根：《"立法容易，不立法难"：一位人大官员谈立法幕后》，《南方周末》2010 年 2 月 25 日）该文章发表以后，一些地方人大纷纷转载，想必是有同感。

计划生育法就是这样产生的。

党和政府推行计划生育，并且在政府部门设置一个机关负责管理，这个机关就要像政府其他部门一样去工作。我们知道，文化大革命是一场破坏法制的无政府主义运动。但是，与现在许多人们的认识恰好相反，文化大革命其实也是计划生育最为广泛的一次普及运动。我曾写了一个小册子，叫《"四人帮"与计划生育》，有人不喜欢听，但是一个基本的事实。我们看一下我国的妇女生育率变化，1966 年至 1976 年，妇女总和生育率由 6.3 下降到 3.2，10 年减少 3 个孩子，是世界上空前绝后的奇迹。所以，就是在文革期间，计划生育得到普及，管理机构得到了加强。也就是在这个时候，国务院计划生育办公室已经开始制定政策和规定限制国民的生育行为。根据华国锋 1973 年 12 月 25 日《在全国防治慢性气管炎工作会议和计划生育工作汇报会议上的讲话摘录》，已经就青年的晚婚年龄，生育的胎次与间隔，以及对生育子女的口粮配给，等等，做了具体的规定。这应当是主管部门最初的立法冲动。1979 年 1 月全国计划生育工作会议上，国务院副总理陈慕华要求"全国要制订一个政策，首先要各省、市自己搞试行"。会议以后，国务院计划生育办公室迅速提出一个全国的"计划生育法讨论稿"，各省在这个模板基础上很快制订了省政府（那时叫省革命委员会）通过的"管理规定"。随着文革结束，人大工作逐渐恢复，一些省把省政府的规定改变成为省人大常委会通过的"计划生育管理条例"。而在中央层面上，尽管从 1979 年开始，包括一些国家领导人在内都在积极推动计划生育国家法的出台，但是，全国人大法律工作委员会和法制委员会认为计划生育立法的条件不成熟，导致了 70 年代末到 80 年代最应该出台计划生育法的年代里，我国却没有产生国家层面的计划生育法。所以，2000 年以前，中国计划生育法实际上仅被限制在地方法这一层次上。

为了研究这一段历史，我又重新阅读了《彭真年谱》。我以为上个世纪最后 20 年，中国将计划生育列为"基本国策"的年代里，国家却没有出台国家计划生育法的原因还是在彭真身上。彭真为新中国法制建设做出过重大贡献。他从新中国刚刚建立时开始，先任政务院政治法律委员会副主任、党组书记（政治法律委员会主任由政务院副总理董必武担任），50 年代后期任中央政法小组组长。1979 年 6 月在五届全国人大二次会议上被补选为全国人大常委会副委员长，并兼任全国人大常委会法制委员会主任。1980 年任中央政法委员会书记。1983 年 6 月至 1988 年 4 月，当选为第五届全国人大常委会委员长。从 1979 年 6 月担任全国人大常委会副委员长兼法制委员会主任开始，到 1988 年全国人大常委会委员长任职结束，彭真实际主持通过的法律有几十个，但在他的"年谱"里几乎没有论及计划生育问题（仅一处，后论及），更没有收入有关计划生育法的内容。我认为，彭真是主张计划生育的，但正如他在 1981 年论及宪法问题时所说，计划生育主要靠教育，靠工作。所以，宪法修改草案只作原则规定。（《彭真年谱》第五卷，中央文献出版社，2012 年，第 123-124 页）所以，笔者认为，由于彭真和彭真直接组建并领导的全国人大法制工作委员会和法律委员会的班底，对计划生育立法有不同的看法（为什么几乎所有的国家都没有一部生育法，为什么那些法制健全的国家没有一部有关生育的法律？就足以令人大法制委员会的工作人员犹豫），所以，从 1979 年开始，计划生育部门孜孜以求（根据我手头的资料，国务院计划生育办公室和国家计划生育委员会前后提出的"计划生育法草案"，不少于 8 个），但在 1998 年以前，却始终没有越过全国人大法工委或法律委员会这一级别而到达委员长办公会议，更遑论立法了。

但是，1998 年第九届全国人大会议给计划生育立法带来了契机。该次全国人民代表大会所产生的副委员长中，有彭珮云和蒋正华两位都来自于原国家计划生育委员会。彭珮云自 1988 年任国家计划生育委员会主任，1993 年至 1998 年任国务委员兼国家计划生育委员会主任。蒋正华，自 1991 年至 1998 年任国家计划生育委员会副主任。以彭真为代表的老的法律工作者当年提出计划生育立法不成熟，但并不是从计划生育法和国家宪法等法理上所提出的反对计划生育立法，相反，实际上是在彭真的主持下所形成的 1982 年宪法，还特意在"总纲"部分增加"国家推行计划生育……"，在"公民的基本权利和义务"部分加上"夫妻双方有实行计划生育的义务"。所以，一方面，计划生育工作已经成为我国的一项基本制度，特别是从 80 年代初期以来甚至被提高到"基本国策"的程度，全国人大常委会的委员有相当一部分就来自于原来党委政府的领导或负责同志，本来就有计划生育工作的基础。另一方面，即使原来法律委员会中还有个别抵制计划生育立法的干部，但在全国人大常委会中有两位来自于国家计划生育委员会的领导人，在全国人大常委会主任办公会议上讨论计划生育立法计划的时候，就已经远远地将那一个较低层面的消极因素克服掉了。（1998 年彭珮云同志担任全国人大副委员长以后，重新启动计划生育法的立法工作。我曾亲自听她说过，她与分管法律工作的人大常委会副委员长姜春云讨论计划生育的立法问题，姜春云同志说，人大立法工作要经过三道程序，第一道是立法论证，论证通过后才进入一年后的立法计划，第三道程序才是审议。姜春云同意计划生育立法先做论证。这样，计划生育立法事实上已经越过法制委员会，而直接在相关的副委员长这一高层面启动运作了）

这是《中华人民共和国人口与计划生育法》这一中外奇观得以发生的历史。如果不是 1998 年全国人大常务委员会的人员构成上的变化，计划生育立法问题或者不会得到解决，或者还会推迟。假使这一问题放到现在，它还能被全国人大审议通过吗？所以，包括现行的计划生育制度，其实都是我国经济社会发展较低阶段的产物。上个世纪 70 年代末 80 年代初实行强制性计划生育工作的时候，文化大革命刚过去没有几年，人们甚至还不敢直接否定它，邓小平和彭真所批评的违反人权和法制现象还没有被充分认识。——这是我国计划生育制度和计划生育法得以产生的背景。

但是现在，30 多年以后，中国已经在很大程度上走向世界，有了巨大的发展。我国历史上曾经有过没有强制性的计划生育和计划生育法的漫长历史时代，所以，没有计划生育与计划生育法，并不说明我们已经进步与现代。但是，如果继续实行计划生育和执行计划生育法，那显然证明我们还处在相当落后的时代里。就为了这一点，也该尽快废除计划生育法了。

——2017 年 7 月 26 日至 30 日于北京国奥村初稿
8 月 28 日上海寓所改定
（刊发于 2017 年 8 月 28 日）

凤凰财经《国子策》关于计划生育政策的访谈

（2018 年 7 月 2 日）

1. 计划生育的积极意义主要有哪些？

梁中堂：实行计划生育的思想是毛泽东在 1956 至 1957 年之交的一小段时间里产生的。从其理论渊源来讲，它似乎是有道理的。因为按照那时大家所接受的计划经济的原理，全社会的生产和消费都是按照预定的计划进行的。也就是说，满足社会需要的生产是按照预定的计划进行的。但是，物资生产计划至少在两个主要的方面都离不开人和人口计划。一是经济计划是为人服务的，是为了满足人的消费需要，这就离不开社会总的人口计划及其年龄性别的构成与分布。第二个是编制生产计划，就必须有作为生产要素的劳动力的需求，也就是劳动力的供应计划。不需要再做解释就足以明白，没有人和人口的计划，就没有任何经济计划。所以说，毛泽东在计划经济思维下进而提出计划生育，也还是一种蛮合理的逻辑推导。

但是，大家已经看到，我们在实践上已经放弃计划经济了。之所以这样，是因为它不符合实际，是一种幻想。不错，社会公共或者集体占有生产资料，实行有计划的生产，是马克思和恩格斯最先提出来的。但是，且先不做太多的考究，马克思和恩格斯至少认为，那是建立在高度发达的资本主义生产力基础之上的，而不是人为地把生产资料收归政府所有就算是共产主义了。所以，即使说共产主义属于生产资料公共所有，那也是生产力自然、自发发展的结果。自从苏联解体各个民族国家走向独立自主的发展道路，以及我国也从 70 年代末离开计划经济走上另外的一条道路以后，我们终于可以反省那个时代里必须将其视之为异常神圣的计划经济制度，有如前几百年欧洲曾经出现过的各种社会主义一样，不过是俄罗斯和中国这样的以个体农民为汪洋大海般的国家里的一种社会主义思潮。如果更为确切点说，是资本主义扩展到农业文明帝国阶段的产物。——当我们稍稍有所成熟，逐步放弃那种不切实际的想法从而开始离开计划经济，才行走了 30 多年，中国经济社会就有了历史以来从未有过的巨大飞跃和发展。——这可是在计划经济时代里想都不敢想的。

不过，根据我的考证，毛泽东提出按照生产计划编制生育计划的观点以后不久，也许是因为这一做法不符合他所接受的马克思的唯物历史观，所以，他在反复斟酌和修改《关于正确处理人民内部矛盾问题》的讲话稿的过程中，已经放弃了这一思想。1957 年 6 月 19 日，公开发表的这篇文章里就没有讲话时的那段妙语横生、幽默异常的有关计划生育的文字。如果做进一步的考究，自此以后，毛泽东甚至再也没有说过要在生产计划的基础上实行生育计划的话。他即使有时也说计划生育，但那都是在节制生育的意义上所说的。当然，毛泽东是不在经济计划的意义上要求生育计划了，但是，也许相信计划经济是社会主义的基本特征，而社会主义又是人类历史上最优越的社会制度，却解决不了人们的吃饭问题，解决不好人民生活水平不断提高的问题，所以，毛泽东也没有公开否认和纠正他的计划生育思想。

这样，在和毛泽东同一代的领袖周恩来、刘少奇那一辈人里，因为接受了列宁斯大林的计划经济思想，所以也很自然地相信计划生育。50 年代到 70 年代末，党中央国务院一直在抓计划生育工作。不过，由于毛泽东要求人们自觉自愿地实行，周恩来也坚决反对强迫命令，所以，确切点说，在实行强制性的计划生育以前，党和政府都是在我们这个经济文化落后的国家里，提倡和实行节制生育的。

但是，毛泽东和周恩来那一代领导人去世以后，我国的计划生育制度虽然名称没有改变，但内容和实质却发生了变化，把原来党和国家提倡的以晚婚晚育为主要内容的计划生育，改变成了以"一胎化"为主要内容的，由政府分发生育指标的计划生育制度了。因为从 1979年"提倡一对夫妇只生一个孩子"开始，计划生育转变成了没有政府审批的生育指标，农村人民公社的社员超生不予新生儿上户，不分口粮和口粮田，没有宅基地。城市国家职工一开始是不予提薪提职，后来是开除公职，超生的新生儿不予上户；所在单位的领导不予提薪提职，单位不得评为先进，单位不得提取该年奖金和第 13 个月的工资，等等。——这就是从 1979 年很快形成了的我国现行的计划生育制度。

所以，说到计划生育，其实有两个不同的含义。作为节制生育意义的计划生育，它是资本主义工业化所创造的一种新的生活方式。我国政府从 50 年代开始大规模地实行工业化，从而在一些大城市中的青年男女中开展避孕和节制生育的宣传，帮助缺少文化的公民学习生理卫生知识，使得每一个人都能够做好家庭计划，有一个健康婚姻生活，是有积极意义的。但是，作为政府管理和控制公民生育的计划生育，则是在我国对计划经济开始有所反思，并且是在逐步离开和放弃经济计划的同时所实行的一种生育制度，则是错误的，违犯现代人权的，与现代国家法制建设的大方向相悖的。

2. 如果当年没有推出计划生育政策，今天会是什么样？

梁中堂：读者当然应该知道，历史是不能假设的。不过假设我国没有上个世纪 70 年代末很快形成的强制性的计划生育制度，但也一定像现在几乎所有的发展中国家一样，也会有节制生育。而且，因为党和政府从事避孕和节制生育的宣传工作比一般发展中国家开展得早，力度大，人们能够比较早地开始健康的婚姻生活和家庭生育计划，社会将有可能比现在一般的发展中国家要健康和谐。

我们经常说，现代社会是一个法治社会。不过，由于我们没有经历过也社会，所以不知道现代法制是建立在对个人财产和生命的保护基础上的，也即是建立在保护公民基本权利即人权基础上的。在现代国家中，生育权是基本人权。所以，国家公权不仅不干涉国民生育行为，而且还保护国民的这一基本权利。这是现代国家的常识。但是，从上个世纪 70 年代末形成的强制性的计划生育制度以后，国民的生育需要政府控制。为此，国家还制定了一系列法律法规支持和保护政府对国民生育权的干涉，使得国家公权介入国民私权领域的行为合法化了。这才是"大水冲了龙王庙"呢。人民设立政府是要保护个人权利的，结果却是政府首先侵犯人权。恩格斯在 1890 年 10 月 27 日《致康·施米特》中说："在现代国家中，法不仅必须适应于总的经济状况，不仅必须是它的表现，而且还必须是不因内在的矛盾而推翻自己的内部和谐一致的表现。"由于我国是一个法制不健全的落后国家，有如 50 年代政府不懂得保护产权和基本人权而实行农业合作化、"公私合营"，反对右派等一系列政治经济等领域中的社会运动，最终导致了文化革命中群众可以随意批斗单位和政府部门的领导，省委书记、省长、部长，甚至国家主席，都可以随意被戴上"走资派"的帽子拉去批斗，至于抄家、没收财物，等等毫无法制可言。实行强制性的计划生育以后，包括现在许多法学家在内并不懂得几十年政府公权插手公民生育权的危害程度，甚至压根都没有意识到计划生育法与现代国家法律体系的冲突与不和谐。虽然在计划生育制度还没有完全结束以前，我们还很难确切估摸它对我国社会发展的负面的影响，不过，有一点可以肯定，如果没有几十年的国家强制的计划生育制度，我们会更为美满和谐地生活在一个文明程度更高的法治社会里。

3. 目前中国的实际生育率是多少？如果继续维持这种低水平生育率，会造成什么后果？

梁中堂：首先必须说明，因为两方面的原因，从上个世纪 80 年代以后，我国的人口数据就都是与实际脱节的，不准确的。一个原因是从 70 年代末开展的强制性计划生育，社会逐渐形成了一个瞒报漏报的机制，用以对抗和逃避政府的处罚。特别是因为 1990 年人口普查后，计划生育部门利用普查资料重新考核各个地方的计划生育工作，至此以后，无论是谁或者以什么理由实行的人口调查，基层都会以极为高度的警惕瞒报漏报，所以再也没有准确的人口调查结果了。另一个原因是统计部门的统计方法的问题。上个世纪 70 年代末到 80

年代，我们把人口数量和人口出生的重要性强调到不适当的程度，统计部门也独出心裁地要随时为政府提供人口数据，就在 1982 年人口普查的基础上建立了一个人口动态监测体系。这个体系的想法很好，从 1990 年开始每 10 年一次普查，两次普查的中间一年即普查后的第 5 年抽取 1%的人口样本，以及其他各年每年抽取 1‰的人口样本，以此来了解人口变化。

如果统计部门严格遵循调查的原则与规则，也许除了因为计划生育政策瞒报漏报的问题无法解决而无法得到准确的数据以外，还不至于因为统计方法上有什么问题再使得问题更为复杂。比如，大样本的调查高于小样本，普查高于抽样调查，这是统计调查中应该遵循的基本原则。根据这个原则，大样本的调查纠正和覆盖小样本，普查纠正和覆盖抽样调查。但是，问题往往都是，当一项制度建立起来以后，目的和手段常常就被颠倒过来了。从 1982 年建立上述动态监测体系以后，统计部门先是用 1982 年的人口普查结果建立后面的几年抽样调查的抽样框，并且按照预设的人口增长速度对各年的抽样实行"微调"。从统计方法来说，这样做似乎也未必不可。

必须知道，用抽样推导全貌本来就是一种有条件的假设，而不是实际。不断"微调"后的抽样，更不是实际了。本来，如果严格遵循统计原则，离开实际的"动态监测"最远走到下一个普查年，因为之所以需要进行普查，是由于包括抽样调查在内的其他各种形式的调查都无法得到全貌，所以，普查该是一次某个时点上的与过去任何调查无关的独立的全面的调查。但是，统计部门总是用以前的动态检测的结果指导和影响普查，甚至企图用普查结果证明日常的动态监测的正确。这样，即使普查的结果也只是原来瞒报漏报基础上的又一次与实际的偏离。这也就是多年来，我所反复指出的人口数据不准确的原因。

但是，现代国家必须用数据说话。特别是我们作为一个人口大国，不能不用数据说话。虽然我评判数据有问题，但作为政府来说，它不可能使用政府以外的数据。而且就事实来说，任何人也不会拿出比政府更权威的数据。所以，政府使用普查和历年的抽样调查数据，是有道理的和不可避免的。这方面的问题出在"政出多门"，没有贯彻始终。官方对于包括我国人口总数在内的大多数数据，使用了人口普查和动态监测的数据，但是，生育率却不使用普查和动态监测的结果。譬如按照人口普查，2000 年我国妇女总和生育率 1.22, 2010 年为 1.18。可是，官方从不使用这两个数据，那就是否认它们，认为它们不真实、不准确。2000 年以来，我国计划生育部门和统计部门先后提出过 1.8、1.6、1.55 等几个生育率数据。我的观点是，由于生育率是人口过程中的极为重要的，甚至是核心的范畴，所以，否认根据普查数据计算出来的生育率，则意味着否认普查的质量，等于承认人口调查不准确。读者必须知道，有一个问题是确定不疑的，那就是如果普查的数据不准确，其他任何来源的数据就更不准确、更没有道理了。10 多年来，那些离开普查的生育率以外，说自己的数据比普查还准确、可靠的人，不是无知就是骗子。因为道理很简单，既然普查以外你能找到更准确的数据，那还花费那么大的人力物力搞普查干啥？

尽管批评人口数据不准确，但我还是主张在没有得到纠正以前，我们都必须使用人口普查的数据，如同相信我国总人口达到 12.6 亿、13.4 亿一样，我国生育率已经下降到 1.22、1.18 了。这是很严重的问题。我所指的严重问题，主要的还不是大多数人所理解的"将来的"人口老化所带来的中华民族正在急剧减少。那当然是很大的问题。不过，因为几乎所有的发达国家都出现了人口下降的情况，所以它应该是人类所面临的共同问题（尽管各民族的速度急促与缓慢有所不同）。既然如此，应该如何对待，还不是那么迫切。所以，我所说的已经很严重是指十分现实的问题。

1980 年初春，我和宋健、田雪原辩论人口老化问题时说：

"老化"这一个概念实质上是反映老年人这一代当初的生育水平。同时，也将一般地说明已经年老的这代人当初是以轻率地还是慎重地态度对待自己的晚年生活的。在死亡率变动不大的情况下，节育率越高，老化程度越严重；反之，老化程度就越轻。倘如此来看，我们就不应认为中国人口老化是遥远的将来的事情，而纯然是三十岁以下这一代人晚年的事，当然也就完全是"世人"的事。

现在，几乎是一瞬间，就已经到了当年只允许生一个孩子的那一代人达到退休的年龄了。经过 30 多年的"一胎化"政策，而当年主要生育一个孩子，极少人生育两个孩子的这一代人将陆续进入晚年的时候，——这是今后几年即将开始出现的现实问题。面对庞大的父辈和祖辈人群，原来由兄弟姐妹几个人共同负担的家庭问题，现在将由独生子女这一代年轻人独立面对，这才是极为严重的问题。

4. 很多祖辈抱怨，困难时期 7、8 个孩子都能拉扯大，经济条件好了以后年轻人却说自己"生不起"，您对这种现象怎么看？

梁中堂：结婚不结婚，生不生孩子，以及生几个孩子、什么时候生，这其实都是在选择不同的生活方式。能不能"生得起"，也许社会上真的有这样的情况，心想再生个孩子，但经济负担不起，所以在犹豫、做选择。不过，有如许多国际公约中所说的，生育权是夫妇个人的私人权利，"一个家庭中人口的多少应该由每个家庭自由决定"，生多生少都该是个人所做的选择。在这个问题上，无论政府和其他任何人，都不应该对其有所指责。

5. 有网友戏谑称，"房价是最好的避孕药"，您对这种说法怎么看？

梁中堂：房价上升抬高生活成本，对于经济还不富裕的绝大多数年轻人来说，这句话也许是有道理的。

6. 在您看来，社会上年轻夫妇的生育意愿低主要是由哪些因素引起的？

梁中堂：生育率是人类生活方式的结果。传统时代是自然经济，人类生育也是自然行为。资本主义工业生产是商品经济社会，每个人必须作为劳动力参与到市场中去，成为市场的人也即社会需要的人。这必然地改变了自然婚育方式。因为适应社会的需要，就要在学校里经受较长期的教育；因为工作的需要，就必须推迟婚期，就必须推迟生育，以及少生育……，与传统的生育方式比较，这都降低了现代社会的妇女生育率。

不过，这是就社会发展的一般条件来说的。我国社会在最近 40 年发生了巨大变化，所以生育率有了明显的下降。但是，欧美发达国家早已经完成了传统农业向资本主义商品经济的转化，他们的生育率下降的速度不仅慢得多，而且绝对水平也低得多。欧洲国家大约在 200 年前就出现了生育率下降，现在还接近 2.0。比如英国 1980 年妇女生育率为 1.9，自后 30 多年总在它周围波动，2016 年还是 1.9。法国由 1980 年的 1.9，还上升到 2016 年的 2.08。美国同期则由 1.8 上升到 2.01。我国的情况是，根据 1982 年的人口普查计算，普查前一年即 1981 年 7 月 1 日至 1982 年 6 月 30 日的总和生育率为 2.64，1990 年为 2,14,2000 年为 1.22，2010 年为 1.18。这可以说是典型的"断崖式"跌落。

面对我国生育率的这一变化，人口学家所做的解释，除了 30 多年来我国有如发达国家那样经历了城市化的发展，经济社会由原来"十亿人口，八亿农民"转化为一半以上的人口进城外，还用计划生育做解释。但是，城市化的发展，应该像发达国家那样，是生育率转变的基本原因，却不可以成为"断崖式"的原因，因为发达国家一直是缓慢下降而没有出现"断崖"。另外，一对夫妇只生育一个孩子，对于我国城镇政府体制内就业的人员有重大的影响，可以算作是因素之一。但是，即使计算最近一些年已经壮大的政府企业职工，体制内总人口无论如何也只是一个较小的比例。例如，根据 2017 年《中国统计年鉴》，2016 年我国就业人口 7.76 亿，其中城镇 4.14 亿，乡村 3.62 亿。而在城镇就业人口中，国有单位就业仅只有 6170 万人，占不到总就业人口的 8%，城市就业人口的 14%。所以，主要发生在政府体制内的"一胎化"，远不能造成那么大的作用。一定还有更为深刻的原因，才致使我国生育率发生断崖式的下跌。

那是什么？那就是只有我国社会转变时期才出现的农民工生活方式。我们前面说过，政府已经离开了传统的计划经济。30多年来，我们也一直说在改革开放。但是，就实质来说，我们确实开放了，不过在改革方面却做的很少，甚至可以说还没有触动过计划体制的根基。对于我们讨论的生育率影响至深的问题，是未曾对城乡户籍实行改革，农民虽然可以进城打工了，但还只可以以"农民工"的身份充当劳动力，而无法获得城市市民身份和市民的权利，从而几亿进城打工的农民却不能像市民那样过上稳定而体面的生活。"农民工"是我国对进城打工农民的一种特别称呼。按照自上个世纪50年代逐步形成的制度，我国是不允许自由迁徙的。80年代以前，不仅不允许农民进城打工和就业，连城镇新成长的青年也送到农村劳动和生活。1990年前后，农民利用农闲机会进城打短工，仍被称之为"盲流"。90年代初期，尤其是"小平南巡"以后，随着市场化改革取向的发展，农民进城打工的诸多限制才逐步取消。但是，因为至今并没有对保障城市利益的计划体制实行根本性的改革，30多年来，农民只能以"农民工"的身份进城打工。一方面，因为获得的是城市里最低的报酬，生活水平无法与其贡献和付出的劳动，以及与社会发展同步提升。另一方面，农民工在城市打工时间再长，却不许在城市居留，不仅一直过着"农村——城市——农村"的颠沛生活，而且最终还必须回到农村。所以，30多年来，我国农民这一总人口中的最大群体的不安定的生活方式，都只好把生育压到最低限度，这才是我国生育率断崖式跌落的主要原因。

理解这一问题，需要体会两种不同的生活状态。一个是传统的农民，它有着较为稳定的生活方式，所以，只要经济条件允许，农民会追求较多的孩子。另一个是资本主义条件下的城市化，一位农村小伙不愿意在他父亲的农场里劳动，进城后又没有特别的技能，只可以从推销员做起。在那个没有实行过"计划经济"的国家里，没有城市与农村户籍的差别，每一位国民都有迁居的自由。在那些国家里，一个人在某一个地方长期居住，有了经济行为，就自然是那里的市民。当我们所说的那位从乡下来的小伙子推销某类产品获得成功以后，经济收入提高了，再找女朋友结婚并生孩子，都不是问题。在这样的情况下，生育水平就主要是随着生活条件改变而发生变化的。所以，那些国家的生育率下降也都是极为缓慢的，非"断崖式"的。相反，30多年来，我们对农民的限制，使得几亿数量的农民一直奔波在农村和城市之间，无法获得稳定生活，哪里还敢生孩子？

7. 您认为中国应该从哪些方面应对年轻人生育意愿低的问题？

梁中堂：生育率是经济社会发展的结果，而不是原因。也许对于一个家庭来说，为了生孩子还需要特意在某些方面做一些改变或选择。但是，对于一个成熟的国家来说，是无需为压低或者提高生育率做什么改变的。我国作为落后的农业国家发展现代化，不仅有一般的发展中国家的特点，而且还有计划经济给我们带来的困难。拖延对计划体制的改革，不仅已经伤害了我国人口的稳定发展，其实经济政治生活中的许多负面的问题也都与它相关。不回避矛盾，大胆改革政府垄断资源的计划经济体制，实行由市场自发配置资源的市场制度，才有光明的前途。

8. 据最新消息，中国可能会在 2019 年宣布全面放开生育限制，在出生人口持续萎缩的情况下，您觉得这种全面放开会不会迟了些？

梁中堂：正如上面所说，直接的生育政策会对人口过程施加一定的影响，但不是人口变动的主要因素。对于一个现代国家来说，生育是国民的个人自由，属于基本人权。政府控制生育，是对国民生活的直接干预和干扰，既伤害了人民的日常生活，也人为地给社会带来摩擦和内耗，不仅上海人民，也伤害了政府。所以，尽快放弃强制性的计划生育制度，乃是根本所在。

10 多年以前，王丰教授从美国回来曾和我讨论过，究竟该如何结束计划生育制度？按照他的设想，要由专家学者给国家设计出一个由"一胎——二胎——结束计划生育"的路径。我认为这是杞人忧天。计划生育本来就是一种由中央到地方，由上至下的工作。我国计划生育政策从胡耀邦赵紫阳时代开始，就是在最高领导人手上掌握的。过去封闭起来搞建设，把不发展的原因归结到老百姓生孩子问题上。现在开放了，联合国大约 200 个成员单位，除了我们有一个计划生育的历史遗产以外，还有谁会说生孩子是基本国策！王丰追问我如何结束计划生育制度？我回答说，现在我们不断走向世界，当我们领导人发现政府管理妇女生孩子是一件很没有面子的事情，是连非洲酋长都不做的事情以后，它自然就结束了。

2015 年实行普遍二孩的政策以后，我就曾经说，基层的计划生育工作事实上已经结束了。那时说这话，当然是逻辑的推导。因为普遍开放二孩，今后生育二孩是合法的了，以前超生的二孩也没法追究了。超生的二孩不再处罚了，再生育多胎也不好追究了。计划生育制度是建立在强制基础上的，而当基层干部不能，也不再强制执行计划生育政策的时候，这项工作事实上也就结束了。这当然只是一个方面。

另一方面，计划生育是自上而下，由中央向下灌输的一项工作。今年两会期间，中央机关机构改革中，"计划生育"已经从中央机关消失，中央已经不再把它当作一项重要工作，中央政府已经没有了这项管理职能了。虽然中央机关改革以后，省、市、县的改革还未曾进行。但是，我们说过，计划生育制度是政府对国民生育行为的控制和管理，该制度是通过给国民强制发放生育指标实现的。继基层事实上已经停止发放生育指标的计划生育制度以后，现在中央层面也不再向下面分配计划和指标以后，这项工作无论就其形式还是内容来说，都已经结束了。以这样的方式结束某项工作，乃是我国政府工作的一种特有方式。过去许多工作，譬如农业合作化和人民公社运动，公私合营与社会主义工商业改造，工业学大庆、农业学大寨，以及计划经济制度，都是在悄然无声中结束或者正在结束的。

9. 如果全面放开生育限制，女性就业难问题可能会进一步凸显，您觉得这个问题该如何解决？

梁中堂：我国妇女就业难的问题主要还是由社会发展水平低决定的。男女不平等现象是社会发展因素造成的，是受一定历史条件制约的。马克思恩格斯说它是私有制度的产物，这才是具有根本性的原因。如同贫富差别，在很长的历史阶段还无法完全根除。事实上，男女不平等的问题，由于带有自然性别差异，可能是比资本主义其他一些问题比如城乡差别、脑力劳动和体力劳动的差别、工农差别（这其实也是脑力劳动与体力劳动差别）更难以解决的问题，是需要更长久的时间才可以消除的问题。至于妇女生育与就业的矛盾，在现阶段必然地夹杂着社会经济多元化，以及妇女生育所包含的家庭与社会的矛盾，要完全根除还是不现实的。就目前来讲，妇女由于肩负着生育的职能而在就业方面受到歧视，除了舆论宣传和道德谴责以外，社会真正能够做的还不会很多。

不过媒体之所以提出这个问题，更多的还是出于对低生育率的焦虑。这说明我们还没有跳出计划生育的思维定势，总要在限制或鼓励生育方面摆来摆去。这是不正确的。要相信只要社会关系捋顺了，老百姓都能够充分运用自己的资源筹划好自己的生活。他们了解自己应该不应该生孩子、生几个孩子，以及什么时候生孩子，不需要别人操心，更不需要政府的干预。计划生育是一面镜子。总是盯着老百姓生孩子，是社会落后的表现。当包括政府在内的全社会都不再在妇女生孩子方面着眼了，社会才算恢复正常了，更为成熟了。

——2018 年 7 月 2 日

（刊发于 2018 年 7 月 11 日）

附　录

为什么二孩政策放开，生育率反而连年走低？

——《中国新闻周刊》记者陈丽媛访谈

（2020 年 11 月 18 日）

按语

周三中午，《中国新闻周刊》记者陈丽媛电话采访了几个有关人口问题。因为媒体采编都有自己所理解的尺度和篇幅，我一般不看、也不过问记者的稿件，通常另写一篇文章粘贴在博客上。现在没有博客了，但仍按惯例，整理出一份文字稿。

——2020 年 11 月 22 日

中国新闻周刊：你怎么看最近有专家提到全面放开二孩未引发生育高峰？

梁中堂：有一拨人对中央普遍二孩以后的这些政策有一种误解，以为从单独二孩到普遍二孩是为应对老龄化的积极考量。实际不是这样。一方面，计划生育直接源于计划经济，我国改革开放是走向市场经济，计划生育和计划经济迟早都要丢进博物馆。另一方面，国家意识到计划生育走入了一个误区，现在的一系列做法是对计划生育政策的放弃。因为直截了当的话不能讲，就只好这样。别的暂且不说，就一个"基本国策"如何解释？但是有些人还是深陷于计划生育的思维里，没完没了地纠缠。计划生育从来都是自上而下地从中央政府一级一级"灌"下来的，我国机构改革已经把国家卫计委改为卫健委，计划生育这个关键词在国家机关的名称里没有了、消失了，就标志着国家政权不再干预人民的生育了，政府不再有计划生育的工作职能了，计划生育自然就结束了。可有一帮人总是要喊话，逼迫着人去说话。

中国新闻周刊：为什么二孩政策放开，生育率反而连年走低？

梁中堂：首先必须肯定，生育率持续下降是我国经济社会迅速发展的结果。中国从以家庭为单位的传统个体经济转向市场经济，就开始改变了人口再生产的方式。过去是以农民家庭为单位的生产，现在开始走向以民族国家为共同体的统一市场，而且由于相同的规则，或者用流行的语言叫与世界接轨，从而使一个一个的民族国家连接在一起，构造出一个统一的世界市场。生活在这样的经济制度下，也就改变了传统的劳动力再生产的模式。——所有的人都必须经过市场获得生活资源：首先是给市场提供了一定量的劳动，然后才能获得相应的报酬。——这是现代人类最基本的生存模式。如同工厂供应市场所需要的产品具有一系列指标和规格一样，统一市场所需要的劳动力也都有一定的标准。它要求人们必须接受同样的教育，具有一定的知识，以及无论自觉或不自觉地必须通过减少家庭劳动与活动的时间，才能贡献与获得相应较多的市场资源，这就必然导致了生育率的下降。除此以外，随着社会的进步和发展，人们生活的多样化，越来越多的人选择婚姻以外的生活和少子女、甚至无子女的丁克家庭，这都使得生育率越来越低。

中国新闻周刊：现在生育率的下降是处于正常程度吗？从数据看降得还是很厉害的。

梁中堂：这个过程确实比较迅猛，不仅比西欧自由资本主义国家快得多，而且比日本、韩国都还要猛烈些。不过在做出价值判断以前，首先必须确定一点，那就是生育率只是经济社会变化的结果。如果人民大众确信改革开放以来，我国走向市场化的大方向和社会趋势是正确的话，那么，它的结果也就是正常的。所以，不正常的只是，每当一个新的事物出现的时候，人们往往还不习惯于接受它。

中国新闻周刊：你怎么看老龄化的问题？

梁中堂：在社会学和人口统计学上，老龄化和生育率的降低就像一块硬币的两面一样，本就是同一件事物。上个世纪 70 年代，西方国家的老龄化出现以后，曾经被那些国家的政府当作是一件很严峻的社会问题。和西方比较，因为我们的老龄化过程发展得更为突然和猛烈些，所以，无论是政府层面还是公众，都说它是一个很严重的问题。但是，人们只是接过几十年前西方社会的一些老龄化术语，却没有领会它究竟意味着什么？比如上海的老龄化，从数据看，老龄化确实很严重，但上海的经济与社会现实中，却没有老龄化问题。为什么？因为老龄化的核心是劳动力短缺，现在的人口学家往往都是拿上海的户籍人口说事，数据上看是很严重，但因为上海的劳动力资源从来不只是它自己，尤其是它的基础设施和政府管理的水平高，生活条件好，吸引外来劳动力的能力强，全国的劳动年龄人口都首选上海，所以现实中的老龄化问题并没有发生。其实，上海以外的各大城市，甚至小县城，大致也都是这种情况，其老龄化问题都由外来的劳动力，特别是由农民工解决了。

当然啦，我国既然进入了老化阶段，就不可能没有问题。但真正的问题不在人们所关注的城市里，而是在农村。同传统的生育比较，现代农民本来已经少生了孩子，好不容易拉扯大，还都跑到城里去了。所以，农村剩下了孤寡老人，他们在承担老龄化的后果。这才是人口学家应该关注和政府必须解决的问题。

中国新闻周刊：现在有一种论调，说要靠大力提高生育率，用新增人口来解决老龄化的问题，你怎么看？

梁中堂：这还是从计划生育思维里没有走出来。生育率并不是通过政府的提倡，让它高就可以高，让它低就可以低的。有这样的想法，还是传统的计划生育思维在作怪。一方面，人们总以为妇女就是生孩子的，是生孩子的机器，结了婚就是要生孩子、多生孩子，而没有考虑现在的妇女还是劳动力，同男性一样也进入了社会、进入了市场，她们和男性一样要接受教育，要工作，要享受生活。在这样的情况下，如何还会有传统时代里的生育率？

另一方面，人们还不习惯于和一个老龄化的社会相处。人类已经发展到这个阶段，寿命越来越长，高年龄和老年人越来越多。人生七十古来稀，但现在 70、80 岁至少在城市里已不稀奇了。这本是社会进步的表现，可人们还不适应。人类是一个重心向下的动物。因为具有这样的特性，每一代人就不是向其他动物那样把他们的劳动和财富都消费光了，甚至透支了才走掉，而是要精心养育自己的孩子，尽可能节约财富留给后代。社会有了积累，人类才有进步。但是，在这样一个牢固的社会机制的世代传导下，人们又获得了一个牢固的观念和思想意识，即对待丧失了劳动能力的老年人的歧视，认为老了就没价值了。

必须指出，这都是传统的自然经济的社会存在和社会意识。在自然经济里，人的劳动主要是体力劳动，农田里尤其是重体力劳动，到了一定的年龄就不能胜任，甚至根本无法从事劳动了。现在正在形成与发展的是市场经济，那是人与人编织起来的经济组织，是越来越远离自然经济的一种经济制度，它会逐渐锻造出一种全新的社会组织和运行机制。在市场经济条件下，类似的重体力劳动越来越少，脑力劳动的成分不断在增长，劳动形式也越来越多样化，以及随着人们平均寿命的延长，各种劳动岗位的劳动年龄也延长了。一方面，不少高年龄的人事实上仍然在创造财富。另一方面，现在人们已经懂得了消费刺激经济增长的道理，而现代社会已经在创造一个完全不同于以往的经济社会制度。在现代社会里，即使一个完全丧失劳动能力而不能自理的老人，住在医院或者养老机构里，用自己的养老金和医疗费购买包括医生的劳动服务在内的医疗卫生产品，雇佣包括护工在内的医护和生活服务，都是支持和支撑医疗卫生产业，刺激消费，扩大就业，从而是创造财富，拉动 GDP 的。

　　其实，正在发生的老龄化社会和正在成长的越来越适应老年人口生活的社会结构，是在塑造一个与老龄相适应的社会设施。社会存在决定社会意识，它势必会逐渐改变传统时代对老年人的看法。人这一个客观范畴，在数千年以来的人类社会的进步与发展过程里，其内涵与外延都是在逐步扩大与扩展的，既然人类在以往的千百万年的自然经济里形成了一个适应社会重心向下特性的社会设施及其相关的制度类型，那么，在人的社会经济组织里，人们就只有通过长期的发展改变这一特性，以获得另外一种毫无偏见的，符合自由、平等与博爱等等人性的新的社会形态，实现马克思所提出的人的解放。而发现和解放老年人，是人的解放的最后一个环节。

　　这涉及到了人学的本质，不得不多说几句。

　　在原始社会的早期，人是以父母为核心的血亲家庭和部落社会，而血缘和婚姻关系以外的部族是不被归结为人的范畴的。所以，在原始社会的末期和国家文明的最早阶段，异族往往是不被当人看待的。即使到了商周时代，被传统历史学称之为中华文明源头的中原民族，也都把异族一概称之为戎、夷、羌、蛮，或百丑。正是因为这样，以暴力为基础的国家形成以后，战败的民族就都不被当人，自然转变成了奴隶。奴隶像牲畜一样是主子的财产，不是人。

　　但是，在资产阶级以前的数千年里，即使国家文明中的那些统治民族也都不是自由的和客观存在的人，人类深深地陷于迷信之中，充其量也仅只是受到神和上帝束缚的人。14世纪至15世纪，由于商品经济的发展，由资产阶级推动的宗教改革，人开始从神的统治下解放出来，世俗世界才有了人。这是人的第一次解放。18世纪至19世纪，欧洲和北美的资产阶级革命，主张人的自由和平等，社会把人的范畴扩大到所有的成年男子，这可视之为人的第二次解放。19世纪末至20世纪前半叶，女权主义运动，主张男女平等和妇女解放，这是人的第三次解放。第二次世界大战以来，由于妇女运动和联合国妇女儿童组织的推动，人们终于发现儿童，提出儿童也是人，声张儿童的权利和尊严。这是人的第四次解放。

　　老年人口是人类社会内部的最后一个弱势群体。随着发展中国家继发达国家也发生人口老化以后，老年人逐步引起人们的注意和重视，尤其是适合高龄人的商品的增加和其他一些社会相关元素的增长和改变，都在改变社会结构与构成。事实上，从半个多世纪以前个别西方国家发生老龄化开始，人类已经在逐步发生变化。在这一方面，欧美国家先走了几步，尤其是进入新世纪以后，美国人民把越来越多的票投给了黑人、女性和连续两任高龄总统候选人，反映了人们对高龄人群的认识正在发生变化。

　　当然，人的解放还是一个漫长的过程。别的且先不去说，几乎所有的民族国家的民族主义，民粹主义，都不时回潮和泛滥。所以，种族和民族平等问题还需要漫长的时间才有可能得到消除。本来，美国作为移民国家，包含了几乎所有种族和不同民国家的人口，本来最具有国际主义和世界性，最少排外的种族主义和民族主义。但是，2016年特朗普执政以来，人们已经很清晰地见识了美国的民族主义和民粹主义。特朗普主义就是建立在白人至上和盎格鲁-萨克逊主义基础上，属于典型的种族主义者。当然，我们也不能只批评别人，其实我们中华民族的民族主义也都一点不示弱。笔者曾在拙作《任平〈美国挑起贸易战的真实意图〉批判》中指出，我国主流媒体常常宣传的"霸权兴衰论"和"民族复兴"的观点，就包含着盲目的民族优越感和严重的民族歧视，以及有意无意煽动民族仇恨的情愫。除此以外，在破除宗教迷信方面，人们也没有走多远，就连资产阶级革命的源头和西方发达国家的人民中的大多数，也未曾从神和上帝的阴影里挣脱出来。崇尚自由的西方民主国家固然高擎自由与平等的大旗，但按照其宪法所构建的政府制度无一例外地都还是官僚制度，而官僚制度的科层级组织就是脱胎于奴隶制，是与自由平等背道而驰的。更何况男女平等和儿童问题，其实都还只是开了个头。所以，人类还只是走在解放的路上，这是一段很长很长的路程。但是，发现老年人，则是人类自然构成中最后一个弱势群体，也是人的解放过程中解决自身认识障碍的最后一次跨越和飞跃。

中国新闻周刊：你怎么看一些专家呼吁生二胎、三胎来提高生育率？

梁中堂：政府管制妇女生孩子是件很丢人的事情。生育自古以来都是自然发生的。所以，连野蛮人都不去干预妇女的生育。生育说到底，是各个家庭微观层面的安排，是当事人的实际生活。国家是一种暴力。大凡政府要做的事，往往都会伴随着强制。政府干预妇女生孩子，无论鼓励或者限制，不仅达不到效果，反而人为地增加了与人民的矛盾及摩擦。其实，在许多的国际法里，都明确规定自由生育是一项基本人权。这是有深刻道理的。既然是人的基本权利，本就是要得到政府保护的，过去却得到了来自于政府的侵犯，那是在发展阶段比较低的情况下才出现的问题，现在继续呼吁政府反向操作，则表现了十足的无知与无识。

我的一个基本观点，即生育率持续下降和老龄化都是经济社会发展的结果，再确切点说，它是人类社会由传统的农业社会迈向市场经济的过渡阶段的结果。农业社会向市场经济的发展，按照马克思的说法，"是一种自然历史过程"。所以，它所出现的一切问题，也都会在市场经济的发展中自行解决，而无需用政府这只手去干预妇女的生育。其实，人们没有作这样的思考，生育率下降和老龄化带来的所谓问题，都已经或者正在通过市场"无意间"解决了。老化问题的核心是什么？是劳动力的短缺。半个多世纪以前西欧国家出现的老化和带来的问题，由发展中国家的移民和国际劳工解决了。我们的劳动力问题，在人们还没有发生较为深刻的感受的情况下，随着近年来互联网和 IT 软件技术的发展，都正在解决。——人们通过手机和电脑操作，节省了千千万万的统计和会计岗位；网上直营取代了大量的仓库储存、批发运输、门店营销，以及机器人、无人机，也都取代和节约了千千万万个营业员和管理人岗位，——这都是在人们根本没有意识的情况下由市场解决的。所以，我们需要的不是一个高生育率的社会，而是一个成熟的市场经济体。

中国新闻周刊：目前我国的生育率具体处于什么水平？

梁中堂：目前我国生育率水平有多高，真的说不清。由于计划生育制度，政府直接干预老百姓的生育，并且不只是对生育行为的当事人的惩处，而且还要追究相关单位和地方政府的连带责任，尤其是"一票否决制"，致使适应我国自上而下的计划生育制度而自下而上地产生了一个人口瞒报漏报的机制。事实上，我国统计部门自 1990 年人口普查以后，再就没有得到过比较贴近我国实际的人口数据。所以要想说我国的人口总数和生育率究竟是多少，真说不清楚。

因为没有确切的数据，多年来，政府的一些部门和更多的人口学家按照自己所给定的条件自行作了推算，有不少都是有意义的。但是，即使我所说的有意义，都是在自己所确定的主观条件的约束下形成的，所以只是相对的，而不是绝对的，只可以起一定的参考作用。如果有人自作聪明，说自己的数据就是中国真实的人口，那就是狂妄。在现代社会，一个国家的人口数据，只有通过政府的人口普查才可以获得。当政府的数据都不准确时候，那么，任何民间机构和个人就不可能确切了。您想一想，如果通过个人的计算就可以得到准确的数据，各个政府还要耗费大量人力物力搞普查，莫不是脑子里进水了？

从这个原则出发，我也设置一定的条件估计我们的生育率水平，认为它可能与日本、韩国差不多，或者比它们还要低一些。一是他们没有发生长达几十年的政府管控。由于我国政府的干预，尤其是政府特别积极地建设了一系列有利于减少生育的技术设施，为愿意少生孩子的人提供了方便的服务，从而加快了生育率下降的社会趋势。二是我们进入市场经济制度的切入点比它们都高，日本是 19 世纪 60 年代明治维新开始，由天皇政府把国家带进了西方自由资本主义体系。韩国是在二战以后，确切点说是朝鲜战争以后，才获得一个相对和平稳定的民族国家的条件，所以是 20 世纪 50 年代进入到资本主义市场体系的。我国是 40 年前切入到世界经济体系的，上个世纪 80

年代，西方科学技术层面更高，世界经济体态更大，这都决定了我国一旦走上市场经济的道路，所获得的资本多，推动劳动力的能力强，城市吸纳农村人口的规模和速度更强、更快，这都是我国生育率迅速下降和老龄化突然而至的重要原因。

中国新闻周刊：你怎么看现在年轻人生育意愿降低？

梁中堂：生育意愿是由包括思想观念在内的各种社会条件决定的。说年轻人的生育意愿降低，那还是用自然经济条件下的农民生育为坐标衡量的。我国正在从传统的农业时代走向现代市场经济，它所获得的生育水平必然不同于传统时代。如果包括政府在内的全社会认可我国向市场化发展的道路是正确的，那就该认可现在的年轻人的生育意愿和所获得的生育率是正常的；如果各个家长相信自己的子女足够努力和优秀，那就该相信和尊重子女对他们生活方式的选择，包括生育意愿和生育行为的选择与决定。

中国新闻周刊：你怎么看生育和生存？

梁中堂：其实人类始终都在解决自己的生存问题，改变条件，寻找和选择更好的生存方法。生活方式就是生存状态，而生育则只是生活和生存状态的一部分。生育行为与生存方式的关系，社会生存方式是原因，人类生育行为是结果。进一步分析现在的生活方式，人们需要完成工作，才有收入，才能支付一日三餐、安稳地睡觉。年轻人不愿像过去的农民那样生了一个又一个的孩子，把自己的精力都投入到孩子的养育和成长方面，而是进城过一种新生活。本该无可指责。但很多的人把不愿意生孩子归结为经济能力达不到，这不是理由。许多的富人也不愿意生很多孩子，甚至还选择不生孩子。我常说，找这个理由的人几乎都要比农民富裕吧？世代从土地里求生存的农民如何就养得起那么多的孩子？所以，问题不在这里。现代青年本来选择了少生或者不生的生活方式，却还没有获得现代社会应该有的自由与人权意识，从而不敢理直气壮地声张自己的主张和权利。

关于第七次人口普查

——澎湃新闻记者温潇潇的访谈之一

（2021 年 4 月 27 日）

澎湃新闻：去年 11 月 1 日，我国进行了第七次全国人口普查。但至今尚没有公布，您所预计的大概率是怎样的，您能否给出一个预估？其中您最关注的是哪几项指标？这些指标将是怎样的？

梁中堂：按照前次的做法，4 月 28 日应该发表普查的第一期公报。因为 2000 年的普查，是在 2001 年 3 月 28 日公告的。2010 年的普查，因故推迟了一个月，在 4 月 28 日公告。所以，如果 4 月 28 日公告去年的普查，也还说得过去。

预测客观的人口状况，当然是可以的。因为统计学是现代社会里人文与社会科学领域中为数不多的一门科学，而它之所以是一门科学，就在于它仅仅是对客观存在的同类项目作会计、汇总和总计，不带有任何主观性成分。尤其是人口普查已经有了 200 年以上的历史，经过世界各个国家反复的实践，其技术和方法都相当成熟和完善了。我们这次的普查工具基本网络化，绝大多数社区的登记与中央系统都联网，像双十一购销活动、国家长假旅游的人流量和购物统计一样，其结果往往都是主体活动的结束那一刹那间就完成了。如果我们的普查也是这样，那就是可以预估和预测的。

但是，我不敢预估这次普查，是因为按照我对统计部门的理解，它这么久没有公告结果，一定是在那里紧张地寻找遗漏和做"调整"。调整，这是自 1982 年人口普查以后，我们的统计部门所发明的一个词，它已经成为惯例了。从上个世纪 70 年代后期，我们形成了中国人口多、增长快的观念以后，无论是计划生育系统还是国家统计部门，凡是得到的人口数据都以为有瞒报漏报，有很大的水分。为了随时掌握人口过快增长的态势，1982 年普查以后，统计部门还建立了一个"人口动态监测机制"，每年搞一个 1‰的人口抽样调查，其中每 5 年做一个 1%的抽样调查，每逢 0 年做一次普查。统计部门以为经过这样的设计，就可以随时掌握我国人口的变动。

因为相信有瞒报漏报行为，最初的调查是按照预想的瞒报漏报幅度调整，再后来就要求新的调查，包括普查的结果要与以前的数值吻合。如此下来，我国现在的人口的数据已经不是实际的人口数，而是统计部门在他们的动态监测体系的指导下不断"调整"的人口数。以 2000 年的普查为例。2000 年 11 月 1 日零时的登记初步汇总以后，发现比 1999 年和 1998 年公告的总人口还要少，所以，统计部门不相信这个数据，就停止已经设计好的普查程序，临时决定穿插一个补查漏报的环节，用 10 多天的时间有目的地寻找遗漏。一方面，这是颠倒了抽样调查和普查的关系。因为抽样的样本小，是不准确的，所以才要普查。当普查与平时的抽样结果发生偏差时，应该用普查纠正抽样。但是，在所谓的人口变动检测机制指导下，关系到过来了，现在是用平时的动态监测"指导"普查了。另一方面是带着主观意向做调查。前面说了，统计学作为一门科学，就在于它的客观性，排斥人为的主观意向，反对带着特定的目的搞调查。2000 年的普查中断原来设计好的程序，带着强烈的目的穿插一个寻找"遗漏"的环节，不仅给 2000 年 11 月 1 日零时登记的人口又增加了 4000 多万，而且认为这还不够，又在总人口数里增加 3000 万没有登记表的人口数。2001年以及以后的各年的人口调查，又以此为基数继续指导和调整。这样，将近 40 年下来，没问题，我们在每一个时点上都能得到一个十分漂亮的、也非常贴近与符合统计部门的"人口动态监测机制"的数据。但是，它是不是客观、实际？就很难说了。有句成语，差之毫厘，谬以千里。我们已经离开客观实际很远了。所以，我的一个基本观点是，彻底丢掉过去的所谓动态监测体系，开始一次全新的人口普查。早在 2010 年普查前，我曾用"刻舟求剑"这个成语比喻我们的人口统计，呼吁抛弃每年一度的人口监测。根据世界各国的经验，每 10 年做一次普查就可以了，没有必要每年都去搞抽样调查。遗憾的是，那次普查以及普查以后的 10 年来，统计部门还是走在老路上。2018 年，我国政府机构改革从国家机关名称里取消了计划生育这个词汇，标志着我国人口政策的改变，这是一个契机。所以，我十分希望 2020 年的人口普查是一个良好的开端。遗憾的是，半年过去了，统计部门还不公告普查结果，我预感到它还是走在老路上。

至于说因为计划生育而发生瞒报漏报，这是事实。但是，这个问题是不能通过统计部门解决的。社会政策不合理所导致的统计不实的问题，在任何国家和任何社会阶段里都是存在的。它只能通过调整相关政策和经过社会的发展而自然消除，而不是、也不可能通过统计部门的努力得到解决。我们的统计部门用了 30 多年的时间不断"调整"，其结果距离实际越来越远，需要"调整"的工作量也越来越大、任务越来越艰难。我们不知道这次普查具体发生了些什么问题，但是只知道普查后发布公告的时间不断地推迟。

1982 年 7 月 1 日零时实施第三次全国人口普查登记，3 个多月后，1982 年 10 月 27 日有关部门发布第一号公告；

1990 年 7 月 1 日零时实施第四次全国人口普查登记，3 个多月后，1990 年 10 月 30 日有关部门发布第一号公告；

2000 年 11 月 1 日零时实施第五次全国人口普查登记，约 5 个月，2001 年 3 月 28 日有关部门发布第一号公告；

2010 年 11 月 1 日零时实施第六次全国人口普查等级，约半年后，2011 年 4 月 28 日有关部门发布第一号公告。

绝大多数人对统计部门不了解，但 40 多年来，我是看着它发展到今天的。1982 年第三次全国人口普查时，我国统计部门的体制还很不健全，首先人员编制就很少。至于技术手段和设备，只要说一点就知道了，那时统计部门的人员连电脑是何物都还不知道。所以，统计部门在统计工具和统计过程不断改善的情况下（美国 2020 年 4 月 1 日实行人口普查登记，4 月 26 日美国人口普查局公告普查结果），

"调整"所需的时间越来越长，只能说因为"调整"的任务越来越艰巨。这次用了将近半年的时间仍没有发布，说明统计部门把一项统计客观事物的工作主观化，把一个简单的工作复杂化了。

不要以为我这是无理取闹。在统计技术和方法如此先进的情况下，国家花费了巨大的人力财力做了普查，每一位公民又都尽了自己的义务予以了最大程度上的配合填报了普查登记表，而统计部门本只是做一下同类项目的加权汇总，如果不画蛇添足，何以半年多出不了结果？

关于中国人口老龄化

——澎湃新闻记者温潇潇的访谈之二

（2021 年 4 月 27 日）

澎湃新闻：与父辈相比，现在不愿意生孩子或者不愿要二胎的年轻人占比越来越多，能否讲讲我们所在的社会发生了怎样的变化？

梁中堂：这是由我国社会性质决定的。中国共产党领导中国人民走现代化道路，尤其是最近 40 年来，中国几乎是在全面走向现代化。中国传统社会是自然经济，农业社会。现代化是市场经济，工业社会。自然经济条件下，农民家庭的生育也是自然发生的。市场经济条件下，男女平等，妇女也走向社会，而社会要求有文化的劳动者，人们在青少年时期就必须去学校里接受教育，就自然推迟了结婚和生育。参加工作，有了一份职业以后，社会劳动也和生育有冲突。这都减少了生育。

现在人们觉得生孩子少，说许多年轻人不愿意生孩子，都是和过去的自然生育相对而言的，这是我们国家过渡时期的现象。现代社会的总体生育水平本来就是低，这没有什么不好。有不少人用孩子抚育成本说话，说现在抚养孩子的成本太高了。这不是主要原因。生育孩子的成本历来都很高的。我是研究人口和计划生育的，过去批评农民喜欢生孩子，其原因是抚育孩子的成本低，"吃饭时就添一双筷子，多放一只碗"。现在仍然有人这么说。讲这话不公平的。其实，过去农民很贫穷，底子薄，经济能力差，养育孩子的成本相对更高，负担更重。所以，农民生育率高，是经济方式、经济制度决定的；现在生育率低，也是现在的经济方式和经济制度决定的。这不只是我们国家，全世界都这样，是社会发展的结果。

澎湃新闻：在长期低生育率的社会里，人们的生活将会受到怎样的影响？可能会面临什么样的问题？

梁中堂：我们还未经历"长期"低生育率，我们政府在前几年还认为我国的生育率太高了。所以，我们不要用自然经济所形成的观念预想未来，要求现在。在这问题上，我自己有所反省。其实，我国发生人口老化的命题首先是我提出来的。1979 年 12 月全国人口理论讨论会上，我在反对"一胎化"的同时，用计算的数据说明，2021 年以后，我国将迅速出现老龄化问题。提出这个观点的道理是很简单的，那就是从 1962 年开始，我国有了 10 多年每年出生超过 3000 万以上婴儿的高生育期。60 年以后，这个群体又依次进入到退休年龄。这是不需要很专业的知识就该知道的道理。我的这个观点提出来以后，主流的媒体发起了批判，这样，人口老化这个词汇，才进入到我国社会。

现在重新审视这个问题，批评"一胎化"的极端做法，是正确的。但是，由于那个时代我们基本上还处在农业社会里，所以，对老龄化的认识，却是用自然经济的理念思考的。人口老龄化的本质是什么？不就是人口平均寿命的延长，老年人口比例的提高，那不是人类世代追求吗？为什么它来了，人们又忧虑重重呢？所以，不外乎是处在较低的社会发展阶段，用农业社会的观念忧虑较高阶段的社会生活，有点杞人忧天的味道。

我们处在由传统的自然经济向市场经济过渡的时代。过渡阶段有它自己固有的特点，尤其是社会发展的不成熟，存在许多弊端，这才是我们应该重视的。譬如传统社会里本该由家庭做的事情转到社会上，由市场来做了。它要求社会设施和服务工作从无到满足需要，自然有个过程，这个过程就是市场经济建设，经济政治制度的改革。尤其是国家体制从封建专制时代走过来还不很远，社会自由度很低，不利于市场发育和社会自然生长，所以要加大改革的步伐，这都是过渡阶段里带有根本性的问题，它比生育率变化一类的问题重要得多。

生育率的降低和老龄化的提升，本就是一个硬币的两个面，都是社会变化的结果。它们变化来得快，反映了我国最近 40 年经济社会的巨大发展。所以，我们首先应该问最近 40 年的路子是否正确，现在改革和社会发展的方向是不是我们所想要的？如果回答是肯定的，那么，生育率低和老年人口增长就都是没有问题的。在这些问题上，我是很乐观的。

澎湃新闻：有人认为中国人口少一点，长远来说未必是坏事，那么提高生育率的紧要性是怎样的？如今，很多年轻人都会面临身边人的"催生"，您如何看待这样的现象？

梁中堂：生育说到底是家庭计划，是基本人权。所以，绝大多数国家的政府都是持不干预态度的。我国在 2018 年机构改革中将国家卫计委改为卫健委，计划生育这个关键词在政府机构中消失，就已经意味着政府职能中已经没有计划生育了。就实践问题来说，计划生育本就是上个世纪 50 年代以来，由中央政府自上而下推行的一项工作。中央政府不再提它了，自然意味着计划生育就将要消失了。至于现在地方上偶尔还发生的个别征收超生罚款的案例，那是过渡时期难免出现的一些摩擦，过一个时期就没有了。

基于生育权是基本人权的原则，就像我反对计划生育那样，同样也反对要政府去鼓励生育。要求政府鼓励生育，其实还是计划生育的思维，把生育当作社会发展的原因，而不是结果，除了收获社会摩擦以外，什么也不会得到。至于许多家长催婚催育，那都是过渡时期的现象，这些家长还没有想明白，在现在社会发展已经比他们年轻时代进步与宽容得多的状态下，自己的孩子不婚不育，其实都是他们的选择，如果相信自己的孩子已经够优秀，那就该尊重孩子们的意愿，——现在的状态本就是孩子们自己所努力的结果。

澎湃新闻：有没有预测过什么时候中国总人口会出现拐点？

梁中堂：我没有做过这方面的预测。如果把一个民族国家的人口增长到人口减少称之为拐点的话，它确实具有戏剧性，使不少的人感兴趣的事情。现在的欧洲和美国，其生育率都还是在 2.0 左右，还不到总人口减少的时候。一方面是因为西方的市场经济属于内生性，自然形成的，或者他们所说的自由状态，这个过程来得相当缓慢。另一方面，那是在有发展中国家移民的情况下出现的结果，如果就 500 年前它们转向市场经济方向以后的原住民来说，也早有"拐点"了。所以，我觉着什么拐点都不重要，重要的是现实存在的人民生活得是否满意，是不是幸福。

再论法学之耻

——《一部恶法：论计划生育法》重印本序言

这本小册子最初是在 2014 年 12 月 10 日印制的。当时因为参加在复旦大学召开的一个有关人口政策的高层研讨会，我为会议准备的论文是《谁主沉浮？——中国现行生育政策的决策体制与机制研究》。临到会议前夕，知道当年主持《中华人民共和国计划生育法》立法的那位领导将要参加会议，据说她也在反省自己所从事过的计划生育工作，所以临时起意，把在此之前发表在网易博客上论述"计划生育法之恶"的一组文章汇集一册，以《一部恶法：论计划生育法》为题，也赶制出来，连同前一篇文章，都提交给会议。会议上，我也当面把它递交给了老领导。自那以后，这个集子曾印制过几次，但每次的印数都很少，现又告罄，借此机会，再说几句话。

笔者之说计划生育法是中国法学的耻辱，是来自半个多世纪来的对比。最近几十年，人们经常批评新中国之初没有法制。总体说来，这是事实。但是，如果就计划生育来说，情况却打了一反。计划生育是 1957 年初春的毛泽东所的一个设想，因为它符合整个领导集团的愿望和利益，所以不只在中国实行了，而且一做就是半个多世纪。不过，以 1976 年周恩来、毛泽东先后去世为线，划分两个阶段，同样都是计划生育，实际却还是有差别的。前 20 年无论怎么做，中央还强调一个原则，那就是"反对强迫命令"。譬如 1965 年 3 月 16日卫生部的一份文件就说："总理最近收到不少反映，有些地方规定了一些不合理的办法，有强迫命令〈如怀第三胎要群众讨论生不生〉。总理指示要定出几条规定，反对强迫命令等现象。"没有强迫命令，老百姓总还有自由生育权。

1978 年，在社会普遍批评新中国没有法制和实行人治的大背景下，计划生育一是不再反对强迫命令，二是也要求制订一个计划生育法。但是，也就是在此前后，彭真解除监禁后被安排到全国人大负责法制委员会的工作，接着又担任全国人大常委会委员长。除了文革期间被打倒的若干年以外，彭真在新中国一直主管法律工作和公检法等政府部门。从彭真的经历和世界观方面来分析，他不会有很深刻的现代国家法学理论，尤其是他所接受的马克思列宁主义，许多方面还是与西方法学思想和法学理论对立的。但是，从 1978 年计划生育部门积极推动计划生育立法，至 80 年代初前后，向人大递交过不下 5 个版本的立法草案，——我的印象有过 7、8 遍的审读和修改，因为彭真一句"计划生育立法条件还不成熟"，自后的 10 多年里，计划生育立法工作实际上已经停止了。

历史常常具有戏剧性。计划生育立法工作在计划生育部门沉寂了将近 20 年以后，2001 年 12 月，全国人大常委会几无悬念地通过了《中华人民共和国计划生育法》。这次立法工作是从 1998 年政府换届以后开始启动的。与 70 年代末至 80 年代初期的那一轮正好打了一反，——前一次是计划生育部门积极，全国人大消极；这次却是全国人大积极，——全国人大常委会的副委员长领衔起草法案，积极奔走，——而计划生育部门只是跟在后面走就是了。如果深入了解进一步的人事关系，这一事件就更具有戏剧性。积极推动以至终于形成《中华人民共和国计划生育法》的全国人大副委员长，其两口子自青年时代开始都是在彭真的手下工作，由其培养，在其身边成长起来的。但在计划生育立法问题上，接班人顺风顺水地就做了彭真以为"还不成熟"的事情。

彭真和他的接班人都不是法学家，尤其是不懂得自然法与法哲学这一类有关现代国家法的基本理论，但是，彭真潜意识里认识到如果现代国家法律体系里搁置一个计划生育法，势必造成了它与其他各个法之间的矛盾和抵牾，破坏了法律体系之间的和谐一致。或者彭真有更浅层次的一个原因，那就是在现代文明国家里，都没有一个管制国民生育行为的所谓的"计划生育法"。我以为，即使这样，彭真也是伟大和英明的。

但是，也正是 80 年代初中期至 90 年代后期，计划生育立法工作陷入沉寂期的时候，法学在我国却得到了迅速地成长。在前面所说新中国没有法制的阶段里，执政党在列宁主义的指导下，信奉无产阶级专政理论，所以是人治。从 80 年代开始，是一个新转折。一方面，计划经济已经走进死胡同，中国经济要发展，只有走向世界。另一方面，中国走向世界，要和其他国家做生意，就必须加入到世界贸易组织，承认市场经济。而市场经济不仅仅是一个口头的承诺，而是一系列的国家法律的保障。这不仅要改变原来反西方的国家法律体系，从而有了 90 年代开始的频繁密集地通过包括民商法在内的一系列法律。与此同时，社会变化也改变了我国法学的面貌，——不只是队伍扩大了，而且法学理论也彻底扭转过来了。

但是，具有讽刺意味的是，在被批评我国没有法制的时代里，还有一个彭真懂得不应该有一个规范国民生育行为的计划生育法。而当我国法学面貌有了很大改变以后，尤其是有了许多高端法学家的情况下，却堂而皇之地由全国人大颁布了一部《中华人民共和国计划生育法》，——尤为不正常的是，在计划生育法得到通过的前前后后，没有任何法学家们出来论说它的不合理。这是我此前说法学耻辱的原因。

从 2018 年开始，计划生育已经走在一条灰分湮灭的道路上。在这一年的 3 月召开的第十三届全国人民代表大会第一次会议上，人大代表审议并通过了撤销国家卫生和计划生育委员会，设立国家卫生和健康委员会的提案。计划生育这个词汇终于从国家机关的名称里消失，它意味着政府已不再有计划生育管理和执法的工作职能了。事实上，从计划生育的工作性质来说，因为它并不是像其他的公共事务那样，来源于国民的需要，而是外部的一种嵌入，所以，仅仅撤销了政府职能部门，它随之就不存在了。——计划生育是中国政府从 50 年代初中期开始，由中央自上而下推行的一项工作。过去几十年来，大都是中央推一推，下面才动一动。这次改革意味着中央不再有计划生育的常设机构了，中央政府不再有这一工作职能，不再向下推行这项工作了，计划生育也就消失了。

但是，政府并没有公开宣告计划生育的终结，《中华人民共和国计划生育法》也没有被废除，所以，有些基层的卫生和健康委员会在已经没有了计划生育执法权的情况下，还在对国民的生育行为执行处罚。按说，2018 年全国人大会议所通过的机构改革提案已经没有计划生育工作职能，从而已经不具备执法资质，没有执法的权利了。可是，无论法学家、律师，还是法官，竟然没有人讲述这个道理，为那些还在受"计划生育法"迫害的人申辩。所以，我才"再说法学之耻"。

当然在如此辉煌与光明的现时代里，也不是仅只有法学家才如此这般。前几天一帮朋友聚餐。席间，有位大咖提及，这次七普数据发布后，有数位界外的人写文章提出质疑，而人口学界却"整齐划一"地没有人提问题。我正要说"人口学家之耻"的时候，有位朋友说"梁老师对澎湃新闻记者的采访讲到这个问题"。另外，因为在座的人也都知道我写文章声明自己不是人口学家，所以把"人口学家之耻"的话咽了回去。

我之所以这样说，是因为 40 多年的计划生育，中国政府呼唤了虽比法学队伍要小，但在一定程度说却远比其风光和繁荣。我这里说人口学之耻，是因为人口学性质与人口学家的表现所致。在国外的学科分类上，就没有一门独立的人口学。人口学，首先是指人口统计学。在现代社会，无论做实际工作的人，还是以不同的侧面研究人口问题，都需要以人口统计学为基础。从上个世纪 70 年代开始，由于我国计划生育工作的呼唤，人口学成为一门显学。但是，无论中国的人口学家来自哪里，出身于哪门学科，但都必须以人口统计学为基础构建自己的大厦。所以，所谓人口学家首先应该是一位人口统计学家。而作为人口统计学家，不仅懂得统计原理，懂得人口普查，更应该懂得统计学作为一门科学其基本原则就是统计中性，不允许统计人员把自己的主观随意带进统计过程。人口普查是全体公民依据国家相关法律所进行的登记活动，其登记结果受法律保护，具有法律效力，是不允许包括人口普查工作人员和国家统计部门在内所有人都无权改变的东西。所以，普查登记结束以后的统计工作，纯属于技术性质，是一项极为简单的汇总工作。尤其是随着几十年来计算机和网络的发展，统计汇总已经极其简便了，——简便到像国人长假出行游客的统计，像"双十一"促销活动的统计一样，随着客体行为的结束其总计结果就出来了。也就是说，2020 年 11 月 1 日零时的普查结果，应该在这一时点之后不久就该公布，但是，我国的人口普查结果公布的时间，却一次比一次推迟。请看：

1982 年 7 月 1 日零时实施第三次全国人口普查登记，3 个多月后，1982 年 10 月 27 日有关部门发布第一号公告；

1990 年 7 月 1 日零时实施第四次全国人口普查登记，3 个多月后，1990 年 10 月 30 日有关部门发布第一号公告；

2000 年 11 月 1 日零时实施第五次全国人口普查登记，约 5 个月，2001 年 3 月 28 日有关部门发布第一号公告；

2010 年 11 月 1 日零时实施第六次全国人口普查等级，约半年后，2011 年 4 月 28 日有关部门发布第一号公告。

2020 年 11 月 1 日零时实施第六次全国人口普查等级，半年多以后，2021 年 5 月 11 日有关部门通过新闻发布会发布主要数据。

前面说过了，在现代学科分类里，没有一门独立的人口学。但中国的计划生育实践呼唤出一门"人口学"，也制造了一个庞大的人口学家队伍。但是无论中国的人口学家来自哪里，首先必须是一位人口统计学家。而作为人口统计学家，不懂得现代统计技术条件下，随着人口普查登记活动的结束，其统计结果很快就可以出来，他在人口统计这一个关口就过不去，就妄披了人口学家这一张皮，所以是耻辱。

人口普查是全国人民共同参与的一项活动，所有国民都有尽快了解普查结果的愿望。有关部门无端推迟普查结果的发布，人口学家作为人口统计的行家应该站在国民的前列提出质疑，却没有，所以是耻辱。

　　另外，七普主要数据发布会上还有一个很奇葩的事情。总统计师为自己一再延迟数据发布时间做辩护，不惜捏造出普查后一年内公布普查结果属于"国际惯例"，甚至还拉出美国垫背，说美国 2020 年的人口普查也是一年后才公布的。作为人口学家，当然都应该知道那是谎言。2020 年是美国的大选年，各个州的美国总统选举人数、众议员在各个州的分配，都要由这次普查的结果为准。所以，美国 2020 年 4 月 1 日进行人口普查登记，4 月 26 日就公布了普查结果了。总统计师作为这次人口普查活动中的最高技术官，不可能不知道国际上人口普查的前沿和动态，不可能不知道 2020 年的美国人口普查不到一个月就公布了。总统计师在人口普查发布会上当然扮演的是人口统计学家的角色，竟然明目张胆地当着全世界的面前编造谎言，首先是中国第一号人口统计学家的耻辱；我相信绝大多数的中国人口学家都看到了这个镜头，而不以为意，更不发声，所以是耻辱。

——2021 年 7 月 16 日中国人口学会年会之际

《马寅初研究三部曲》序言

（2014 年 1 月）

　　以"三步曲"为书名，把研究马寅初的 3 部长篇论文集结为一册，是在 2015 年 7 月份完成《康生批判马寅初》的时候，就有了的想法。读者知道，在此之前，作者已经把前 2 篇集结为《马寅初考》，单独出版了。第 3 篇的研究，本是一个意外。而在此以前，笔者以为马寅初的研究已经结束了，所以把研究方向已经转到一个更为宽阔的领域里，以致没有机会再做这件事。最近半年，因为写作回忆人大人口学团队的文章，自然回到了马寅初，这才决定要把这件事作以了结。

　　我是 1978 年服从组织的分配，从事人口与计划生育工作的。1979年，笔者接受了一种历史观。按照这一历史观的叙述，中国应该控制人口和实行计划生育，这一思想观点最早本都是由马寅初提出来的。马寅初在中南海畅谈人口问题，毛主席接受了马寅初的建议，实行计划生育，后来却又反悔，指示康生陈伯达批判了马寅初。马寅初铮铮铁骨，不畏强暴，坚持自己的观点。"错批一人，误增三亿"。计划生育走了一段弯路，致使中国人口盲目增长到 9 亿多。国难识良相。1979 年，中央不仅大张旗鼓地为马寅初平反，而且广为宣传其光辉事迹。1982 年，百岁老人马寅初去世的时候，中央又赞誉其为"我党真挚诤友"，高规格予以安葬，可谓享尽殊荣。

　　但是，在自后的研究中，尤其是随着对我们党和国家制度的认识程度的加深，总觉得这样的历史在哪里有点问题。五十岁知天命。2000 年前后，有了退回到书房的念头。那时，也阅读了一些清代学术史的书，遂决定从研究马寅初开始学做点考据。历经 10 多年的时间，到 2011 年 9 月完成《马寅初事件始末》，终于捋清了计划生育是毛泽东在 1956 年至 1957 年提出的一个词汇。1957 年 2 月 27 日，毛泽东在最高国务会议上发表了关于正确处理人民内部矛盾的讲话，其中有一段应该实行有计划地生育的论述。会议组织参加最高国务会议的民主人士发表对毛泽东讲话的认识，马寅初做了附和与拥护毛泽东有关控制人口思想的发言。接着，1957 年 7 月 5 日，又在人民日报上发表了《新人口论》。所以，历史的事实是毛泽东提出计划生育的设想在先，马寅初拥护其控制人口的中南海发言在后。这是一。第二，1958 年，以及 1959 年年末至 1960 年 1 月，历史确曾发生过马寅初受到北大师生和以光明日报为主的社会的批判和围攻，其内容主要围绕马寅初发表的《我的经济理论、哲学思想和政治立场》一书，很少一部分涉及到马寅初的《新人口论》。但是，能写文章并且可以发表的人，都知道伟大领袖毛主席提出计划生育，所以批他的人口学观点，也绝不会批判和否定计划生育。除此以外，这一时期的研究还弄清了，马寅初被批判是新中国的制度使然，并不是康生陈伯达的组织与发动。如果马寅初没有特权，早在此前的知识分子改造运动和反右斗争中遭受批判了。这是第一步曲。

第一单元的研究，自然连带出许多个问题。计划生育是新中国的一项大政策，它是由毛泽东提出来的。邓小平从 1952 年开始参与中央领导工作，是新中国党和政府的重要领导人，岂能不知道这段历史？马寅初在建国之初担任毛泽东为主席的中华人民共和国中央人民政府的政府委员，第一届全国人大常委会常务委员，那在当时都属于很高级别的政府职务，并非是普通国民，党和政府究竟批判了或者没有批判过他，当年的邓小平担任中央总书记和国务院副总理，岂能不知道？党和政府主办的媒体竟公然影射毛泽东采用极不光明正派的手段组织批判和围攻一位民主人士，而这位民主人士还表现出铮铮铁骨，不畏强暴，还公然利用党的刊物与党作对抗。除非这是真实发生的，否则，邓小平当然知道那都是编织的神话。70 年代末 80 年代初，党和国家已经确定邓小平在党内一言九鼎的领导地位，难道邓小平故意让虚假的马寅初神话到处流传？否则，还有一个可能，那就是康生陈伯达躲过中央书记处秘密策划批判了马寅初。这是 2011 年下半年至 2013 年 1 月完成的《康生陈伯达批判马寅初考略》，主要是对 1979 年至整个 80 年代各类刊物上所刊载的康生陈伯达批判马寅初的文献，对当年参与批判马寅初的当事人，以及可能的当事人予以的考证。这是第二步曲。

第三步曲是从纠正笔者的一个非常低级的错误开始的。

第二单元的研究证明了第一阶段的研究结论是正确的，党和政府确实没有批判过马寅初，更不是毛泽东因为反悔实行计划生育而指使康生陈伯达批判了马寅初。但是，在这一阶段的研究过程中，笔者犯了一个非常低级的错误，违反了一个历史研究者本不该违反的一个原则。做考据的时候，应尽可能多地搜集资料，这该是显而易见的经验。但是，笔者在明知道马寅初的故乡浙江省嵊县出版了一本马寅初的画册，却从我国的基本制度出发武断地认为，有关中央的档案材料出版必须经过中央审批，县一级政府不可能有高规格出版物以外的新资料。未曾想，任何事情都可能有意外。这本画册的后面，就有原新华社记者杨建业的推动。杨建业接受中央的安排写出了为马寅初平反的报道，最早提出康生批判马寅初的命题。该文因发表在新华社《国内动态清样》上，经陈云批示才推动了为马寅初平反的工作。此后，杨建业调到中央办公厅工作，他的手里就有从北大档案馆复印的陆平传达康生指示批判马寅初的党委会记录。北大档案馆秘而不宣的康生批判马寅初的资料就此披露和出版，笔者却与其失之交臂。

阅读历史著作，早就懂得考证历史，说"有"容易，说"没有"难。所以，历史研究者轻易都不说没有。这个道理很容易理解。因为做历史考据，只要发现一个历史事实，就可以说它存在过，证明"有"。但是，要证明无，却是一个无限序列的链条，即使经过十次、八次，甚至更多次地证明没有，也不能保证确实"没有"。这是历史研究的一项原则。笔者也懂这个原则，但却有意违背这一原则，是要赌一个不该赌的问题。一个原因是因为第二阶段的研究对象都产生于文化大革命刚刚结束之际，"文革"的文风犹存，认为康生陈伯达批判马寅初的命题就是在这一背景下被编制出来。第二个原因，康生批判马寅初的资料来源共同指向北京大学图书馆，而笔者先后委托北大陆杰华教授、李建新教授和在读博士生刘玉博分别多次到图书馆查找，不仅没有找到，甚至还得到图书馆管理员多次坚决否认，以致相信北大图书馆确实没有许多文献所引的资料，确信康生批判马寅初是记者的捏造。三是因为从大历史出发，已经感受到党和政府没有发动过批判马寅初的活动，尤其是毛泽东本与马寅初有着特别与特殊的关系，所以第一届全国政协会议上才把马寅初安排到他所任主席的中央人民政府委员会里担任政府委员，那在当时可是很大很大的官，是可以跟着他上天安门的领导人，所以才敢武断"康生陈伯达没有批判过马寅初"。当时提出这个命题的时候，确实是有相信大历史的逻辑而有意要赌一把的心理。记得 2014 年 12 月的一次复旦大学的会议上，饭后彭珮云批评我说："梁中堂，我对你说康生没有批判过马寅初有意见。当年我在北京高校工委担任书记，还不知道康生是不是批判过马寅初？"我却不以为然，反而觉得彭珮云 80 多岁高龄，没有仔细阅读我的考证文章。

　　事情发生逆转，是在 2015 年 6 月 5 日，笔者应张曙光教授邀请，为北京天则研究所作报告的时候。张曙光阅读了笔者的有关马寅初的文章，感叹马寅初神话，所以要我为他们做一次讲座。我演讲的题目是《共和国没有神话：有关马寅初不得不说的故事》，但他的理解还是放在了康生有没有批判马寅初的问题上。在决定我做讲座以后，张曙光做足了功课，邀请了极为重要的反方人物，有北大穆光宗教授、原中央统战部某局长、大右派章乃器的公子章立凡，等等。反方在会上提出马寅初受批判确实是因康生的插手，而且有存世的证明材料。会后穆光宗教授通过浙江马寅初纪念馆的马大成发来了马寅初画册上刊载的 1959 年 12 月 15 日北京大学党委会的会议记录稿图片，即笔者将其当作"文革"遗风而武断否定了的材料。这是笔者的"滑铁卢"。所以，我果断放下手头的事，考证出现的康生批判马寅初。这是第三步曲，文章注明写作日期 2015 年 6 月 16 日至 8 月 17 日，那是在笔者博客上粘贴这一组文章的 3 次稿件的时间，而研究的起始日期应该从 6 月 5 日为天则研究所做演讲时算起。

马寅初被批判的过程里确曾出现了康生的身影，康生参与了批判和围攻马寅初的活动。这是事实。但是，马寅初受批判，的确不是康生的组织与发动，更与毛泽东无关，这也是事实。马寅初被批判的事件发生在 1958 年，以及 1959 年 11 月 30 日至 1960 年 1 月 11 日，前后两次，两个阶段。而康生的出现是在 1959 年 12 月 15 日。一是马寅初 1958 年被批判的起因首先排除了康生，二是康生是在 1959 年 12 月 15 日出现的，而半个月前，11 月 30 日、12 月 7 日、12 月 14 日，光明日报的理论版已经连续 3 周用了 3 个整版刊发了批判马寅初的文章。当康生出场的时候，第二拨批判马寅初的运动已经开展起来了。特别重要的是，康生参与批判马寅初事件的起因是因为《新建设》杂志请示中宣部是否应该刊登马寅初的《重申我的要求》，——1959 年 11 月份的《新建设》刊登了马寅初的又一长篇论文《我的哲学思想和经济理论》（该文 5 万多字），其中"附带声明"公开叫板光明日报，所以引来光明日报从 1959 年 11 月 30 日开始的新一轮的被批判和被围攻。12 月 12 日，马寅初在接受《新建设》杂志的记者采访时，要求记者转达其要在该刊 1960 年 1 月号上刊登他的《重申我的要求》的文章，遂引出 12 月 15 日该刊向中宣部的请示，再由中宣部科学处处长于光远请示分管文教工作的中央书记康生，这才引发出陆平在党委会上传达的康生关于批判马寅初的指示。所以，康生确实要求北大党委批判马寅初了。但是，康生批判马寅初却不是我们原来命题中计划生育是马寅初首先提出来，毛泽东因为反悔实行计划生育而指使康生批判了马寅初。康生参与批判了马寅初，但马寅初两次受批判和被围攻，却不是康生的发动，也不是主角。

第三阶段的研究还有二个重要收获，那就是对马寅初个人品格的认识，以及马寅初的表现事实上也就是新中国延续至今的民主人士与党和政府的关系。

1959年庐山会议批判彭德怀以后，毛泽东提出要一张一弛，有意把由党内开展的反右倾斗争所引起的过于紧张的社会关系松弛下来。9月15日，毛泽东邀集各民主党派在中南海勤政殿召开各党派会议，北大校长马寅初和党委书记陆平都应邀参加了。毛泽东讲话说："这次反右整风运动，不要在民主人士中进行，即不要在各民主党派、工商界和老的高级知识分子中进行。"9月16日，中共中央、国务院做出《关于确实表现改好了的右派分子的处理问题的决定》。9月17日，中共中央还向全党发出了《关于摘掉确实悔改的右派分子的帽子的指示》。9月18日，人民日报同时刊登中国共产党中央委员会向全国人民代表大会常务委员会建议，全国人大常委会决定和中华人民共和国主席刘少奇签署的特赦令，在庆祝伟大的中华人民共和国成立十周年的时候，特赦一批确实已经改恶从善的战争罪犯、反革命罪犯和普通刑事罪犯，刊登中共中央国务院为"改好了"的右派分子摘帽的决定。11月13日，中央批准中央统战部《关于在民主党派、资产阶级分子和资产阶级知识分子中不进行反右倾斗争的整风运动的意见》，根据毛泽东9月15日在各民主党派团体负责人座谈会上提出的对党外不搞运动的指示，提出在各民主党派、资产阶级分子和从旧社会来的知识分子中间不采取大鸣、大放、大字报、大辩论等群众性的斗争，不进行反右派运动，不进行重点批判，不搞交心运动。该文件还提出，党外人士学习庐山会议文件时，要贯彻自我教育的精神，着重正面教育。

人们低估了马寅初的智慧。作为老的民主人士和老的知识分子的代表，甚至因为是与毛泽东有着深厚的私情，从1949年6月新政协筹备会开始，马寅初经常参加毛泽东主持的会议。9月15日，毛泽东关于这次党内整风不在老的知识分子中进行的讲话，马寅初就亲自聆听了，所以他比那些批判和围攻他的一般知识分子更心中有数，这该是马寅初1959年11月号《新建设》杂志上刊发向光明日报叫板"我虽年近八十，明知寡不敌众，自当单身匹马，出来应战，直到战死为止，决不……投降"的所谓铮铮铁骨的底气之源。

马寅初当年发表这段话的小标题就是"接受《光明日报》的挑战"，是冲着光明日报的，而当年的光明日报并不是党报而是民主党派所办的报纸。1957年反右斗争中，光日报社的社长章伯钧、总编辑储安平都是数一数二的大右派，统战部和中宣部整顿光明日报，宣布新的领导班子时，马寅初作为领导和主办光明日报的民主党派的领袖人物出席了。所以，马寅初敢于叫板当时的光明日报，而1979年为马寅初平反时，光明日报和人民日报的大块文章却把它说成当年的马寅初是对着康生以及康生背后的毛泽东的。

因为有毛泽东1959年9月15日讲话精神，陆平12月15日党委会上传达的康生批判马寅初的指示，就必然地打了折扣，——北大党委会和行政领导自然不能出面批判马寅初，只好部署由北京大学"毛泽东经济思想学习研究会"等几个学术团体组织与马寅初的辩论会，以辩论会的形式批判马寅初。即使这样，马寅初显然感觉到了党组织的存在，甚至不排除他也发现了康生的影子。1960年1月3日和4日，马寅初分别向教育部提出辞去北京大学校长职务的口头和书面辞呈。1960年1月11日，北京大学的几个学会联合举办的与马寅初的辩论会，就其经济理论、哲学思想和政治立场予以"辩论"。起初，马寅初仍能迎战。但是，校办秘书韩萍卿的发言予其做了致命一击。

韩萍卿揭发马寅初作为国家领导人拿着高额薪资（毛泽东、刘少奇等拿国家行政二级的工资，马寅初为行政3级），党和政府为其在杭州、上海、北京都分别提供有住房，他在上海等地还有私人房产出租，有巨额股票收入。马寅初发牢骚说，他老家的土地都是他稿费收入买来的，"为什么没收我的土地"？更严重的是马寅初在反右中的表现。当年右派向党进攻时，马寅初说中国要出匈牙利事件，要发生二次革命。毛泽东点名批判"章罗同盟"时，马寅初当然懂得北京大学的党组织对于一般的问题可以不汇报，可像他这样的大民主人士的政治观点、政治立场的问题，一定要报呈到中南海，毛主席很快就会知道的。会议当天，马寅初的血压一下子升高到190度，住进了医院。马寅初从此退出战斗，批判马寅初的事件也到此戛然而止。

　　1960 年以后，不担任北大校长的马寅初继续担任全国人大常委，每年照常视察。党和国家为其配备的秘书、警卫、厨师，吉姆轿车、北京总布胡同 32 号独家宅院，总之一切工作与生活待遇都没有因不担任北大校长职务而受到影响。文化大革命中，马寅初也未受到过冲击。

　　这是历史上的马寅初。1979 年的马寅初，只是一个神话。